Universale Economica Feltrinelli

GIORGIO BETTINELLI
IN VESPA

Da Roma a Saigon

Feltrinelli

Prima edizione italiana Feltrinelli Traveller © 1997
Prima edizione nell'"Universale Economica" aprile 2000
Dodicesima edizione aprile 2009

Stampa Grafica Sipiel Milano

ISBN 978-88-07-81595-9

Cícikov ebbe il piacere di gustare quei gradevoli momenti, noti a ogni viaggiatore, quando nella valigia è tutto a posto, e buttati là per la stanza ci sono soltanto cordini, pezzi di carta e rifiuti vari.

NIKOLAJ GOGOL', *Le anime morte*

Questa gioia d'allontanarsi!

ANTONIO MACHADO, *Campi di Castiglia*

Oh, il vocabolario, lo adoro. Ma adoro anche la strada, ben più meraviglioso vocabolario.

ETTORE PETROLINI, *Come recito*

"Joshhh!!"

IL NIPOTINO DI KETUT, *a Bali*

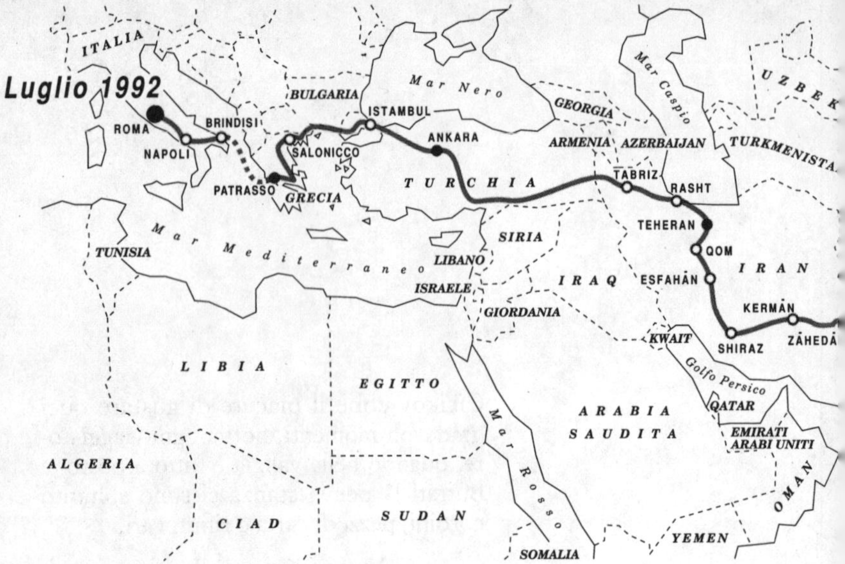
Luglio 1992
ITALIA
ROMA
NAPOLI
BRINDISI
PATRASSO
SALONICCO
GRECIA
BULGARIA
ISTAMBUL
Mar Nero
ANKARA
TURCHIA
GEORGIA
ARMENIA
AZERBAIJAN
Mar Caspio
UZBEK
TURKMENISTA
TABRIZ
RASHT
TEHERAN
QOM
ESFAHAN
IRAN
KERMAN
ZAHEDA
SHIRAZ
TUNISIA
Mar Mediterraneo
SIRIA
LIBANO
ISRAELE
IRAQ
GIORDANIA
KWAIT
Golfo Persico
QATAR
EMIRATI ARABI UNITI
OMAN
LIBIA
EGITTO
ARABIA SAUDITA
Mar Rosso
ALGERIA
CIAD
SUDAN
SOMALIA
YEMEN

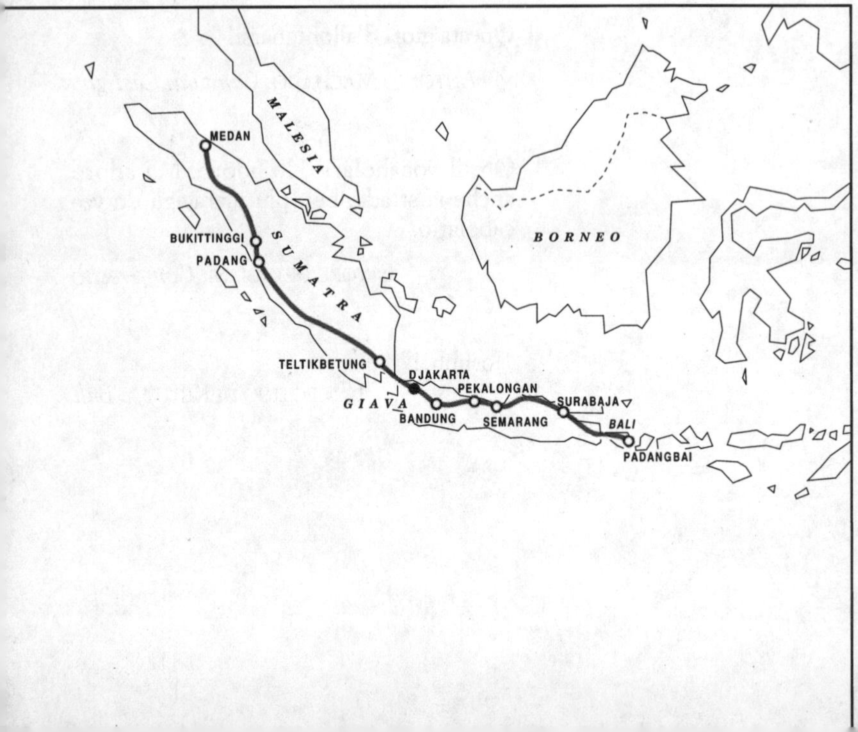
MALESIA
MEDAN
SUMATRA
BUKITTINGGI
PADANG
BORNEO
TELTIKBETUNG
DJAKARTA
PEKALONGAN
GIAVA
BANDUNG
SEMARANG
SURABAJA
BALI
PADANGBAI

TAJIKISTAN
CINA
PESHAWAR
RAVALPINDI
GHANISTAN
AMRITSAR
LUDHIANA
LAHORE
AMBALA
QUETTA
DELHI
NEPAL
PAKISTAN
JAIPUR
AGRA
KANPUR
BHUTAN
AJMER
BENARES
JHANSI
ALLAHBAD
GAYA
BANGLA DESH
UDAIPUR
DACCA
CALCUTTA
CHITTAGONG
HANOI
BIRMANIA
INDIA
SITTWE
LAOS
CHIANG MAI
VINH
VIENTIANE
Mare abico
THAILANDIA
HUE
DA NANG
Golfo del Bengala
AYURTHAVA
QUANG NGAI
BANGKOK
VIETNAM
CAMBOGIA
CHUMPHON
PHAN THIÉT
SAIGON
SURAT THANI
SRI LANKA
PHUKET
Marzo 1993
GEORGE TOWN
MALESIA
SUMATRA
BORNEO
Oceano Indiano
GIAVA
AUSTRALIA

1.

Suzy Wong

Il primo marzo del 1993, dopo sette mesi esatti da quando ero partito dall'Italia e 24.000 chilometri percorsi, mettevo la Vespa sul cavalletto nella piazza centrale di Ho Chi Minh City, davanti a un chiosco di bibite dove una radiolina gracchiava a volume esasperato le note di una canzone vietnamita, e mi concedevo la prima sigaretta dopo tutto quel tempo, annaffiandone per giunta le boccate con sorsi di birra ghiacciata, quasi per stordirmi dal piacere. Una combinazione di sapori di cui avevo perso la memoria, e che mi sembrò tanto buona da farmi socchiudere gli occhi e tremare impercettibilmente in tutto il corpo.

Era stato forse più duro mantenere quella promessa, fatta a me stesso alla vigilia della partenza in un afflato di masochismo davvero encomiabile: *"Neanche una sigaretta fino a Saigon!"*; era stato forse più difficile sottoporsi senza ribellioni, a testa bassa, a quell'autarchico e sgradevole ricatto morale, a quel superstizioso "fioretto" in prospettiva, di quanto fosse stato difficile arrivare sul serio a Saigon; la qual cosa, a onor del vero, in sella a uno scooter non era stata facile per niente.

Con i baffi impiastricciati di schiuma mi trovai a lanciare un lunghissimo ululato, dapprima quasi con circospezione; poi senza più ritegno, tra la perplessità divertita di alcuni vietnamiti che avevano preso ad attorniarmi e scuotevano la testa increduli, a metà strada tra un vago rispetto abbastanza immotivato e la consapevolezza motivatissima della follia altrui, e mi facevano domande in un inglese impavido, cantilenato con le curiose inflessioni delle lingue tonali, dopo aver visto la targa "Roma" e una strana scritta sulla fiancata della Vespa: "From Italy to Vietnam".

Seduto sulla sella con le ginocchia tra gli avambracci, rispondevo usando a profusione le parole di vietnamita che avevo imparato fino a quel momento, mentre sotto il giubbotto di pelle il mio cuore batteva più forte del solito, in virtù di quella scarica improvvisa di nicotina.

"Iù Itàli?"

"Vàng." Cioè: sì.

"Iù Saigon go moto?!"

"Vàng."

"From Itàààààli?!?"

"Vàng!"

"Ahh!"

"Grupp? Iù grupp travell?"

"Khòng, dòc than."(No, da solo.)

A questo punto, come mi era già capitato in situazioni analoghe, per esempio in Iran, in Pakistan o in Bangladesh, si fa largo tra il capannello di gente, serissimo e con gesti pacati che impongono il silenzio, subito ottenuto, un signore vestito più elegantemente degli altri, con un viso che lascia trapelare una grande conoscenza delle cose del mondo (e non ultima, probabilmente, quella dell'inglese), che guardandomi fisso negli occhi mi chiede, con una palpabile vibrazione di solennità nel tono della voce:

"Iù Itàli?!".

"Yes."

"Moto iù camm from Itàli?"

"Yes."

"Iù alònn?"

"Yes."

"Ochèi; tenk'iù."

Poi traduce in vietnamita per gli astanti.

Con tutto quello che hanno lasciato qui gli americani (gli Zippo dei marines uccisi che adesso si vendono per le strade a pochi *dong*; i figli in ricordo alle vietcong riempite di botte e poi stuprate, o alle prostitute di Saigon nei locali fumosi con la voce di Mick Jagger in sottofondo; l'incubo del napalm e dei villaggi rasi al suolo, i cadaveri di sessantamila poveri yankee e di milioni di poveri "musi gialli"); dopo tutto quello con cui hanno marcato indelebilmente questo paese, gli americani avrebbero potuto anche lasciare maggiori tracce della propria lingua, dietro di sé.

In quell'inizio di marzo del 1993, quando parcheggiavo la Vespa davanti al chiosco di bibite e ritrovavo nella memoria la mia miscela di sapori, il Vietnam non era ancora diventato una destinazione turistica troppo "alla moda"; il Club Med non vi aveva ancora aperto un villaggio con animatori fracassoni e feste in costume per il 14 luglio, e le agenzie di viaggi lo includevano timidamente nei loro programmi.

L'embargo economico e le sanzioni da parte del governo di Washington erano ancora in vigore, sebbene da qualche mese la loro pressione avesse cominciato ad allentarsi; la guerra con la Cina per il confine nord era da poco finita, con i disperati naufragi di centinaia di *boat-people*, e per le strade di Saigon (che adesso si chiamava Ho Chi Minh City, anche se i suoi abitanti continuavano a chiamarla Saigon) vedevi circolare pochi stranieri, *backpackers* e "viaggiatori" più che turisti nel vero senso della parola, i quali avevano quasi tutti, indistintamente e loro malgrado, una comica sindrome da voyeur a luccicargli negli occhi. E ancora meno stranieri vedevi circolare ad Hanoi, la capitale del Vietnam riunificato, o nei villaggi lungo i 2000 chilometri di costa da Hanoi fino al delta del Mekong, attraverso i quali ero passato in due settimane per raggiungere la destinazione finale del mio viaggio su due ruote, avendo sicuramente negli occhi lo stesso inconsapevole luccichio voyeuristico.

La tragedia della guerra, e la sua ineguagliata (forse ineguagliabile) risonanza sui giornali di tutto il mondo, nella cinematografia, nell'opinione pubblica e nella mente di almeno due generazioni di occidentali, avevano fatto del Vietnam un paese *speciale*, l'avevano caricato di significati simbolici e d'implicazioni emotive che altri paesi sicuramente non possedevano; avevano mitizzato, almeno ai miei occhi, la sua gente attribuendole tratti di stoicismo e di sopportazione infinita.

Proprio il fatto che i vietnamiti fossero così cordiali e ben disposti verso i pochi stranieri che capitava loro di incontrare, dopo tutto il dolore incamerato non solo nella guerra con gli americani ma in quella per l'indipendenza dai francesi; che sembrassero non avere rancore nei confronti degli occidentali e anzi sorridessero sempre di buon grado, non *di* loro ma *con* loro, appena se ne presentava l'occasione; che fossero così allegri e avessero il desiderio a dir poco struggente di divertirsi e di dimenticare, invece che di starsene in un angolo a leccarsi le ferite... Proprio queste erano le cose che mi meravigliavano maggiormente nei contatti che avevo di giorno in giorno con loro, e che accrescevano le connotazioni quasi mitiche che questo popolo già aveva.

Quando anche la seconda lattina di birra finisce, insieme alla quarta sigaretta, saluto a destra e sinistra distribuendo sorrisi un po' imbarazzati da persona contenta, do un'occhiata alla piccola mappa di Saigon sull'ormai consunto *South East Asia on a Shoestring* e metto in moto la Vespa per dirigermi verso la vicina stazione ferroviaria, dove so di poter trovare qualche albergo a buon mercato.

Dopo aver visto un paio di camere davvero squallide, decido che almeno per quel giorno è il caso di celebrare e regalarmi una sistemazione come si deve anche dando fondo agli ultimi biglietti da venti dollari che mi sono rimasti in tasca... Intanto festeggiamo; poi si vedrà.

Così prendo alloggio in un albergo con tanto di frigorifero (vuoto) e due stampe incorniciate alle pareti, raffiguranti uno chalet svizzero e un cucciolo di pechinese; un albergo con le lenzuola incredibilmente pulite rispetto alle precedenti passate in rassegna, e una ragazza alla reception che mi fa girare la testa solo a guardarla, e per colpa della quale, ogni dieci minuti, scendo dalla mia stanza al terzo piano, senza ascensore, per importunare lei o i suoi colleghi con i pretesti più smaccati; soltanto per vederla, per strapparle un sorriso con una battuta cretina, per arricciare le labbra in un saluto che sembra più un bacio. Le vietnamite sono spesso molto belle, ed elegantissime in quegli attillati, semplici vestiti che mettono in risalto ogni forma, dando un tocco di assoluta femminilità ai movimenti del loro corpo. Ma questa ragazza alla reception del Huong Sen Hotel non è *solo* bella: è un capolavoro, un concentrato di sensualità innata, un miracolo in carne e ossa che se ne sta con i gomiti appoggiati al banco vicino ai registri, sotto una crudele luce al neon che rivela, del tutto senza necessità, la piccola imperfezione di un foruncolo arrossato sulla sua fronte (particolare, questo, che la rende ancora più bella ai miei occhi, come un ineffabile strabismo di Venere); un miracolo che a ogni mio procinto di risalita verso la camera al terzo piano chiede sfarfallando con le lunghe ciglia: "Evliting *nau* isss ok, mìstel?". Amore mio: ci mancava soltanto tu avessi questa vocetta così dolce, come le note basse di un ottavino.

Faccio una doccia veloce e mi vesto con l'abito più presentabile che riesco a mettere insieme pescando nello zaino pieno di biancheria sporca, camicie col collo sfilacciato e jeans ridotti a brandelli durante quei lunghi mesi di viaggio sulle strade, molto spesso stradacce, dell'Asia. Do un'aggiustatina ai capelli davanti allo specchio a forma di nocciolina americana e mi accingo a scendere per l'ennesima volta, con la trepidazione di un quindicenne che si prepara al suo primo appuntamento galante, e il proposito fermissimo di invitarla a cena, non appena il suo turno di lavoro fosse finito.

Ma quando mi presento al banco della reception, quasi ansimando per tre rampe di scale scese in un lampo, i suoi colleghi mi informano che il suo turno di lavoro era *già* finito, e che lei se n'era andata a casa da poco, nemmeno dieci minuti prima. Così non mi resta che cenare da solo, con la delusione che mi illanguidisce lo stomaco insieme al sapore di un'anatra fritta, e alle speranze per l'indomani.

Poi vado a fare due passi per le vie della città, chiacchierando con la gente, più a gesti che a parole, e soffermandomi ogni tanto a fantasticare su di me e sul mio viaggio, che in certi momenti mi era quasi sembrato dovesse durare in eterno, e che invece è ormai finito.

Ero arrivato a destinazione; avevo tolto i bagagli dai portapacchi e non ce li avrei più rimessi il giorno dopo; avrei scritto un po' di cartoline nelle quali frasi come "Missione compiuta!" o "Saigon by night, finalmente!" avrebbero fatto capolino tra i saluti; e tra pochi giorni, dopo aver trovato il modo di spedire la Vespa a Roma con una nave, sarei tornato in Italia a mia volta. Ma ancora non sapevo assolutamente cosa avrei fatto *dopo*, ancora non avevo la minima idea di come pronosticare un futuro che, almeno per suggestioni anagrafiche, avrebbe invece già dovuto essere inequivocabilmente tracciato, in un modo o nell'altro.

Non potevo nemmeno immaginare, quella sera per le vie male illuminate di Saigon, anche se avessi voluto sforzarmi in esercizi di fantasia, che soltanto pochi mesi dopo quel raid dall'Italia al Vietnam, che a malincuore stavo ormai archiviando mentalmente, ci sarebbe stato un nuovo viaggio in Vespa dall'Alaska alla Terra del Fuoco, e poi un altro ancora dall'Australia al Sudafrica: 90.000 chilometri in più che mi aspettavano nello spazio dei successivi tre anni. E che ci sarebbe stato un quarto viaggio, con partenza nell'autunno del 1997, per altri 150.000 chilometri in tutti e cinque i continenti, dal Cile alla Tasmania "usando" solo ponti naturali come lo Stretto di Bering e Gibilterra, Djibouti e Hormuz, l'Indonesia e l'Australia: un viaggio di tre anni senza soluzione di continuità, e senza oceani di mezzo. Non avrei mai potuto immaginare che nel mio futuro, dopo quei 24.000 chilometri appena percorsi, ce ne sarebbero stati altri 240.000 a bordo di uno scooter... E se anche l'avessi immaginato, a ogni buon conto, in quei momenti non ci avrei creduto.

Resto a bighellonare ancora un po' attorno alla stazione, e alle undici ritorno all'albergo per salire subito in camera con in tasca un pacchetto intonso di sigarette vietnamite a darmi sicurezza (il secondo in poche ore), dopo una brevissima e incongrua occhiata tutt'intorno a quella piccola hall malandata, quasi speranzoso che lei potesse aver dimenticato la borsetta o che so io, e fosse tornata a prenderla proprio in quel momento.

Faccio fatica ad addormentarmi, ma inaspettatamente non è il pensiero del mio amore dietro il banco della reception a tenermi sveglio, e anzi mi accorgo di avere quasi dimenticato i lineamenti del suo viso e la sua stessa esistenza. Sono altri i pensieri che mi tengono compagnia.

Mentre rimango disteso sul letto sudando copiosamente per il caldo soffocante che regna nella stanza, e che le pale claudicanti del ventilatore sulla mia testa riescono soltanto a mitigare; mentre fisso per minuti interi nella penombra le innevate montagne della Svizzera o il pechinese incorniciati sul muro, mi sfilano davanti agli occhi, accavallandosi nella memoria senza coesione interna, le immagini di un guerrigliero kurdo con un kalashnikov a tracolla e le pagode di Wat Pho a Bangkok, le dune di sabbia nel deserto del Beluchistan e i "cavalli umani" di Calcutta; i bicchierini a forma di tulipano dai quali si beve il tè in Turchia e i lapislazzuli dei mosaici sulle moschee a Esfahan; i cortei che vanno alle cremazioni sui *ghat* di Benares, gli ingorghi dei rickshaw ai semafori di Dhaka, il labbro leporino di una donna ad Hanoi, un rifornimento di benzina a Huê, i bassorilievi di Persepoli... Ma poi tutto si offusca pian piano, in una sarabanda di scintille che formicolano nel buio compatto; i contorni dei miei ricordi perdono chiarezza e spessore, e allora la ragazza della reception, che nel mio sogno si chiama chissà perché Suzy Wong, sdraiata su un divano si sfila la gonna di pelle tempestata di smeraldi e rubini, lascia intravedere la punta della lingua tra le labbra schiuse e lascivamente mi fa cenno di avvicinarmi.

Il regalo

Dieci mesi prima avevo comprato una vecchia Vespa da Wayan, uno dei camerieri del ristorante Pantai Ayu sulla spiaggia di Padangbai, a Bali.

Nonostante avesse soltanto ventiquattro anni (intendo dire Wayan, non la Vespa, che sicuramente ne aveva qualcuno in più), e sembrasse addirittura più giovane della sua età, con quella spaesata peluria sul labbro superiore che lui si ostinava a chiamare *kumis*, cioè baffi, e un'impenitente faccia da ragazzino, Wayan aveva già un numero considerevole di figli, cinque per l'esattezza, tutti maschi, e proprio in quelle settimane sua moglie Ni Nyoman avrebbe partorito il sesto.

Secondo la tradizione balinese della casta sudra, che occupa il gradino più basso della gerarchia ma comprende il 90 per cento almeno della popolazione, i figli di Wayan si chiamavano: Wayan, a sua volta, il primogenito, Made il secondo nato, Nyoman il terzo, Ketut il quarto, di nuovo Wayan il quinto, e se il nascituro, il sesto, fosse stato maschio si sarebbe chiamato ancora Made, Ni Made se femmina. Un settimo figlio (assolutamente non augurabile viste le disastrate condizioni economiche di casa Wayan) si sarebbe chiamato di nuovo Nyoman, Ni Nyoman se femmina; un ottavo ancora Ketut, o Ni Ketut; e così via. Come non si generasse una confusione incredibile, avendo la maggior parte dei balinesi soltanto quattro nomi da ripetersi nell'ordine secondo il numero dei figli, è una cosa che non sono mai riuscito a capire del tutto.

Quante volte, per esempio, me ne stavo seduto sulla veranda del Pantai Ayu a mangiare del pesce o a poltrire guardando il mare davanti a me, quando entrava qualcuno e chiedeva ai camerieri: "Avete visto Made?". Di quale Made in particolare si trattasse, tra le centinaia di Made che abitavano il villaggio, per me era un mistero, e impossibile soltanto azzardare una risposta; ma le persone alle quali veniva rivolta questa domanda invariabilmente capivano di *quale* Made si volessero notizie, ed ecco allora che qualcuno rispondeva: "È a un combattimento di galli a Tenganan", oppure: "È andato in barca a Nusa Penida", o magari: "È a Denpasar con Ketut" (*quale* Ketut?!); o chissà che altro ancora.

Con quella caterva di figli, Wayan era sempre a corto di denaro, e le poche migliaia di rupie che guadagnava come cameriere al Pantai Ayu avevano cronicamente bisogno di integrazioni supplementari: in quel periodo si era già venduto la mastodontica radio-mangiacassette della quale andava orgogliosissimo; e anche (ma di questo si vergognava un po' e preferiva non parlarne troppo), tre o quattro anelli di Ni Nyoman, che durante le gravidanze lo aiutava a sbarcare il lunario intrecciando ceste di bambù per il mercato del pesce a Kusamba.

Un pezzo di risaia l'aveva ipotecato; cento dollari li aveva chiesti in prestito a me due settimane prima. Adesso toccava alla Vespa.

Io non avevo nessuna intenzione di comprarla, non tanto perché fosse ridotta ai minimi termini, un vero catorcio ammaccato e arrugginito da tutte le parti, quanto perché non avevo mai avuto passione per le moto e la mia unica esperienza in tal senso si era limitata, all'età di quindici anni, a un ciclomotore rosa shocking che era finito accartocciato in un fosso insieme a me. Proprio non avevo voglia, né necessità, di fare il bis lì a Bali.

Da più di otto mesi vivevo in quel piccolo villaggio sulla costa est dell'isola, ancora poco turisticizzata a confronto di altre località come Kuta, Sanur o Singaraja stessa; e per la quinta volta in quattro anni, obbedendo a chissà quali dinamiche inconsce da pendolare di lungo raggio, mi ritrovavo in Indonesia accarezzando ormai l'idea di trasferirmici in pianta stabile, dopo che già vi avevo vissuto a singhiozzo, dall'88 ad allora, per due anni complessivi.

Non mi era mai successo prima di provare un sentimento così forte per un luogo, per una nazione e per i suoi abitanti; ero arrivato persino a teorizzare una sorta di affinità elettiva, o a pensare addirittura, con tutta l'ingenuità che compete a un tale pensiero e senza crederci più di tanto, di essere vissuto lì in un'esistenza lontana, perduta nel ciclo stravagante delle reincarnazioni. Sta di fatto che sempre più di frequente e con maggiore intensità dovevo riconoscere di non essere mai stato così bene come da quando avevo preso in affitto quel bungalow di bambù sulla spiaggia; come da quando i giorni indolenti in quel villaggio sembravano essere sempre un pochino troppo lunghi, ma in compenso otto mesi volavano in un attimo.

Da diverso tempo ormai, radendomi alla mattina, mi trovavo riflesso nello specchio un sorriso sempre meno imbarazzato e quasi allegro, non più quella faccia patibolare di chi ce l'ha con tutto e tutti, di chi sputa sentenze ciniche e bazzica un fatalismo a buon mercato; una faccia sgradevole che in un passato anche troppo recente mi conoscevo così bene.

Andavo a dormire quasi sempre prima di mezzanotte e mi svegliavo poco dopo l'alba: non mi capitava da anni, forse non mi era mai capitato, almeno dalla pubertà in poi. Il fatto che nel mio bungalow non ci fosse la luce elettrica sembrava quasi amplificare tutto questo, con il riverbero che le candele o una lampada a petrolio stemperavano sul bambù del soffitto di notte, rendendo ancora più accecante la canzonatura del sole tra le ciglia alla mattina. Studiavo con accanimento l'indonesiano, che ormai parlavo bene, e con un accanimento più bonario lo praticavo ogni giorno con gli abitanti del villaggio. Suonavo una chitarra che mi ero portato dall'Italia; di quando in quando tessevo avventurette senza arte né parte con le poche turiste che capitavano a Padangbai, e scrivevo a getto continuo racconti d'ambientazione balinese, contando addirittura di farli tradurre in indonesiano, o di tradurli io stesso, e di raccoglierli poi in un volumetto da stampare a Jakarta, dove un mio amico aveva una piccola tipografia; andavo a passeggiare sulla spiaggia fin dietro la collina, o fino a Candi Dasa e Amlapura; nuotavo per ore in un mare tiepido la mattina appena sveglio... Insomma: l'idilliaco quadretto di vita che mi ero costruito intorno mi sembrava perfetto, e io mi preparavo mentalmente a incorniciarlo come si deve, immaginandolo esposto nella pinacoteca del mio futuro per chissà quanti anni, con le giornate sornione che trascorrevano tranquille e persino piacevolmente, senza grandi gioie ma anche, e questo era l'importante, senza troppe tristezze e quelle solite, familiari, stupidissime fitte d'inadeguatezza che per anni mi avevano preso lo stomaco strizzandolo ogni volta per bene, come uno strofinaccio bagnato, per poi rigettarmelo con un colpo secco in pancia.

In Italia avevo lasciato una relazione che, come sempre mi succede, avevo immaginato potesse durare tutta la vita, e che invece già da tempo perdeva colpi e sembrava addirittura facesse fatica a sopravvivere fino alla settimana successiva: con la mia fuga così lontano cercavo di dimenticarla una volta per tutte, e in parte ci riuscivo davvero. Avevo lasciato anche un lavoro in teatro, come attore, che ogni giorno di più mi sembrava continuasse mio malgrado nella vita reale, rendendola una finzione nella quale avevo smesso di riconoscermi, che non vedevo di buon occhio e non stimavo, ma che puntualmente ricominciava a ogni nuova scrittura. La mia famiglia (parlo della mia famiglia *di origine*, non di una che nel frattempo mi fossi formato io con una moglie e dei figli, dopo l'esperienza di un matrimonio sbagliato e di un divorzio giustissimo nel giro di pochi anni), la mia famiglia – che pure, in definitiva, avevo lasciato – mi voleva troppo bene per non accorgersi che ormai vivevo come un pesce fuor d'acqua, e come aveva fatto il callo in precedenza ai miei reiterati viaggi di cinque o sei mesi lontano dall'Italia, sulla falsariga dell'Ismaele di *Moby Dick* che quando sente l'inverno nell'anima e lo *spleen* mordergli le ossa decide che è tempo di imbarcarsi e andarsene via, accettava ora di buon grado, se non proprio con felicità, l'idea che andassi a "rifarmi una vita" in Indonesia. Ci mancavamo a vicenda, ma sapevamo che era giusto così, e che non avrebbe potuto essere giusto in un altro modo.

La parola "fuga", con cui spesso qualcuno, soprattutto tra gli amici, aveva bollato la mia partenza improvvisa con significati decisamente negativi, non mi dava fastidio più di tanto, e mi smacchiavo la coscienza indulgendo in ragionamenti e frasi di questo tipo: "Se un ergastolano riesce a scappare dalla prigione, c'è da chiamarlo vigliacco per la sua fuga o da togliersi il cappello perché è riuscito a metterla in atto?". Naturalmente, a mio modo di vedere, questa era una domanda oziosa, e la risposta non ammetteva alcun dubbio.

Grazie all'affitto della mia casa vicino a Roma, potevo contare su circa settecentomila lire al mese, regolarmente depositatemi in banca dal precisissimo affittuario; una tale somma avrebbe garantito, in qualsiasi paese d'Europa, la miseria vera o perlomeno una psicopatologia quotidiana del risparmio forzato; ma a Padangbai, per quanto a volte mi mettessi addirittura d'impegno a "sperperare", non riuscivo mai a spendere di mese in mese più della metà di quelle settecentomila lire, trasformate con un pezzetto di plastica in rupie *cash advance*; ecco perciò che il problema economico dei miei giorni indonesiani era risolto quasi per incanto una volta per tutte, con un banalissimo tocco di bacchetta magica; e nemmeno era escluso che a un eventuale ritorno a Roma potessi trovare un conto corrente più pingue di quello esangue che avevo lasciato partendo. Sembrava paradossale, ma era proprio così: non lavorando e vivendo come volevo vivere *guadagnavo* forse di più di quando lavoravo detestando come vivevo... e riuscivo persino a risparmiare! Benedetta equazione; benedetta come una vincita al Totocalcio; benedetta "fuga"!

Per ritornare alla Vespa di Wayan, dopo questa digressione su bungalow di bambù, affittuari precisissimi ed ergastolani che evadono ritrovandosi per giunta tra le mani la schedina vincente: una volta che l'ebbi osservata meglio mi accorsi di altre magagne ben più sostanziali delle ammaccature e degli arcipelaghi di ruggine qua e là sulla carrozzeria. Innanzitutto i freni sembravano essere proprio fuori uso, e anche tirando le leve al massimo non veniva a prodursi il minimo effetto sulle ruote, che indifferenti continuavano a girare come prima; le gomme erano liscissime, la ruota di scorta era sparita e il faro anteriore se l'era preso chissà chi: era rimasto un buco grottesco, come l'orbita vuota di un occhio. L'accensione, per finire, era oltremodo laboriosa, con buffi singulti del motore prima del borbottio definitivo che coronava di successo, alla buon'ora, la fatica. Stando così le cose, i trecento dollari che Wayan andava chiedendo tra i clienti del ristorante, con la faccia compunta di chi si sta privando di qualcosa per il bene degli amici, rappresentavano una cifra a dir poco assurda, e nessuno sembrava prenderlo troppo sul serio; tutti, invece, accompagnavano con risatine e battute canzonatorie le sue patetiche rimostranze, il suo vantare le doti di quel reperto da museo.

"Giogior, diglielo tu che sei italiano come la Vespa: li vale sì o no trecento dollari?" (Non c'era verso che qualcuno, da quelle parti, riuscisse a pronunciare il mio nome come si deve, e questo era per me un mistero, perché avevo sempre ritenuto che Giorgio fosse tutto meno che uno scioglilingua: Wayan mi chiamava Giogior, per sua moglie ero Giors, per qualche altro ancora Johnson, per Ibu Komang Josh; e così via.)

Io stavo bevendo un *lassi* di papaya sulla veranda, e me la cavai con un diplomatico: "*Tidak tahu, Wayan; tidak tahu... Berangkali*". Che sarebbe come lavarsi le mani in un laconico: "Non lo so, Wayan, forse li vale".

Poi sistemai intorno ai fianchi il *sarong* stampato a fiori e me ne andai a fare una camminata fino al bivio per Denpasar e Amlapura, passando davanti alla discarica fumigante del villaggio e facendo grandi sforzi per non vomitare il *lassi* di papaya mentre respiravo quei vapori.

Arrivato sulla strada principale fermai un *bemo*, uno di quegli scalcinati furgoncini che fanno servizio di taxi pubblici, sempre pieni di gente, e mi feci portare a Klungkung, in un ristorante dove si mangiavano delle aragoste freschissime per lo stesso prezzo con cui in Italia avresti mangiato delle aringhe affumicate. Chiacchierai abbastanza di malavoglia con alcuni clienti appassionatissimi di calcio, che conoscevano le formazioni attuali della *Giu-*

ventùs e dell'*Asì Milan* molto meglio di me, e snocciolavano i nomi dei calciatori come fossero grani di un rosario.

Mi aveva sempre fatto un po' ridere come gli indonesiani, che amano il calcio in maniera viscerale e sono la bellezza di 190 milioni secondo l'ultimo censimento, non riuscissero a mettere insieme *undici* uomini per formare una squadra decente! Ricordavo ancora che qualche mese prima la loro Nazionale aveva perso cinque a zero col Brunei, uno Stato che sarà sì ricchissimo grazie al petrolio, ma poverissimo di abitanti.

Verso le nove di sera ero già di ritorno a Padangbai, e dopo aver fatto un bagno in mare decisi di andarmene subito a dormire. Mentre stavo disponendo la zanzariera attorno al letto e finivo di caricare la lampada a petrolio, sentii che qualcuno saliva la scala di legno che conduceva alla porta-botola del mio bungalow, e quando questa si aprì come la metà di un ventaglio, vidi spuntare la testa di Wayan: mi salutò col suo abituale sorriso, ma i suoi occhi mi sembrarono per un attimo molto strani. Forse era preoccupato, forse triste; magari era solo sbronzo. "Entra, Wayan. Prendi un bicchiere di *arak* e sediamoci sul balcone; senti che bel fresco, stasera. Cosa c'è, qualcosa che non va?"

"Sì, Giogior, ho un problema." Era sobrissimo. "Scusa se sono venuto a quest'ora, però non sapevo da chi altro..."

"Sono solo le dieci."

"Lo so, ma stavi già andando a dormire." Girò uno sguardo impacciato intorno alla stanza, e lo soffermò sulla zanzariera che penzolava già sistemata sul letto, morbida e bianchissima nella penombra.

"Ci andrò più tardi. Dimmi, piuttosto: è successo qualcosa?"

"No, non proprio; cioè: devo trovare ottanta dollari entro domani mattina, altrimenti..." Confesso che la parte peggiore di me pensò subito: "Ci risiamo, un altro prestito!"; e provai vergogna per la mia meschinità. Non era stato forse Wayan che disinteressatamente si era dato da fare per trovarmi quel bungalow sulla spiaggia, e mi aveva persino aiutato ad arredarlo con qualche mobile che un suo parente di Amlapura non usava più? Che mi aveva procurato, chissà come, il modo di ottenere un visto di sei mesi anziché dei due canonici che ogni straniero riceve quando entra in Indonesia? Solo per questo regalo, che mi risparmiava una sequela di voli aerei per uscire dal paese ogni sessanta giorni, avrei dovuto baciare dove camminava. Non era stato forse lui che si era offerto di insegnarmi, per un compenso quasi simbolico, l'indonesiano, rubando il tempo al suo lavoro da Ibu Komang e ai suoi figli? Che era sempre così disponibile e di buonumore nonostante facesse davvero fatica a mettere insieme il pranzo con la cena? E io, invece, per ottanta stupidissimi dollari provavo una punta di fastidio, mi dicevo: "Ci risiamo!", trangugiavo in un sorso il bicchiere di *arak* che nel frattempo mi ero riempito e lo guardavo in silenzio, quasi aspettando che gratificasse la mia curiosità elargendo altri particolari della sua ingarbugliata situazione economica. E in quegli istanti pensai che ci si può anche sforzare di essere buoni, o fare finta di esserlo; ma che la bontà vera, quella che non chiede, quella che semplicemente capisce senza sapere, quella non la si impara mai, è appannaggio di pochissimi... E di certo, quella sera, non si trovava a passare sul mio balcone di bambù.

"È venuto a casa mia quel bastardo di Karangasem, quello che una volta hai visto anche tu, al tempio, durante un *barong*. Lo strozzino, ti ricordi? Beh, gli devo già un bel po' di soldi. Mi ha detto che se entro domani non gli porto almeno gli ottanta dollari che mi ha prestato la settimana scorsa mi brucia la casa! Lo sai anche tu che sbruffone è. Io non ci credo che mi bruci la casa, questo no, figuriamoci. Ma un brutto scherzo me lo fa di sicuro; è una carogna, ne ha fatti finire male tanti." Wayan parlava concitatamente e con sdegno, farcendo le sue parole di imprecazioni; ma per il vero sembrava anche un po' spaventato, e tormentava in continuazione il colletto della sua camicia bianca, pieno di macchie d'olio. In quel momento scorgemmo Ni Nyoman, sua moglie, che correva accaldata sulla spiaggia verso di noi, reggendosi tra le mani il ventre gonfio che le inturgidiva il *sarong* verde di cotone.

Quando ci raggiunse nel cortiletto sotto il bungalow, con i capelli scarmigliati sul viso bellissimo nonostante i minuscoli segni del vaiolo, gridò qualcosa a Wayan nel dialetto balinese della casta sudra, del quale io capivo sì e no cinque parole, e poi salutandomi distrattamente ritornò di corsa sulla spiaggia, sparendo alla nostra vista tra le foglie larghe dei banani. "Si sta portando via la cucina che abbiamo comprato a Denpasar! Trecentomila rupie di cucina, bastardo! La sta già caricando su un furgoncino..." E Wayan schizzò in piedi e si precipitò verso le scale.

"Aspetta, Wayan. Tieni, buttaglieli in faccia." Tolsi dall'astuccio di cuoio sdrucito che portavo al collo quattro biglietti da venti dollari. Lui si schermì debolmente borbottando qualcosa in dialetto, ma poi li prese e mi sorrise, il suo sorriso dai denti perfetti che gli si rifletteva anche negli occhi. Mentre scendeva in fretta le scale mi gridò "*Terima kasih, kawan saya; terima kasih banyak*!": Grazie mille, amico; e lo ripeté ininterrottamente come una cantilena finché potei sentirlo, mentre spariva anche lui tra le foglie dei banani che delimitavano la spiaggia.

Rimasi soprappensiero a guardarlo allontanarsi, poi rientrai dal balcone, accesi la lampada a petrolio e mi sdraiai sul letto a leggere un libro.

Ma nemmeno mezz'ora più tardi sento Wayan ritornare sulla sua Vespa scarburata, che fa un rumore d'inferno. Senza neanche smontare, e dando anzi continue accelerate, mi grida da giù: "Te la regalo, Giogior; te la parcheggio qui sotto. Scendi un attimo che ti insegno un trucco per metterla in moto alla svelta". Io mi affaccio in mutande al balcone, e gli grido a mia volta: "Tu sei matto, Wayan! E poi non so che farmene di una moto, davvero; non la voglio".

"Mi fa piacere regalartela...." Per un attimo ancora la mia parte "buia" si trovò a pensare agli ottanta dollari, e anzi ci aggiunse subito gli altri cento che gli avevo prestato due settimane prima. Mi venne da sorridere sotto i baffi. "Ma non volevi venderla a trecento?" gli chiesi infilandomi alla svelta un paio di jeans e iniziando a scendere la scala.

"Tanto non me li dà nessuno trecento dollari per questa. Senti, Giogior, ti propongo un affare." Io avevo già capito perfettamente l'antifona, e dove Wayan sarebbe voluto andare a parare con la sua proposta, così mi divertii ad anticiparlo: "D'accordo: io mi prendo la Vespa e noi due siamo pari, non è così?".

"Guarda che per *centottanta* dollari è regalata davvero... Ti ho detto che te la regalavo, no?" Scoppiò a ridere furbescamente e, contro le abitudini dei balinesi, di solito così restii a lasciarsi andare a effusioni o a manifestare platealmente i propri sentimenti, mi abbracciò saltellando con tanta veemenza che ben presto dovetti saltellare anch'io, un po' imbarazzato e guardandomi intorno con la coda degli occhi.

Per celebrare la transazione avvenuta lo invitai su ad aprire una nuova bottiglia di *arak*, e verso mezzanotte eravamo assolutamente usciti dal pentagramma della sobrietà tutti e due: sviolinandoci note melense col fiato che esalava il vapore di una distilleria (note piene di tagli addizionali, trilli e acciaccature, sincopi e alterazioni in chiave), ci giuravamo amicizia eterna servendoci di parole che si impastavano in bocca; fedeltà cameratesca imperitura, unione indissolubile, uno per tutti, tutti per uno; e via discorrendo. Almeno finché Wayan non vomitò anche l'anima sull'impiantito di legno del balcone e io non lo accompagnai barcollante da Ni Nyoman la quale, ben lungi dall'impensierirsi o dal fargli una predica, si mise a ridacchiare sommessamente facendo oscillare in modo buffo il pancione sotto il *sarong*, e poi andò di corsa a chiamare le vicine di casa ancora sveglie per far divertire anche loro...

E fu così che mi ritrovai di punto in bianco, senza che l'avessi minimamente voluto e anzi quasi controvoglia, padrone della mia prima, sgangheratissima Vespa.

Bali, Giava, Sumatra, Singapore

La mattina dopo, rovistando ancora assonnato sul comodino alla ricerca di un pettine, mi capitò tra le mani una chiave che non avevo mai visto, e mi ci vollero alcuni secondi per ricordarmi di Wayan e del suo regalo.

Sbirciando dal balcone, in un bagno di luce, vidi la Vespa inclinata a quarantacinque gradi verso il tronco di una palma da cocco, e mi venne improvvisamente voglia di farla funzionare, per la curiosità di vedermi seduto di nuovo su un veicolo a due ruote dopo più di vent'anni. "Quanto sei conciata male!" fu il primo pensiero che mi passò per la testa mentre mi avvicinavo quasi intenerito, cominciando a studiarla in tutte le sue parti.

Montai per un attimo sulla sella rattoppata e misi le mani sul manubrio, facendo senza rendermene conto *Brrruuumm Brrruuumm* tra le labbra, come da bambino quando impugnavo il volante della macchina di mio padre.

Infilai la chiave nel blocchetto d'avviamento e, già preparato a una sfacchinata da Sisifo, con pompate affannose sul pedale della messa in moto, mi stupii sinceramente quando sentii che il motore aveva preso a girare dopo tre o quattro colpi appena; spinsi a mano la Vespa scoppiettante fuori dal cancelletto, vi balzai sopra di nuovo e ingranai con qualche sforzo la prima, per cominciare a muovermi a passo d'uomo sul sentiero sterrato che delimitava la spiaggia.

Almeno per i primi cinque minuti ebbi qualche difficoltà a mantenere l'equilibrio; poi cominciai ad avviarmi a zig zag attraverso il paese, tra i monelli mezzi nudi che mi gridavano in coro:

"Giogior orang luchu!" cioè, molto poco complimentosamente: "Giorgio, pagliaccio!" vedendo le smorfie melodrammatiche che facevo, apposta per farli ridere.

Pian piano parve che acquistassi una certa confidenza, benché ancora non riuscissi a smettere di sbandare; imboccai deciso l'unica strada asfaltata che collega Padangbai alla provinciale per Amlapura, e al mio passaggio la gente che andava alle risaie, e che almeno di vista conoscevo quasi tutta, mi salutava e rimaneva immobile per un po', voltandosi a guardare la mia prima performance da motociclista, il mio modo maldestro di stare in sella, di affrontare attentissimo una curva. Accelerai appena appena, intonando a squarciagola una canzone molto in voga vent'anni prima in Italia: *Motocicletta, dieci HP, tutta cromata, è tua se dici sììì!*

Poco prima di arrivare a Candi Dasa, dalle parti di Manggis, passai davanti all'officina all'aperto di Ketut, che sotto una tettoia di frasche e lamiera riparava motori sul ciglio della strada, aiutato dalla moglie di sedici anni, sempre bistrata di grasso, e da un nipotino balbuziente.

Mi venne l'idea di fermarmi da lui per chiedergli informazioni circa un possibile restauro della Vespa; così tanto per chiedere, perché fino a un minuto prima non avevo mai pensato di farla riparare. Dopo un breve esame di Ketut al mio catorcio, la sua proposta fu irresistibile: trentamila rupie per la mano d'opera a lui, altrettante a un suo amico carrozziere; in più i pezzi di ricambio, che lui avrebbe potuto procurarmi usati, diciamo per – altro esame questa volta più minuzioso, e altro responso – trentamila rupie circa, rupia più rupia meno. Insomma: tutto trenta, pensai; trenta, sessanta, novanta: fanno neanche quarantacinque dollari.

"E poi viene come nuova, giusto?"

"Nuovissima, Josh."(Anche Ketut mi chiamava Josh, come Ibu Komang.) "Tra qualche giorno te la faccio tornare nuova, vedrai. Ti faccio andare in giro per tutta Bali senza nessun problema, per tutta l'Indonesia, parola di Ketut! Ti faccio tornare anche in Italia, se vuoi!" E Ketut accompagnò il suo proclama con una risata che spruzzava saliva tra i denti marronastri per l'abitudine di masticare tabacco. Io non avevo ragione di dubitare della sua parola, perché anche in un'altra circostanza, quando si era impegnato a procurarmi un vecchio calendario del villaggio di Tenganan, uno autentico di almeno cinquant'anni, non la solita paccottiglia che si vende adesso ai turisti, Ketut la parola aveva saputo mantenerla davvero, anche se con una settimana di ritardo. E il calendario, inoltre, era magnifico, con incisioni minuziosissime e quella patina di colori caldi che solo il tempo sa dare, e che le imitazioni su foglie di palma tagliate recentemente non potranno mai avere.

"Queste qui non si fermano mai; ne ha una anche mio cognato, e ci va in giro da quando non ero ancora nata io," aggiunse sua moglie con un ammiccamento degli occhi, sotto uno strato di grasso spalmato quel giorno fin sulla fronte. Lasciai la Vespa sotto la tettoia di frasche, e cinquantamila rupie come acconto in mano a Ketut, poi attraversai la strada e mi misi ad aspettare un *bemo* che mi portasse fino alla diramazione per Padangbai.

Mentre Ketut stava già cominciando a darsi da fare con un cacciavite e io dall'altro lato della strada lo guardavo (e di *bemo* all'orizzonte neanche l'ombra), cominciai ad avvertire un leggero disappunto per essere rimasto già a piedi, dopo aver usato il regalo di Wayan pochi minuti soltanto; sentivo anche un certo fastidio all'idea di doverglielo lasciare lì tre giorni o anche più, dipendeva dall'elasticità della sua parola; e quella sensazione, del tutto inaspettata, mi fece riflettere qualche istante, finché un *bemo* rosso apparve finalmente da Amlapura in direzione Klungkung, io ci saltai sopra e dopo una decina di chilometri smontai al bivio per Padangbai.

Nei giorni che seguirono, per una sorta di nemesi che sembrava volesse punirmi del mio disinteresse iniziale, il pensiero della Vespa in restauro occupò gran parte del mio tempo, e mi sentivo sempre più impaziente, facevo i capricci quando, un giorno sì un giorno no, andavo da Ketut e constatavo che il lavoro procedeva a rilento. In un'occasione persino mi arrabbiai con lui ferocemente, quando mi disse che il suo amico carrozziere, ben lungi dall'aver terminato il lavoro, nemmeno l'aveva iniziato. Ogni volta, tornando dall'officina a casa in *bemo*, la nostalgia per il mio *mezzo di locomozione privato*, come ormai mi divertivo a chiamarlo, diventava fastidiosa e pungente; e non vedevo l'ora di sedermici sopra di nuovo. Questi slittamenti puerili in un uomo di trentasette anni, che dovrebbe avere la testa rivolta a cose ben più serie e reali, non ero mai riuscito a considerarli con troppa severità, anche se forse a volte avrei dovuto. Sempre invece li avevo accolti in me con gratitudine, amandone proprio la puerilità, evidente come una luna piena in una notte senza nuvole; assaporandone il gusto e l'incoerenza, come se il tempo per un attimo stesse trascorrendo... a ritroso. Ma questo è un punto di vista strettamente personale; ognuno può considerarli come vuole, e *accoglierli in sé* come gli pare.

Finalmente la Vespa fu pronta.

Anche in quella circostanza Ketut, obbedendo a chissà quali indecifrabili logiche interne, mantenne la sua parola con una settimana di ritardo; ma riguardo alla qualità del restauro la mantenne come meglio non avrebbe potuto, perché effettivamente la Vespa era tornata come nuova, di un bel colore amaranto che lui stesso aveva scelto per coprire il malinconico grigio della vernice originale; non tutta cromata come la motocicletta della canzone, ma rifinita lo stesso benissimo, senza una sola pecca; insomma: perfetta. Regolai il conto e senza perdere un istante montai in sella.

Da quel giorno cominciai a scorrazzare come un'ira di Dio per le strade di Bali, e spesso non ritornavo a casa nemmeno per la notte, dormendo dove capitava.

Di tanto in tanto incrociavo Wayan, che sempre si congratulava con me per la trasformazione da anatroccolo a cigno del suo rottame, ed era sinceramente contento nel vedermi così entusiasta e neofita a godermela un mondo sulla Vespa che era stata sua. In quel periodo diventammo amici sul serio, al di là degli ebbri giuramenti di fedeltà imperitura sulla terrazza del mio bungalow; Wayan seppe stupirmi una volta di più con la bellezza del suo carattere, con la gioia genuina che gli nasceva dal vedere la gioia altrui. Avevo già imparato a riconoscere l'amicizia anche da questo: è proprio quando tutto ti va per il verso giusto che un amico vero non è invidioso di te, non gode nel denigrarti, non cerca di sminuire agli occhi degli altri il tuo benessere, ma ne fa piuttosto un motivo di benessere anche proprio. Fu in quel periodo, tra l'altro, che Wayan, dopo un breve sforzo iniziale, cominciò a chiamarmi Giorgio e non più Giogior, come aveva fatto per mesi.

Intanto io continuavo a girare per l'isola, senza stancarmi del mio nuovo giocattolo e anzi scoprendo grazie a esso stradine che non conoscevo, nelle quali intrufolarsi fino a trovare un villaggio, un tempio nuovo; fino a imbattersi in una cerimonia di danza *barong*, con le orchestrine di gong e i costumi terrificanti della dea Rangda; in una cremazione o in una processione di fedeli. Una sera sfrecciai quasi a novanta all'ora davanti all'officina di Ketut, che mi guardò inebetito col suo sorriso dai denti rovinati, mentre suo nipotino alle prese con il mistero di un motore alzava gli occhi e gridava: "Joshhh!!".

Andai un paio di volte a Trunyan, sulle rive del Lago Batur. Trunyan è uno dei pochi villaggi Bali Aga rimasti, abitati cioè dai discendenti degli aborigeni balinesi che vivevano qui prima dell'arrivo degli indù scacciati da Giava dall'invasione islamica. I Bali Aga hanno costumi, religione e tradizioni completamente diversi dal resto della popolazione balinese: sono animisti, detestano ogni interferenza esterna nella loro vita (e non ultimo detestano i *turisti*, avendo ben di rado nei loro riguardi anche l'ombra di un sorriso); non amano la musica ed espongono i loro morti agli animali, invece di cremarli.

Il piccolo cimitero all'aperto di Trunyan è una cosa che farebbe morire d'invidia il più truculento dei film horror. Un odore nauseabondo, montagnette di ossa e teschi calcificati dal sole e dalla pioggia, e su stuoie di bambù una decina di cadaveri, alcuni già completamente spolpati o putrefatti, con nidi di vermi negli occhi o in quello che è rimasto delle budella esposte, altri più recenti, appena all'inizio del processo di decomposizione, enfiati, violacei, coperti di vesciche. Un acido conato di vomito mi s'inchiodava alla gola, ma morbosamente non riuscivo ad andarmene da lì, mi guardavo intorno con le energie quasi annullate in quel paesaggio irreale, da incubo.

A un certo punto lo sguardo mi cadde su un ammasso molliccio, da cui emanava con una violenza insopportabile l'odore dolciastro della carne marcia. Era la faccia di un uomo, o meglio la poltiglia purulenta che ricopriva ormai il suo teschio; e sul moncherino del naso stavano appoggiati degli occhiali da sole! Un bel paio di occhiali da sole con la montatura di plastica in finta tartaruga e le lenti unte che sotto il sole prendevano strani riflessi policromi, come gocce di benzina in una pozzanghera.

Mettendomi d'impegno per non dar di stomaco, e per non ridere, mi chinai a guardare da vicino quello scempio; con i pollici e gli indici a losanga davanti agli occhi presi l'inquadratura, e sottovoce dissi "*click*".

Sulla strada per tornare a Padangbai feci una sosta di due giorni a Besakih, il Tempio Madre alle falde del vulcano Agung, che a metà degli anni sessanta, così mi avevano raccontato, proprio durante la cerimonia più spettacolare e sacra di tutto il calendario balinese, ebbe la bella idea di eruttare, uccidendo quasi duemila fedeli.

Se si pensa che questa cerimonia, l'Eka Desa Rudra, viene celebrata soltanto una volta ogni cento anni, ed è intesa come un sommo esorcismo alle forze del male, la simultaneità di eruzione e festa religiosa appare ancora più sconcertante e beffarda.

Poi partii per un giro di una settimana, durante la quale costeggiai l'isola lungo il suo perimetro, da Gilimanuk a Singaraja, da Tulamben a Denpasar, e l'attraversai nell'interno da ovest a est, passando per Ubud e il Lago Bratan, Kintamani e Tanah Lot, in paesaggi di una bellezza spesso perfetta: le vaste risaie a terrazza, turgide d'acqua che accendeva degli specchi sotto il verde d'infinite tonalità diverse; lunghi tratti di costa con sentieri a strapiombo sul mare e villaggi così remoti e così poco contaminati dal turismo che i loro abitanti sinceramente sembravano stupirsi al mio passaggio, e i bambini non di rado scappavano via spaventati, oppure scoppiavano in scrosci di risa, in urla di saluto. "Alllò mister!!"

L'ora del giorno che amavo di più era quella che precedeva di poco il tramonto, con quell'impalpabile luce arancione che si diffondeva nell'aria, in un'atmosfera rarefatta e magica... Quando fui di ritorno a Padangbai, nel bungalow che in quegli otto mesi avevo riempito di cose e sempre più, ormai, consideravo come casa mia, cominciai a pensare che tra meno di venticinque giorni sarei dovuto uscire dall'Indonesia per il rinnovo del visto.

E fu proprio in quegli istanti, mentre toglievo dallo zainetto la biancheria sporca di una settimana, che mi venne l'idea di andare in Malesia o a Singapore non in aereo, come avevo fatto sempre in quegli anni quando avevo bisogno di un visto nuovo per l'Indonesia, ma di fare, invece, il viaggio via terra con la Vespa almeno fino a Medan, nel nord di Sumatra; e poi da lì raggiungere con un ferry, attraverso lo Stretto di Malacca, l'Isola di Penang vicino al confine con la Thailandia; oppure prendere da Medan un aereo per un volo di poche decine di minuti fino a Kuala Lumpur, la capitale malese, o fino a Singapore.

Lasciai perdere la biancheria, abbandonandola in disordine sul pavimento di legno, e mi sdraiai sul letto a vivisezionare con lo sguardo l'intreccio di bambù e paglia del soffitto: mi sentivo come folgorato da questo pensiero, e volevo riordinare le idee, soppesare le cose con calma. Dunque, ragioniamo: il visto scade il 28 maggio e adesso siamo al 5, ventitré giorni esatti, dovrei farcela. Quanti chilometri saranno? Tutta Giava e tutta Sumatra, con due ferry di mezzo per due brevissimi tratti. Ce la faccio sì! E poi anche se il visto scade e sono ancora in Indonesia mica mi ghigliottinano; al massimo ci sarà da pagare una multa. E se la Vespa si dovesse rompere? Chi ci capisce qualcosa, di motori? Io no di sicuro, mai cambiata nemmeno una candela in vita mia. Comunque potrei sempre lasciarla da qualche parte e andare avanti in autobus. O magari me la riparano in fretta, che ne so?

Schizzai dal letto e andai a rovistare in mezzo ai libri; trovai una mappa dell'Indonesia e mi sedetti comodo sulla sedia a dondolo in balcone, a studiarla. La musica di Haydn in sottofondo, dal piccolo mangianastri a pile, riempiva l'aria calda di sole e mischiava le note di quel concerto al mio stato d'animo frizzante e volitivo. Tutta Giava, e poi tutta Sumatra, da sud a nord, per l'intera sua lunghezza. Dunque: saranno 2500 chilometri di sicuro, forse anche di più, forse 3000. Socchiusi gli occhi per qualche minuto, dondolandomi sulla sedia e ascoltando con un formicolio di piacevolezza l'assolo di un oboe che scodinzolava inacciuffabile tra gli archi; poi all'improvviso balzai in piedi, lanciai un urlo gutturale e folle dal balcone verso la spiaggia, e trinciando l'aria con le braccia in scomposti gesti di gioia gridai: "*Yeeeeaah!* Aggiudicato! Ci vado con la Vespa!". Decisi di partire addirittura l'indomani, senza perdere neanche un giorno.

Andai subito al Pantai Ayu per chiedere a Wayan se avesse qualche documento, un libretto di circolazione o qualcosa del genere. Lui sembrò cadere dalle nuvole – e del resto mi accorsi di non averci minimamente pensato neppure io, durante quei giorni in giro per Bali –, poi chiamò suo figlio Made e gli disse di andare a casa a prendergli una certa cartelletta che stava in un certo cassetto.

Dopo una decina di minuti Made ritornò e Wayan allora, rovistando tra alcune carte e un mucchio di foglietti che a me sembrarono cambiali, estrasse un libriccino verde unto e bisunto sul quale né il mio nome, naturalmente, né il suo erano registrati, e la Vespa figurava ancora essere di un certo Nyoman Serdana, di Denpasar, mai visto né conosciuto. "Ecco. Speriamo vada bene questo. Altre carte non ne ho."

"*Matursuksamá*, Wayan." Era una delle poche parole del dialetto balinese che conoscessi, e voleva dire grazie, "va bene di sicuro; altrimenti lo facciamo andare bene lo stesso, no? *Sampai jumpa lagi*" questo invece era indonesiano, e significava letteralmente "finché non ci si incontra ancora", cioè: "arrivederci".

Ritornai di corsa nel mio bungalow per finire di svuotare lo zaino, deciso a riempirlo subito di nuovo con dei vestiti puliti... Assicurazioni? Bolli? Passaggi di proprietà? Inutile dire che queste cose sono assolutamente marginali o perlomeno facoltative, da quelle parti; e soprattutto lo erano per me e per il mio carattere che diventava sempre più *naïf* a ogni soggiorno indonesiano, quasi ce ne fosse ancora bisogno. Entrato in casa stappai una bottiglia di birra, presa da quella rudimentale ghiacciaia che mi ero costruito un paio di mesi prima, con una cassetta di legno e dei fogli di stagnola. La birra mi sembrò fresca al punto giusto.

Mi accesi anche una Gudang Garam, le deliziose sigarette indonesiane con il chiodo di garofano mischiato al tabacco e l'essenza di vaniglia sul filtro, che onomatopeicamente chiamano *kretek* perché quando sono accese scoppiettano: *krek krek krek*; e la prima boccata mi comunicò una sensazione di benessere. Bisognava proprio dirlo: quel giorno ogni cosa sembrava andare a meraviglia, tutto era in armonia, tutto procurava piacere sottopelle, birra o sigaretta che fosse, e tutto veniva filtrato attraverso l'impazienza che arrivasse presto domani, e il mio viaggio potesse davvero cominciare.

Infilai nell'astuccio di cuoio che tenevo al collo il libretto di circolazione e la mia patente di guida, che mi ero affrettato a cercare nel comodino, dove custodivo le poche cose importanti, burocraticamente parlando, che mi ero portato da Roma. La patente non era certo di quelle internazionali, come sarebbe obbligatorio in Indonesia per guidare un veicolo con un passaporto straniero, ma pensai subito che la "I" di Italia stampata sul rosa della prima pagina avrebbe potuto tranquillamente, all'occorrenza, essere contrabbandata per la "I" di International; oppure, proprio alla disperata, cinque dollari di corruzione piegati per bene sopra la fotografia avrebbero messo a posto ogni cosa. E non persi nemmeno un attimo in più a pensare ai documenti.

Cominciai invece a mettere nello zaino qualcosa alla rinfusa, pochi vestiti, qualche libro, la carta geografica che era rimasta spiegazzata sul letto e alla quale diedi ancora uno sguardo, indugiando con la fantasia su località dal nome esotico e suggestivo.

Non riuscii a chiudere occhio, e non appena la prima luce cominciò a insinuarsi sotto la porta del balcone mi alzai e feci un lungo bagno in mare, nell'aria fresca e profumata del mattino. Poi mi vestii con l'abbigliamento più da "motociclista" che possedessi, vale a dire una giacca a vento dimenticata da chissà chi tra le mie cose, forse da un ospite di cui comunque non conservavo memoria, e un paio di Levi's di imitazione, comprati sulle bancarelle di Khao San Road a Bangkok insieme a un Rolex tanto finto da sembrare quasi vero. Dei sandali di cuoio alla fraticello completavano la mia tenuta da centauro.

Col piccolo zaino sulle spalle, che poggiava sulla sella e non era pesante da portare, alle sette in punto partivo per Gilimanuk, verso il ferry che in meno di un quarto d'ora mi avrebbe portato a Giava.

Impiegai tutta la mattina ad attraversare Bali, dal mio villaggio sulla costa est all'imbarco del traghetto sulla costa ovest, e già mi sembrava di essere entrato alla perfezione nello spirito del viaggio: ogni tanto consultavo la mappa spiegazzata, ogni tanto mi fermavo a fumare una sigaretta, e sul viso di certo dovevo avere un'espressione da motociclista navigato, da avventuriero equatoriale incurante dei pericoli e delle insidie.

Mentre stavo imbarcandomi sul ferry venni fermato da un poliziotto perché naturalmente non portavo il casco – quell'inutile casco giallo di plastica sottilissima che mi aveva dato Ketut in regalo, e che in caso di incidente non sarebbe servito a nulla –, ma lo tenevo agganciato dietro la sella (proprio in quei mesi l'uso del casco stava diventando *quasi* obbligatorio in Indonesia). La "I" di Italia contrabbandata per quella di International, come del resto avevo preventivato il giorno prima, funzionò a meraviglia, senza bisogno di alcun dollaro piegato in quattro sopra la fotografia.

"*Salamat jalan!*" disse il mio interlocutore, fasciato da una strettissima divisa color kaki. ("Buona strada", la forma di saluto più comune in indonesiano, rivolta a chi se ne sta andando.) "*Salamat tinggal!*" ("Buona permanenza", la risposta abituale), gli augurai con un sorriso, e me ne andai senza casco, guardato cordialmente dal poliziotto che, in definitiva, voleva soltanto dirmi che *avrei dovuto* mettermelo, non necessariamente di mettermelo.

Sobbalzando sulle sbarre del ponticello di ferro che dal traghetto mi portava di nuovo a posare le ruote sulla terraferma, a Giava, ancora mi ritrovai tra le labbra le parole di quella canzone lontana: *Tutta cromata, è tua se dici sìììììì* e intonai il mio canto a squarciagola.

Quella prima notte mi fermai a Situbondo, davanti all'Isola di Madura, e il giorno successivo, dopo una tappa relativamente breve, ero a Surabaya. Anche quella volta, come nelle due precedenti in cui vi ero stato, notai che la città non mi piaceva affatto, anche se quel nome esercitava ancora una certa seduzione su di me, evocava immagini mitiche di pirati e postriboli, di coltelli che luccicano nel buio e odori di spezie. "Surabaya Johnny, Su-ra-baya Johnny!" ripetevo mentalmente aggirandomi tra i vicoletti angusti che serpeggiavano attorno ai moli, "Surabaya".

350 chilometri fagocitarono tutto il terzo giorno del mio viaggio; e le strade di Giava, benché siano le migliori in Indonesia, non sono certo le migliori al mondo. Per dodici ore di fila rimasi incollato alla sella della Vespa, abbandonandola solo pochi minuti per fumare una sigaretta o bere qualcosa in un *warung*, i piccoli ristoranti lungo la strada. E questo stakanovista impegno impostomi da nessun altro se non da me stesso mi comunicava chilometro su chilometro una voluttà aspra, una frenetica voglia di continuare, chissà verso dove, chissà fino a quando, per fermarmi in chissà quale città o villaggio, oppure non fermarmi affatto; continuare, continuare! Una giornata parossistica, grottescamente tesa a battere un record nella mia vita; e il record era battuto ogni cento metri, ogni giro delle ruote era un record nuovo; continuare, continuare...

Finalmente decisi di smetterla e, alle nove di sera, dopo aver passato anche la grossa città di Semarang e il villaggio di Kendal, con gli occhi stralunati e la schiena a pezzi mi presentavo come un crociato reduce dalla Guerra Santa alle porte di Batang, un paesino che non avevo mai sentito nominare, tra l'indifferenza generale dei suoi abitanti. E un'ora più tardi, riuscendo a malapena ad addentare la terza forchettata di un piatto di *noodle* che mi ero fatto portare in camera, mi addormentavo con le posate in mano.

Dopo quella tirata maniacale da Surabaya a Batang me la sono presa molto più comoda, e ho impiegato altri quattro giorni per arrivare a Jakarta, con tappe quotidiane relativamente brevi e molte soste sulle spiagge della costa. Quando si parla della capitale dell'Indonesia come di un inferno metropolitano non ci si discosta poi molto dalla verità, perché in effetti Jakarta è una delle città più invivibili al mondo, nella quale sembrano essere concentrati tutto il degrado e la miseria che si respirano negli enormi agglomerati urbani del Sud-est asiatico. Jakarta è una città di quasi nove milioni di abitanti (censiti), e nonostante tutte le politiche governative che cercano di favorire l'emigrazione dalla sovrappopolata Giava verso le parti indonesiane di isole quasi disabitate come il Borneo o la Nuova Guinea, ogni giorno migliaia di nuovi disperati arrivano qui in cerca di un posto di lavoro, e vanno invariabilmente ad accrescere la popolazione delle *bidonvilles* in periferia, ai limiti della dignità umana né più né meno che le *favelas* di Rio. Ho conosciuto stranieri che amano Jakarta senza mezzi termini, che ci vivono da anni e non andrebbero volentieri a vivere in un altro posto (e che comunque non abitano in una *bidonville*, ma piuttosto prendono a piene mani quei privilegi che a un occidentale costano così poco nei paesi del Terzo mondo). Ecco: questo "amore" non ero mai riuscito a capirlo fino in fondo, e lo trovavo pieno di contraddizioni, quasi patologico. Ma una sorta di leggero fascino, di inspiegabile assuefazione che Jakarta sembrava produrre, questo sì, questo arrivavo a capirlo. Qualche volta l'avevo avvertito anch'io, e non mi era mai stato troppo difficile sopportare il traffico da girone dantesco, l'inquinamento e le fogne a cielo aperto che ammorbavano l'aria.

Presi alloggio come sempre a Jalan Jaksa, il *refugium peccatorum* dei viaggiatori con meno soldi, freak e giramondo con le pezze sui jeans, che coloravano gli ostelli della via di tinte forse anacronistiche ma decisamente pittoresche, riempiendoli di lunghe notti immerse nella birra e nei racconti di viaggi e di avventure. Da qualche tempo mi sentivo un po' estraneo e persino a disagio tra questa fauna policroma di ragazzi e ragazze, alcuni dei quali avevano già quindici anni meno di me e spesso si piccavano di dimostrarsi incalliti globe-trotter, quando magari, invece, erano soltanto al primo volo fuori dalle mura di casa; ma ugualmente, per abitudine o per nostalgia, ogni volta che ero a Jakarta tornavo ad accoccolarmi a Jalan Jaksa, e passavo le ore in interminabili partite a scacchi col padrone del Bagus, il ristorante migliore della zona, oppure gironzolavo tra i molti piani del Sarinah, un caotico centro commerciale che sembrava una brutta copia dei lussuosi *shopping centres* di Singapore.

I camerieri del Bagus, che a ogni incontro si professavano con calorose manate sulle spalle miei "brothers", adesso non volevano credere che avessi fatto tutta quella strada da Bali su una moto così piccola; ridacchiavano a più riprese chiamandomi *Orang gila*, cioè matto; oppure pensavano che li stessi prendendo in giro, e dopo avermi rivolto due o tre domande, più di circostanza che di interesse vero, tornavano a parlare d'altro. Mi fermai a Jakarta un giorno soltanto, desideroso com'ero di riprendere al più presto il mio viaggio senza imporgli diversioni di sorta, e alle sei della mattina successiva stavo già lasciandomi alle spalle la periferia della città, sveglia e brulicante di movimento

Tre ore più tardi ero all'imbarco del ferry a Merak.

Dopo essere sbarcato a Sumatra percorsi in quel giorno un altro breve tratto, ed ebbi modo di confrontarmi per la prima volta, alla guida di un veicolo mio, con le pessime condizioni delle strade dell'isola, soprattutto in quel periodo, a stagione delle piogge appena finita: l'asfalto era stato lavato via in più punti, e spesso il terreno era ridotto a un ammasso di fanghiglia nel quale era complicato districarsi con le ruote piccole di uno scooter.

I rifornimenti di benzina mi creavano qualche difficoltà, perché soltanto di rado si trovavano distributori veri e propri, mentre il più delle volte dovevo arrangiarmi a preparare la miscela da solo, seguendo le istruzioni che avevo ricevuto a Bali, mischiando cioè un po' del contenuto di una lattina d'olio per motori a due tempi che portavo con me – e che riempivo strada facendo quando era vuota –, a litri di benzina dai colori improbabili, dal verde smeraldo al rosso granatina, venduti in chioschi ai lati delle strade, spesso in bottiglie di birra o in taniche arrugginite.

La proporzione di olio e benzina che componeva così la mia miscela era abbastanza approssimativa, ciononostante la Vespa sembrava avere pochissimi problemi, e procedeva imperterrita, ingolfandosi solo ogni tanto e lasciandomi comunque avvolto, in quei casi, da compatte nuvole di fumo nero.

Il giorno del mio compleanno, il 15 maggio, arrivai a Bungamas, una cittadina ai piedi della dorsale montuosa che attraversa tutta Sumatra, e cercai inutilmente un posto dove poter fare una telefonata in Italia; ma al termine di un paio d'ore di ricerca desistetti. Allora comprai una focaccia dolce, che trasudava miele ed era unta da non credere, le piantai in mezzo la candela di riserva che mi aveva dato Ketut, con la linguella da dove escono le scintille schiacciata nella pasta spumosa, e festeggiai da solo il mio primo genetliaco da motociclista.

Cinque giorni più tardi ero a Padang, sulla costa occidentale di Sumatra, circa a due terzi della strada tra Jakarta e Medan, e avevo ormai percorso più di 2400 chilometri da quando avevo lasciato Bali, molti in mezzo a una giungla fittissima in cui era scavata come una cicatrice la sottile e sconnessa strada rossiccia che s'inerpicava su per le montagne, in uno sfilare di scenari che sembravano una serie continua di cartoline.

Avvicinandomi a Padang lungo la statale da Solok cominciavo a vedere intorno a me le case dall'architettura particolare propria dei minangkabau che abitano questa zona. Tetti di legno a due punte simmetriche sui lati, come corna di bufalo, che inglobano altre punte e spigoli decorati a colori vivacissimi. Ero stato in quella parte di Sumatra una volta soltanto, durante il mio primo viaggio in Indonesia quattro anni prima, e avevo avuto occasione di conoscere famiglie minangkabau e osservarne gli usi e il modo di vivere. Una cosa mi aveva colpito particolarmente: per quanto ne sapessi, erano gli unici musulmani integralisti a seguire una linea matriarcale; le donne infatti erano l'elemento più importante nella loro organizzazione sociale, e avevano il controllo di tutti gli aspetti decisivi della vita, dal commercio all'amministrazione pubblica; cosa, questa, che mi sembrò allora del tutto in contrasto con il ruolo che la donna ha in altri paesi dell'Islam, e che mi stupisce anche adesso.

Nei tre giorni in cui mi fermai in città, in una guest house ricavata da una villa coloniale olandese un po' fuori dal centro, l'Wisma Mayang Sari, feci scorpacciate del piatto tipico locale, il *masakan Padang*, un piccantissimo insieme di riso, uova, verdura, pollo, interiora e carne che i camerieri ti dispongono sul tavolo in una trentina di ciotoline diverse; poi, quando hai finito, ti fanno il conto scrivendo veloci su dei bloc-notes lunghi due spanne, e tu paghi soltanto quello che hai mangiato. Ero ghiotto di questo *masakan*, e riuscivo a trovarlo anche in molti *warung* di Giava e Bali, mai così buono, però, come quello che si mangia qui, nel suo "territorio d'origine".

150 chilometri a nord di Padang, superata anche la città di Bukittinggi dove ricordo di aver sostituito, per una foratura, la ruota posteriore all'ombra di una strana torre-orologio in tutto e per tutto simile a un Big Ben in scala ridotta, mi fermai nel villaggio di Bonjol, la cui piazza centrale è attraversata con precisione dalla linea immaginaria dell'Equatore, con tanto di cartello che lo testimonia. Per almeno un quarto d'ora mi sono divertito a fare su e giù con la Vespa come il motociclista folle di *Amarcord*, mentre il pomeriggio stava rinfrescandosi e le bancarelle sulla strada accendevano le lampade a petrolio. Così, se mai qualcuno dovesse chiedermi quante volte ho attraversato l'Equatore in vita mia, adesso potrei rispondere: "Boh, trenta o trentacinque; non ricordo".

Dopo la sosta di una notte a Bonjol proseguii verso Medan, che distava ancora 600 chilometri, e strada facendo sempre più mi rendevo conto di quanto gusto mi desse viaggiare con un mezzo mio, col quale potersi fermare dove si vuole e ripartire quando si vuole; col quale potersi immergere in maniera diretta in tutto quello che ti circonda, molto più di quanto si possa fare dai finestrini di un treno o di un autobus. (E gli autobus di Sumatra, per inciso, meglio lasciarli perdere, scassati e scomodi come sono. Ricordavo ancora come un incubo la partenza di quattro anni prima da Jakarta proprio per Medan: quarantott'ore col mento schiacciato sulle ginocchia, tanto i sedili erano vicini tra loro, a sobbalzare senza tregua con lo stomaco che arrivava in bocca. *Mai più*!, mi ero ripromesso.)

E mentre passavo ore e ore in sella alla Vespa, soprattutto quando già stavo avvicinandomi a Medan e il mio viaggio si avviava alla conclusione, mi ero trovato spesso a pensare: "Ma perché non dilatarla, un'esperienza così? Perché attraversare due isole soltanto, e non *tutto* questo continente che ho sempre amato? Da un capo all'altro, in lungo e in largo!".

Il 27 maggio, con un giorno d'anticipo sulla scadenza del mio visto indonesiano, ero a Medan e compravo un biglietto aereo per Singapore.

Lasciai la Vespa a casa di Janet, una ragazza di Londra che viveva a Medan da tre anni insegnando inglese in una scuola, e che avevo conosciuto durante una sua vacanza a Bali.

Come già i camerieri del Bagus, Janet fu oltremodo stupita di vedermi davanti al giardino di casa sua su un attrezzo a due ruote, con la faccia cotta dal sole e i capelli scarmigliati, e si produsse a intermittenza nel suo intercalare preferito: "*Oh Jeeesusss!*" quando le dissi che con quell'attrezzo ci arrivavo dritto da Padangbai. Non solo: adesso andavo a Singapore con l'idea di starci il meno possibile, lo stretto necessario per rinnovare il visto, poi sarei ritornato a Medan, avrei ripreso la Vespa per fare la strada in senso inverso fino a Bali, perché non vedevo l'ora di bissare quella prima esperienza da motociclista. "*Oh Jeeesusss*, Giorgio!" (Janet lo pronunciava perfettamente, il mio nome.) "*Those crazy Italians!*" Comprammo un pollo allo spiedo in una rosticceria che vendeva oltre al cibo, giornali, Autan per le zanzare, preservativi e biciclette; poi cenammo in giardino, sotto una mezzaluna che bucava il cielo denso di nuvole con il suo alone spugnoso.

Il televisore rimasto acceso nella cucina trasmetteva in sottofondo un improbabilissimo *Apocalypse Now* doppiato in indonesiano, ma noi non ci facemmo caso più di tanto, concentrati com'eravamo a raccontarci le cose che avevano riempito i sei mesi da quando ci si era visti l'ultima volta, nel mio bungalow a Padangbai.

L'indomani ci svegliammo prestissimo, perché io dovevo essere all'aeroporto prima delle sette; senza prendere nemmeno un caffè ci vestimmo in fretta e uscimmo di casa.

Parcheggiai per bene la Vespa nel garage in lamiera pieno di cianfrusaglie e casse di bottiglie di birra vuote, coprendola con un telo di plastica perché non si impolverasse, mentre Janet mi guardava sorridendo e metteva in moto la sua vecchia Austin bianca, che a ogni spostamento sembrava perdere qualche pezzo, già pronta per accompagnarmi all'aeroporto di Medan.

"Ci vediamo tra un paio di giorni, Janet."

"A presto, Mister Vespa!"

L'aereo decollò con mezz'ora di ritardo, ma nemmeno me ne accorsi, perché non appena fui seduto sulla poltroncina mi riaddormentai e non riaprii gli occhi finché fummo arrivati al Changi Airport di Singapore, con la voce suadente di una hostess che attraverso l'interfono ci dava il benvenuto. Avevo con me soltanto una busta di plastica del supermarket, con dentro lo spazzolino da denti, *Crime and Punishment* in un'edizione consunta della Penguin che stavo rileggendo per la trecentesima volta, un paio di mutande, dei calzini e una camicia pulita di Janet, dalla quale avevo lasciato lo zainetto con la biancheria sporca e le altre cose che mi ero portato da Padangbai. Afferrai da sotto il sedile il mio misero "bagaglio a mano" e ancora sonnecchiando scesi la scaletta dell'aereo per dirigermi a piedi al controllo passaporti e alla dogana.

Poco più tardi smontavo dal taxi in Bancoolen Street, una via che ricordava l'atmosfera di Jalan Jaksa a Jakarta, davanti al solito alberghetto tenuto da una coppia scorbutica di cinesi, lei sempre in un pigiama di raso nero, lui con i capelli sale e pepe cosparsi di grasso e un occhio di vetro, che nonostante mi conoscesse benissimo, perché ero stato da loro almeno cinque o sei volte negli ultimi quattro anni, ancora mi salutava a malapena senza un sorriso e, guardandomi fisso in faccia con l'occhio buono, freddamente mi consegnava tra le mani la chiave di una camera più fredda di lui & signora. Quell'assurda scontrosità, stranamente, non mi dava fastidio, e mi ci ero anzi abituato a tal punto da associarla ormai all'idea stessa di Singapore; tant'è vero che mai avevo pensato di tradire la mia coppia insopportabile di cinesi con un albergo gestito in maniera più allegra da gente meno maleducata, e ogni volta, dall'aeroporto, mi facevo trasportare direttamente lì, per accomodarmi in una camera, quasi sempre la stessa, che aveva le finestre sul traffico rumoroso di Bancoolen Street, e nella quale giungevano ributtanti le emanazioni di grasso fritto, di soia bruciata, di brodi vaporosi aromatizzati al coriandolo o chissà che altre spezie, dalla cucina dei padroni al piano terra. La mia fedeltà alle cose importanti nella vita ha sempre fatto acqua da tutte le parti; ma in cose stupide come la dedizione allo stesso albergo, allo stesso libro preferito o allo stesso dopobarba, è sempre stata di una rigorosità cristallina. Passai tutto il pomeriggio a girovagare per le stradine di Little India, curiosando nei negozi di stoffe e pietre preziose, di stampe sacre e un repertorio inesauribile di bastoncini d'incenso dai colori diversi; mangiai un po' di *roti chanai*, quelle sottili focaccine che s'inzuppano in un intingolo piccante a base di curry, e le annaffiai abbondantemente con sorsi di una brodaglia densa di tè e latte condensato, che i camerieri tamil versano e riversano veloci da un bicchiere all'altro, con gesti ampi, come giocolieri.

Verso le sei di sera mi rintanai sulla sedia di legno in un cinema all'aperto dove si proiettava una pellicola indiana di decima visione almeno, attorniato da una moltitudine di donne povere, elegantissime nei loro *sari* policromi, e da frotte di bambini schiamazzanti che non stavano fermi un attimo e si rincorrevano tra le sedie. Il film era una di quelle esagerate epopee indiane in cui succede di tutto, e tutti i sentimenti umani, nessuno escluso, sono fusi in un melodramma pieno di amore, odio, invidie, guerre tribali, canzoni, colpi di scena, divinità vediche che intercedono, il cattivo che alla fine soccombe e la coppia di innamorati che alla fine trionfa; e giù un'altra canzone, a due, questa volta, con i sitar e le tablas in sottofondo.

Quando uscii dal recinto all'aperto del Cine Govinda erano già le otto e mezzo, per cui decisi di sbocconcellarmi ancora qualche *roti chanai* con dell'altro tè al latte lì a Little India, poi ritornare a piedi all'albergo in Bancoolen Street e andarmene subito in camera a dormire, magari dopo aver sopportato un ennesimo sguardo diffidente da parte del padrone cinese, diffidenza che gli si decantava tutta nell'occhio buono, mentre l'altro rimaneva freddo e impassibile.

Mi spogliai e mi misi a letto che non erano ancora le dieci, e nonostante l'overdose di teina nei chioschetti tamil di quel giorno, subito mi addormentai profondamente, dimenticando persino l'abat-jour acceso.

Ma verso le cinque di mattina mi risvegliai di soprassalto, frastornato, con ancora vivissime negli occhi le immagini di un sogno che mi aveva visto sfrecciare su una strana Vespa degli anni cinquanta, vestito come un centauro degli anni cinquanta, in un'Italia degli anni cinquanta in bianco e nero che progressivamente si trasformava in una schiera infinita di Taj-Mahal color seppia, e poi in un vago ma riconoscibilissimo Vietnam a colori, con le donne dal cappello di paglia a cono, elicotteri che vagavano nel cielo e la *Cavalcata delle Valchirie* a martellare in sottofondo, bonzi trasformati in torce umane, risaie di mille verdi diversi tra le quali guidavo concentratissimo, e i numeri del contachilometri che giravano come impazziti.

Spensi l'abat-jour e per almeno mezz'ora rimasi sdraiato immobile sul letto a studiare nella penombra una sinuosa crepa che attraversava da un angolo all'altro tutto il soffitto; non ebbi alcuna reazione, semplicemente rimanevo immobile, guardando la crepa e cercando un bandolo tra i miei pensieri... Ma già sapevo che l'idea era nata dentro di me, già sapevo che sarei andato in un modo o in un altro dall'Italia al Vietnam su una Vespa, magari facendo debiti, magari vendendo la casa, magari elemosinando lungo la strada. Già sapevo che avrei cercato con tutto me stesso di realizzare quel sogno, nella sua pura accezione onirica.

E lavandomi i denti davanti a una scheggia di specchio che pencolava sopra il lavabo del bagno in corridoio, ancora immerso nell'oscurità, scommisi con me stesso di riuscirci.

Ho Chi Minh City

Quella mattina andai all'Ambasciata indonesiana di Singapore per ottenere un nuovo visto, e poi subito, nella libreria di uno *shopping centre* a Orchard Road, comprai un bel po' di carte stradali, di guide turistiche e di libri riguardanti i paesi che ero deciso ad attraversare. E ancora mentre cominciavo a sfogliarli lì davanti agli scaffali non ero affatto sicuro che si potesse evitare di passare per l'Afghanistan, nel qual caso avrei dovuto cambiare tutto l'itinerario che mentalmente mi ero già preparato, o forse addirittura dire addio all'intero progetto: in Afghanistan di quei tempi, infatti, non avrei mai potuto entrarci via terra, anche volendomi candidare a un visto per l'eternità senza ritorno: a qualsiasi posto di frontiera mi avrebbero rimandato indietro, magari facendomelo capire a fucilate nella schiena.

Invece mi accorsi, guardando una carta dell'Asia occidentale, che a sud-est dell'Iran, e più precisamente a Mirjawar vicino a Zahedan, c'era un *entry point* attraverso il quale passare direttamente in Pakistan, costeggiare tutto un pezzo di Afghanistan a ridosso del suo confine, ma comunque in territorio pakistano, fino a Quetta nel Beluchistan, per poi deviare verso Multan e da lì raggiungere Lahore e Amritsar, la città santa dei sikh nel Punjab indiano.

E intanto un dubbio mi si era chiarito: il viaggio era fattibile via terra lungo l'itinerario che avevo scelto, e questo era già un buon inizio. Mi resi conto subito, però, che non sarei potuto partire per il mio Roma-Saigon dopo la metà di agosto, se avessi voluto trovare condizioni climatiche decenti o perlomeno possibili lungo tutto il percorso (che con approssimazione calcolai potesse aggirarsi sui 20-25.000 chilometri). Eravamo già alla fine di maggio: dovevo assolutamente sbrigarmi a tornare in Italia, con la montagna di cose che sicuramente ci sarebbero state da organizzare prima della partenza vera e propria.

Non avevo tempo da perdere.

Cominciò da quel giorno un frenetico periodo di alcune settimane in cui mi sembrò di vivere in un surreale susseguirsi di fatti e avvenimenti, di impegni, corse, speranze, delusioni, intoppi, piccole vittorie. Ripensandoci adesso, quei giorni compresi tra l'inizio di giugno e la fine di luglio del 1992, sia in Indonesia sia in Italia, mi sembrano avvolti in una coltre di bambagia nella quale brillava un unico punto fermo: trovarmi pronto, non oltre la metà di agosto, a partire.

Innanzitutto, il 31 maggio, tornai subito a Medan da Janet.

Uno squillante "*Jeeesusss!*" partì verso il cielo nell'aria fresca di quel pomeriggio, quando le dissi di Saigon.

"Ma con quale Vespa, questa qui?"

"No, con una nuova; voglio partire da Roma."

"Giuramelo."

"Te lo giuro."

Janet mi prese per mano e mi trascinò dentro casa. "Adesso mi racconti tutto. Voglio sapere tutto, capito? Questo è matto; oh Jesus, questo è matto come un cavallo. Parla!"

Allora le raccontai ogni cosa, fin nei minimi particolari, addentrandomi in quel "concorso di colpa" tra avvenimenti e coincidenze che aveva fatto nascere l'idea a Singapore. Le parlai della gioia quasi fisica che avevo provato in sella alla Vespa in quei venti e più giorni da Padangbai fino a Medan; le ricordai quell'*Apocalypse Now* in sottofondo dal televisore, al quale non avevamo prestato attenzione, ma che certamente si era poi trasferito nel mio sogno; le dissi anche del Cine Govinda e di quella fila onirica di Taj-Mahal color seppia...

Alla fine le comunicai tutto il mio entusiasmo; e sono sicuro che se Janet non fosse stata così coscienziosa e seria verso i propri impegni, se non avesse avuto quel contratto con la scuola per altri due anni, e se solo gliel'avessi chiesto, sono sicuro che mi avrebbe seguito subito, senza nemmeno perdere tempo a prepararsi una valigia come si deve.

Comprammo qualcosa da mangiare nella stessa rosticceria e, come avevamo già fatto poche sere prima, cenammo nel cortile della bella casa di Janet, parlando quasi esclusivamente del Vietnam e dei paesi da attraversare per arrivarci, della Vespa e della mia totale ignoranza in fatto di motori; questo argomento aveva monopolizzato la nostra conversazione, e per ore e ore lo rivoltammo come un calzino, analizzandone tutti gli aspetti, le difficoltà, le meraviglie. E in quei momenti fui completamente sicuro, per la seconda volta, che Janet avesse una voglia tremenda di fare lo stesso viaggio con me, e benché non ne facesse parola le si leggeva chiaro sul viso il rammarico di non poterci nemmeno pensare, di dover considerare impossibile anche soltanto accarezzarne l'idea. È un destino crudele quello di chi ha un'anima ligia al dovere e un cuore fuorilegge. Salimmo in camera per la nostra ultima notte insieme, e mentre ci spogliavamo, ricordandomi al volo di un certo interessamento di Janet per la Vespa che oltre ad aver custodito durante la mia assenza aveva usato anche un po', mi offrii di regalargliela; ma lei non ne volle sapere, e si ostinò perché gliela vendessi alla stessa cifra per cui l'avevo comprata nemmeno due mesi prima da Wayan, inconsapevole galeotto dello stravolgimento dei miei piani.

"L'ho pagata ottanta dollari," dissi un po' a disagio, come sempre mi succede quando parlo di soldi, e persino mi dimenticai degli altri cento abbonati a Wayan e delle novantamila rupie per il "restauro" a Ketut.

"Per ottanta dollari è regalata davvero." (Avevo già sentito una frase simile, detta non molto tempo prima sotto il mio bungalow.) "Grazie, allora. Prendine cento, sono nel terzo cassetto, in quel comodino."

"Però te ne do venti di resto."

"*Fuck off!*" Ci mettemmo a letto e ci addormentammo abbracciati, senza alcuna digressione erotica alla nostra amicizia. Che la vita sia buona con te, Janet. Alla mattina mi alzai presto, senza svegliarla; mi procurai un biglietto per l'autobus del pomeriggio (Medan-Jakarta), poi ritornai da lei seguito da un rickshaw pieno di fiori, spinto a mano da un ragazzo che ridacchiava allegro, scuotendo ogni tanto la testa. E in Indonesia, bisogna proprio dirlo, con ottanta dollari di fiori se ne comprano tanti!

Quando Janet, chiamata in vestaglia alla finestra, vide quella valanga policroma sul rickshaw, rimase lì impalata, incredula per qualche istante, poi capì. Forse è un po' vergognoso, in un paese povero come l'Indonesia, spendere in fiori quello che potrebbe essere l'equivalente di un buon salario mensile; forse lo è senza mezzi termini, e non si dovrebbe fare. Ma la gioia che le vidi sul viso spazzò via con un colpo di spugna ogni istanza contraddittoria, ogni scrupolo, e mi fece pensare che quegli ottanta dollari non avrei potuto spenderli meglio, anche se li avessi *adoperati* meglio.

Cinque ore più tardi ero seduto su uno dei famigerati autobus di Sumatra, con Janet raggomitolata non so come nello spazio microscopico che rimaneva libero tra il mio mento e lo schienale del sedile di fronte; la destinazione Jakarta era proiettata ad anni luce di distanza, raggiungibile solo attraverso l'incubo di quarantott'ore di sobbalzi su e giù.

Ripensai alla Vespa che seguendo il percorso inverso mi aveva portato tanto piacevolmente da Jakarta a Medan (tra l'altro prima di dirle addio per sempre le avevo dato un bacio a labbra schiuse sul vetro del contachilometri; per scherzo, certo, ma intanto gliel'avevo dato). L'autobus proprio in quell'istante si mise in moto, e Janet mi schizzò via dalle gambe sciogliendo in un lampo la posizione yoga nella quale stava rannicchiata; scese a terra senza dire una parola e io rimasi a guardarla dal finestrino aperto. Si accese l'ennesima Gudang Garam, e mentre gettava lontano il pacchetto vuoto mi gridò da fuori, quando l'autobus stava già partendo: "Buona fortuna, Giorgio. Io pregherò per...". Eravamo ormai troppo lontani, e non sentivo più le sue parole.

Non ero affatto sicuro che le preghiere di una ragazza che non crede in nessun dio potessero arrivare a essere sentite da qualche parte; ma stringendo forte un labbro tra i denti riuscii appena in tempo a frenare il mio sgradevole modo di essere felice, che mi contorce ogni volta la bocca in una piega incongrua, così brutta a vedersi.

Ritornai a Jakarta alle tre del pomeriggio di due giorni dopo. Avevo le ossa a pezzi e gli occhi sembravano pieni di granelli di sabbia, tanto mi bruciavano per le due notti insonni passate sull'autobus stracolmo di gente. I camerieri del Bagus non mi prestarono la minima attenzione quando dissi loro del mio nuovo progetto su due ruote, che del resto comunicai sbadigliando e così tanto per fare: pensavano già che li avessi presi in giro quando avevo detto di essere arrivato fin lì da Padangbai sulla Vespa color amaranto; figuriamoci adesso a sentirmi parlare di Saigon, dopo essere tornato in autobus. "Sì sì, *brother*, buon viaggio. Cosa vuoi da bere?" aveva tagliato corto Agus. Di fronte a quel muro di disinteresse cambiai discorso, e ordinai un *kelapa muda*, una noce di cocco fresca, per sorbire la sua acqua zuccherosa con una cannuccia.

Poi andai a rifugiarmi su una brandina del dormitorio al Borneo, l'ostello più economico di tutta la zona, in una traversa di Jalan Jaksa pullulante di bambini che giocavano a palla con un rotolo di stracci tenuti insieme da una camera d'aria di bicicletta, ed evitai di andare al solito Tator Hotel, più confortevole ma anche molto più caro, quasi per mettermi alla prova fin dall'inizio, e cominciare a risparmiare soldi in prospettiva del viaggio; inoltre, stanco com'ero, non avrei potuto dormire meglio, e più repentinamente, neanche allo Sheraton. Il viavai continuo nelle camere della decina di prostitute fisse, con le porte che sbattevano e i letti che scricchiolavano, fungeva da sottofondo musicale e negli istanti dilatati del dormiveglia, prima del sonno vero e proprio, mi cullò come una nenia.

Paragonarmi a una trottola, nelle settimane che seguirono, è la similitudine più azzeccata. Per prima cosa, esasperato al pensiero di un altro autobus dopo l'odissea da Medan, prenotai alla stazione di Gambir un posto a sedere sul treno per Yogyakarta, e per dodici ore traballai in una carrozza di seconda classe, guardando inebetito il paesaggio, e poi il buio, dai minuscoli finestrini protetti da sbarre di ferro, come in una tradotta militare della grande guerra. A Yogyakarta riesco a trovare in giornata un posto libero sul notturno per Denpasar, e dopo una sosta di un pomeriggio intero per lo più passato a sonnecchiare in un Kentucky Fried Chicken sulla lunghissima, centralissima e affollatissima Malioboro Street (la deformazione indonesiana del nome inglese Marlborough), mi imbarco in un altro *tour de force* fino a Padangbai.

Il 5 giugno alle undici di mattina, dopo un'assenza di un mese, riapro il cancelletto di legno del mio bungalow, mi metto una camicia pulita e vado a trovare la mia padrona di casa.

È una vecchia vedova con un bel sorriso, nonostante sulle gengive abbia soltanto tre schegge di denti marci; a vederla così dimessa non immagineresti nemmeno lontanamente che sia padrona di mezzo villaggio: case e barche da pesca, attività commerciali e tutto il resto.

Sembra dispiaciuta che me ne vada così all'improvviso, dopo tutti i mesi passati a Padangbai, e anche un po' sorpresa perché (io l'avevo dimenticato) soltanto pochi giorni prima di partire per Medan le avevo detto che avrei avuto intenzione di comprare il bungalow, se solo fosse stata disposta a venderlo. Regolai il conto dei tre mesi arretrati, per i quali avevo lasciato solo una caparra; e lei non volle nemmeno sentir parlare di quei primi giorni di giugno: a posto così e arrivederci, mister Giorsh.

Ritornato nel mio bungalow cominciai a preparare i bagagli, perché già avevo deciso di partire la mattina dopo. Misi le poche cose "importanti" in una busta di plastica (la solita, sempre diversa e immutabile, peregrina e un po' patetica busta di plastica che mi accompagnava da sempre); ficcai in una scatola di cartone tutto il resto e lo portai a casa di Wayan.

Ancora prima di bussare alla porta seppi quasi con certezza che Ni Nyoman aveva avuto il suo bambino, perché sentii un pianto fortissimo che mi sembrava proprio quello di un neonato, per quanto io abbia così poca dimestichezza con queste cose. Wayan era in casa, e la sua inconfondibile voce tenorile stava cantando una ninna nanna così acuta da coprire persino quel pianto. Bussai.

Dopo qualche secondo Wayan venne ad aprire, tenendo tra le braccia una coperta da cui spuntava solo un ciuffo di capelli finissimi, corvini.

"*Salamat siang!* Sapevo già che eri arrivato, senza la Vespa, a piedi. Ah, questa è Ni Made, guarda com'è bella!" Scostò i lembi della coperta, e allora vidi una testolina cianotica, non più grande di un pugno. "Ni Made, vai in braccio a Giorgio!" Ma il pianto si fece così convulso che ebbi paura, e risospinsi più delicatamente possibile quel fagottino verso suo padre, che me lo stava porgendo tra le mani.

"Quanti giorni ha?"

"Due."

"Quanti?!"

"*Dua saja.*" Due soltanto.

"Oh *Jeeesusss!*" mi sentii esclamare ad alta voce, e la mia mente andò con affetto a quei recentissimi giorni a Medan.

"Cosa fai con quelle scatole?" chiese Wayan, guardandole.

Ni Nyoman si avvicinò alla porta e mi salutò, ancora più bella di quando era incinta, anche se un po' sciupata; teneva in braccio due bambini, i gemelli di un anno.

"Le stavo portando a te. Ci sono dentro le cose che avevo nel bungalow: il mangianastri, i vestiti..."

"Parti?"

"Sì."

Nel lungo silenzio che seguì sentii di volere molto bene a Wayan e alla sua famiglia; forse anche loro ne volevano a me. Entrammo in casa, e il bambino più grande andò a prendere i bicchieri per il tè. Ni Made di punto in bianco smise di piangere. In pochi minuti avevo raccontato ogni cosa, anche se non così dettagliatamente come a Janet; e Wayan capì tutto senza bisogno che aggiungessi troppe parole sul *perché* (che del resto non avevo ben chiaro nemmeno io). Dopo essere stato ad ascoltare attentissimo mi regalò la medaglietta di ferro che aveva al collo, perché mi portasse fortuna. Sua moglie arrivò con la teiera fumante.

L'indomani mi aspettava un'altra giornata campale, e un altro autobus che in ventiquattr'ore filate mi avrebbe riportato a Jakarta.

Al Bagus, dove faccio colazione arrivando all'alba del giorno successivo, i camerieri assonnati credono che non sia ancora partito da Jakarta, e mi chiedono quando sarei ritornato a Bali; io non ho molta voglia di parlare, e rispondo soltanto: "Dopo Saigon". Al che mi lasciano perdere e continuano a sonnecchiare con la testa tra le braccia conserte sui tavoli, che a quell'ora sono ancora tutti vuoti.

Poi, verso le sette, ritorno nello stesso dormitorio dell'altra volta, al Borneo, per cacciarmi in un letto ancora caldo che qualcuno di certo ha lasciato da pochissimo, e dove mi risveglio soltanto quando è già buio, dopo che il mio sonno è passato incolume nel trambusto dei ragazzi che chiacchieravano sui letti a castello, giocavano a carte, impacchettavano la loro roba, ascoltavano la musica dalle radioline a un volume assordante.

Alle nove di sera passo all'agenzia di viaggi, Telefonate Overseas, Posta, Money Changer, Informazioni eccetera che troneggia al centro di Jalan Jaksa, in due stanze con le pareti tappezzate di mappe, carte turistiche e poster delle varie compagnie aeree.

Prenoto un volo di lì a tre giorni, il primo che riesca a trovare, con la Garuda, la compagnia di bandiera indonesiana, e cerco di concentrarmi sul fatto che tra poco più di settanta ore sarei stato a Roma, senza però riuscire a provare una particolare emozione se non la voglia di rivedere parenti e amici e metterli al corrente di tutto. In definitiva non tornavo in Italia per starci, tornavo per partire di nuovo, e se fosse stato per me anche dopo mezz'ora soltanto.

L'11 giugno del 1992 mi guardavo intorno abbastanza perplesso nella sala arrivi di Fiumicino, stropicciando tra le dita la plastica ormai finissima della mia busta. Dieci minuti dopo mi trovavo col gomito appoggiato sul banco del bar a sbocconcellare soprappensiero, dopo un'eternità, il primo trancio di pizza fatto come si deve, senza pezzi d'ananas, gelatina di frutta o fette di salamini rancidi come usano in Indonesia: un divino trancio di pizza che, nonostante fosse untissimo e confezionato nel cellophane, mi sembrò un miracolo gastronomico e mi fece schioccare sonoramente la lingua, con le labbra bordate di pomodoro e fili di mozzarella fusa sui baffi...

E nemmeno due mesi più tardi, alle sette di sera del 30 luglio, tra gli auguri, i commenti e le strette di mano della gente che passeggiava per piazza del Popolo e vedeva scritto sulle fiancate della mia Vespa nuova fiammante: "Dall'Italia al Vietnam" da un lato, e un ancora più pretenzioso: "ROMA – Grecia – Turchia – Iran – Pakistan – India – Bangladesh – Birmania – Thailandia – Cambogia – HO CHI MINH CITY" dall'altro; il 30 luglio, determinatissimo ma ancora un po' incredulo, mettevo in moto al primo colpo e partivo.

2.

Brindisi

Un distributore di benzina sulla Salaria, quasi all'imbocco del Raccordo Anulare.

Ci sono aperte solo le due pompe del self service, con un ragazzo del Bangladesh che in cambio di qualche spicciolo fa il lavoro per te. È vestito con una tuta rimediata chissà dove, col marchio Ferrarelle che comunque gli dà un tono di semiufficialità.

"Diescimìle?" mi chiede.

"Sì." E duemila di mancia per lui. È proprio vero: quanto più si è contenti, tanto più viene facile, e costa poco, essere generosi.

Apro la sella, lui toglie la pompa e si appresta a riempire la tanica; io mi guardo intorno canticchiando sottovoce un'aria del *Barbiere di Siviglia*, quando gli occhi mi cadono sulla sella scoperchiata, e su quello che sta facendo il mio amico. Il canto si mozza nell'aria, e il suo posto viene preso da un'imprecazione poco consona ai precedenti spasimi amorosi di Almaviva per Rosina:

"No! Cazzooo! Nooooo!".

Lui trasale, ma continua a premere la leva e a far girare i numeri sulla pompa, guardandomi con occhi stolidi. Gli sono addosso come una furia, gli strappo dalle mani quel lungo becco sprizzante benzina e lo getto per terra. "E adesso? Adesso?!" ripeto lamentosamente rivolgendomi a lui, quasi potesse anche darmi una risposta, dopo aver combinato il guaio.

"Problem? qualè problem?"

"Problem sì! Non hai visto su questo tappo che c'è scritto *benzina*? Qui me la dovevi mettere: dovevi svitarlo e mettermela qui; non nel buco dove c'è la presa dell'aria. Adesso scoppia, sono sicuro." Guardo atterrito la benzina che cola sul motore ancora fumante, e per un attimo, in un gesto inconsulto di rabbia, penso addirittura di riprendermi le mie duemila lire; poi grazie a Dio lascio perdere.

Il piccolo figlio del Bengala sembra molto mortificato e dall'alto del suo metro e sessanta mi scaglia un sorriso disarmante, chiedendomi scusa per avermi versato 4,6 litri di benzina Super dove non doveva. Io non so davvero quali potrebbero essere le conseguenze e chiedo subito consiglio al guidatore di un Maggiolino che sta arrivando.

"Come ner buco dell'aria?" dice lui senza trattenere un sorriso, smontando però sollecito dalla macchina.

"Qui, mi ha riempito qui!"

"Robba che nun ce se crede, aò! Te conviene aspetta' un ber po' prima de metterla 'n moto, sinnò me sa che *buuuuuum*!"

"Un bel po' quanto?"

"Io aspetterebbe come minimo du' ore. So'ccose rischiose, sa'? Pure 'n amico mio, 'na vorta..."

"Però non è che scoppia adesso, eh?"

"Nun dovrebbe... Boh."

"Boh cosa?"

"Nun so cche ditte."

Io cerco per un riflesso incondizionato sigarette e accendino nel giubbotto, poi vedo il cartello Vietato Fumare e solo allora, come uno schiaffo a tradimento, mi ricordo della promessa: "*Neanche una sigaretta fino a Saigon!*". Mi si gela il sangue: ci mancava anche questa!

Il Maggiolino fa il pieno e riparte, mentre il suo guidatore grida: "Lascia aperta la sella, damme retta: evapora prima". Mi siedo ai piedi delle pompe, e il mio amico bangladeshi allora, per farsi perdonare e per cambiare discorso, prende spunto da un nome che legge sulla Vespa e dice, con giulivo stupore: "Tu vai a Bangladesh? *Io* vengo da Bangladesh!". Come mi sembrano d'un tratto ridicole quelle scritte a caratteri adesivi sulla vernice bianca, quasi che annunciassi dal mio automezzo da lavoro: "Si svuotano cantine" o "Si riparano serrande". *Vietnam, Ho Chi Minh City.* E intanto magari non riesco nemmeno a uscire da Roma, magari scoppia tutto qui.

Telefonai a un paio di amici per chiedere nuovi consigli e delucidazioni, e tutti mi dissero di aspettare almeno un'ora prima di provare a mettere in moto.

"Vuoi che veniamo a darti una mano?"

"Macché, mi vergogno." (Risatine dall'altro capo del telefono.)

"Dài, magari non succede niente," mi rassicurò Cinzia, che capiva ancora meno di me in fatto di motori. E così alla fine aspettai un'ora esatta, guardando l'orologio ogni cinque minuti, maledicendo quello stop imprevisto a pochi chilometri dalla linea di partenza e la mia faciloneria nel trattare con la nicotina, una sostanza chimica che meriterebbe maggior rispetto e asservimento, e che in quell'interminabile lasso di tempo mi gettò in una crisi di astinenza piena di spilli sottopelle.

Verso le otto e mezzo faccio il primo, timido tentativo sul pedale della messa in moto, preparandomi alla deflagrazione; ma non c'è alcuno scoppio. Il motore è comunque ingolfatissimo, e ci vogliono quasi venti minuti di sforzi, miei e del semibenzinaio, prima che possa avviarsi. Finalmente balzo in sella e punto circospetto verso il Raccordo Anulare. Direzione: Saigon.

Tutta la notte in autostrada, anche se con un 125 di cilindrata non avrei potuto nemmeno entrarci. La manopola dell'acceleratore costantemente tirata al massimo, mentre mordo il vento tiepido che mi avvolge la faccia e riprendo animo via via sentendo che la Vespa ha assorbito lo shock. Mi fermo per la prima sosta a un autogrill dalle parti di Caserta, poi proseguo per Benevento contando di raggiungere Brindisi l'indomani.

Soltanto pochi giorni prima d'iniziare il viaggio, infatti, avevo deciso con un po' di rammarico di arrivare subito a Patrasso con il traghetto da Brindisi, poi da lì via terra in Grecia e fino a Istanbul, anziché raggiungere la Turchia passando per l'Austria, l'Ungheria, la Romania e la Bulgaria, percorso questo che mi avrebbe fatto perdere troppo tempo, ma che era diventato obbligato visto che il tragitto classico da Trieste ad Atene lungo la Iugoslavia, o meglio la ex Iugoslavia, in quei giorni era assolutamente impraticabile, nonostante le avessi provate tutte recandomi in una moltitudine di uffici e agenzie giornalistiche sia a Roma sia a Milano, e rendendomi comunque conto, mentre ci andavo, della lampante sgradevolezza di un viaggio motorizzato e più o meno di piacere in territori in cui, invece, le parole dominanti erano il dolore, la fame, la morte.

La situazione in Bosnia era disperata, e solo il mese prima le Nazioni Unite avevano riaperto l'aeroporto di Sarajevo e avviato i rifornimenti di cibo e medicine per più di 400.000 persone intrappolate in una città fantasma dall'assedio serbo.

Così, per una sorta di "pudore" oltre che per l'oggettiva impossibilità di passare per Sarajevo e la Serbia anche se l'avessi voluto, avevo deciso per il ferry fino a Patrasso: poche ore di nave che mi avrebbero fatto risparmiare un lungo giro per l'Europa consentendomi di arrivare in Anatolia orientale quando le montagne non fossero ancora coperte di neve; e che in tutta coscienza mi sembrava non potessero macchiare l'*integrità* di un viaggio via terra, nella cui economia erano veramente pochissima cosa, due millimetri sui quaranta centimetri di una carta dell'Asia in scala 1:36 milioni. Però ricordo che in una cena di "Arrivederci & Buonviaggio", un amico aveva obiettato con fare saccente, oltremodo scettico e dimostrando una conoscenza approssimativa della geografia: "Bella forza, dire che va in Vietnam con la Vespa; e poi andarci in nave!".

Alle due di notte, dopo aver superato gli svincoli per Benevento e Ariano Irpino, comincio a cercare un motel, ma tutti quelli che incontro a intermittenza sull'autostrada si rivelano irrimediabilmente pieni, e così sono costretto a proseguire, sbadigliando in continuazione e strizzando a più riprese gli occhi per non addormentarmi.

Verso le quattro sono convinto di non farcela più a tirare dritto, e per una decina di minuti mi appisolo in una piazzola di sosta con la fronte lasciata andare sul contachilometri. Poi mi scuoto e decido di continuare la via crucis tra i pochi motel rimasti in quella zona montagnosa e poco abitata tra Campania e Puglia: tutti pieni anche loro. Finalmente alle sette di mattina, con un sole che spacca le pietre e mi formicola sulla faccia sciogliendosi in macchie di luce, decido di uscire dall'autostrada a Canosa di Puglia, e mi fermo davanti a un vecchio albergo nel centro della città.

Dopo aver portato la Vespa e i bagagli all'ombra del corridoio d'ingresso mi chiudo alle spalle la porta di una camera pervasa da un vago sentore di insaccato, e mi addormento vestito farfugliando in una lingua incomprensibile.

Al risveglio, quando già sono le due passate, mi trovo subito immerso nell'atmosfera indolente di una festa patronale di paese, nelle prime ore di un pomeriggio assolato e caldissimo. Sono ancora imbambolato per la stanchezza, ma assolutamente di buonumore (e la stanchezza per i chilometri della notte prima non era che una piccola parte di quella che mi aveva tenuto costante compagnia nelle ultime settimane, mentre mi scapicollavo da un posto all'altro per i documenti, le carte, i visti e i permessi, per me e per la Vespa).

Faccio colazione con un ghiacciolo alla menta e un bignè gonfio di una crema non ineccepibile in quanto a freschezza, e poi ininterrottamente, fermandomi solo una volta per mettere benzina, macino chilometri sulla statale fino a Brindisi, dove arrivo verso sera e compro in un'agenzia un biglietto per il ferry che partirà di lì a dieci minuti.

"Ma ce la faccio?" chiedo all'impiegata, non del tutto convinto.

"Se si sbriga ce la fa," risponde lei, e poi mi chiude lo sportello in faccia.

Al porto c'è una ressa da non credere, e non per niente siamo all'ultimo giorno di luglio.

Chiedo informazioni per districarmi nel dedalo di moli, attracchi, gente e macchine; mi mandano di qui, mi mandano di là, e io, con la paura di fare tardi e il biglietto svolazzante tra i denti, continuo la spola tra i traghetti fermi alle banchine senza riuscire a imbattermi in quello giusto, in quel benedetto *Valentino* il cui nome campeggia in stampatello sulla carta d'imbarco che tengo tra i denti. Riesco a prendere il ferry letteralmente "al volo", pochi istanti prima che la pesante piattaforma ondulata si alzi dal molo, e mi infilo con la Vespa nell'interstizio tra due macchine.

Poi tolgo i bagagli dai portapacchi e, carico come un somaro, salgo le scalette fin sul ponte di seconda classe, dove metto una seria ipoteca su un posto per la notte lasciando tutta la mia roba in un ginepraio di borse, coperte, ragazzi sdraiati su sacchi a pelo, o seduti in circolo a suonare la chitarra.

Il grosso zaino e la borsa di cuoio, in altre circostanze, li avrei sicuramente lasciati sulla Vespa, tanto più che con ogni probabilità nessuno avrebbe toccato nulla. Ma adesso no, adesso mi ero detto: "Meglio tenerli d'occhio, meglio dormirci vicino!".

Compro due panini e qualche lattina di birra, occhieggiando disperatamente uno scaffale pieno di Marlboro vicino alla cassa; poi mi metto comodo, sdraiato sui bagagli nel marasma vociante, in attesa che venga domani e la terraferma, da Patrasso fino al

Vietnam, possa sfilarmi sotto le ruote senza più la complicità di tratti d'acqua.

Non avevo mai dubitato, durante i preparativi del viaggio, che prima di agosto sarei stato pronto a partire, né mi ero preoccupato, intento com'ero a organizzarlo, di quello che avrei potuto incontrare una volta che fossi davvero partito; e adesso che il primo passo era fatto, adesso che me ne stavo a occhi aperti a fissare un brulichio di stelle sopra di me, adesso che la Vespa attendeva pazientemente il suo turno nella pancia del traghetto... adesso mi sembrava tutto così strano, così irreale; e non stavo più nella pelle.

Girai lo sguardo verso le luci di Brindisi che ancora si vedevano, a metà tra il nero del cielo e quello del mare, e docilmente mi lasciai sopraffare da un'idea cretina, da un gioco di parole che neanche sui banchi delle elementari mi avrebbe strappato un sorriso.

Portai la lattina alle labbra e brindai.

Turkey: a travel survival kit

Sono avvolto a tratti dal fumo azzurrino dei narghilè gorgoglianti ai piedi di gran parte degli avventori; sfiorato, urtato, schivato dai camerieri con bellissimi gilet trapunti di fili d'oro che scodinzolano compassati o urlanti tra le gambe dei tavolini e quelle della gente.

Il turco seduto vicino a me, con la scoppoletta in testa e due baffoni neri arricciati in punta, mi comunica in un inglese perfetto che questo era il cortile di un serraglio settecentesco, trasformato in cafeteria all'inizio del secolo; poi ripete diverse volte *keyf* guardando me e parlando in turco con i suoi compagni, che a loro volta annuiscono con ampi cenni del capo e risatine.

Sulle prime penso che *keyf* sia una parolaccia, o almeno una vaga allusione a cose sessuali; ma poi il turco mi spiega che *keyf* è proprio quello che stiamo facendo adesso, cioè semplicemente starsene seduti sotto il gazebo a chiacchierare, a bere il tè in quei bicchierini a forma di tulipano; a guardarsi intorno e pensare, con il cannello del narghilè tra le labbra.

Allora, se ho capito bene (e con la sola esclusione del narghilè, che devo ancora decidere se mi sia consentito o meno, non trattandosi propriamente di *sigarette*), allora *keyf* è stato tutto questo mio pomeriggio, la prima vera giornata di riposo assoluto da quasi tre mesi; riposo come si deve, a far niente dalla mattina alla sera, in questo affollatissimo ma indolente cortile di serraglio vicino al Grande Bazaar nel centro della città vecchia, dove mi sono rintanato fin dalle prime ore della mattina, avvolto oltre che dalle sbuffanti nuvolette di fumo altrui da un'atmosfera che trasuda suggestioni decadenti da impero ottomano in rovina.

"Allora, che ne dici del nostro *keyf*?"

"Una meraviglia!"

"Non sei inglese, vero?"

"No, italiano. Tu in compenso parli inglese con l'accento di Oxford; non avevo mai sentito un turco che lo parlasse così bene."

"Sono stato dieci anni in Inghilterra. Ma non all'università: in miniera," dice sotto i folti baffi, e fa un cenno al cameriere di passaggio perché gli porti un altro di quei bicchierini che ha sul vassoio. "È la prima volta che vieni a Istanbul?" continua, aspirando dal cannello una profonda boccata.

"No, ci ero già stato. È la prima volta che ci vengo con una moto."

"Che moto?"

"Uno scooter."

Scoppia a ridere, e poi traduce la nostra conversazione per gli amici, che evidentemente capiscono poco d'inglese, come la maggioranza dei turchi.

"Dovresti andare in Anatolia, là sì che è bello con una moto."

"Ci sto andando, infatti: prima a Sivas e Erzurum, poi a Doğubeyazit e da lì in Iran."

"Vai in Iran?"

"Sì."

"Allora ti conviene bere e – fa un gesto inequivocabile con le dita – il più possibile finché stai qui da noi, perché poi dagli ayatollah *forget it*!"

"Ma non dirmelo! Ero convinto che in Persia ci fosse ancora lo scià, con il vino e i night-club pieni d'entraîneuses!" E per almeno un'ora parliamo piacevolmente delle cose più svariate, di Khomeini e di Anita Ekberg nella *Dolce vita*, del primo ministro turco Demirel che aveva incontrato Bush a Washington e della Moschea Blu, dei kurdi e del PKK, dello *shish kebab* e della squadra del Galatasaray.

Quando il mio compagno di conversazione, che nel frattempo si è presentato come Alì Kemel e ha voluto sapere l'indirizzo della pensione in cui alloggio, si alza e fa per andarsene, seguito all'unisono dai compagni, io rimango ancora un po' seduto al mio tavolo, ordino l'ennesimo bicchiere a forma di tulipano e m'immergo completamente in quell'andirivieni di gente intorno a me, di suoni e di colori. Soltanto dopo il tramonto, con una bottiglia di *raki* in tasca, ritorno nella mia camera alla Barut's Guest House, nel centro di Sultan Hamet, a due passi dalla moschea di Santa Sofia e da Topkapi.

Mi siedo alla piccola scrivania, e con la penna in mano provo ad annotare sulla prima pagina ancora vergine di un quaderno che mi ero portato da Bali le cose successe in questa settimana, dal giorno della partenza a oggi, così come me le ricordo, disordinatamente; ma dopo alcune righe piene di ripensamenti e correzioni mi stanco e vado a sdraiarmi sul letto, con la consapevolezza che mi sarà difficile tenere un diario anche in questa occasione, come sempre mi è stato difficile ogni volta, fin da bambino, quando alla terza o quarta pagina ero già stanco e lasciavo perdere, o più per le spicce buttavo via tutto.

Dietro le palpebre socchiuse mi rivedo in sella alla Vespa in questi primi 2000 chilometri "interlocutori", da Roma a Brindisi e poi attraverso tutta la Grecia fino alla *Porta d'Oriente*, al *Ponte tra due civiltà*, come i dépliant turistici chiamano questa parte della Turchia, con una buona dose di retorica, certo, ma sostanzialmente dicendo il vero. Interlocutori perché il tratto di autostrada in Italia, la maggior parte del quale di notte, non presenta eccessivo interesse per chi con la fantasia sta già concentrato su altre cose ben più esotiche, e poi anche perché, strano a dirsi, tutto il pezzo di Grecia da Patrasso ad Atene, da Salonicco al confine turco non stupisce con mirabolanti bellezze storiche o paesaggistiche che ti possano balzare agli occhi strada facendo; niente immagini iconografiche di monasteri dalle mura bianche e il pope vestito di nero, niente grandiosi monumenti intorno a te... E nemmeno mi sono imbattuto in feste sotto i pergolati, con *buzuki* e tutto il resto. Lungo tutta la strada solo il Canale di Corinto, scavato nella roccia come una profonda ferita dai lembi precisissimi, e il castello di Platamona, sulla statale da Lárissa a Salonicco. Decisamente poco per un paese così ricco di meraviglie, purtroppo nascoste o devianti dall'itinerario che mi ero prefisso, e che in quattro giorni, uccidendo sul nascere ogni tentazione da turista, ho percorso dormendo una notte ad Atene (e comunque visitando l'indomani, anche se di fretta, almeno il Partenone), una a Lárissa in Tessaglia e infine, ultima tappa greca, a Kavála di fronte all'Isola di Taso; da lì in poche ore, superata Alexandroúpoli, passavo il confine turco dopo interminabili formalità doganali e le chiacchiere rinfrancanti con una coppia di triestini in luna di miele in Turchia con la Yamaha, sinceramente stupiti della mia destinazione, Ho Chi Minh City, così lontana ancora dalla loro destinazione in Cappadocia, che già ritenevano lontanissima da Trieste.

Ma se sono mancati panorami memorabili o monasteri appollaiati sulle montagne, bassorilievi ellenici o templi a Zeus Olimpio, in quei quattro giorni sulle strade della Grecia c'è stato un episodio che mi ha colpito con un'intensità forse maggiore, e di cui porto ancora il segno.

Ero a Lárissa, e stavo mangiando un'insalata greca in un bar-trattoria in cui oltre a me c'erano soltanto quattro avventori, che parlavano spavaldamente a voce alta, diffondendo all'intorno un pesante odore di *ouzo*, come se avessero fatto un bagno nell'anice. Sembrava stessero litigando, ma non capivo quello che dicevano. A un certo punto uno di loro, in maniche di camicia e con due bicipiti che sembrano due cosce, prende un pacchetto di fiammiferi, ne toglie tre e li passa a un compagno, con un gesto di sfida. Quest'ultimo li sistema sul tavolo in modo da formare un triangolo equilatero; e l'energumeno allora gliene dà altri due, dicendogli qualcosa; dopo un attimo di esitazione il suo compagno li mette a V su un lato del triangolo, formando così, con quello precedente, un secondo triangolo equilatero. Con gesti pausati e un po' indisponenti, le dita all'estremità di un braccio-coscia prendono un sesto fiammifero e lo tengono per un attimo davanti agli occhi dell'avversario; si alza una discussione, della quale capisco solo "*Tèssera*", cioè: quattro; ma il senso del gioco lo capisco benissimo, perché lo conoscevo già: si tratta di formare *quattro* triangoli equilateri con sei fiammiferi. E a questo punto, colpo di scena! L'energumeno toglie da una tasca dei pantaloni di velluto a coste due banconote da mille dracme (circa dodici dollari) e le mette sul tavolo disegnando nel contempo, con un dito, un circolo immaginario attorno ai bicchieri. È chiaro come l'*ouzo*: se il suo avversario riesce a fare i quattro triangoli si prende le duemila dracme, altrimenti paga da bere a tutti. Sbruffone finché vuoi, il tipo; ma assolutamente sicuro di sé.

Io seguo interessato tutta la faccenda, che si protrae per dieci minuti buoni senza che la soluzione, nonostante numerosi tentativi e grattate di capo, venga trovata; nel frattempo anche le mie reazioni vengono studiate con evidente interesse dai quattro, come sempre avviene quando uno straniero è presente in un bar di paese.

Alla fine le duemila dracme vengono ritirate dal proprietario, messe in tasca, e tronfiamente la novella della soluzione sta per venire annunciata, quando mi viene rivolto un cenno, come per chiedermi se voglio provarci anch'io.

Vado a sedermi al loro tavolo, e per un attimo non so decidere se mostrare subito la mia conoscenza del gioco o fare finta di niente, e provare e riprovare finché un melodrammatico lampo di genio mi illumini. Decido per la seconda ipotesi.

Dopo alcuni tentativi abortiti, e chiedendo persino se i fiammiferi si possono spezzettare, ecco, ecco, ecco un'idea: con le dita ispirate prendo tre fiammiferi e li dispongo a triangolo, gli altri tre li sollevo nell'aria e... sì! Li tengo verticalmente in modo da formare una piramide. Tre e uno quattro; non una logica piana ma tridimensionale. Ho recitato tanto bene la parte che tutti credono nella mia buona fede, si complimentano con me, mi lanciano sguardi di approvazione... E io, invece di tornare al mio tavolo per finire l'insalata, comincio a fare il gradasso, ringalluzzito dal successo, e propongo a mia volta un gioco, mettendo per di più sul tavolo due banconote da mille dracme, per scimmiottare la sfida precedente. Tutti ammutoliscono.

Prendo sedici fiammiferi e formo con essi quattro file orizzontali: la prima composta da un fiammifero solo, la seconda da tre, la terza da cinque e la quarta da sette. Con qualche difficoltà, e servendomi anche di reminiscenze di greco antico perse nella nebbia degli anni scolastici, spiego le regole: si gioca in due, e lo scopo è quello di lasciare sul tavolo, all'avversario, l'ultimo fiammifero; si fa una mossa a testa, nella quale si possono togliere dalla combinazione tutti i fiammiferi che si vogliono da qualsiasi fila, ma solo in orizzontale. Non si può toglierli né in verticale né in obliquo, e soltanto da una stessa fila a ogni mossa: da uno a sette per l'ultima, da cinque a uno per la terza, e così via. Chi toglie l'ultimo dei sedici fiammiferi, in qualunque fila esso stia, perde.

Ecco: duemila dracme contro, diciamo... cinque dracme. Sbruffone finché vuoi, il tipo; ma assolutamente sicuro di sé.

Faccio con ognuno di loro diverse prove *free of charge*, e poi cominciamo a giocare con i soldi. Dopo pochi minuti ho già vinto cento dracme in spiccioli, e comincio ad alzare la posta, mettendo sul tavolo un altro biglietto da mille: tremila e cento dracme contro dieci.

È un gioco non troppo difficile, un po' come l'uovo di Colombo, una volta che sai quali mosse fare e come rispondere a quelle dell'avversario; ma quando non lo sai e ti perdi in strategie astruse diventa complicatissimo, e puoi giocare anche cento volte di fila senza vincere una sola partita. In teoria chi muove per primo perde, a parità di mosse conosciute; ma se ti rendi conto che i tuoi avversari brancolano nel buio, puoi iniziare tu una volta su due, e non perdere mai ugualmente. E lì brancolavano tutti, anche il padrone del bar che si era unito a noi con altri nuovi clienti.

Dopo mezz'ora, alzando progressivamente la posta, avevo davanti seimila dracme, cinquemila messe da me e mille vinte. E da quel momento, complici diversi bicchierini di *ouzo*, cominciai a strafare. Tolsi dal portafoglio un'altra banconota da cinquemila dracme e la misi sul mio mucchietto. Adesso erano undicimila: undicimila dracme contro, diciamo... cento dracme!

L'energumeno, che finora aveva giocato tranquillamente come gli altri, e come gli altri tranquillamente aveva perso, si fa avanti con i gomiti sul tavolo; sembra voglia monopolizzare il gioco e farlo diventare una questione tra me e lui.

Perde cinquecento dracme in cinque tentativi, ma ormai capisco che si sta avvicinando alla comprensione del gioco, e così mi riprometto di fare ancora qualche partita, poi lasciare tutti i soldi sul tavolo, meno naturalmente le mie diecimila dracme, per salutare tutti con un gesto magnanimo e allontanarmi sulle ali del trionfo. Lui mi propone di fare una partita a undicimilacinquecento dracme (tutto quello che ho davanti) contro mille dracme, e non posso tirarmi indietro, dopo essere stato io ad alzare il gioco. In quattro partite vinco quattromila dracme, e lui le butta sul tavolo con un gesto di stizza.

Sempre più testardo e incattivito vuole giocare un'altra partita, e perde anche quella. Adesso ho davanti a me sedicimilacinquecento dracme; l'atmosfera si è fatta tesissima, e il mio avversario è sempre più rosso in faccia; probabilmente capisce che deve fare qualcosa per risollevare le sorti del suo onore macchiato.

Indugia un attimo, si accende una sigaretta (oh, come avrei volentieri dato tutta la mia vincita per poter fare altrettanto!) e poi toglie dalle tasche una banconota nuova di zecca, da diecimila dracme, si fa prestare le seimilacinquecento che gli mancano e butta tutto sul mucchietto davanti a me.

Mormorii tra il pubblico. Così adesso è lui che mi vuole sfidare: propone una partita alla pari, guardandomi con uno scherno infinito. Poi dispone i fiammiferi e mi invita a giocare, alzandosi dalla sedia e rimanendo immobile come una statua.

Prendo l'unico fiammifero della prima fila.

Silenzio di tomba. Lui risponde togliendone tre dalla terza fila.

Ha già sbagliato, e ormai sono sicuro di vincere: basta infatti toglierne sei dalla quarta fila e lasciargli la combinazione: tre, due, uno, con la quale non potrà mai vincere, qualsiasi mossa faccia in seguito, a meno che io non sbagli. E chi sbaglia?

Qualcuno tra il pubblico, con la cattiveria che a volte sanno avere gli amici, glielo fa notare; ma lo sa già anche lui, e si siede di nuovo, come svuotato di peso. Poi toglie uno dei due fiammiferi rimasti alla terza fila.

Adesso ce ne sono: uno, uno e tre; in tre file verticali. E tocca a me: se ne tolgo due, ho vinto. Ma a questo punto commetto un grave errore psicologico: ostentatamente mi metto a contare i soldi prima di fare la mossa, ormai inutile, e guardo il mio avversario dritto negli occhi, con la sfacciataggine di chi ha il coltello dalla parte del manico.

Forse sarà stata la rabbia, forse la mia stupida strafottenza, forse un suo tentativo estremo di recuperare quello che aveva perso, con un colpo di scena... Fatto sta che, veloce come un fulmine, il *jolly joker* schizza verso di me e mi assesta un bel manrovescio sul muso.

Uno scoppio di supernove, e il sapore del sangue in bocca.

Senza nemmeno darmi il tempo di degustare il mio trionfo magnanimo, di lasciare la vincita sul tavolo e andarmene distribuendo saluti *urbe et orbi* come un pontefice, lui fa sfrecciare nell'aria quel suo braccio che sembra una gamba sudata, per aggiustarmelo sul grugno.

Rovescio la sedia e cado malamente all'indietro, rimediando anche una zuccata; i suoi amici gli sono addosso e lo immobilizzano; lui è furente, e schiuma di rabbia come un dio greco.

Due di loro lo portano fuori, cercano di calmarlo, gli dicono qualcosa in tono di rimprovero, lo ammansiscono, lo sgridano. Io mi rimetto in piedi scuotendo vigorosamente la testa, come un pugile che le ha prese. Tutti gli occhi sono fissi su di me.

Allora, con una lentezza esagerata, centellinandone ogni attimo, sfilo dal mucchio di soldi diecimila dracme, le mie, me le rimetto in tasca macchiando la tovaglia con un lento gocciolio di sangue, e mi avvio verso l'uscita. La gente si scosta al mio passaggio.

Squilli di tromba, petali di fiori.

Mi alzo dal letto della Barut's Guest House per bere un sorso di *raki*, poi mi sdraio nuovamente in un rigurgito d'indolenza, toccandomi con circospezione il labbro ancora un po' gonfio dopo quattro giorni, e chiudo gli occhi.

Da sotto le palpebre mi rivedo sbandare tra gli scassatissimi minibus turchi che mi sorpassano strombazzando, salvo poi inchiodare una frazione di secondo più tardi per far salire due vecchietti e una capra che aspettavano seduti sopra un sasso; e così devo frenare come un matto anch'io per non finirgli spiaccicato addosso; rivedo le colline ondulate che accompagnano il paesaggio fino a Tekirdag, e riassaporo la gioia quasi selvaggia che avevo provato per un attimo all'illusione di essere totalmente libero, padrone della mia vita e felice, quando entravo a Istanbul sapendo che avevo ancora così tanta strada, una strada infinita, davanti a me...

Bussano alla porta; mi alzo dal letto e vado ad aprire.

"Ciao, io parla italiana. Mi ha detto padrone che c'è italiano, io venuta a trovarti." È una ragazza giovanissima, vestita in una maniera che vorrebbe essere provocante, e che invece è patetica. Ha il viso tormentato dall'acne, pieno di fondotinta, e non è bella.

"Di dove sei?"

"Rumania. Sto un mese a Istanbul, poi Canada. Hai dollari?"

"Sì."

"Mi dai cinquanta e sta con te fino domani."

Ripenso al gesto osceno di Alì, e per un attimo mi chiedo come mi comporterei se questa ragazza fosse carina, senza quel vestito e senza foruncoli. Ringrazio per l'invito, ma dico che stavo uscendo e che ho un appuntamento.

"Magara domani?"

"Non so."

"Uotsiornèm?" mi chiede con un sorriso stentato, dandomi un breve saggio del suo essere poliglotta.

"Giorgio, e tu?"

"Floriana. Forse domani, eh? Ciao."

Chiude la porta e mi lascia da solo, con una grande tristezza a indolenzirmi i lombi e pensieri scomodi sulle speranze tradite dell'Est. Poi esco in fretta anch'io, quasi avessi davvero un appuntamento.

La schiera di ristoranti e ristorantini lungo la via principale di Sultan Hamet riversa nell'aria volute di fumo denso e vaporoso, e l'odore della carne grigliata, dei peperoni e delle melanzane alla brace è così pungente da appesantire il respiro; comunque, visto che sono digiuno dalla mattina e che non ho altre cose da fare, apro la prima porta che mi capita a tiro ed entro in una sala dalle pareti tappezzate di fotografie, perlopiù in bianco e nero, di vip e personaggi dello spettacolo turchi. Per ora sono l'unico avventore, e questo non è di buon auspicio, perché sono già quasi le nove. Dietro la cassa una donna, forse la padrona, sta piangendo, ma vedendomi entrare ricompone in fretta il viso aiutandosi con un fazzolettino. Mi siedo a un tavolo, un po' a disagio. Dopo aver dato un'occhiata al menu bilingue, nella cui sezione inglese acqua è scritto *vater* e capretto *gouth*, chiamo il cameriere e ordino una porzione di *Ezo gelin çorbasi*, una zuppa di lenticchie con riso e succo di limone, un piatto di *kusu haslama*, carne di agnello al vapore, e per finire, un'*Amerikan salatasi*, cioè un'insalata... russa!

Per ingannare l'attesa studio nei minimi particolari, fino a farmi venire il torcicollo, il profilo colorato a mano di Atatürk, il cui enorme ritratto fotografico è incorniciato sulla mia testa. Avevo visto quel profilo decine di volte al giorno, da quando ero arrivato a Tekirdag; Atatürk è l'eroe nazionale, il padre dei turchi, che è il significato alla lettera del suo nome, e della Turchia moderna; a più di cinquant'anni dalla morte la sua immagine è ancora in ogni casa, in ogni negozio e ufficio. Nessuno si permetterebbe una parola di disapprovazione nei suoi confronti, nessuno si sognerebbe di rappresentare in caricatura l'uomo che in quindici anni di governo aveva sollevato il suo paese dalla mollezza del declino ottomano trasformandolo in repubblica; aveva introdotto l'alfabeto latino, dato il voto alle donne e tolto all'Islam il carattere di religione di stato. Naturalmente per i kurdi dell'Anatolia orientale, che da anni si battono per l'autonomia da Ankara e sognano un Kurdistan libero nel quale possano abitare con i loro fratelli dispersi in Irak, Siria e Iran, il discorso è un po' diverso, e il fatto che Atatürk fosse un così grande uomo è perlomeno opinabile.

A dispetto degli auspici non troppo allegri, quando il cibo arriva è così buono che ripulisco i piatti, lasciando soltanto un po' di *fistikli*, con i suoi pistacchi affogati nello sciroppo di zucchero, che mi era stato portato come dessert, omaggio della casa. Lascio anche una mancia alla cui vista il sorriso del cameriere si allarga fino alle orecchie, e vengo accompagnato in una salva di salamelecchi fino all'uscita. Solo quando sono ormai lontano mi accorgo con una smorfia di dolore di aver pagato quarantaseimila lire turche per la cena, e di aver lasciato centomila lire turche di mancia, scambiandole all'ultimo momento per una banconota da diecimila.

Tornare? Sai che bella figura. "Scusi, vorrei indietro la mancia perché mi sono sbagliato." No, come si fa a tornare?

Allora continuo la passeggiata lungo il perimetro della Moschea Blu, giro attorno a uno dei quattro minareti e rimango a bighellonare senza meta fin dopo mezzanotte, annaffiando i miei passi nei bar all'aperto con diverse bottiglie di *Tekel Birasi*; poi decido di fermare un taxi e di farmi riportare alla Barut's Guest House.

Mentre metto la chiave nella toppa incrocio con lo sguardo Floriana che sale verso il quarto piano, con un ragazzo francese dai capelli lunghi e l'asciutta trasandatezza di un prete operaio. Sento che gli domanda, civettuola: "Commantut'appèl?" e mi accorgo di essere grato al pensiero che l'indomani lei possa avere qualche altro dollaro per il suo Canada. Entro in camera e mi butto a letto.

Otto di mattina.

Un bussare frenetico alla porta.

Floriana? No: il ragazzo che pulisce le stanze, e mi fa capire a gesti che sono atteso al piano terra, in quella che è forse troppo pretenzioso chiamare hall. Scendo con un asciugamano attorno ai fianchi, e i capelli che nel riflesso di una finestra sembrano il pelo di un criceto.

Baffi arricciati in punta. Ah, sì: il gazebo, il *keyf*: Alì Kemel!

"Come mai?" chiedo, mezzo sorpreso mezzo arrabbiato per il risveglio improvviso.

"Ti porto a fare un giro per Istanbul, andiamo?"

"Ma stavo dormendo..."

"Ehhhh, dormirai di più un'altra volta! *Arkadash*, *let's go!*"

"*Arkad* che?"

"*Arkadash*: amico. Andiamo?"

"Ok, dammi cinque minuti." Non si può proprio dire che i turchi siano poco cordiali, e che non coltivino le amicizie.

Quando ridiscendo le scale lui è già seduto sulla Vespa parcheggiata dal giorno prima nel corridoio della pensione.

"Pronto?" mi chiede.

"Sì."

"Guido io?"

"No."

Non ci avevo fatto caso nel serraglio settecentesco che era diventato una cafeteria, ma i bei denti bianchi di Alì, almeno quelli superiori, sono una dentiera, e adesso, sulla prima sillaba di

"*Shall I drive?*" gli cadono per una frazione di secondo sul labbro inferiore; lui con un abile colpetto del pollice li mette a posto, tanto in fretta che non so decidermi se ho avuto un'allucinazione oppure ho visto bene. Se ci conoscessimo meglio glielo domanderei. Anche lui non aveva fatto caso, la sera prima, al mio labbro gonfio, e adesso dice, ammiccando: "Hai fatto a botte con qualcuno?". Dopo avergli risposto che qualcuno aveva fatto a botte con me, spingiamo la Vespa sulla strada e Alì si sistema dietro le mie spalle. Soprappensiero gli chiedo dove vuole essere portato, dimenticandomi che era sua l'idea di portare me da qualche parte. "Dritto; poi a sinistra!" risponde. E partiamo.

Prima di sera eravamo stati sul Bosforo e al Golden Gate, nella Basilica sommersa di Giustiniano e all'Arco di Trionfo di Teodosio, nel palazzo di Topkapi, all'Ippodromo bizantino e a Yarabatan Saray. Istanbul è una città piena di storia, che conserva vestigia spettacolari di ogni periodo del suo passato, quando era la Bisanzio dei greci e la Costantinopoli dei romani, la capitale dell'Impero bizantino e di quello ottomano, e poi del nuovo Rinascimento turco dopo la caduta di quest'ultimo.

Alì era una guida perfetta, e quando gli chiesi come facesse a sapere tutte le cose che mi raccontava via via, come conoscesse tutti quei particolari su un monumento o una chiesa, con candore mi aveva risposto: "I have always been studing": anche in quei dieci anni nelle miniere inglesi. Attraverso lo specchietto retrovisore guardai con occhi diversi quella strana figura di minatore-erudito che mi stava alle spalle, e pensai una volta di più che nell'atto dello "stupirsi" ci sia qualcosa di meraviglioso.

Il primo stupore, per il vero, Alì me l'aveva comunicato poche decine di metri dopo essere partiti dalla pensione, dicendomi di punto in bianco, con un tono un po' accademico che ancora non gli conoscevo: "Vedi, adesso stiamo passando proprio nel cuore del primo insediamento greco, Semistra, che risale probabilmente al 1000 a.C, pochi secoli dopo la guerra di Troia, nello stesso tempo in cui i re Davide e Salomone regnavano in Gerusalemme. Questo primo insediamento fu seguito da un villaggio di pescatori chiamato Lygos, che occupava la Punta del Serraglio dove oggi c'è il palazzo di Topkapi. Più tardi, circa nel 700 a.C., dei coloni greci di Megara si stabilirono a Chalcedon, oggi Kadiköy, sulla costa asiatica del Bosforo".

E fin qui niente di male, intendiamoci, anche se ascoltandolo mi sembrava di sentir parlare un libro stampato, e mi giravo di tanto in tanto a guardarlo un po' perplesso. Ma poco più avanti Alì annunciò: "Il primo insediamento ad avere importanza storica fu fondato da un altro colono di Megara, un certo Byzas. Prima di lasciare la Grecia egli chiese all'oracolo di Delfi dove avrebbe dovuto stabilire la nuova colonia. L'enigmatica risposta dell'oracolo fu: 'Di fronte ai ciechi'. Quando Byzas e i compagni della sua nave fecero vela verso il Bosforo, notarono la colonia sulla sponda asiatica a Chalcedon. Guardando alla loro sinistra videro il meraviglioso porto naturale del Corno d'Oro, sulla sponda europea. E pensando, come dice la leggenda: 'Questa gente di Chalcedon deve essere cieca' si stabilirono sulla riva opposta, dalla parte di Lygos, e chiamarono la loro nuova città Byzantium. Ciò accadde nel 657 a.C.". Io ascoltavo e tacevo; tacevo e ascoltavo. E come questa, cento altre leggende, cento fatti storici; per ogni luogo un'informazione, una curiosità, una conoscenza che mi stupiva.

Ma lo stupore più grande arrivò quando, ritornato nella mia camera, presi a sfogliare la guida della Lonely Planet per cercarvi notizie sui luoghi che avevamo appena visitato... e vi ritrovai lunghi brani espressi con le stesse identiche parole che avevo sentito da Alì; non un brano o due: *tutto* quello che avevo ascoltato quel giorno!

E non credo proprio che Tom Brosnahan, l'autore del libro, abbia plagiato Alì Kemel; credo piuttosto che quest'ultimo abbia imparato a memoria interi brani, come quel poveraccio di *Spoon River* l'Enciclopedia britannica, per poi sfoggiarli davanti ai turisti e fare colpo su di loro, vederli pendere dalle proprie labbra... Roba da matti! E che bisogno c'era? Perché venire a svegliarmi alle otto? Chi gliel'aveva chiesto di stupirmi? Diavolo d'un Alì, chissà cosa gli passa per la testa. Ricordai una frase roboante che avevo scritto in una poesia da ragazzo: "Ogni persona è una macedonia di segreti, e i suoi mezzi per sopravvivere durante il Viaggio, i suoi turbamenti e le sue gioie, tra una manciata d'anni saranno dimenticati da tutti, come la sua stessa carne e le sue stesse ossa". La misi in calce al mio diario di bordo, inalando una leggera fragranza di sigarette *kretek* al chiodo di garofano, che ancora persisteva tra i pori della sua copertina di tela.

Itinerari

Fin dai primi chilometri sulla strada per Ankara mi rendo conto di come il modo di guidare dei turchi sappia mettere a dura prova il sistema nervoso di chi non vi sia ancora troppo abituato.

Autobus, camion e macchine stanno, appena possibile, nella loro corsia di sorpasso, cioè nella *tua* che marci nel senso opposto, e su una Vespa sei tanto piccolo e innocuo da non venire nemmeno preso in considerazione, e devi invariabilmente cedere il passo in repentini debordamenti dal manto stradale, sulla ghiaietta o peggio ancora sul ciglio di un fiume o di un burrone. In virtù della scadente nafta che usano i Tir, spesso vengono sbuffate addosso nuvole di gas di scarico nere come l'inchiostro, che per interminabili secondi impediscono la visuale, arroventano occhi e gola: l'unico rimedio è trattenere il fiato finché il fumo non si dilegua, e nelle salite in cui i Tir procedono a passo d'uomo sembra non dileguarsi mai, e sei costretto a continuare in apnea per un bel pezzo, magari arrischiando sorpassi azzardati per poi, a metà dell'impresa, tornare indietro in fretta e furia perché un altro veicolo sta arrivando sulla tua corsia di sorpasso, cioè la *sua* di marcia.

I 3000 e più chilometri fatti con la Vespa di Wayan in Indonesia, tra Bali, Giava e Sumatra, erano comunque stati una buona scuola, mi avevano reso profondamente guardingo, anche quando in apparenza ero distratto da un paesaggio o da qualche donna balinese che si lavava mezza nuda in un fiumiciattolo tra le risaie. Benché continuassi a non mettere il casco, a cantare a squarciagola o a fare lo slalom tra i tratti di segnaletica orizzontale quando non c'erano veicoli in vista, nell'approccio sostanziale alla guida ero diventato quasi senza accorgermene prudentissimo. E anche gli indonesiani guidano come assassini, non c'è dubbio; soprattutto gli autisti dei bus di linea a Giava, i cui cari defunti ho nominato e offeso, secondo una schietta tradizione popolare romanesca, ogni volta in cui mi ero trovato stretto come un'acciuga tra due torpedoni che si stavano sorpassando a vicenda, alla velocità della luce; chiuso in mezzo senza un centimetro di spazio né a destra né a sinistra, tremando per i vuoti d'aria che venivano a crearsi, sulla Vespa che tremava più di me.

L'8 agosto, dopo aver attraversato nuovamente il ponte sul Bosforo, e questa volta senza alcun Alì pontificante sulla sella, lascio Istanbul e riprendo il mio viaggio, contando di raggiungere Erzurum (in Anatolia orientale) in quattro o cinque giorni, dopo una sosta ad Ankara, la più breve possibile.

Passo le città di Izmit, Adanazari e Bolu, e mi fermo per la notte a Gerede, in una *lokanta* che affitta delle camere al piano superiore.

Il padrone, che si chiama Aziz, è vestito con dei larghi pantaloni di panno pesante e il cavallo che gli arriva svolazzante tra le ginocchia; una giacca di stoffa nera dal tessuto così liso da sembrare unto, e sotto soltanto una maglia di lana, rosa, con tre bottoncini sul davanti, come quelle dei vecchietti del Far West a cui i doppiatori italiani, una volta, davano immancabilmente la voce chioccia e un po' rauca. Una bambina lo segue trotterellando dovunque Aziz vada, quasi fosse la sua piccola ombra. Ogni tanto lui si abbassa divaricando le cosce, mette le mani sulle ginocchia e le dice con un vocione da orco: "*Güzel!*" (Bella!); "*Tesekürler*" (Grazie) risponde lei in un cinguettio, e poi scappa a nascondersi dietro il bancone.

La camera ha la vista sull'orto sottostante, con un asino che non fa altro che ragliare e rottami malinconici di una trebbiatrice d'altri tempi; una tettoia di lamiera sopra un mucchio di fieno e una catasta polverosa di bottiglie vuote, pronte per essere riciclate. Lontano, all'orizzonte, il profilo azzurro delle montagne. Mi costa 7500 lire turche; esattamente un dollaro.

Nel 1972 per un dollaro davano 15 lire turche, cioè cinquecento volte di meno. Nel 1996, mentre mi troverò di nuovo a passare per la Turchia con una Vespa, arrivando dall'Australia e procedendo per Città del Capo, un dollaro varrà circa 75.000 lire, cioè cinquemila volte di più rispetto al cambio del 1972. Un'inflazione non eccessiva se paragonata a quella della Repubblica di Weimar o all'inflazione nicaraguense degli anni ottanta, quando i *cordoba* recavano spesso impressi dei timbri che ne duplicavano il valore, perché le banconote si svalutavano di giorno in giorno e non si faceva in tempo a emetterne di nuove; ma comunque un'inflazione di tutto rispetto.

Nel pomeriggio del 10 agosto arrivo ad Ankara, sotto un diluvio improvviso che ha trasformato il mio giubbotto di pelle in una sostanza molle come cartilagine. Ankara (una volta Angora, e da qui il nome di un tipo pregiato di lana) era una cittadina di 30.000 abitanti quando Atatürk vi stabilì la sede del suo governo provvisorio nel 1920; tre anni più tardi, dopo la fine della Guerra d'indipendenza, il "padre dei turchi" la dichiarò capitale della nuova repubblica, e da allora ad Ankara è in corso un processo continuo di sviluppo e modernizzazione. Dall'iniziale pastorizia e lavorazione tessile nello scenario arido dell'Anatolia centrale si è passati a una città di tre milioni di abitanti, con larghi boulevard alla francese e parchi naturali, ministeri, ambasciate, negozi moderni, università, e un pullulare di night-club e *Casino* nelle vie del centro. Proprio in uno di questi *Casino* vicino alle rovine della cittadella romana, in un viale che interseca l'arteria principale della città (la quale non poteva chiamarsi altro se non Atatürk Bulvari) passo qualche ora della mia prima notte ad Ankara, incredulo di fronte a tre danzatrici del ventre che si alternano sul palcoscenico, di una bruttezza unica tutte e tre, con rotoli di grasso sotto le perline e i veli delle gonne, le cosce da veneri paleolitiche e una trama fittissima di smagliature sulla pancia. All'Ambra Jovinelli, nella Roma del dopoguerra, qualcuno tra il pubblico si sarebbe di certo alzato per gridare: "Aò, annàtevene! Me parete tre scardabbagni!".

Un *Casino* turco non è strettamente una casa di tolleranza, anche se a ogni tavolo c'è almeno una entraîneuse che non disdegna di uscire con i clienti dopo averli fatti bere per bene: c'è un bar, quasi sempre uno spettacolo di musica locale, con *buzuki* e ogni specie di mandolini e mandole, e molto spesso danza del ventre o numeri di varietà dai quali si evince, anche senza capire una parola, che l'umorismo turco è fatto di un'altra pasta rispetto al compassato humour inglese.

Vengo invitato a un tavolo dove siedono cinque uomini, tutti ubriachi, la faccia lucida di sudore, la camicia slacciata sotto la giacca, e tre donne, due delle quali certamente entraîneuses, truccate in maniera pesante e con delle acconciature a torre che ricordano la prima Moira Orfei; ce n'è una invece che non riesci a capire come sia finita lì, vestita poco vistosamente e con una faccia pallida che sembra sempre sul punto di piangere, anche quando ride con l'uomo che le siede accanto e ogni tanto la strapazza un po' con le mani, toccando fin dove riesce; non di rado l'abbraccia con la volgarità impetuosa e maldestra di un uomo che sta pagando una donna, e crede che tutto gli sia consentito.

Rimango con loro non più di dieci minuti, anche perché non c'è possibilità di intavolare una conversazione: nessuno parla più di tre parole d'inglese e io nemmeno quelle di turco. Mi offrono una birra, e io resto a guardarli per un po' avvolti in una luce brillante, come se, invece di vedere loro, stessi vedendo un film dalla pellicola sgranata; poi mi stufo, ringrazio per la birra, pago il mio conto e sbadigliando me ne torno all'albergo.

La mattina dopo mi sveglio prestissimo, ma non riesco ad alzarmi dal letto; non faccio che riappisolarmi, risvegliarmi, appisolarmi di nuovo e rigirarmi nelle lenzuola, complice un feroce mal di testa, quasi che nel poco alcol della notte addietro avessero sciolto chissà quanto sonnifero (cosa che del resto mi era già successa una volta, a Parigi). Verso le nove addirittura mi sveglio di soprassalto e schizzo in piedi per andare a controllare il portafogli; ma non manca niente.

Anche se l'idea di stare un altro giorno ad Ankara non mi è troppo gradita, mi accorgo di non avere neppure troppa voglia di preparare i bagagli, portarli giù in spalla per due rampe di scale e rimettermi in viaggio. Così mi creo un alibi col fatto che ormai è troppo tardi e la giornata quasi persa, mi rimetto a letto e sprofondo nel sonno dei giusti fino a mezzogiorno.

All'una del pomeriggio scendo a mangiare qualcosa nella cafeteria sotto l'albergo, poi vado a fare due passi per la città e rimango fino a sera a leggere su una panchina dei giardini pubblici, come un vecchio pensionato che non ha nessuno che lo aspetti a casa, o come un guardone. Il 12 agosto, tre quarti d'ora prima che un sole anemico spuntasse da dietro le mura della Cittadella, ero già vestito, sbarbato e pronto a partire, e sopportavo senza troppi sensi di colpa un saluto acido del portiere di notte che stava russando su una brandina, e che il mio risveglio aveva strappato, forse, da un favoloso reame da sogno. Ancora mentre mettevo in moto la Vespa ero deciso, secondo una tabella di marcia che avevo già studiato in Italia, a "sacrificare" la Cappadocia, che presupponeva una deviazione a sud di almeno 300 chilometri, e proseguire invece da Ankara in autostrada fino a Kirkalle, per poi arrivare a Sivas e da lì raggiungere Erzurum e il confine iraniano, lungo l'itinerario classico che dalla Turchia va verso est, e che avevo già percorso tanti anni prima per andare da Milano a Bombay.

Ma pochi minuti più tardi, a un botteghino col tetto di masonite dove mi ero fermato a bere un caffè, incontro Ellis che sta soffiando sulla pagina di un quaderno per mandar via i minuzzoli della gomma da cancellare. Ellis che non avevo mai visto prima, che avevo soltanto immaginato, che ancora non sapevo si chiamasse Ellis.

E che sta aspettando l'autobus per Göreme, Cappadocia.

Ero andato molto vicino al vero nel calcolare per approssimazione il chilometraggio, misurando la carta stradale con un righello a Roma prima della partenza; e soltanto per amore di esattezza voglio dire che la distanza tra Ankara e Göreme è di 285 chilometri, e non di *almeno 300* come avevo preventivato.

Arriviamo poco prima del tramonto, e l'impatto con le valli della Cappadocia, a quell'ora e con quella luce, è davvero forte. Ci troviamo immersi in un paesaggio quasi metafisico, a volte circondati da enormi pinnacoli conici di cenere lavica consolidatasi in un tufo giallo, rosa e grigio, che l'azione erosiva del vento, della pioggia e della sabbia ha scavato nelle forme più strane, e che poi la mano dell'uomo ha scavato a sua volta per trarne case, fortezze, chiese rupestri; altre volte in mezzo a canyon bianchi come neve e ondulazioni di roccia porosa che evoca immagini lunari. Quando entriamo nel centro di Göreme, però, nel caos dei turisti, degli operatori turistici, dei pullman che affollano la Cappadocia ogni anno nel mese di agosto, la suggestione si fa un po' meno forte, anche se basta alzare lo sguardo per ritrovare le montagne cesellate che inglobano la città come un fondale, e anche se Ellis mi tiene stretto, seduta dietro di me. Credo si sia stancata abbastanza, benché non voglia darlo a vedere; e del resto sono stanco anch'io. Prima di cominciare a cercare un albergo parcheggiamo la Vespa davanti a un bar all'aperto e beviamo una birra, per rinfrancarci in previsione di un compito che si annuncia difficile.

Una sua amica ad Amsterdam le aveva dato l'indirizzo e il numero di telefono di una pensione di Göreme, tenuta da una donna olandese, il Melek Hotel; telefoniamo lì dal bar, e come c'era da aspettarsi non ha una camera libera. Anche l'Ufuk, l'Esen e il Paradise Pansiyon sono pieni; solo all'SOS Motel-Pansiyon (e mai nome fu più appropriato) ci danno una fugace speranza, ma poi consultano il registro e dicono "Oh sorri! no rùm": ci sono solo due letti nel dormitorio in comune. Ellis mi guarda, io guardo lei e non c'è bisogno di parole per capire che nessuno dei due ha voglia di passare la prima notte di nozze con cinque o sei persone che magari russano; così rimontiamo in sella e tentiamo miglior sorte a Ürgüp, un villaggio a una decina di chilometri da Göreme. Lungo la strada, in un corto rettilineo appena dopo una curva, io tendo il collo all'indietro e lei le labbra in avanti, e ci diamo il nostro primo bacio, sbandando.

L'avevo fissata con tanta insistenza, mentre lei soffiava per ripulire la pagina e io, all'unisono, soffiavo sull'orlo del bicchiere per freddare il caffè; avevo inscenato una tale pantomima di colpetti di tosse e tamburellamenti sul banco con le dita dell'altra mano, che anche lei alla fine non aveva potuto fare a meno di alzare lo sguardo dal quaderno sul quale stava disegnando conchiglie, come avrei saputo di lì a poco, e guardare verso di me. Quando vado a sedermi al suo tavolo lei sorride e comincia a rollarsi una sigaretta col Drum; offre la busta anche a me ("*Thanks, I don't smoke*"), e nella maniera più banale ha inizio la magia.

"Di dove sei?"

"Olanda, e tu?"

Mezz'ora più tardi stiamo cercando il modo di sistemare il suo zaino sulla Vespa, e una volta trovatolo partiamo seguiti dalle occhiate dei clienti accorsi alla porta.

Dopo aver ricambiato per un attimo gli sguardi sono convinto, purtroppo, che qualcuno di loro stia rafforzandosi nella convinzione che le straniere siano tutte delle cagne in calore, convinzione che del resto appartiene alla quasi totalità dei musulmani; sono anche convinto che Ellis mi abbia letto nel pensiero, e so già, benché la conosca appena, quanto sia sbagliata quella convinzione riferita a lei. Ma non torniamo indietro a spiegarglielo, e io ingrano la seconda.

L'Hotel Elvan di Ürgüp, il primo a cui ci presentiamo dopo la ricerca vana a Göreme, ha una sola camera libera, la nostra, che dà su un bel giardino interno e ha le pareti scavate nella roccia bianca, come le antiche abitazioni ricavate dalle montagne tutt'intorno.

Alle dieci di mattina il figlio della padrona viene a bussare alla porta e mi mette tra le mani il vassoio della colazione: miele, olive nere, formaggio, pane e caffè.

Avremmo dovuto iniziare la nostra escursione nelle valli della Cappadocia molto prima, se non avessimo voluto fare una fila di almeno mezz'ora per entrare nello stretto pertugio di ogni chiesa rupestre e starcene incolonnati sotto il sole tra gomitate e macchine fotografiche che ti sbattono nei fianchi (a proposito: a Istanbul ne avevo comprata una anch'io, la prima della mia vita, una Minolta compatta che però era troppo piccola perché potessi sbatterla per vendetta addosso a qualcuno), tra pestoni sui piedi, litigi che scoppiano per un posto rubato e zaffate di sudore. Poi una volta dentro si può ammirare poco o niente degli affreschi bizantini, perché l'ingresso, che quasi sempre è l'unica fonte di luce, è intasato da chi deve ancora entrare.

Dopo aver messo piede soltanto nella Ilani Kilise, o chiesa del Serpente, che ha affreschi originali sulla volta e disegni del periodo iconoclasta sulle pareti, nella chiesa di San Basilio e nella Karanlik Kilisi, forse la più decorata e appariscente di tutte, decidiamo di averne abbastanza, e verso mezzogiorno, esasperati per nove minuti di visite effettive e novanta minuti di file, ce ne andiamo dal Göreme Open Air Museum che in altre circostanze, forse a novembre o marzo, è senza dubbio uno dei luoghi più belli della Turchia; ma non certo vicino a ferragosto.

Grazie al fatto di avere un veicolo nostro, comunque, ci riconciliamo con la Cappadocia, che altrimenti ci avrebbe lasciato un pessimo ricordo, perché possiamo inoltrarci in valli remote e senza un turista, e trovarci improvvisamente davanti una roccia grande come un palazzo di dieci piani, tutta traforata da celle e cellette che durante l'abitazione trogloditica erano porta e finestra, oppure delle strane torri a forma d'asparago alte decine di metri, chiamate "camini delle fate", uno sghiribizzo degli agenti atmosferici, o ancora degli anfiteatri naturali delimitati da montagne disposte a conca, ognuna delle quali scavata da un dedalo di cunicoli, cavità e colonnati.

Andiamo a Uçhisar, dove arrampicandosi sulla cima di una roccia "merlettata" si ha una vista sbalorditiva di tutte le valli sottostanti, da Göreme a Ürgüp.

Andiamo a Kaymakli per vedere la città sotterranea che gli originari abitanti della Cappadocia avevano costruito per difendersi dagli invasori, e sparire sottoterra alla loro vista. Man mano che si scende sembra di camminare tra i buchi di un enorme gruviera: passaggi sotterranei e archi di comunicazione tra una stanza e l'altra e scale dai ripidi gradini di pietra tra i vari livelli della città in cui, come talpe, vivevano quasi diecimila persone. E segni di questa vita dei trogloditi sono ancora visibili nelle grotte: pozzi profondissimi per l'acqua, giare per la conservazione dell'olio e del vino, cucine in comune e persino stalle. A Ortahisar incontriamo la coppia di triestini in Yamaha con i quali mi ero fermato a parlare alla frontiera tra Grecia e Turchia; ci facciamo grandi feste, io presento Ellis, che subito si sente a suo agio come se li conoscesse da anni, e insieme andiamo a cenare in una *lokanta* sotto un pergolato, diventando ancora più ciarlieri grazie a un fiasco di vino gelido e dolcissimo. Verso mezzanotte, in un coro che aveva coinvolto anche altri clienti, stiamo tutti sbraitando le note di *'O sole mio*, come cani che abbaiano alla luna.

L'indomani Ellis e io lasciamo non prestissimo la nostra stanza dalle pareti di roccia all'Hotel Elvan di Ürgüp; sistemiamo con meno difficoltà i bagagli sulla Vespa, grazie all'esperienza precedente, e ci mettiamo sulla strada per Kaysieri. Avevamo deciso di andare a Nemrut Daği, a sud dell'Anatolia, vicino al confine siriano, stravolgendo i rispettivi programmi che ipotizzavano per lei una settimana in Cappadocia, poi il ritorno a Istanbul e l'aereo per Amsterdam; e per me la via più breve che da Erzurum arriva in Iran.

Sulla copertina del libro-guida (lo stesso che aveva anche Ellis nello zaino e che Alì Kemel stava imparando a memoria a Istanbul) si vedevano due teste di pietra raffiguranti due divinità greche, e a giudicare da un ciuffetto d'erba che cresceva tra i sassi davanti alla candida barba corrosa dal tempo di quella che stava in primo piano, le teste dovevano essere molto grandi. L'insieme, col cielo lattiginoso di un'alba a fare da sfondo (o di un tramonto, che ha poi quasi gli stessi colori), e contro il quale si stagliavano come imbevute di luce, aveva un che di maestoso, un po' inquietante.

Ricordo di essere rimasto a guardare la fotografia per almeno un minuto, dopo aver comprato la guida in quello *shopping centre* di Singapore; nella seconda pagina trovai: *Front cover, Heads at Nemrut Daği*, un nome che non avevo mai sentito. Andai a guardare sulla piantina della Turchia e ci misi un po' a localizzarlo; quando lo trovai dissi tra me: "È tutto da un'altra parte, non è di strada. Peccato, mi sarebbe piaciuto andarci".

E adesso ci stavo andando.

In meno di due ore siamo a Kaysieri, la città più grande e popolosa della Cappadocia, con mezzo milione di abitanti; la seconda, Nevsheir, ne ha appena 70.000. Il paesaggio intorno a noi si fa via via più arido e desolato; pochi villaggi separati tra loro da lunghi tratti di niente assoluto, nel quale spunta magari all'improvviso, da dietro un cespuglio, un bambino con i capelli a spazzola, gli occhi chiari e le guance da montanaro, che regge per i manici due secchi colmi d'acqua, e non si capisce dove li abbia presi, né dove li possa portare. Cominciamo a inerpicarci su montagne dall'aspetto ostile, anche a causa di un temporale che si avvicina e le colora di riflessi violacei, procedendo quasi sempre in prima o in seconda e zigzagando tra qualche asino sperduto in mezzo alla strada. Passiamo le poche case di Pinarbasi e verso le quattro del pomeriggio siamo a Yazyurdu, dopo avere percorso all'incirca

200 chilometri da quando abbiamo lasciato Ürgüp. Chiedo a Ellis se voglia fermarsi lì per la notte, ma lei dice che possiamo anche continuare; così, dopo due bicchierini di tè e *una* Rizla arrotolata attorno al Drum, ripartiamo.

"Ma davvero hai fatto un fioretto?" La notte prima le avevo raccontato tutta la storia. Io annuisco, lei continua: "Non ti sembra una stupidaggine?". Io annuisco, lei continua. "E davvero non lo romperesti per niente al mondo?" "Davvero." E lei allora: "Nemmeno se venisse Kim Basinger e ti proponesse uno scambio: tu fumi e lei viene a letto con te?". "Nemmeno allora." "Neanche se te lo chiedessi io?" "Beh, scusa: allora era meglio Kim Basinger." Lei mi dà un pugno su una spalla, mi grida nelle orecchie: "*Italliano mafioso!*" e poi si mette a cantare una canzone di George Harrison, alla quale mi unisco ben presto anch'io. Dopo un altro centinaio di chilometri arriviamo a Darende, un paesino dimenticato da Allah e dagli uomini lungo un'unica strada, con una manciata di case, due negozi e una *lokanta*, dove decidiamo di fermarci anche perché, dando un'occhiata alla carta stradale, ci accorgiamo che non ci sono altri punti segnati con un nome fino al bivio per Adyaman, cioè per un'altra settantina di chilometri.

Sono sinceramente stupito dalla resistenza di Ellis, del fatto che non si annoi né si lamenti mai. Sarebbe una compagna ideale di viaggio, e sarei felice se potesse venire in Vietnam con me. Ma so già che abbiamo ancora pochi giorni per stare insieme, che possiamo continuare ancora un po', magari anche dopo Nemrut Daği, ma che poi dobbiamo salutarci e lei deve, e vuole, ritornare ad Amsterdam.

Perché Ellis ha un bambino di quattro anni che si chiama Vessel e che lei chiama il suo angelo; nelle fotografie sembra un angelo davvero, e adesso sta con i nonni, ma nell'ultima telefonata da Ankara non ha fatto che chiederle: "Mamma, quando torni?". L'ha avuto a diciannove anni, con un ragazzo che vendeva marijuana nei coffee shop e che ha pensato bene di sparire subito dopo averla messa incinta. È la prima volta che lo lascia per una vacanza da sola: da quando Vessel è nato non si erano mai separati che per poche ore ogni giorno; adesso Ellis aveva bisogno di un po' di tempo per sé, e si era ritrovata a Istanbul senza sapere cosa ci fosse venuta a fare, sapeva soltanto che per due settimane sarebbe stata lontano da casa, anche se avesse sentito una nostalgia insopportabile.

Quando cinque giorni più tardi l'accompagno alla stazione degli autobus di Doğubeyazit, Ellis mi chiede per la prima volta di andare ad Amsterdam con lei, di rinunciare al mio viaggio. Siamo abbracciati così forte da farci mancare il respiro, e ho in gola il gusto di qualcosa che non riesco a spillarmi dagli occhi. Le rispondo di no.

Nelle storie d'amore c'è sempre una grande componente di egoismo; ma nelle storie d'amore che ci si nega c'è un egoismo ancora più grande. Ritorno in camera e annuso il suo cuscino. Poi mi ubriaco.

Lettere dal fronte

Dopo la sosta di una notte a Darende, con una doccia calda a pagamento che ci era costata venticinquemila lire turche, cioè cinquemila in più della camera che ne costava solo venti, eravamo partiti di buon'ora per proseguire fino al bivio di Malatya, dove avevamo girato a destra per raggiungere Golbasi, da cui mancavano ancora ottanta chilometri per Kahta, il "campo base" dal quale partire per l'escursione alle rovine di Nemrut Daği.

Questa zona dell'Anatolia orientale è abitata principalmente da kurdi, la più grande etnia al mondo, circa venti milioni di persone, a non avere una propria patria. Un kurdo che vive in Turchia si sente prima di tutto kurdo e poi forse, ma non sempre, turco. Un kurdo che vive in Iran parla la stessa lingua di un kurdo che vive in Siria o in Irak, e quando si presenta dice prima di tutto di essere kurdo, non iraniano o siriano o irakeno.

In quei giorni nel distretto di Adyaman, dove si trova Kahta, c'era molta tensione, con continui scontri a fuoco tra i separatisti del PKK, l'esercito irregolare dei kurdi, e le milizie governative turche. Così, se Ellis e io avevamo fatto indigestione di turisti in Cappadocia, qui non ne incontrammo neppure uno, perché le notizie date dai giornali e dalle televisioni erano state un deterrente così forte da dissuadere gli operatori turistici o i singoli ad avventurarsi fin lì. Ci diceva l'albergatore di Kahta, Yusuf, che in quell'ultimo anno il suo giro di affari e le prenotazioni dell'albergo erano scesi del 95 per cento. Noi non leggevamo giornali, non facevamo parte di un viaggio organizzato e non sapevamo niente della tensione di quei giorni; e visto che a nessun posto di blocco i militari ci avevano impedito il passaggio, eccoci lì vicini a Nemrut Daği (che i turchi pronunciano Nemrut *Dahé* con un suono gutturale) per vedere le due teste di pietra della fotografia, parte del complesso megalitico di cui leggemmo la storia su un dépliant stampato in grande economia che Yusuf ci aveva dato al nostro ingresso nel suo albergo vuoto.

Nel 62 d.C. Antioco I, fondatore del Regno Kommagene, fece edificare sulla cima di un monte due terrazze simmetriche di colossi di pietra raffiguranti se stesso, i suoi familiari e i suoi "avi", nella fattispecie Zeus, Apollo, Ares, la dea della fortuna Tiche eccetera. Poi, non soddisfatto, fece innalzare una collina artificiale alta cinquanta metri, che inglobasse le terrazze ergendosi con una cima arrotondata sopra di esse. Progressivi terremoti hanno in gran parte distrutto il complesso megalitico, e forse è proprio questa la sua vera particolarità, perché le teste, i busti e le braccia delle statue sono disseminati qua e là come su un campo di battaglia, nel silenzio regale di una disfatta che sembra piuttosto opera dell'uomo che delle scosse telluriche.

"Siete gli unici clienti, oggi; le altre camere sono tutte vuote," dice Yusuf, che parla un inglese approssimativo ma si capisce bene con Ellis usando il tedesco. Aveva lavorato per qualche anno in Germania, in una fabbrica di parti meccaniche per una casa automobilistica; con i soldi risparmiati era ritornato a Kahta e aveva aperto quell'albergo, l'Hotel Kommagene.

"E si può arrivare fin su alle rovine con la Vespa?" chiede Ellis.

"No, potete arrivare fino alla base della collina, anche se la strada è bruttissima e non so se una moto con le ruote così piccole ce la fa. Però gli ultimi due chilometri dovete farli a piedi o con i muli, potete affittarne due al parcheggio delle macchine sotto Nemrut Daği, dite che vi mando io."

"Quanti chilometri saranno?" chiedo mettendo insieme tutto il mio tedesco e chiamandolo per scherzo *Herr Jozef*.

"Una settantina. Dovete prima passare il ponte romano vicino a Cendere, poi girare a destra verso Kustepe e dopo altri quindici chilometri a sinistra per Karadut..."

"E la strada è più brutta di quella che abbiamo fatto da Adyaman a qui?" domanda ancora Ellis.

Yusuf ride di gusto, come se avesse ascoltato la barzelletta più divertente raccontata dal comico più bravo, poi continua, sempre ridendo: "Ohhh, cento volte più brutta!". Confortante, penso io.

Pranziamo in un ristorantino nel centro di Kahta, e non siamo ancora entrati che un gruppo di kurdi, con dei gesti cerimoniosi e gentili, ci invita a sederci al loro tavolo. Il piccolo televisore in bianco e nero, appoggiato di sghimbescio su un trespolo alto, trasmette le immagini di uno scontro a fuoco avvenuto il giorno prima a Diyarbakir, pochi chilometri da lì, tra i soldati turchi e i guerriglieri del PKK, nel quale sono morte cinque persone. Il commento del cronista turco ha come sottofondo il basso continuo dei colpi di fucile e delle raffiche di mitraglia, sincopato ogni tanto dallo scoppio di una granata.

I nostri amici kurdi ci guardano e fanno smorfie tristi come per dire "Visto che roba?"; poi ordinano della birra e ce ne versano due bicchieri.

"Kurdish people arkadash," sentenzio io, brindando.

"*Arkadash, arkadash*," ripetono loro, con quell'ombra di timidezza dignitosa che ha spesso sul viso chi appartiene a una minoranza etnica, e sa che il suo interlocutore non gli è ostile.

Anche qui se la cavano meglio con il tedesco che con l'inglese, ed Ellis diventa il centro dell'attenzione, anche in virtù della sua bellezza e dei capelli biondi; io mi limito a ripetere *arkadash* o "Kurdistan *güsel*!"; e quel *güsel*, che significa solo "bello", nel mio turco inesistente ha però il calore di un proclama, suona come: Viva un paese per i kurdi, viva un Kurdistan libero! Qualcuno applaude, qualcun altro ripete *arkadash* a sua volta, battendomi una mano sulla spalla; Ellis mi dà un bacio volante tra i capelli e io mi sento, per un attimo e senza saperne il motivo, così bene da averne quasi vergogna.

La storia del popolo kurdo, soprattutto la sua storia recente, è una continua altalena di promesse non mantenute, di voltafaccia da parte delle diplomazie occidentali e delle potenze che vincevano le varie guerre, per poi spartirsi a tavolino i territori conquistati. I kurdi erano stati dominati dagli arabi nel VII secolo, dai mongoli e dai seljuk quattro secoli più tardi, e poi dai turchi per oltre settecento anni; e fin dal 1100, quando il loro territorio montagnoso fu denominato Kurdistan, si erano battuti per garantirne l'autodeterminazione, senza mai riuscirvi. Nel 1919, dopo la fine della Prima guerra mondiale e il dissolvimento dell'impero ottomano, la questione kurda era stata sollevata alla conferenza di pace di Parigi, con la richiesta d'indipendenza dalla Turchia. Nel trattato di Sèvres si era persino definito un territorio per il Kurdistan, tra la frontiera sud dell'Armenia e quella settentrionale dell'Irak; ma già nel successivo trattato di Losanna dello stato kurdo non si parlava più, e la ridisegnazione dei confini era lasciata a un amichevole accordo tra Gran Bretagna e Irak. Alla fine della Seconda guerra mondiale nacque una Repubblica kurda che durò soltanto pochi mesi e alla quale la Turchia non riconobbe mai uno *status* autonomo (Atatürk chiamava i kurdi "turchi delle montagne"). Nel 1946 il suo presidente, Qazi Mohammed, venne giustiziato, e da allora i disordini nella regione non sono più cessati, l'attività terroristica del PKK è aumentata di pari passo con la repressione e il pugno di ferro del governo di Ankara.

Il destino dei quattro milioni di kurdi irakeni è stato, se possibile, ancora più tragico: dal 1984 al 1989, almeno un milione di loro rimase senza casa e 25.000 persone morirono a causa degli attacchi con le armi chimiche dell'esercito di Baghdad; due anni più tardi un altro milione fu costretto a lasciare il Nord dell'Irak per fuggire alla persecuzione di Saddam Hussein dopo la Guerra del Golfo, e a rifugiarsi in Iran.

Uno dei nostri nuovi amici, Mehmet, proviene da una famiglia nomade che viveva di pastorizia sulle montagne vicino a Erzurum, e soltanto da pochi mesi si era trasferito a Kahta in una casa di cemento con fondamenta stabili, la prima della sua vita. È vestito con una giacca rattoppata sulle maniche e dei pantaloni di fustagno la cui integrità è intervallata da larghe pezze di tessuto diverso, che sembrano dimostrare come il suo proprietario non navighi nell'oro. Ma quando ci alziamo dal tavolo e io faccio per pagare il nostro pranzo e le birre, Mehmet, alzandosi in sincronia, mi blocca la mano che cercava il portafogli, e mi fa capire che siamo suoi ospiti. Io protesto, ma non c'è verso; protesto ancora e lui diventa quasi violento nella sua generosità, stringendomi il polso fino a farmi male. Poi arrossisce e sorride, con negli occhi una scintilla di quello che Dostoevskij chiama l'orgoglio dei poveri; fa un cenno al padrone della *lokanta* e paga per tutti. Verso le tre del pomeriggio Ellis e io ritorniamo all'albergo, e fino alla mattina successiva non usciamo dalla stanza.

Già dai primi chilometri sulla strada per Nemrut Daği, il 17 agosto, dobbiamo renderci conto che le informazioni ricevute da Yusuf circa il suo stato, per quei settanta chilometri fino alla cima, non avrebbero potuto essere più veritiere e realistiche. A un certo punto io sono quasi tentato di tornare indietro, e temo seriamente per la salute della Vespa, oltre che per quella delle nostre spine dorsali. Con una Land Rover lo stesso tragitto, se non proprio difficile, sarebbe stato disagevole; ma con uno scooter era quasi una follia; avrebbe potuto pregiudicare la continuazione del mio viaggio, per di più lungo un tratto di strada deviante dall'itinerario, e soltanto per la suggestione che due teste di pietra avevano esercitato su di me, insieme a quella di una ragazza che cancellava conchiglie dal suo quaderno a quadretti.

Ellis invece sembrava divertirsi un mondo, e accompagnava ogni scossone, ogni botta in una buca e ogni planata da un dosso, con degli squillanti "Ooooopss!", come se fosse stata su un ottovolante al luna park.

"Fermiamoci un attimo, voglio fare una fotografia," dissi avvistando in lontananza il ponte romano; ma la mia voglia di immortalare su pellicola le arcate di marmo fatte edificare in onore di Settimio Severo nel III secolo d.C. era soltanto una scusa per non ammettere apertamente che volevo sgranchirmi le gambe, dopo che avevamo percorso traballando soltanto diciotto chilometri da quando si era partiti da Kahta, un'ora e mezza prima, alla media poco confortante di dodici chilometri all'ora.

"Fanne una anche a me; aspetta, mi metto in posa." E lasciando sulla sella la busta di Drum dalla quale stava prendendo un po' di tabacco, Ellis corse sul ponte per immobilizzarsi in una posa da diva del cinema muto, con gli occhi socchiusi e le braccia tese in avanti.

Passiamo i villaggi di Damlacik, Tüten Ocak e Narinca, e da lì in avanti la strada diventa ancora più brutta e accidentata, mettendo a dura prova i rimasugli del mio entusiasmo e le mie fregole archeologiche.

Dobbiamo consultare diverse volte la mappa sul dépliant che ci aveva dato Yusuf il giorno prima, perché non c'è alcun cartello che indichi Nemrut Daği, o alcuna segnalazione ai bivi davanti ai quali ci troviamo, chiedendo illuminazioni a un pastore che sonnecchia sul prato vicino al suo gregge, o a dei ragazzini che oltre alla lingua madre sembrano conoscere soltanto la parola *Yes*, e a volte ho persino l'impressione che la usino nell'accezione di *No*.

All'una in punto, stagliata contro il blu scuro del cielo vediamo una grande costruzione in cemento con le scritte: Parking, Toilet e Cafeteria dipinte a caratteri rossi su una parete; e lì la strada finisce.

"Donky? You want donky? Very cheap," dice un uomo uscendo dalla porta e venendoci incontro. Sotto una tettoia due asini stanno scacciando le mosche con lenti colpi di coda, e girano svogliatamente la testa per guardarci. Ellis e io smontiamo dalla Vespa, ricambiando lo sguardo. “Dieci dollari tre ore; io vi può accompagnare,” fa eco un bambino di nove o dieci anni correndo verso di noi, dopo essere sbucato dalla stessa porta.

“Mio figlio Nazim, buona guida. Parla inglese.”

“Non possiamo andarci con la moto?”

Una risata fragorosa, come se il padre di Nazim avesse ascoltato la barzelletta più divertente raccontata dal comico più bravo; quando si ricompone ci comunica: “Potete a piedi, se volete; molta fatica. Due asini dieci dollari, Nazim buona guida”.

“Dài, Giorgio: è più divertente. Non sono mai salita su un asino in vita mia!” dice Ellis gongolando, a continuazione della sua giornata ludica al luna park.

E così, in capo a cinque minuti e senza nemmeno una seria contrattazione sul prezzo, due asini con rispettivi cavalieri, più un soldo di cacio in veste di guida turistica che regge le briglie camminando davanti a loro, si arrampicano sul pietrisco della collina, incontro a quell'accozzaglia di pietre scolpite che già si lascia intravedere sulla cima, benché sia ancora distante più di un chilometro. Strada facendo, sballottato di qua e di là sulla sella come un pezzo di legno in un mare agitato, non sono affatto sicuro che tutto questo sia *divertente*; ma vedendo come se la ride Ellis e come Nazim sgambetta agile canticchiando, contento come una Pasqua per quei dieci dollari, me ne sto zitto e stringo forte le cosce per non finire a terra.

Poi finalmente, aggirata una grossa roccia che per qualche minuto lo aveva nascosto alla nostra vista, eccolo lì, Nemrut Daği! All'inizio mi sembra che sia, nel suo insieme, un po' meno maestoso di quanto mi sarei aspettato, ma quella punta di delusione dura pochi secondi soltanto, perché quando vado ad appoggiarmi con le spalle a una delle teste di pietra, quella che nella fotografia sulla copertina del libro si vedeva sullo sfondo, con un lungo copricapo a forma di barbetta da faraone egizio, mi accorgo che le arrivo appena a metà della fronte smozzicata dai secoli, e che perciò, copricapo e tutto, deve essere alta più di tre metri. E allora, guardandomi intorno, la base della terrazza su cui si ergevano le statue di Antioco I e dei suoi antenati mi sembra enorme, e il colpo d'occhio è spettacolare. Nella valle deserta sotto di noi, arida e sabbiosa fino alla linea dell'orizzonte, si scorge sottile la linea scura della strada che avevamo percorso da Kahta.

Ellis si aggira estasiata tra le rovine, toccando ora un capitello, ora un braccio di pietra o il becco di una grande testa a forma di aquila, e Nazim le corre dietro gesticolando e raccontandole qualcosa, visibilmente innamorato. Sento che le dice "*Very beautiful!*" ma non riesco a capire se si riferisca a Nemrut Daği, in qualità di guida, o a lei, come spasimante. I due asini, per nulla impressionati dal quell'infantile batticuore o dalla magnificenza dello scenario che li circonda, scaricano all'unisono due lunghi getti di orina color aranciata vicino al busto mutilato del dio Ares. "Io, grande re Antioco, ho ordinato la costruzione di questi templi, della strada cerimoniale e dei troni degli dèi su fondamenta che non saranno mai demolite. Ho fatto questo per provare la mia fede negli dèi. E alla fine della mia vita entrerò nel riposo eterno, in questo luogo, e il mio spirito si congiungerà con quello di Zeus-Ahura Mazda nei cieli," traduce Ellis dall'olandese, parlando con voce cavernosa e incedendo a lunghi passi col libro tra le mani. Nazim sembra apprezzare incondizionatamente questa performance da ombra di Banquo, e alla fine applaude con calore e ripete "*Very beautiful*", questa volta rivolto a lei; solo a lei.

Rimaniamo più di tre ore a familiarizzarci con i resti del Regno Kommagene, unici visitatori della giornata, poi torniamo davanti alla casa di cemento; Nazim porta gli asini sotto la tettoia e suo padre ci invita a entrare per un tè. Ci offre anche dei biscotti, con un buon profumo di anice. È il padrone della cafeteria; al piano superiore ci sono due camere che affitta ai turisti. Ma le cose non vanno bene e da dieci giorni le camere sono vuote. Sua moglie porta dei larghi pantaloni di cotone, e ride mostrando dei denti rivestiti d'argento quando io mi produco nell'ormai familiare: "Kurdish people, *arkadash*!" sollevando un biscotto tra le dita, come fosse una particola, e ringraziandola. Decidiamo di fermarci lì a dormire, rimandando al giorno dopo la sfacchinata del ritorno a Kahta. Ellis è sempre più simpatica e prima di sera, mentre ceniamo tutti insieme, Nazim è letteralmente conquistato da lei, come suo padre, del resto, come sua madre e come me.

Ci fanno vedere un album di fotografie, con qualche immagine sbiadita del matrimonio e due Polaroid che una turista francese aveva scattato a Nazim l'anno prima; dicono sorridendo che quella turista l'aveva soprannominato Mosquito perché lui non faceva altro che ronzarle intorno. Ci chiedono di scrivere i nostri indirizzi su un quaderno, e ci danno il loro su due foglietti strappati a un'agenda di sei anni prima, con *1986* impresso a lettere d'oro sulla copertina.

Poi suo padre va a prendere una bottiglia di *raki* con tre bicchieri, e ci trasferiamo sulla terrazza a chiacchierare ancora per un paio d'ore. Ellis vede una stella cadente e fa spaventare tutti gridando "*Look, look!!*"; mentre mi tira per un braccio e mi obbliga a esprimere un desiderio.

"Non vale; puoi esprimerlo soltanto se la vedi tu, non se te lo dice qualcuno. Io stavo guardando da un'altra parte."

"Tu esprimilo lo stesso; l'ho vista io per te." Così chiudo forte gli occhi e mi concentro, benché non sia troppo convinto, sulle sillabe di Saigon. Prima di andare a dormire regalo a Nazim il mio casco con la decalcomania della Fila, che lui aveva rimirato per tutta la sera e non si era mai tolto durante la cena, facendoci ridere a più riprese per come gli ballava sulla testa, e scuotendola apposta di qua e di là per farci ridere ancora di più. "Tesekürler, *arkadash*; tesekürler!" ripete ancora mentre ci accompagna sulle scale fino alla porta della nostra camera, dove si toglie il casco per offrire a Ellis, che si sta chinando verso di lui, le guance rosse come due papaveri.

"Kòfi or ti for tomorow?" ci chiede sua madre da giù, asciugandosi le mani nel grembiule dopo aver finito di lavare i piatti. Sono le prime parole d'inglese che dice in tutta la serata, finora si era servita di Nazim come interprete, e gli aveva sussurrato ogni volta all'orecchio le domande o gli apprezzamenti che poi lui traduceva ad alta voce per noi.

"Caffè, grazie." E dopo aver augurato un paio di volte "*Iyi geceler*", che vuol dire buonanotte e ci era stato insegnato quella sera insieme a un'altra decina di frasi in turco, chiudiamo la porta e ci mettiamo a letto.

Sette mesi più tardi, quando sono già tornato in Italia, nel mucchio policromo di lettere arrivate durante la mia assenza c'è una busta verdina sul cui francobollo campeggia il profilo severo di Atatürk, e l'indirizzo è scritto con una calligrafia incerta, come da chi non abbia troppa dimestichezza con la penna. Il timbro postale è del dicembre 1992.

La apro e vengo a sapere che Nazim è morto undici giorni dopo la nostra visita a Nemrut Daği; così, senza farsi sentire: l'ha trovato sua madre alla mattina nel letto, ed è uscita di casa con le mani nei capelli a chiamare il marito. Ci ringraziano ancora per quella bella giornata e per il casco che ho regalato a loro figlio.

Hanno già scritto anche a Ellis. Sperano che il mio viaggio sia andato bene.

Il diluvio

Dopo aver caricato sulla Vespa i bagagli lasciati all'Hotel Kommagene di Kahta, proseguimmo per Diyarbakir e il Lago Van, dove già sapevamo che ci saremmo salutati ed Ellis avrebbe preso un autobus per tornare a Istanbul.

"*Güle güle!*" disse Yusuf dopo essere venuto con la sua Fiat 127 ad accompagnarci fino al bivio per Diyarbakir e Sanliurfa: buon viaggio!

Pochi chilometri a sud di Kahta avevamo passato un ponte sull'Eufrate, e quel nome aveva evocato in me un richiamo, come ogni altra volta che l'avevo sentito: l'Eufrate; il Tigri e l'Eufrate, la Mesopotamia! Secondo la leggenda biblica, tra questi due fiumi era situato il giardino dell'Eden, del quale però sembra essere rimasta poca cosa, perlomeno in termini di vegetazione lussureggiante o di rigoglio di frutta e fiori. Il paesaggio è brullo e piatto, e gli stentati arbusti che crescono tra i sassi gli conferiscono, di sera, una dimensione quasi spettrale. "Aufiderseen, danke shön," diciamo agitando le mani all'indirizzo della 127 color lattuga che sta facendo inversione per ritornarsene verso Kahta.

Arrivammo a Diyarbakir verso le otto di sera, dopo aver percorso a singhiozzo neanche 200 chilometri ed essere stati fermati diverse volte dai militari ai posti di blocco lungo la strada. A ognuna di queste soste i documenti venivano controllati soltanto superficialmente, e non ci volle molto a capire che l'unico motivo per cui ci fermavano era di vedere Ellis da vicino, sentirla parlare, sbirciare attraverso la scollatura della sua camicia scozzese. Una volta un soldato in una divisa verde-marcio troppo grande per lui, affiancato da un collega in una divisa verde-marcio che gli stava strettissima, mi stupì sinceramente quando mi chiese come mai, con un passaporto italiano, guidassi un veicolo con targa rumena: "Roma, Rumania; Bucaresti, yok?". Mentre cercavo di far valere le mie ragioni geografiche, mostrandogli il carnet di passaggio e il libretto internazionale di circolazione, da dietro le montagne, in lontananza, arrivò una secca deflagrazione, accompagnata dall'eco di qualche colpo di fucile. Due delle tre camionette militari ferme vicino a noi partirono di gran carriera, lasciando lì solo quella dei nostri interlocutori, che dopo essere stati convinti del fatto che Roma è la capitale d'Italia e aver lanciato un ultimo sguardo alle tette di Ellis, ci lasciano andare in direzione di Siverek, una cittadina a metà strada tra Kahta e Diyarbakir.

Da Siverek in avanti fummo fermati altre tre volte, e sempre si ripeté la stessa farsa di controlli un po' distratti e occhiate attentissime, di documenti richiesti e poi guardati a malapena, in un atteggiamento militare nel quale trapelava piuttosto la curiosità che la tensione, la sessualità repressa che la voglia di proteggere due viandanti motorizzati in una zona dall'atmosfera decisamente calda, non solo nell'accezione meteorologica.

E quaranta giorni più tardi, il 29 settembre, a un posto di blocco vicino al confine irakeno, duecento kurdi e ventitré militari turchi saranno uccisi in un attacco dei guerriglieri del PKK. Leggerò la notizia in un trafiletto di due righe su un giornale a Peshawar, nel nord del Pakistan, e penserò a Mehmet con i suoi pantaloni pieni di pezze, a quei soldati con le divise sempre fuori misura, a Ellis che imbarazzata si allacciava fino all'ultimo bottone sul collo.

La parte vecchia di Diyarbakir, racchiusa dalle imponenti mura di pietra nera che risalgono ai primi tempi dell'impero bizantino e hanno un perimetro di oltre sei chilometri, sorge sulla riva occidentale del fiume Tigri, e tra le sue moschee in stile arabo, dai caratteristici strati alternati di pietre bianche e nere, ce ne sono alcune che possono essere annoverate tra le più belle della Turchia. Diyarbakir ha un po' il sapore di un'oasi nella vasta pianura semidesertica che la circonda; la sua relativa vicinanza ai confini siriani e irakeni ha sviluppato l'attività commerciale, conferendole tratti di cosmopolitismo che altre città della Mesopotamia attuale non hanno. Per i suoi stretti vicoli si mescolano indifferentemente i larghi pantaloni turchi e i *jellabah* arabi, donne avvolte in svolazzanti abiti neri e ragazze con Levi's d'imitazione; *keffyeh* quadrettati e bassi *fez* di feltro, chador e berrette simili a quelle dei vecchi nei paesi della Sicilia; perfino qualche turbante dei commercianti pakistani e il cappello a soffietto di un profugo afghano.

La mattina successiva, prima di proseguire per il Lago Van, passiamo alcune ore a gironzolare nel labirinto caotico del bazaar. Approfittando di un momento in cui Ellis è andata al bagno compro senza farmi vedere una collanina di lapislazzuli e argento per lei... Ellis, dopo avermi detto che sarebbe andata un attimo al bagno, ne aveva appena comprata di nascosto una identica per me, su una bancarella poco distante. Ci fermiamo impalati l'uno di fronte all'altra, facendo ciondolare tra le dita ognuno lo stesso regalo da fare e da ricevere; poi sussultiamo entrambi in un singulto di ilarità repressa, tutta nasale, e alla fine sbottiamo a ridere come si deve, contagiando un venditore di spezie appena visibile tra i suoi mucchietti polverosi a forma di cono: rossi, ocra, carminio, zafferano, arancioni.

La sera del 19 agosto arriviamo a Tatvan, sulla riva meridionale del Lago Van, dopo aver percorso un lungo tratto di strada senza interruzioni da parte dei militari e con poche soste da parte nostra, se non per fare rifornimento di benzina, fumare una sigaretta (Ellis) o strappare con i denti le pellicine intorno alle unghie (io) sorbendo un bicchierino di tè.

Il Lago Van, Van Gölü per i turchi, si estende su una superficie di quasi 4000 chilometri quadrati a un'altitudine di 1800 metri, ed è circondato da una catena di montagne, in gran parte vulcaniche, senza sbocco sul mare. La sua acqua ha una forte concentrazione di minerali alcalini ed è salatissima; alcune leggende vogliono che essa sia l'unica al mondo in cui i gatti sappiano nuotare, e che basti bagnarvisi per avere i capelli colorati di quel rosso carota (in realtà dovuto all'henné) che sfoggiano molti vecchi in Anatolia orientale sulle chiome altrimenti canute.

Poco prima di entrare a Tatvan, in un tratto di discesa lungo il fianco di una montagna, un Tir alle nostre spalle ci fa sobbalzare con il suono fortissimo del suo clacson, a nemmeno un metro da noi. Faccio un gesto all'autista come per dirgli che abbiamo gradito il suo interessamento, e che adesso però lo preghiamo di smetterla di suonare e di farci venire una sincope ogni volta. Ma lui sembra non darsene per inteso, e giù un altro colpo di clacson. E allora Ellis non si frena più: fa scattare in aria una mano con quattro dita chiuse a pugno e il medio svettante, in un gesto dalla semantica universale, che non lascia dubbi circa il suo significato. Non l'avesse mai fatto! Il bastardo ci affianca con le ruote del camion, e fa di tutto per buttarci fuori strada dando continui colpi di coda, avviluppandoci in una nube nera di nafta prima di superarci definitivamente. *Güle güle*, figlio di troia!

Per un bel po' ancora il suono del clacson ci martella nelle orecchie, poi si affievolisce fino a tacere dietro il fianco della montagna. È rimasta soltanto la sua eco quando ci fermiamo a prendere fiato in una piazzola sul ciglio della strada, bianchi come un lenzuolo tutti e due. Poi, facendo un po' i gradassi come spesso succede dopo essere scampati a un pericolo, raggiungiamo Tatvan e ci fermiamo nel primo albergo che ci capita davanti... la Güle Güle Pansiyon, neanche a farlo apposta!

Sapevamo entrambi che quello sarebbe stato uno degli ultimi giorni del nostro viaggio insieme; sapevamo già che doveva essere così, e benché non ne parlassimo e cercassimo di essere il più possibile allegri, quella sera a Tatvan fu piena di disagio. Lei azzardò persino una insipida barzelletta sulla proverbiale taccagneria degli olandesi: "Sai perché in Olanda ci sono sempre dei pezzi di carta igienica sui fili dove si stendono i panni ad asciugare?". "No." "Pensaci un attimo!"

Io tenni dietro con una freddura ancora più insipida, e poi, per almeno un'ora, nessuno disse più una parola: lei sul balconcino con un libro tra le mani, io sdraiato sul letto a guardare il soffitto.

Dopo aver costeggiato tutta la sponda nord del Lago Van, lungo una strada piena di curve che si snodava sulle montagne con dei saliscendi continui, l'indomani arriviamo a Doğubeyazit, l'ultima città turca prima del confine iraniano, con la cima ancora innevata del Monte Ararat davanti a noi. "Andiamo a cercare un pezzo d'arca?" chiedo a Ellis quando imbocchiamo la via principale, ricordandomi dell'astronauta americano James Irvin che dieci anni prima aveva scalato l'Ararat ritornando con una relazione dettagliata della sua spedizione, ma senza nemmeno un frammento ligneo della mitica imbarcazione scampata al diluvio. "Un pezzo di che?" Lei non ne sa niente, e io procedendo con la Vespa in seconda assumo dei toni cattedratici mentre le spiego tutta la storia, di cui avevo letto qualcosa poco prima di partire.

"Negli anni cinquanta hanno persino trovato un grosso pezzo di legno in un lago ghiacciato, proprio là dove c'è la neve adesso, e sono sicuri che sia un frammento dell'arca di Noè. Tu ci credi?"

Ma Ellis, senza rispondermi, mi spiazza con un'altra domanda, che devia un po' il discorso, anche se in un territorio comunque pertinente: "E tutti gli altri animali, quelli non prescelti per entrare a coppie nell'arca, di quali colpe si erano macchiati?".

Per un attimo, voltandomi a guardarla e quasi andando a sbattere contro una donna con un cesto di melanzane in testa, mi viene da pensare a Smerdjakov in un capitolo dei *Karamazov*, quando chiede al servo Grigorij: "Se la luce Dio la creò il primo giorno, e il sole, la luna e le stelle il quarto giorno, da dove veniva dunque la luce il primo giorno?". Ma non indulgo troppo a questo pensiero, per non fare un affronto alla bellezza di Ellis paragonandola all'immagine che mentalmente mi ero fatto di Smerdjakov, e all'intelligenza diabolica e contorta di quest'ultimo paragonandola alle domande un po' ingenue di una ragazza olandese. Chiedo piuttosto: "Proviamo qui?" dopo aver visto l'insegna dell'Hotel Kibris.

Mancano meno di venti ore al momento in cui, annusando il suo cuscino, troverò un capello lunghissimo, così biondo da sembrare bianco, e lo incarterò nella ricevuta color indaco dell'albergo per metterlo in un taschino del giubbotto di pelle, dov'è tuttora.

E ne mancano più di cinquemila al momento in cui, nel monolocale di Amsterdam dove vive con Vessel, le darò una risposta sugli animali non prescelti per entrare a coppie nell'arca di Noè.

La mattina del 20 agosto, dopo esserci svegliati molto presto, andiamo a Isak Pascià Sarai, la fortezza-moschea-palazzo che sorge a cinque chilometri da Doğubeyazit, su un altopiano raggiungibile lungo uno sterrato pieno di buche, dal quale si ha poi una bellissima vista con il Monte Ararat che svetta nella catena delle montagne con i suoi 5165 metri.

L'imponente edificio di Isak Pascià fu costruito tra la fine del Seicento e quella del secolo successivo, in un amalgama di stili: ottomano, persiano, seljuk, armeno. Benché in uno stato di conservazione che necessiterebbe severi interventi, alcune delle 366 stanze della fortezza sono ancora in buone condizioni, così come il mastodontico portale d'accesso al cortile centrale, la cupola della moschea del sultano Selim I e le mura che la circondano, le cui fondamenta risalgono probabilmente al I millennio a.C.

Alle due del pomeriggio Ellis impacchetta la sua roba nello zaino, che io mi carico in spalla per accompagnarla a piedi alla stazione degli autobus. Per strada, come spesso succede in questi casi, parliamo di cose che non hanno niente a che vedere con la nostra malinconia; ricordo anche di averle recitato una rosa di nomi imparati a memoria quando avevo sette o otto anni, come una poesia: Sarti, Burgnich, Facchetti, Bedin, Guarneri, Picchi, Jair, Mazzola, Peiró, Suarez e Corso.

Mangiamo distrattamente un po' di *shish kebab* con cipolla in una focaccia di pane bianco, lì in piedi davanti all'autobus per Istanbul che si sta riempiendo di gente, e partirà tra qualche minuto. Abbracciati stretti ci alitiamo senza volerlo sul viso il fiato caldo, provando poi a ridere per il suo cattivo odore, penosamente; le nostre guance sono bollenti. All'improvviso Ellis mi chiede di andare ad Amsterdam con lei, e io ascolto una voce che non conoscevo, innaturale e rasposa in gola, dirle di no. Soltanto dopo un'eternità l'autobus si mette in moto, allontanandosi dalla pensilina.

Verso sera, pieno di *raki*, sto barcollando da un lato all'altro di Emniyet Caddesi, tra la gente che mi guarda con commiserazione, o scoppia a ridere.

Güle güle!

3.

Corpo diplomatico

Pensavo che le formalità al confine iraniano occupassero un'intera giornata, ed ero sinceramente preoccupato, anche se non volevo ammetterlo a me stesso, che qualcosa all'ultimo momento non andasse per il verso giusto, che qualche documento non fosse in regola, che un cavillo burocratico potesse mandare a monte tutto e negarmi l'accesso a Bazargan, la prima città iraniana dopo la frontiera turca di Gürbalak.

A Doğubeyazit, smaltita la sbronza post-Ellis e prima ancora di caricare i bagagli sulla Vespa, come ulteriore precauzione mi ero tagliato i capelli e tolto gli orecchini, per rendermi più presentabile e scrollarmi di dosso ogni sospetto di stravaganza; ci mancava solo che mi comprassi una cravatta!

In Italia avevo faticato per ottenere il visto d'ingresso via terra nel paese, e c'era voluta una lettera ufficiale della Piaggio perché, dopo una quindicina di giorni, sul mio passaporto figurasse il timbro violaceo della Repubblica islamica dell'Iran, Ufficio consolare dell'Ambasciata di Roma. Le notizie che arrivavano dall'Iran non erano confortanti, e parlavano di intransigenza, di fanatismo religioso, di Salman Rushdie condannato a morte per un libro, di donne lapidate per adulterio o soltanto per essersi vestite in maniera sconveniente, cioè, in definitiva, senza chador.

E invece, contro ogni aspettativa, la trafila burocratica al confine è molto più sbrigativa e agevole di quanto non sia stata alcuni giorni prima quella alla frontiera greco-turca. Al controllo passaporti, in una stanza austera senza troppi fronzoli alle pareti se non tre fotografie incorniciate di Khomeini, del presidente Rafsanjani e dell'attuale *imam* Khamenei, l'addetto all'immigrazione mi timbra in tre secondi la pagina con il visto, anche se poi mi fa perdere almeno cinque minuti parlando di Sophia Loren; i miei bagagli vengono controllati sommariamente e il doganiere iraniano non fa altro che sorridere gentilmente sotto i baffi rossi regolati ad arte; il carnet vistato *al buio*, senza nemmeno che i numeri del motore e del telaio siano confrontati con gli originali incisi sulla Vespa.

Il carnet di passaggio in dogana è un documento indispensabile per importare temporaneamente un veicolo di proprietà entrando via terra in un paese, e per esportarlo di nuovo quando si lascia quel paese e si passa in un altro; è un vero e proprio passaporto del veicolo, su cui, come su un passaporto personale, sono registrati tutti i dati: targa, immatricolazione, caratteristiche tecniche, proprietario, cilindrata, prezzo, anno di fabbricazione eccetera.

Si ottiene, previa una fideiussione bancaria pari al valore del veicolo da nuovo (o al 200 per cento del valore per paesi come l'India), dall'Automobil Club della nazione in cui il veicolo viene immatricolato, ed è un libretto contenente un certo numero di fogli che devono essere timbrati dalle dogane d'entrata e d'uscita dei vari Stati. Se per caso il veicolo venisse rubato, o venduto (la funzione del carnet è soprattutto quella di evitare il contrabbando di automezzi e motociclette), o se comunque non si fosse in grado di presentare un timbro d'uscita che pareggi quello di entrata, l'organismo competente del paese in questione potrebbe pretendere la riscossione del suo valore dalla banca che ha emesso le fideiussioni.

"*One hundred and twenty five c.c.!*" mi dice stupito il funzionario, mentre sfoglia il documento.

"*Yes: one hundred and twenty five c.c.*"

"*Very small!*"

"*Yes: very small.*"

"*Good luck.*" E il rumore cupo del timbro echeggia sulla scrivania.

"*Thank you.*"

Arrivo a Maku, cambio un po' di dollari al mercato nero, faccio il pieno e ho la prima sorpresa piacevole: la benzina costa l'equivalente in *rial* di 40 lire al litro. Penso che il benzinaio si sia sbagliato, quando mi dice quanto devo pagare, o che si siano sbagliate le persone che mi hanno dato un mucchio di banconote dai colori pastellati in cambio del mio unico foglio da cinquanta dollari, ma poi devo arrendermi all'evidenza, che mi torna graditissima, dopo aver fatto un rapido conto mentale e aver sorriso incredulo: otto litri, trecentoventi lire, mica male! La seconda sorpresa arriva poco dopo, ma già ne avevo avuto sentore nei chilometri percorsi da Bazargan fino a Maku: lo stato delle strade è indicibilmente buono, senza paragone con gli sterrati dell'Anatolia ai quali mi stavo via via abituando. Chiedo al benzinaio delucidazioni sulle strade che troverò in Iran, mostrandogli la mappa del Medio Oriente della Kümmerly+Frey e facendomi capire a gesti. Vengo a sapere che sono tutte così, asfaltate e senza buche, con i guard-rail e la segnaletica orizzontale, fino a Tehran e Esfahan, fino a Shiraz e al Pakistan.

In poco meno di quattro ore, passando per Qare Zia-ed-din, Evaghili e Marand, copro i duecento chilometri che mancano per arrivare a Tabriz, il capoluogo della regione dell'Azerbaijan iraniano, la punta nord-ovest dell'Iran che si incunea tra l'omonimo stato ex sovietico, l'Armenia e la Turchia. Tabriz è un grosso centro industriale senza particolari attrattive, se non qualche chiesa armena e una moschea, chiamata Moschea Blu come quella di Istanbul.

La mia prima cena consiste di *chelo kebab*, un riso che ricorda il pilaf indiano con pezzetti di carne di montone o pollo; e il *chelo kebab* mi terrà compagnia per tutti i ventinove giorni passati in Iran prima di raggiungere il Beluchistan pakistano, surclassando il ruolo di "piatto tipico" per attingere a quello di "piatto unico", con pochissime alternative. Gli otto anni di guerra con l'Irak avevano comportato un razionamento del cibo (e la morte di un milione di persone!) i cui effetti erano visibili ancora nel 1992, a quattro anni dalla fine del conflitto.

Quel 21 agosto era un venerdì, il giorno festivo dei musulmani, e sulla strada per arrivare a Tabriz, nelle piazzole di sosta o nei prati ai piedi delle colline, avevo visto centinaia di persone sedute a gruppi intorno a delle coperte, vicino alle macchine dal bagagliaio aperto, passarsi dei thermos di plastica stampati a imitazione dei tessuti scozzesi, con le donne invariabilmente coperte di stoffe nere. Non avevo mai visto tanto nero lucido e formicolante in vita mia: il primo pensiero fu quello di una spiaggia della Terra del Fuoco brulicante di pinguini, e spero che l'immagine non risulti oltraggiosa ma renda l'idea della mia iniziale impressione visiva.

L'obbligo per le donne di indossare il chador fu uno dei primi provvedimenti adottati dagli ayatollah dopo la vittoriosa rivoluzione del 1979. L'intenzione di Khomeini, ritornato da Parigi dopo la cacciata dello scià e accolto trionfalmente nelle strade di Tehran da milioni di persone, era quella di stabilire la prima repubblica veramente islamica del mondo, governata dal clero secondo i principi del Corano e, come unica custode dell'Islam, di promuovere rivoluzioni simili in altri paesi.

Va da sé che il nemico numero uno incontrato sulla strada di questo proselitismo politico-religioso sia stato l'America, che fin dai primi giorni della "rivoluzione dopo la rivoluzione" incarnò il ruolo del male in una dicotomia manichea che la opponeva al bene dell'Islam; il ruolo di Satana nei confronti del vero Dio, e di Maometto che è il suo profeta.

La demonizzazione degli Stati Uniti, al di là dei motivi morali (quanto c'è di più inconciliabile di una donna velata dalla testa ai piedi con una in topless nei sexy-bar della Florida?), ha radici politiche profonde, e vista da un'ottica iraniana non è del tutto senza ragioni. L'America era stata una delle potenze internazionali più vicine alla detestata dinastia dei Pahlavi; si era schierata a fianco dell'Irak, mandandogli aiuti attraverso l'Arabia Saudita e il Kuwait (ironia della storia!) durante la guerra, occasionata dall'invasione di una provincia iraniana ricca di petrolio, il Khuzistan, da parte dell'esercito di Saddam Hussein, col pretesto che storicamente quel territorio era appartenuto all'Irak. Una guerra risultata alla fine del tutto inutile, perché né l'Iran né l'Irak poterono dire di esserne usciti vincitori. E nel 1988, a guerra finita, l'America si era resa ulteriormente colpevole dell'abbattimento di un aereo di linea iraniano, senza armi a bordo.

Comunque, se gli Stati Uniti sono considerati, più o meno a ragione, il nemico storico e il Grande Satana dagli ayatollah della rivoluzione islamica, i biglietti verdi americani con la faccia di Benjamin Franklin o George Washington sono visti in una luce un po' meno demoniaca, e non è sconsigliabile averne in tasca una provvista sufficiente.

Nel 1992, in Iran, una carta di credito ritornava al suo valore intrinseco di pezzo di plastica, non si poteva ritirare *cash advance* o pagare un albergo. Per questa ragione avevo prelevato ottocento dollari in una banca di Ankara, somma che ritenevo adeguata, se non per lo sperpero, almeno per tre o quattro settimane in Iran e per arrivare fino a Quetta in Pakistan, dove all'Habib Bank sapevo di poter ricevere altro contante anticipato.

E invece, in ventinove giorni, di quegli ottocento dollari ne avrò spesi solo duecentocinquanta. Questo è significativo del basso costo della vita in Iran e dell'ospitalità dei suoi abitanti, nelle cui case dormirò e mangerò diverse volte risparmiando su alberghi e ristoranti, e potendomi sdebitare soltanto con dei regali che sempre venivano accolti con una punta di imbarazzo, totalmente inaspettati. Nelle case degli iraniani, molto spesso povere e con le pareti di fango pressato (ma con stupendi tappeti... persiani sul pavimento) ho avuto anche modo di vedere donne senza chador, cosa altrimenti impensabile; soltanto nell'intimità delle mura domestiche, infatti, è consentito loro di scoprirsi il capo, per il vero uno dei primi gesti che le donne fanno quando entrano in casa.

Dopo tredici anni di rivoluzione islamica, gli iraniani che incontri per la strada si fanno in quattro per farti capire che è il *loro* governo a odiare gli occidentali, non *loro*; spesso ti invitano a bere un tè in casa dopo appena pochi minuti di conversazione e lamentano la difficile condizione economica e soprattutto la mancanza di libertà; pur senza rimpiangere il regime dello scià, per il quale quasi nessuno nutriva simpatia, lamentano il fatto che non possano dire quello che pensano o andarsene in giro vestiti come vogliono, che alla televisione si trasmettano soltanto preghiere e mai film; e i più giovani vorrebbero poter andare in discoteca, vorrebbero che ci fosse un po' di vita notturna, o bere qualcosa di più serio del *maol shair*, la birra analcolica; ti ascoltano raccontare di come si vive in Europa come un terrestre potrebbe ascoltare un marziano che gli parla della sua vita sul pianeta rosso, un po' con stupore, un po' con invidia, qualche volta con disapprovazione.

Dopo aver lasciato Tabriz proseguo per Zanjan e in due giorni raggiungo Tehran, percorrendo di gran carriera 600 chilometri in venti ore effettive di guida.

Il paesaggio che mi circonda, sul vasto altopiano nel quale degradano le catene montuose dell'Azerbaijan, è desertico e monotono, inframezzato di quando in quando da villaggi di fango pressato che si uniformano al colore sabbioso dello scenario circostante, e dai quali orde di bambini schiamazzanti mi seguono correndo fin sulla strada, dopo che qualcuno di loro ha dato l'*allarme* avvistandomi in lontananza. Tra i tetti bassi e piatti di questi villaggi spunta la cupola di una moschea, quasi sempre dipinta di verde, il colore dell'Islam.

Un vento costantemente contrario piega il mio parabrezza a quarantacinque gradi verso l'interno, e fa svolazzare i vestiti neri delle donne negli stretti vicoli tra una fila di case e l'altra, alzando mulinelli di sabbia e ululando senza posa, come quando si soffia in una bottiglia per simulare la sirena di una nave in partenza. Alcuni villaggi potrebbero essere usati come set naturali per un film ambientato nel Medioevo persiano, rimuovendo i pochissimi elementi di disturbo che tradiscono il XX secolo. Nelle prime ore del pomeriggio, durante la *siesta*, sembrano essere totalmente disabitati: soltanto qualche cane dall'aspetto spettrale, sdraiato davanti all'ingresso di una casa, unica presenza viva in una città fantasma, sotto un cielo lattiginoso.

Il 23 agosto alle nove di sera arrivo a Tehran, e i primi cinque alberghi nei quali mi presento sono tutti pieni. Che ci sia un congresso? O un lungo ponte di festività iraniane? Un massiccio afflusso di turisti certo no, perché in quei giorni da Bazargan fino alla capitale non avevo incontrato un solo straniero (di lì a una settimana ne incontrerò uno a Esfahan, un ragazzo irlandese; il primo e ultimo turista che vedo in un mese intero passato in Iran). Paul Théroux, in *The great railway bazaar* scrive che "...grazie al petrolio, Tehran è essenzialmente una città di stranieri"; ma questo era verissimo agli inizi degli anni settanta, quando l'autore aveva effettuato il suo epico viaggio in treno attraverso l'Asia; nel 1992 le cose stavano in maniera diversa, e di *foreigners*, o perlomeno di occidentali, nemmeno l'ombra.

Appena tre anni e mezzo più tardi, quando mi troverò di nuovo ad attraversare l'Iran durante il viaggio in Vespa dall'Australia al Sudafrica, di turisti ce ne saranno addirittura pullman interi, soprattutto di giapponesi, ma anche molti italiani in viaggi organizzati (a Kerman mi imbatterò in cinquanta torinesi del dopolavoro Olivetti), a riprova di quanto presto cambino le cose, e di quanto in fretta località *non ancora* sfiorate dal turismo passino a essere località *timidamente* toccate dal turismo, per poi candidarsi a diventare località *totalmente* rovinate dal turismo; Katmandu e Phuket insegnano.

Finalmente, al sesto tentativo, ottengo se non altro la spiegazione del perché gli alberghi siano tutti completi, anche se non ottengo una camera. Mi viene detto che soltanto i grandi hotel hanno la convenzione e il permesso governativo per ospitare gli stranieri; i piccoli albergatori li rifiutano per non avere fastidi, e tagliano corto dicendo che non è rimasta una camera libera; sorry, mister.

Alle undici vado a rifugiarmi in un vicolo poco illuminato, dove intravedo la scritta "Masaferkanè Ahmet" davanti a una casa puntellata da grosse travi: *masaferkanè* significa pensione, alloggio economico, ma nel caso dell'Ahmet è meglio tradurlo con stamberga.

Divido la stanza con due pakistani di Rawalpindi, accontentandomi di una branda all'ultimo piano dei letti a castello; la stanza è piccola e impregnata dell'odore acre di hashish, ma loro non ne fanno parola, certamente non fidandosi di me; così non chiedo niente e mi faccio invece raccontare del Beluchistan e del Punjab, che saranno le mie prossime destinazioni una volta uscito dal territorio iraniano. Quando spegniamo la luce e proviamo a dormire, nessuno riesce a chiudere occhio; tutti e tre cominciamo a rigirarci sulle brandine, bofonchiando imprecazioni e grattandoci come forsennati, perché i materassi sono pieni di *bed-bugs*, gli animaletti di cui fino a quella sera non conoscevo il nome inglese pur avendone già sperimentato le punture in un paio di occasioni a Giava, e averli sempre chiamati, tra una grattata e l'altra, figli di puttana.

La mattina dopo ricarico tutto sulla Vespa e scodinzolando nel traffico di Tehran chiedo informazioni a destra e sinistra per trovare il n. 333 di Karim-Khan Boulevard e gli uffici della NMI, il distributore dei veicoli Piaggio in Iran, dove ero atteso già da qualche giorno.

Gli impiegati e i funzionari iraniani mi riservano un'accoglienza calorosa, e guardando la mia faccia tirata, con le occhiaie nere di una battaglia vinta dai *bed-bugs*, telefonano subito per prenotare, a carico loro, un albergo come si deve. Così di lì a poche ore mi troverò in un hotel a quattro stelle, con tanto di moquette e aria condizionata, vasca da bagno e telefono. *Welcome, Mr Bettinelli.* Proprio il caso di dire: dalle stalle alle stelle!

Dall'Italia la Piaggio, dopo aver deciso di sponsorizzare il mio viaggio, aveva inviato dei fax ai suoi distributori in Asia avvisandoli del mio arrivo secondo una tabella di marcia e una tempistica concordate in precedenza, e comunque soltanto indicative e non troppo vincolanti; io avrei telefonato non appena fossi stato nelle vicinanze per confermare l'arrivo con qualche giorno d'anticipo, e sarei stato ospitato da loro a Tehran e Lahore, New Delhi e

Kanpur, Dhaka e Bangkok, per essere trattato come una sorta di ambasciatore itinerante della Vespa (cosa che in effetti accadde sempre, anche se il titolo di *Ambasciatore itinerante*, per fortuna, mi era stato dato da altri e non era frutto della mia arroganza). In cambio mi sarei messo a disposizione per ogni iniziativa pubblicitaria avessero ritenuto opportuna: interviste ai giornali, partecipazioni a programmi televisivi o conferenze stampa (altra cosa che puntualmente avvenne).

Sotto una coltre evanescente e oleosa di schiuma da bagno, profumata al pino silvestre, rimasi per almeno mezz'ora sdraiato nella vasca a occhi chiusi, sussultando ogni tanto in una risatina idiota.

Ci fosse stata anche una sigaretta da tenere tra le dita! Non avrei potuto esimermi dal pensare a me come a una persona perfettamente felice.

Satanic music

Mi trattengo a Tehran quattro giorni. Giro in lungo e in largo con un impiegato della NMI che mi fa da cicerone, ma la città è caotica, dispersiva e con un inquinamento atmosferico a livelli allarmanti; inoltre c'è ben poco da vedere. La sola cosa che mi rimane impressa è l'Azadi Monument, una costruzione avveniristica e un po' pacchiana, innalzata vicino all'aeroporto per celebrare i 2500 anni dell'impero persiano; l'avevo già vista per conto mio, entrando nella capitale lungo la strada da Tabriz, anche se poi ci ritorno con il mio cicerone per visitare il Museo di storia iraniana ai piani superiori.

La mattina del 25 agosto negli uffici della NMI viene organizzato un incontro con due giornalisti, entrambi vestiti con una giacca nera sulla camicia bianca abbottonata fino al collo, senza cravatta, le barbette sottili da una tempia all'altra, passando per il mento, e i pantaloni larghi, anch'essi neri, con numerose *pinces* sui fianchi: più che due cronisti dei principali quotidiani in lingua farsi del paese sembrano impresari di pombe funebri in un film western. Questa perlomeno è la prima impressione, poi, nel corso dell'intervista li troverò simpatici, con uno spiccato senso dello humour e una voglia infantile di addentrarsi in particolari scabrosi, di farmi domande piccanti, le cui risposte chiaramente non potranno mai scrivere sul giornale; gli basta saperle, però, e commentarle tra loro mentre mi guardano fisso con quegli occhi nerissimi sotto le ciglia nerissime, che sembrano pitturate col kajal.

Prima di lasciare Tehran il general manager della NMI, Mr Nashwa, mi consegna una targa d'argento su cui è inciso *Best wishes for your long journey, from* NMI *Tehran*, con la firma di tutti gli impiegati. Nel frattempo un barista è arrivato con un vassoio pieno di pasticcini, qualche bottiglia di Fanta autarchica e dei bicchieri di plastica, per brindare. Io ringrazio un po' confuso, e stringo la mano a tutti dicendo le solite cose che si dicono in queste occasioni: "Siete gentilissimi", "Non me lo aspettavo", "Avrò un ricordo bellissimo di Tehran"; ma mi accorgo di dirle sinceramente, non per circostanza. Sto per porgere la mano anche a Fatma, l'unica donna che lavora nell'ufficio, ma lei con un sorriso timido ritrae la sua, e dice "*I can't, sorry*"; allora Mr Nashwa mi spiega che in Iran è proibito a una donna stringere in pubblico la mano a un estraneo.

La Vespa è già pronta con i bagagli, sul marciapiede davanti all'ingresso, tenuta d'occhio da un custode con un cappello a bustina e un enorme mazzo di chiavi attaccato alla cintura. Il suo modo sollecito di montare la guardia, in piedi e quasi sull'attenti, mi sembra superfluo perché so già quanto Tehran, almeno per quanto riguarda i furti e la malavita in genere, sia una città sicura (una sicurezza addirittura impensabile in altre capitali dell'Asia): mi è stato detto che si può anche lasciare il portafogli per strada e ritrovarcelo il giorno dopo; sono molto propenso a crederlo, anche se ho evitato di sperimentarlo di persona.

Tutti gli impiegati (meno Fatma, che rimane a guardare dalla finestra e saluta compostamente tenendo scostata la tendina) scendono per augurarmi buon viaggio, e il custode è sempre più immobile sull'attenti.

"*Khodahaafez*," dico pigiando sul pedale della messa in moto, con uno sguardo al mio cicerone che mi aveva insegnato la parola il giorno prima, per accertarmi di averla pronunciata bene.

"*Khodahaafez*," risponde lui con un cenno di approvazione, insieme al coro dei suoi colleghi: goodbye!

Impiego almeno tre quarti d'ora per uscire dalla città, perdendomi un paio di volte nonostante tutte le indicazioni ricevute; poi finalmente riesco a imboccare Vali-e-Asr Boulvard, lo seguo fino all'incrocio con Mawlavi e dopo qualche chilometro sono sull'A01, in direzione di Esfahan.

Verso mezzogiorno, dopo aver percorso 130 chilometri, arrivo a Qom, dove l'autostrada finisce. Qom è una delle città sante dell'Iran, e qui la concentrazione di preti (*mullah*), ayatollah, moschee e università religiose è la più alta di tutto il paese. A Qom aveva studiato teologia l'*imam* Khomeini, e gli aspiranti *mullah* vi arrivano in pellegrinaggio per partecipare ai corsi religiosi e camminare sulle strade che aveva calpestato in meditazione il loro capo spirituale. Mi fermo sul ponte che attraversa il fiume Qum Hud, nel centro della città, e subito cinque o sei bambini, incuranti dell'austerità del luogo, mi circondano vociando e scrutano la Vespa in ogni dettaglio, mentre uno di loro si arrampica sulla sella, impugna le manopole del manubrio e grida: "Turisssss!". Tre *mullah* nei loro caftani color nocciola, con un turbante bianco in testa e una lunga barba riccia che gli svolazza sulle spalle come una sciarpa, guardano impassibili la scena. Un poliziotto sbuca da chissà dove e scaccia in malo modo i bambini; poi, vedendomi in mano la macchina fotografica che avevo estratto in precedenza dallo zaino per immortalare i *mullah* e la moschea dietro di loro, mi dice, severo:

"No foto!".

"No foto?" chiedo innocentemente.

"No foto!" ripete lui, e la conversazione si chiude lì.

Per tutto il pomeriggio guido attraverso lo stesso, immutabile paesaggio di colline sabbiose e lunghi tratti pianeggianti senza niente all'orizzonte se non qualche cespuglio e i resti di una casa abbandonata, le cui pareti di fango pressato stanno corrodendosi sotto il vento nelle forme più strane, come moncherini di denti cariati.

Rimango senza benzina, dopo aver sbagliato il conto dei chilometri che mi avrebbero portato a raggiungere la cittadina di Meymeh ed essermi fermato a imprecare sul ciglio della strada un bel po' prima di arrivarci, con la tanica a secco. Per fortuna alla mia sinistra c'è un campo militare, con una cinquantina di tende, una baracca di legno e un paio di camion verdi, circondati da un reticolo di filo spinato.

Mi dirigo a piedi verso due guardie che non mi staccano gli occhi di dosso; mi sembra persino che portino la mano al fucile, ma non ne sono sicuro.

Spiego il problema, servendomi di due sole parole in un sincretismo linguistico inventato lì per lì: "Petrol, kaputt"; le guardie confabulano un pochino, poi uno di loro mi fa un gesto rassicurante con la mano, dice "Okey" e si dirige verso la baracca di legno, mentre l'altro inizia a parlare.

"American?"

"*Nakhayar.*" Era un'altra delle parole insegnatemi dal cicerone: no.

"Aleman?"

"*Nakhayar.* Italian."

"Oh, Italy. Catanzsaro!" Io credo di non aver capito bene, e glielo faccio ripetere ancora una volta: è proprio *Catanzsaro*! Mi sarei aspettato di tutto: che dicesse *mafia*, come la maggior parte degli asiatici quando devono associare una parola a Italia; che dicesse Roma, o Roberto Baggio, Paolo Rossi o almeno Venezia, Firenze... Ma Catanzaro non me lo sarei mai aspettato! Catanzaro mi giunge proprio nuovo, e chissà come aveva fatto a sentirne parlare? Sto per chiederglielo, ma in quel momento arriva il suo collega con una tanica di plastica sporchissima, piena di benzina. Mi accompagna fino alla Vespa, mi riempie il serbatoio e sorridendo dice "No pay, no pay" quando faccio per porgergli qualche *rial*.

"*Khodahaafez.* Thank you!" dico avviando un po' a fatica il motore, che nel frattempo si era ingolfato.

"*Khodahaafez*, thank you," fa eco il soldato con la tanica in mano, come se fossi stato io a fare un favore a lui.

"*Khodahaafez*, Catanzsaro!" grida l'altra guardia, una cinquantina di metri alle nostre spalle. E in quel tripudio di *Khodahaafez*, di ringraziamenti e di Calabria, io sono già lontano.

Qualche minuto più tardi passo sfrecciando davanti alle case di Meymeh, senza fermarmi dal benzinaio.

Arrivo a Esfahan alle sei di sera, dopo aver percorso 430 chilometri da quando ho lasciato Tehran, su strade davvero buone, ma in mezzo a panorami così noiosi, semidesertici e poco emozionanti da sfibrare l'entusiasmo e il morale più di uno sterrato pieno di buche, di un tracciato ridotto a un ammasso di fango o di una giornata sotto una pioggia torrenziale. Esfahan, in compenso, fin dal primo sguardo mentre entro in città lungo il viale di Chahār Bāgh (Quattro Giardini), è bellissima.

"*Esfahan nesf-e jehan*" (Esfahan è la metà del mondo) è una frase coniata nel Cinquecento per esprimerne la grandezza, e l'eco di queste parole sembra avere un senso anche ora. Qui sono state girate alcune sequenze del film *Il fiore delle Mille e una Notte* (ma si era sotto il regime dello scià; con gli ayatollah Pasolini non avrebbe mai potuto inserire la facciata della Masjd tra due scene di nudo integrale); l'architettura della città, effettivamente, è quella di uno dei luoghi più da "mille e una notte" che si possano immaginare, soprattutto intorno a Maidan-e-Imam, con il colore turchese e lapislazzulo dei *kali*, le mattonelle di maiolica dipinta che rivestono le cupole, i minareti e le facciate delle moschee su un lato della piazza... mentre dall'altro un enorme ritratto di Khomeini, con il viso fiero e le sopracciglia inarcate, sembra voglia ricondurre al presente.

Lunga più di mezzo chilometro e larga centocinquanta metri, Maidan-e-Imam (che una volta naturalmente si chiamava Maidan-e-Shah) era destinata in origine al *polo*, un gioco antichissimo che gli inglesi appresero dai tibetani soltanto nel XIX secolo. Assunse la forma attuale, con gli edifici che la delimitano, all'inizio del 1600, ed è senza dubbio la piazza più bella e famosa dell'Iran.

Percorro tutto Chahār Bāgh fino al fiume, nella parte sud della città, ma non riesco a decidere in quale albergo fermarmi, perché quelli che incontro lungo il viale sono tutti o troppo cari o troppo brutti; e in ultimo risolvo per il Tourist Hotel vicino al Ponte dei trentatré archi; né troppo caro né troppo bello.

L'indomani mi capita un fatto sgradevole, il primo (e il penultimo in assoluto) da quando sono in Iran.

Sto mangiando, in una tavola calda a due isolati dall'albergo, un hot dog che ha sapore di pollo e non di würstel; sedute di fronte a me ci sono due ragazze, e ciascuna di loro ha davanti, sul tavolo, una pila di libri; stanno sorbendo con le cannucce un centrifugato di carota o un succo d'arancia, comunque qualcosa di arancione.

L'unica cosa che hanno scoperto è il viso; anche le mani, infatti, sono nascoste da guanti di velo nero, e non riesco a capire perché; come nero è il resto del loro abbigliamento: il solito sacco informe che arriva fino ai piedi, sotto il quale sembra quasi un dettaglio sconveniente il fatto che ci sia un corpo femminile.

Devono essere studentesse universitarie, a giudicare dalla mole dei libri; "dirimpettai" così vicini come siamo non si può fare a meno di guardarsi, ma nessuno dice una parola.

Finché, quando il silenzio e gli sguardi diventano imbarazzanti, io chiedo, più per l'abitudine ad attaccar discorso che per il desiderio di fare il galante nella Repubblica islamica dell'Iran: "*Do you speak English?*". Loro si guardano vicendevolmente negli occhi, arrossendo; poi rispondono in sincronia, a voce bassa: "*Yes*".

"Studiate all'università?" domando ancora tanto per dire qualcosa, e la domanda è abbastanza oziosa, perché c'è un novantanove per cento di probabilità che siano studentesse universitarie, e un uno per cento soltanto che siano venditrici ambulanti di libri.

"Sì," risponde ancora una di loro.

"Studiamo economia," dice l'altra.

E a quel punto per me le chiacchiere sarebbero finite, tanto più che il cameriere mi ha già portato il foglietto col conto; ma a quanto pare adesso sono loro ad aver voglia di fare conversazione, e non tarderò molto a capire il loro bisogno disperato di praticare l'inglese con qualcuno, uno straniero qualsiasi, un occidentale, fosse pure italiano o dei Paesi Baschi.

Di dove sono? Come mi chiamo? Cosa ne penso dell'Iran?

In moto?!? Entrato a Bazargan?! Vado in Pakistan?!

Ho con me la carta stradale del Medio Oriente su cui ho segnato con un pennarello nero la strada fatta di giorno in giorno; la apro, mi alzo dal mio posto e la dispiego sul loro tavolo, lontano neppure mezzo metro.

Loro sembrano essere un po' a disagio, si scambiano qualche parola in farsi ma mi lasciano fare, poi seguono interessate e con degli "Ohhh!" il movimento del mio indice lungo quel serpentello nero e tortuoso, dalla Grecia fino lì a Esfahan.

Anche un altro uomo si alza dalla sedia su cui stava seduto; dà un'occhiata non molto entusiasta al nostro gruppetto e alla mappa sul tavolo, ed esce.

"*Are you going to Shiraz too?*"

"Sì, voglio andare a Persepoli; è da quando ero alle elementari che sogno di andarci."

"Noi invece non ci siamo ancora state, anche se è solo a cinquecento chilometri da qui. In farsi si chiama Takht-e-Jamshid; per gli iraniani è un po' quello che è Roma per voi."

"Beh, Roma era ancora sulle palafitte quando i palazzi di Persepoli erano già nel pieno splendore, se non sbaglio." Le ragazze annuiscono, modeste, ma una reminiscenza di orgoglio persiano increspa appena appena le loro labbra in un sorriso. Parliamo anche di storia attuale, non solo di quella persa tra la polvere dei millenni; e sorprendentemente le due studentesse non sono troppo impaurite a manifestare, sottovoce, le loro opinioni negative sul governo e sulla politica economica. Mi stanno dicendo qualcosa a proposito di Akbar Khomeini, il figlio del leader della Rivoluzione islamica, quando l'uomo che era uscito poco prima ritorna con un altro tizio in una divisa che non avevo mai visto, e insieme ci si piantano davanti.

"Yu go!" dice il tizio in divisa.

"*What's the matter?*" chiedo io.

"Yu go! Quikli!!"

"*Ehi, wait a minute!*"

"Go-oo!" Poi si mette a parlare in farsi con le ragazze, e sembra assolutamente inferocito; loro ribattono, ma lui grida ancora di più e le prende addirittura per un braccio in malo modo, costringendole ad alzarsi; l'altro gli dà man forte e le spinge fuori dalla sala, insultandole, guardandole torvo e continuando a imprecare in un sibilo cattivo. Cerco di alzarmi dalla sedia per intromettermi e giustificare le ragazze, dire che non avevano fatto proprio niente; ma l'altro mi tiene ancorato per un polso (come? prima voleva che me ne andassi e adesso non mi lascia andare?). Mi viene chiesto di mostrare il passaporto, e le mie generalità vengono esaminate attentamente, con molta sfiducia; la pagina col visto viene letta da cima a fondo un paio di volte, poi si ritorna alle generalità.

"Where is the neim of the fadar?"

"The what?"

"FADAR NEIM!!!"

"In Italia non si mette sul passaporto."

Sguardo sospettoso; altra domanda: "Profession?". Risposta prontissima: "*Scooterist!*", che sa molto di lavoro specializzato, come *entomologist*, o *paleontologist*, e non provoca altre inquisizioni.

Quando mi lasciano andare, dopo che li ho minacciati di telefonare all'Ambasciata italiana perché il console è amico di mio *fadar* (una piccola bugia che non mi farà certo crescere il naso e che sortisce il suo effetto), esco in strada e cerco con lo sguardo le due ragazze; ma sono sparite.

Più tardi avrò la spiegazione dell'accaduto: il tizio in divisa faceva parte del Komité, il gruppo paramilitare delle Guardie della Rivoluzione islamica, il cui compito è quello di troncare sul nascere ogni sospetto di affronto al codice islamico: e quelle due studentesse, evidentemente, stavano dando scandalo in un luogo pubblico, si comportavano come svergognate parlando con uno straniero, facendolo sedere al loro tavolo, infrangendo le regole della pudicizia femminile.

E la spia si era pregiata di uscire apposta dalla tavola calda per cercare qualcuno del Komité e spifferargli tutto! Sarei ritornato solo per mangiarmelo, lì seduta stante, come l'hot dog che nel frattempo mi era andato di traverso. Brutto deficiente! Volevano solo parlare un po' inglese; quale scandalo, quale affronto?! Dopo aver riferito questo episodio voglio anche specificare, a onor del vero e per non dare un'immagine distorta, che quella spia e quel brutale, integerrimo membro del Komité erano stati piuttosto un'eccezione alla regola, che la regola stessa: di solito gli iraniani, presi singolarmente, sono gentili ed educati come forse nessun'altra popolazione sulle strade dell'Asia. La loro cordialità verso gli stranieri ha radici profonde nel Corano e risale ai tempi in cui l'ospitalità era sacra; e del fanatismo religioso che i media occidentali riportano spesso a tinte fosche avrò soltanto un altro esempio, nei contatti con le centinaia di persone incontrate in seguito, da Esfahan a Zahedan.

La mattina del 29 agosto, appena aprono i negozi, compro una copia del giornale "Salaam", nome che significa "pace", perché sapevo che quel giorno sarebbe stata pubblicata l'intervista fatta a Tehran negli uffici della NMI.

Comincio a sfogliarlo, e a un certo punto rimango a bocca aperta: una pagina intera! E non *tabloid*: una pagina addirittura più grande del solito formato di un quotidiano vecchio stampo, con la mia fotografia e un brulicare di caratteri vermiformi di cui, naturalmente, non riesco a decifrare una parola. In un riquadro rettangolare a lato, però, sono citati nell'alfabeto latino i nomi dei giornali che in Italia hanno parlato del mio viaggio: *Conniene delia Sena* Milano, il *Gorno*, La Nazione *Firxze*, Paese *Sora* Roma, Il resto *dez carino* Bologna eccetera. Mi faccio tradurre l'articolo dal padrone del Tourist Hotel, e scoppio a ridere quando apprendo che il giornalista di "Salaam" mi chiama "Marco Polo in Vespa" e, più avanti, "Il don Chisciotte dell'era moderna sul suo Ronzinante metallico". Ma tu sentilo! Sapevo già qualcosa del suo humour e della sua ironia; ma non credevo potesse arrivare a prendermi in giro così smaccatamente, nascondendosi dietro a delle iperboli che sembrano quasi degli elogi. Verso le undici lascio Esfahan per dirigermi verso Shiraz, lontana 500 chilometri.

Quella notte mi fermo a Shurjestan, una piccola città circondata da palme come un'oasi nel deserto, esattamente a metà strada tra le moschee azzurre di Esfahan e i bassorilievi di Takht-e-Jamshid (Persepoli). Arrivato in quello che sembra essere il centro della città chiedo a un gruppo di ragazzi se sanno indicarmi un albergo; uno di loro, senza nemmeno darmi il tempo di spegnere il motore, mi dice che nella casa dove abita con la sua famiglia ci sono molte stanze, e che per quella notte potrei fermarmi lì da loro. Si chiama Mohammed, e a quanto sembra muore dalla voglia di *practice English*, come già le ragazze nella tavola calda e ogni altro studente in Iran. Io accetto l'invito; lui monta sulla sella e andiamo verso casa sua. Mentre stiamo entrando nel cortile per parcheggiare la Vespa sotto un albero ci viene incontro una bellissima bambina di nove o dieci anni, che sta mangiando dei datteri e subito me ne offre uno; Mohammed la presenta come la più piccola delle sue cinque (!) sorelle; e io non vedo l'ora di conoscere le altre quattro. La casa è davvero grande, almeno una decina di stanze con relative porte disposte a rettangolo sui lati del giardino interno, ma l'arredamento è scarso, raffazzonato, e le fa assomigliare alle camere improbabili di un motel di poco prezzo, come se quella casa testimoniasse un'agiatezza del passato e serie ristrettezze economiche del presente.

I genitori di Mohammed in quel momento sono ad Abadeh, una città distante una trentina di chilometri, con tre delle sorelle; ritorneranno solo per l'ora di cena. In compenso c'è Jasmine, che fa capolino dalla porta della cucina. Riusciresti a intuire la sua bellezza dietro i veli neri del chador: trovarsela davanti in borghese, con un paio di pantaloni di cotone e i capelli raccolti in una coda sulle spalle, è un colpo notevole. Mohammed le spiega qualcosa di cui riesco a capire solo *Italy* e *motursiclèt*; poi entriamo in casa e Jasmine fa bollire il tè in un recipiente d'ottone che sembra un samovar russo.

Tutta la famiglia, anche i genitori e le tre sorelle quando tornano da Abadeh, e persino la bambina che mi aveva offerto i datteri, parla un po' d'inglese, e la conversazione durante la cena è piacevole.

Prima della rivoluzione il padre aveva fatto il cuoco per una compagnia petrolifera americana che stava scavando pozzi nel Golfo Persico, alla metà degli anni sessanta. Quelli sì che erano tempi buoni, disse; lo scià non si era ancora fatto infinocchiare dai mercanti di armi americani, non aveva ancora sperperato le immense fortune piovutegli addosso con il petrolio per costruire gli arsenali militari, e in Iran c'era benessere: giravi per Tehran e ti sembrava di essere a Parigi, con negozi di moda, ristoranti e tutto il resto. Poi l'inflazione aveva cominciato a salire, la gente a indebitarsi e a essere scontenta, gli studenti a manifestare per le strade e i soldati della Sevac a massacrarli a bastonate.

"Gli ultimi due mesi prima che lo scià scappasse all'estero ci fu la legge marziale. A un mio cugino gli hanno sparato in faccia. Tu non puoi nemmeno immaginare come si riduca la faccia di un uomo a cui hanno appena sparato tra le sopracciglia, da vicino!" Non volli nemmeno pensarci, e quest'ultima frase mi sembrò un pochino fuori luogo perché stavamo mangiando cervelline d'agnello infarinate e fritte: fino ad allora mi erano sembrate deliziose per come si scioglievano in bocca; da quel momento in poi la loro poltiglia fluida come catarro non ne volle più sapere di lasciarsi deglutire. Al di là di questo particolare, comunque, fu una cena coi fiocchi, con raffinatezze alle quali non ero più abituato dopo tutto il *chelo kebab* dei giorni scorsi; e con Jasmine seduta di fianco a me.

Verso le dieci è ora di andare a dormire.

Io ho già salutato tutti e ringraziato per l'ospitalità, quando Mohammed mi prende sottobraccio e furtivamente mi conduce in camera sua. Appena entrati chiude la porta a chiave e assume un fare misterioso; non ho l'impressione di una *avance* erotica, ma mi sento ugualmente un po' a disagio.

Dà uno sguardo fugace anche alla finestra, per assicurarsi che nessuno dalla casa di fronte ci possa vedere; poi si dirige verso il letto, si china e da sotto toglie una scatola di legno, con un bel coperchio intagliato a motivi floreali. Fissandomi negli occhi, con un po' d'apprensione e un po' di fierezza, la apre e mi sussurra, come un cospiratore: "Guarda!".

Dentro la scatola ci sono almeno dieci cassette pirata dei Pink Floyd, con le foderine dei titoli scritte a mano, fotocopiate. *The dark side of the moon, Atom heart mother, Wish you were here*.

Tra i molti pensieri che mi passano per la testa mi soffermo qualche istante sul più stupido: Mohammed ha la stessa voce nasale e gli stessi incisivi accavallati di un mio compagno di scuola al liceo, e se fosse milanese da sette generazioni come lui adesso probabilmente direbbe: "A mì me piàsun un sac, i Pink; a tì?". Invece è nato a Shurjestan, sull'altopiano dell'Iran, e suo padre, che aveva fatto il cuoco per gli americani, gli ha insegnato un po' d'inglese; così dice soltanto, indicando le cassette con un'alzata di sopracciglia: "*Very dangerous!*".

Shiraz è il capoluogo della provincia meridionale di Fars, da cui deriva il nome della lingua persiana, il farsi. Gli imperi di Ciro, Dario e Serse avevano il loro centro in questa regione, e le attuali rovine di Pasargan e Persepoli, a una sessantina di chilometri da Shiraz sulla strada per Esfahan, nonostante la mole imponente e l'eco grandiosa evocata dai bassorilievi, sono appena un riflesso della potenza degli achemenidi ai tempi della massima espansione, quando il loro regno si estendeva dalle coste dell'Egeo fino all'India.

Arrivo a Shiraz il 31 agosto, dopo aver percorso 6800 chilometri da quando ho lasciato Roma, un mese prima. Non ho ancora avuto una foratura e non ho mai dovuto mettere le mani sul motore (cosa che del resto sarebbe stata perfettamente inutile, perché non avrei saputo dove metterle). Anche nell'officina della NMI a Tehran, dove mi avevano fatto una revisione, i meccanici si erano limitati a cambiare una candela e a lavare la Vespa a colpi di spugna, senza sostituire altri pezzi e apponendo di loro iniziativa un adesivo con il tricolore della Repubblica islamica di fianco al contachilometri, in modo che l'avessi sempre sotto gli occhi.

Davanti a un chioschetto dove fanno ottime spremute di melagrana, in Zand Bolvar, il largo viale alberato che attraversa Shiraz da est a ovest, incontro per la seconda volta quel ragazzo irlandese che avevo conosciuto due giorni prima a Esfahan, appena uscito dalla tavola calda in cerca delle due studentesse che si erano volatilizzate.

Si chiama John Smith e sta viaggiando in bicicletta. Quello che mi sembra strano di lui è che due giorni prima era a Esfahan; e se ho fatto fatica io con la Vespa a percorrere i 500 chilometri che la separano da Shiraz, lui in bicicletta si deve essere svenato, deve aver perso dieci chili o avere almeno la faccia sciupata; e invece sembra fresco come una rosa. Senza aspettare che gli faccia delle domande mi spiega, dando quasi l'impressione di essere stato colto in flagrante, che la strada era troppo noiosa e il vento troppo contrario, per cui aveva chiesto un passaggio a un camion. Bella forza, direbbe quel ragazzo che ha criticato il fatto che io prendessi il ferry da Brindisi a Patrasso; ma questa volta mi accorgo di pensarlo anch'io, e prima di tutto mi dico: "Accusatio non petita accusatio manifesta", poi che "non vale!"; in ultimo, a ogni buon conto, penso che non sono fatti miei e che ognuno fa quello che vuole dei suoi viaggi e della sua vita (o almeno: sarebbe bello facesse quello che vuole della sua vita e dei suoi viaggi; perché la maggior parte delle persone non lo fa: fa quello che *deve*, e con pochissima gioia).

Andiamo a chiacchierare in una *tea house* vicino al mausoleo del poeta Ḥāfiẓ, che dà su un giardino interno pieno di rose e le cui sedie sono ricavate da nicchie nei muri. *Oh, Shiraz, il tuo dolce vino e le tue rose!* cantava il poeta. Le ultime ci sono ancora; del primo si è persa ogni traccia, in una zona i cui vigneti erano i più famosi e celebrati della Persia. Anche le sale da tè, un tempo numerose e popolari come in Turchia, sopravvivono ormai in pochissimi esemplari, perché il regime rivoluzionario, dopo averle considerate covi di iniquità e ricettacoli di perdigiorno, ha pensato bene di chiuderle quasi tutte. John ha una brutta ferita sul polpaccio sinistro, che sta infettandosi e spurga a vista goccioline di pus tra i lembi teneri della crosta. Mi racconta che gliel'ha procurata un cane da pastore vicino al Lago Van, azzannandolo in un tratto di salita lungo il quale lui non era riuscito a seminarlo, e restandogli per almeno mezzo minuto attaccato alla carne, come un bull-terrier alla gola di un toro, nonostante lui scrollasse disperatamente la gamba, bestemmiando per il dolore. Mi dice che qualche giorno prima la ferita stava guarendo e cominciava a cicatrizzarsi, sotto bagni quotidiani di tintura di iodio e penicillina; ma che a Esfahan aveva ricominciato a sanguinare e a infettarsi, e adesso tutto il polpaccio gli fa male, annerito in aloni scuri che non lasciano presagire niente di buono.

Dice anche che questa è stata la vera ragione per cui ha chiesto un passaggio al camion per quei 500 chilometri; e io, ascoltandolo, vorrei imparare la lingua di chi non dà mai giudizi sui viaggi o sulla vita di chicchessia, anche se la sua grammatica è di una difficoltà enorme, al cui confronto quella cinese è semplice come bere un bicchier d'acqua.

"Ho letto che a Shiraz ci sono i migliori ospedali iraniani; le università di medicina e tutto il resto. Perché non vai a farti vedere?" Cerco di distogliere lo sguardo dalla ferita, che m'ipnotizza mio malgrado.

"Perché ho una paura fottuta che mi dicano di tornare in Europa. È da tre anni che voglio fare questo viaggio, da tre anni che lo sto preparando; se adesso per un cane di merda dovessi..."

Visualizzo nella mente l'immagine di un ciclista con i capelli rossi, le lentiggini irlandesi e una gamba sola; ma subito la scaccio dai miei pensieri, e insisto invece nel consiglio di andare a farsi vedere da un dottore.

Lui risistema l'orlo dei pantaloni sulla caviglia e cambia discorso, passando bruscamente dalle sue paure a una sua cugina che è amica di Sinead O'Connor, e ha persino suonato la chitarra con lei da ragazza. Intanto io rifletto per un attimo sul mio kit medico inesistente e sulle precauzioni che consiglio agli altri, senza essermene mai curato io stesso. Lui almeno ha tintura di iodio, garze e penicillina con sé; io neanche quelle, nemmeno un cerotto o una pastiglia per il mal di testa: e solo per scaramanzia!

Da sempre avevo fatto viaggi senza portarmi medicine, e non mi era mai successo niente, neanche un mal di stomaco o una dissenteria, nemmeno in Nepal o in Messico, dove la diarrea o la vendetta di Montezuma sembrano essere condizioni indispensabili per l'accesso al paese, né più né meno che un visto d'entrata. Così anche quella volta ero voluto partire per il Vietnam senza alcun kit di pronto soccorso, e un'incrociata stretta di dita sotto il tavolo, a occhi serrati, aveva costituito l'unica precauzione sanitaria della faccenda. Le vaccinazioni non erano obbligatorie in nessuno dei paesi del mio itinerario, soltanto facoltative, come la profilassi per la malaria; perciò non mi ero preoccupato di farle.

L'indomani John decide di venire a Persepoli in Vespa con me. La sera prima l'avevo convinto ad andare all'ospedale, e adesso ha una fasciatura di un bianco abbagliante su tutto il polpaccio, tanto spessa da far sembrare che gliel'abbiano ingessato.

Partiamo alle nove di mattina, risalendo di 57 chilometri la statale verso Esfahan, sotto un sole caldissimo che si alza al rallentatore in un cielo senza nuvole.

Il magnifico complesso dei palazzi di Persepoli (Takht-e-Jamshid per gli iraniani), la cui costruzione fu iniziata nel 512 a.C. da Dario il Grande, soltanto due secoli più tardi, nel periodo del suo massimo splendore, fu raso al suolo da Alessandro Magno durante la sua marcia verso l'India. L'unico accesso alle rovine è lungo le quattro rampe dei gradini di pietra che conducono davanti al portale di Serse, con le arcate d'ingresso delimitate da due sculture di tori alte sette metri, eseguite parte a rilievo parte a tutto tondo, con evidenti influssi di analoghi modelli assiri. John zoppica un po' sulle scale ripide, finché arrivato a metà dei gradini decide di salirle saltellando su una gamba sola e portarsi l'altra a rimorchio, piegata alla coscia come quella di un fenicottero. Dal portale di Serse passiamo all'immensa Apadana, tra le trentasei colonne di pietra che sostenevano il tetto, ognuna alta venti metri, nel luogo in cui i re ricevevano i visitatori e tenevano le loro udienze.

Le lunghe scalinate dell'Apadana sono decorate con bassorilievi la cui finezza di lavoro è stupefacente anche oggi. Gli *Immortali* è il più famoso, e rappresenta la sfilata di 10.000 guardie di palazzo, armate con arco e faretra e quasi a grandezza naturale. Un altro bassorilievo, la *Parata delle Nazioni* mostra scene di uomini e animali che recano tributi ai re persiani.

"*Amazing, isn't it?*" dice John guardandosi intorno, sinceramente stupito dalla maestosità del luogo, che da certe angolature gli ricorda gli inquietanti raggruppamenti monolitici di Stonehenge. E giù un altro scatto: avrà fatto fuori almeno due rullini, da quando siamo arrivati.

Mi ero già accorto che è un po' maniaco della fotografia: quasi la metà delle poche cose che trasporta sulla bicicletta in due zainetti attorno alla ruota posteriore è composta da materiale fotografico: due macchine Nikon, tre obiettivi diversi, uno dei quali lungo più di una spanna quando è chiuso, un cavalletto telescopico per fotografie con l'autoscatto, pennellini per pulire le lenti, scorte di rullini per diapositive, filtri colorati.

Io con la mia Minolta compatta, tutta automatica, senza zoom e senza pretese, mi ero già dato da fare e ci avevo già preso abbastanza gusto. Finora avevo fatto sviluppare *on the road* quindici rullini, ed ero molto soddisfatto della loro riuscita, anche se John inorridiva al pensiero che i suoi capolavori venissero toccati da altre mani che non fossero quelle dei tecnici di un laboratorio di Dublino, l'unico del quale si fidasse. Per un attimo mi sembrò che desse un po' troppa importanza ai suoi lavori, tanto più che non lavorava per alcun giornale e nessuno avrebbe mai comprato le sue fotografie; ma subito mi ricordai di quella lingua che avrei voluto imparare e della sua grammatica difficilissima; così mi misi a guardarlo con interesse più sincero, quasi con ammirazione, mettere in atto tutto un repertorio di inquadrature, scelte di luce giusta, smontaggio e montaggio di obiettivi, cambio di pellicole, filtri, otturatori, esposizioni, Asa.

Da quel giorno cominciai a considerare con più rispetto la dimensione fotografica di un viaggio, la feci via via parte di me, mi fornii di materiali tecnici migliori e cognizioni di causa meno sprovvedute, le dedicai più tempo... E se già nel successivo viaggio dall'Alaska alla Terra del Fuoco ero stato fotoreporter per una rivista motociclistica che acquistava i miei articoli; se cinque anni più tardi ho pubblicato il mio primo libro fotografico, in un'edizione di lusso con un'importante casa editrice italiana, lo devo in gran parte a John Smith e al suo zelo da dilettante con l'animo da professionista; a quel pomeriggio passato insieme tra le rovine di Persepoli e alle conversazioni avute con lui su un campo che da allora cominciò a interessarmi sempre di più. Forse non è per niente una coincidenza che la vita di ogni persona sia scandita perlopiù da coincidenze o da incontri casuali: la Vespa di Wayan, nel mio caso; il sogno in quell'albergo di cinesi maleducati, John Smith e la sua contagiosa frenesia fotografica.

Tornammo a Shiraz prima del tramonto; accompagnai John al suo albergo e, dopo essere andato al mio per una doccia veloce, ci rincontrammo per cenare insieme in un bellissimo ristorante che però nel suo menu aveva soltanto *chelo kebab*, yogurt e cetrioli.

John Smith, da bravo irlandese, ha voglia di bere un goccetto di qualcosa di forte, e mi dice che non ce la fa più a pasteggiare col tè o i succhi di frutta. Quando arriva uno dei camerieri con il conto, John prende il discorso alla larga, ma dopo un paio di minuti gli chiede esplicitamente se sa dove si possa trovare un po' d'alcol che non sia quello denaturato con cui si lava la ferita sul polpaccio, e di cui ha già una bottiglietta di suo. Il cameriere si guarda intorno, e per un attimo ha sul volto la stessa espressione che aveva Mohammed quando sbirciava dalla finestra della sua stanza prima di mostrarmi la collezione dei Pink Floyd; poi ci comunica sottovoce che un suo amico dovrebbe averne un po'.

John s'illumina d'immenso; si sfrega le mani come se stesse lavandosele, e chiede tutto d'un fiato: "Dove? Quando? Come si fa?".

Non appena il ristorante chiude usciamo tutti e tre insieme, e percorriamo almeno un chilometro tra i cunicoli bui della città vecchia. Arrivati davanti a un portone dipinto di azzurro, il cameriere, che si chiama Mohammed tanto per cambiare, bussa piano piano, finché si sentono dei passi che scendono la scala interna.

La porta ci viene aperta da un uomo sulla trentina, con i capelli rasati e gli occhialini rotondi alla John Lennon, che sembra più un chierichetto che un pericoloso contrabbandiere incurante dei rischi, malavitoso, ricercato dalle autorità e via discorrendo. Mohammed gli spiega la faccenda; lui ci fa entrare e furtivamente richiude il portone.

Scendiamo i gradini che dal pianerottolo d'ingresso portano davanti a una piccola cantina; non diciamo una parola e io mi sento elettrizzato, e il cuore si mette a battere più forte; John mi confesserà più tardi che in quei momenti anche lui si era detto: "Adesso ci danno una botta in testa e ci portano via tutto".

La cantina è buia e umida; il chierichetto accende un fiammifero che spande all'intorno una flebile luce gialla, illuminando la carcassa di un armadio spolpato delle ante e un mucchio di paglia su cui sono posati una sella di cuoio e un vecchio ferro da stiro, mastodontico, a carbonella. Viene accesa una lampada a petrolio, che illumina un po' meglio la scena lasciandola tuttavia nella penombra. Il padrone della cantina comincia a rovistare sotto il mucchio di paglia, e ne estrae una bottiglia di whisky indiano, abbastanza impolverata, con l'etichetta che fa un'orecchia da un lato, proprio sopra la "P" di Pelikan Scotch. Gli occhi di John brillano di concupiscenza; anche i miei.

"*How much?*"

"*Four hundred dollars.*"

"*You're kidding!*" dice John, sempre in un sussurro, ma l'altro non capisce e forse crede che gli sia stato chiesto un parere sulla bontà del whisky, o sulla pericolosità dell'acquisto, perché ripete "Very ok, very ok; no worry", carezzando la pancia della bottiglia da tre quarti, con amorosa lascivia.

Cinque minuti più tardi, quando il chierichetto è sceso a duecentonovanta dollari (ultima offerta, prendere o lasciare), John e io usciamo sulla strada ridendo nervosamente, facendo spallucce e imprecando con sdegno; i nostri portafogli sono intatti, e il Pelikan Scotch è ritornato sotto la paglia.

"Try anadar friend?" chiede il cameriere.

"No, grazie."

Davanti alla porta del suo albergo ci augurammo buon viaggio con calorose strette di mano, e ognuno continuò per la sua strada.

"Chissà; magari ci si vede ancora." "Chissà." "*Take care!*" E infatti ci incontreremo dopo due mesi ad Agra, nell'Uttar Pradesh indiano; la sua ferita sul polpaccio si era perfettamente cicatrizzata e non aveva più alcuna benda che sembrasse un'ingessatura; in compenso il mio pollice sinistro, microfratturato, era avvolto da una fasciatura rigida che sembrava di gesso; le mie fotografie del Pakistan e dell'India gli strapparono mille elogi, e quasi non credeva le avessi fatte io. Uno a uno, John Smith!

Il 2 settembre parto da Shiraz in direzione di Kerman. Appena fuori dalla città mi trovo davanti alle grandi distese dei laghi salati, alla sabbia rosa e alle croste di sale luccicanti come schegge di cristallo fino all'orizzonte, sotto la cappa grigia e polverosa del cielo. Poi solo le dune di sabbia di un deserto vero, non più di pietrisco e arbusti ma di sabbia ondulata, fine e malleabile sotto il vento, color cammello. Impiego due giorni, e una ventina di ore di guida, per coprire i 600 chilometri che separano Shiraz da Kerman, con la sosta di una notte a Sirjan, una piccola città sul crocevia delle strade che vanno a sud verso il Golfo Persico e a nord a congiungersi con la statale per Yazd.

La cosa che più mi colpisce entrando con la Vespa nelle vie di Kerman è la schiera ininterrotta di bancarelle sulle quali i profughi afghani vendono ogni sorta di vestiti usati, e scarpe così sformate che nessuna lucidatura potrà più dar loro un aspetto decente. Guardando quella mercanzia non riesco a scacciare dalla testa l'idea che i due milioni di morti in quattordici anni di guerra civile abbiano contribuito loro malgrado ad arricchire l'emporio di quei poveri capi d'abbigliamento.

Altri cinque milioni di afghani hanno lasciato il loro paese riversandosi soprattutto nel Beluchistan pakistano e in Iran, e benché qualche mese prima le notizie che arrivavano da Kabul avessero permesso di nutrire qualche speranza circa una pace vicina, e diversi profughi si fossero preparati addirittura a un ritorno in patria, le speranze ben presto si erano rivelate illusorie, e la situazione in Afghanistan, anziché migliorare o stabilizzarsi, era precipitata in una nuova fase di atrocità. Il regime comunista del presidente Najibullah era caduto nell'aprile di quello stesso anno, lasciando il paese in un cumulo di macerie, ma quando la pace sembrava a portata di mano, combattimenti tra le opposte fazioni di guerriglieri sulla base di discriminazioni etniche e religiose lo ripiombarono nel caos.

Durante tutta l'estate Kabul fu il centro di battaglie tra le forze alleate al nuovo governo del presidente Mojadedi e quelle del Partito islamico; il 28 luglio Mojadedi aveva consegnato il potere al Consiglio Supremo dei capi della guerriglia, guidato da Burhanuddin Rabbani, ma il cambio dei vertici politici non aveva fatto cessare il bagno di sangue, e le uccisioni arbitrarie, le violenze contro gli oppositori del nuovo governo erano continuate. Kabul venne bombardata e molte nazioni, tra cui l'Italia e la Francia, chiusero le loro ambasciate.

Quattro ragazzi iraniani stipati sulla sella di una Kawasaki 150 mi affiancano, e uno di loro mi chiede ad alta voce, in un accesso di allegria, con le braccia aperte come ali: "What you go from, maifrènd?", che sarebbe come dire, con grande beneficio d'inventario da parte di chi ascolta: Da dove vieni, amico? Mi ero già abituato a simili tortuosità sintattiche e lessicali, per cui rispondo prontamente "Italy".

"Roma?" chiede un altro guardando la targa.

"Roma." E mi fermo di fianco a loro a un semaforo.

M'invitano a bere qualcosa sulle sedie all'aperto di un chiosco lì vicino; li seguo con la Vespa e qualche minuto più tardi, mentre sorseggio una bibita al tamarindo, facciamo le presentazioni: Reza, Akbar, Mehdi, Hashemi.

Rimarrò a Kerman due giorni, ospite della famiglia di Reza in una casa dalle stanze enormi che occupa tutto il primo piano di un palazzo del Settecento vicino al mercato coperto di Bazar-e Vakil, uno dei più vecchi e meglio conservati di tutto l'Iran meridionale, con lunghi porticati nei quali riecheggiano a ogni ora del giorno i colpi di martelletto degli artigiani che stanno lavorando ai vassoi di ottone cesellato, uno dei prodotti tipici di Kerman.

Reza mi racconta dei suoi due fratelli uccisi durante gli anni della guerra con l'Irak, uno nell'offensiva iniziale del 1980 al porto di Shatt al-Arab, sul Golfo; l'altro pochi mesi più tardi in un campo militare all'interno del Khuzistan; ha parole durissime non solo per Saddam Hussein ma anche per l'ayatollah Khomeini, che chiama con degli epiteti così crudi e offensivi che gli sarebbero costati la vita se qualcuno l'avesse sentito allora, e la farebbero rischiare a me se li trascrivessi adesso. Con il gruppo dei suoi amici, che già da quella prima giornata si era arricchito di altre cinque persone e due motociclette, una Honda Kinetic e una Enfield di fabbricazione indiana, giriamo per la città in un corteo che provoca continue girate di testa e commenti da parte della gente. Le donne abbassano lo sguardo vedendoci passare, mentre tirano pudicamente il chador sulle guance e ne tengono ferme due cocche stringendole tra i denti. Proprio a Kerman mi capita il secondo (e ultimo) episodio spiacevole del mese passato in Iran.

Avevamo parcheggiato le moto davanti a Gombad-e Jabaliyè, uno strano edificio in pietra con due cupole, il cui utilizzo e la cui origine non sono noti, anche se si pensa che la costruzione risalga a prima dell'anno 1000 e fosse usata come luogo di culto a Zoroastro. Era dalla mattina che facevo il turista "guidato", e non avevo smesso di scattare fotografie. Anche ora, con la piccola Minolta che portavo a ripetizione sugli occhi come una mascherina, stavo continuando nel primo "reportage" della mia vita quando cinque o sei donne velate di nero mi passano davanti, tra l'obiettivo e Gombad-e Jabaliyè, coprendosi il viso con il chador. So che le donne sono un soggetto tabù in Iran, e non gradiscono essere fotografate; ma la tentazione è troppo forte, e le loro macchie nere contro la pietra grigia così suggestive che non resisto alla tentazione, e premo il dito sul bottoncino: *click*.

Il congegno meccanico che porta la pellicola sul fotogramma successivo non ha ancora finito di far sentire il suo ronzio che la mascherina mi viene strappata dagli occhi con una mano autoritaria, e sento gridare qualcosa da una voce maschile.

Reza e i suoi amici mi sono già intorno e cercano di difendermi, ma l'uomo ha la fronte aggrottata in un'espressione furibonda, e gli occhi un po' vitrei di chi non ha tutte le rotelle che girano per il verso giusto; prende l'intrepida Minolta e senza dire né uno né due la scaglia a terra, mandandola in mille pezzi. Discussioni, litigi, rimostranze, spiegazioni in farsi; per poco Hashemi e il censore non vengono alle mani, e tocca a me, l'oltraggiatore oltraggiato, mettere un po' di calma e impedire che l'uomo si prenda una scarica di botte, vista la differenza di mole tra lui e il mio difensore.

"*Leave it; leave it. It's ok; leave it,*" dico a più riprese, anche se non è per niente ok, e ci ho rimesso la macchinetta galeotta di tutti gli scatti fotografici del futuro, alla quale stavo già affezionandomi. L'uomo mi lancia un'ultima occhiata astiosa, poi si allontana con le sei donne velate che avevano assistito impassibili a tutta la scena, delle quali una (mi dirà Reza più tardi) è sua moglie e le altre cinque sue cognate.

Avrei tutte le ragioni per essere inviperito, mentre guardo i miseri resti di plastica e vetro ai miei piedi; ma inaspettatamente sento che la lezione non mi ha fatto troppo male, non è andata perduta insieme alla Minolta; mi dico che la prossima volta imparerò a essere più rispettoso, meno ficcanaso... e comunque non riesco a non accompagnare i miei pensieri elevati con tre parole, che sibilo con le labbra contratte all'indirizzo dell'uomo a capo del gruppo nero ormai lontano: S*tronzo, bastardo, schifoso!* Poi anche noi ci dividiamo in gruppetti, saliamo sulla Vespa, sulla Kawasaki, sulla Honda e sull'Enfield e ci dirigiamo verso una moschea dal bellissimo minareto color turchese, di cui non ricordo il nome e non conservo alcuna fotografia.

Sulla strada per Zahedan mi fermo una notte a Bam, una cittadina immersa in piantagioni di palme da dattero che si estendono su ogni centimetro quadrato di terreno sottratto alla sabbia del deserto. Ci arrivo quando è già buio da un pezzo, e non mi accorgo né delle piantagioni, né dei datteri, né di Bam: l'unica cosa di cui ho bisogno è infilarmi in un letto e dormire fino alla mattina dopo.

Chiedo ad alcuni tiratardi che stanno giocando a domino dentro un garage con la saracinesca per metà abbassata, l'unica luce accesa su tutto il viale benché non siano ancora le undici, se sanno indicarmi una pensione.

Mi danno l'indirizzo della casa di un certo Akbar, un professore di inglese che affitta delle stanze ai turisti (non mi dicono se per fare pratica o per arrotondare lo stipendio); altre possibilità di pernottamento a Bam non ce ne sono.

Dalle finestre della casa di Akbar, quando la trovo in fondo a una via un po' fuori dalla città, dopo aver chiesto informazioni a un altro paio di passanti, arriva una luminescenza arancione, che sembra quella di una candela. Mi faccio animo e busso alla pesante porta di metallo, sentendomi rimbombare nelle orecchie un suono cupo. Aprono una finestra che dà sulla strada, e s'intravede la testa calva di un uomo, lucida sotto uno spicchio di luna.

"Mr Akbar?"

"Yes."

"Mi hanno dato il suo indirizzo... Ha una camera per stanotte?"

"Vengo ad aprire."

Quando sono solo nella mia stanza, e sorseggio un bicchiere di tè che Akbar mi ha portato di sua iniziativa in segno di benvenuto, aggiungo sulla carta del Medio Oriente il tratto di strada fatto quel giorno, con una striscia di pennarello nero serpeggiante nel giallo paglierino che rappresenta il Dasht-e-Lut, il grande deserto salato della regione sud-orientale dell'Iran.

È questo uno dei momenti più piacevoli della giornata: spiegare la carta sul letto e rimanere per un po' in contemplazione dei colori pastellati delle varie nazioni; poi seguire con gli occhi e la fantasia la traccia nera, zigzagante, segnata fino a quel momento, e aggiornarla con un ultimo tratto di pennarello, leggendo i minuscoli nomi dei villaggi attraversati, per accompagnare ognuno di quei nomi con un ricordo o una sensazione. La striscia nera è ormai abbastanza lunga, punteggiata dalle date delle varie tappe, e si snoda da Atene a Bam coprendo sette decimi dell'intera carta stradale, che arriva al Rajasthan indiano.

Ancora due o tremila chilometri, ancora tre decimi, in Pakistan e India occidentale; poi la striscia dovrà continuare su un'altra mappa, e questa della Kümmerly+Frei sarà "archiviata".

La mattina successiva mi sveglio abbastanza presto, e sotto gli occhi di Akbar e suo figlio Memed, entrambi pronti ad andare da qualche parte, forse a scuola, a giudicare da un libro di testo che Memed ha sottobraccio, forse a caccia di turisti al bus terminal, comincio a caricare i bagagli, contando di raggiungere Zahedan, a ridosso del confine pakistano, in quella stessa giornata.

"Non vai a vedere Arg-e-Bam?" mi chiede Memed in perfetto inglese. "Vedere cosa?" "Arg-e-Bam, la Cittadella." "Non so; stavo partendo. Vale la pena di andarci?" "Assolutamente," dice Akbar, "anzi, pensavo che tu fossi venuto a Bam proprio per la Cittadella."

"Se mi porti con la Vespa ci possiamo andare insieme. Abbiamo un po' di tempo; vero, papà?"

Akbar non sembra molto convinto, ma alla fine accorda il permesso a suo figlio, e anzi decide di accompagnarci anche lui col motorino.

Riporto gli zaini in camera; Memed balza in sella dietro di me, e tutti e tre partiamo verso Arg-e-Bam, la Cittadella che non avevo mai sentito nominare. L'aria del mattino è piacevolmente fresca, il cielo limpido e pulito, e il verde delle piantagioni di palme da dattero lo delimita come una passamaneria verde stesa sul deserto.

Memed ha una decina d'anni e sembra molto sveglio, con una faccia simpatica e intelligente che mi fa pensare a Nazim, il ragazzino al quale avevo regalato il casco a Nemrut Daği. Ancora non avevo ricevuto la lettera nella quale i suoi genitori m'informavano della sua morte, e pensare a lui fu solo divertente, non triste. Percorriamo circa tre chilometri dalla casa di Akbar, salutati da tutta la gente che incontriamo per la strada e salutando a nostra volta, anch'io che non c'entro niente; poi, all'improvviso, mi lascio sfuggire dalle labbra un'esclamazione di stupore, e non credo ai miei occhi.

Davanti a me, su una collina, c'è il più bel castello di sabbia che abbia mai visto; solo che non è edificato sul bagnasciuga dai bambini con le palette e i secchielli, non è alto poche spanne e non ha conchiglie al posto delle finestre; è grande come potrebbe esserlo un castello medievale in Toscana, con torrioni, mura di cinta merlettate, terrazze, baluardi, cammini di ronda, torrette, corti interne, feritoie; forse anche più grande.

"Non c'è nemmeno una pietra; sono tutti mattoncini d'argilla uno sull'altro, e l'intonaco è fatto di fango pressato. Resiste da tanti secoli anche perché qui piove poco," dice Akbar parcheggiando il motorino davanti a due guardie il cui compito probabilmente sarebbe quello di vendere i biglietti ai turisti, se ce ne fossero.

"*Jeeesusss!*" Per una frazione di secondo l'immagine di Janet a Sumatra accompagna la mia meraviglia. "È una delle cose più belle che abbia mai visto, e se non fosse stato per voi..."

Mi lascio prendere un po' la mano, ma le mie parole sono sincere, e mentre mi guardo intorno eccitatissimo comunico ad Akbar che secondo me Arg-e-Bam meriterebbe lo stesso afflusso di visitatori che c'è al Colosseo, o davanti a Machu Picchu, e che invece il mio libro-guida sull'Asia occidentale, benché sia il migliore in commercio, nel capitoletto sull'Iran non la nomina neppure.

"Cosa vuoi che ti dica," sospira Akbar allargando le braccia. "Forse tra qualche anno, *Inshallah.*"

E infatti tre anni e mezzo più tardi, quando mi trovai a passare di nuovo per Bam e sulla fiancata della mia quarta Vespa c'era scritto "From Australia to South Africa", le cose erano davvero cambiate, perché Allah aveva voluto.

Nel piazzale davanti al castello erano parcheggiati quattro pullman di turisti giapponesi che visitavano la Cittadella in due ore per poi tornarsene nei lussuosi hotel governativi di Kerman; ma nelle tasche di Akbar non c'era un *rial* di più, e anzi le cose stavano andando sempre peggio; l'inflazione si era mangiata metà del suo stipendio d'insegnante, e il ministero del Turismo gli aveva proibito di ospitare a pagamento stranieri in casa sua. Se avesse voluto continuare a farlo avrebbe dovuto costruire un albergo come si deve e comprarsi una licenza, cosa che Akbar non si sarebbe mai potuto permettere.

Memed, che aveva ormai quattordici anni, mi fece un sacco di feste rivedendomi, e mi si appiccicò alle calcagna come Nazim-Mosquito a quella ragazza francese, raccontandomi mille cose... Finché suo padre ci prese in disparte e disse, con una grande tristezza nella voce e quasi vergognandosi, che sarebbe stato meglio non ci fossimo fatti vedere troppo insieme, perché questo gli avrebbe procurato dei guai con le autorità, che gli avevano detto esplicitamente di stare alla larga dai turisti. Adesso, comunque, Memed sta parlando con le due guardie e ottiene il permesso di farmi passare con la Vespa sotto il portale d'ingresso, per una visita motorizzata alle rovine.

Arg-e-Bam, cioè la "parte vecchia" di Bam, consiste in realtà di due cittadelle separate. Una è quella sulla cima della collina, nella quale sto entrando con Akbar e Memed seduti dietro di me, e le cui mura sono perfettamente conservate: comprende il castello vero e proprio, i palazzi degli aristocratici e dei militari, la piazza d'armi e le stalle; l'altra, che si estende a perdita d'occhio sotto di noi e circonda i quattro lati del castello, è un enorme ammasso di fango pressato, con i resti delle case in cui viveva la maggior parte della popolazione, di un caravanserraglio, di una moschea e di un bazaar.

Dopo una ventina di minuti Akbar mi dice che lui e Memed devono andare. Mentre li accompagno decido di fermarmi ancora un giorno nella loro casa-ostello, per ritornare alla Cittadella più tardi con una macchina fotografica che rimpiazzi quella andata in frantumi sul marciapiede di Kerman.

Nel pomeriggio, con la scorta di una delle due guardie che per tutto il tempo mi chiede notizie sui bordelli di via Prè a Genova, dove era stato trent'anni prima quando faceva il marinaio sulle navi mercantili, mi anchiloso l'indice della mano destra su una vecchia Lubitel dal nome scritto in cirillico, tenuta insieme con qualche striscia di nastro isolante e barattata per due paia di Levi's su una bancarella nel mercato di Bam.

Il quaderno balinese

Il Gran Visir Akbar Shammudi decise di punto in bianco che tutti i sudditi del reame dovessero portare la barba, compresi le donne e i bambini.

I liberi pensatori, gli spiriti indipendenti trovarono subito assurdo tutto ciò, e ben presto si riunirono in sette segrete per combattere la nuova ordinanza; ma l'onnipresente polizia regia riuscì a snidarli tutti, e quattordici di loro furono giustiziati sulla pubblica piazza dopo un processo sommario. Così i cittadini del reame furono costretti a obbedire: chi, potendo metterci del proprio, si fece crescere barba e baffi fluenti; chi, impossibilitato a farlo, dovette adottare peli posticci da attaccarsi al mento col mastice. I bambini si divertivano un mondo, e passavano interi pomeriggi a stuzzicare l'uno la barbetta dell'altro; le donne si sentivano umiliate e giravano vergognose per le strade, coprendosi il viso con un velo e tenendone due cocche strette tra i denti; in quanto agli uomini: molti covavano il malcontento e la ribellione, specialmente i glabri, che, consapevoli di essere stati messi sullo stesso piano di donne e bambini, avevano un diavolo per capello.

Così passarono all'incirca tre anni. La situazione si era pian piano stabilizzata, il malcontento sopito; quasi tutti, anzi, andavano ormai orgogliosi della propria barba, sia naturale sia posticcia: gli uomini ne curavano scrupolosamente la crescita, lisciandone i peli con amore; le donne, abituatesi a considerarla un ornamento in più (fu proprio in quel periodo, tra l'altro, che cominciarono ad apparire i primi, elaboratissimi *toupets* di barbe femminili), si ammiravano davanti allo specchio; e i bambini, gelosissimi delle proprie barbette quasi più che degli stessi giocattoli, ingaggiavano zuffe furibonde quando qualcuno si azzardava ancora a "stuzzicarli". I glabri già da un pezzo l'avevano presa con filosofia, e si ripetevano sospirando che tutto sommato era meglio così: anche nel precedente stato di cose, infatti, si sentivano diversi, e in più la loro diversità si vedeva; adesso, invece, pur continuando a provare il medesimo senso di disagio nei confronti dei propri simili, la diversità almeno era coperta.

Le cose dunque sembravano essersi avviate nel migliore dei modi... Senonché furono proprio coloro i quali anche prima del decreto del Visir Shammudi avevano portato la barba che cominciarono a mostrare segni d'insofferenza e divennero irascibili. Mentre in un primo tempo, infatti, avevano preso la cosa con sufficienza e indulgente superiorità, coscienti di appartenere comunque alla categoria degli antesignani della nuova moda, adesso si sentivano appiattiti nella massa, privati del loro segno distintivo, che vedevano svilirsi alla mercé di tutti... avessero almeno potuto radersi, macché! Lo scontento montava rapidamente in loro, fino a sfociare in una sete di ribellione, di sovvertimento dell'ordine stabilito. Proliferarono nuove sette clandestine, i cui adepti presero il nome di "Fratelli Defraudati".

Non tardò molto che nel reame il sangue cominciò a venire versato. Furono compiuti attentati nelle fabbriche di posticci; fu rapito e trucidato il famoso visagista Marcel Hassami, creatore della linea di barbe femminili più in voga nella capitale; cominciarono a essere tesi agguati e a verificarsi pestaggi ai danni di chi aveva aderito in modo particolarmente vistoso all'ordinanza del Visir.

La polizia regia, le cui maglie si erano progressivamente allentate visto il normalizzarsi della situazione negli anni precedenti, fu presa alla sprovvista dall'improvvisa recrudescenza di tali disordini, e cercò faticosamente di riorganizzarsi; ma le trame della sovversione si erano troppo saldamente radicate, stabilendo persino contatti internazionali con chi mirava a una svolta di tipo rivoluzionario nel reame; e così le violenze poterono perpetrarsi pressoché indisturbate.

I sudditi vivevano ormai nell'incubo di nuove minacce e aggressioni; accusavano il governo di non saperli proteggere, di mancare di mezzi adeguati per assicurare la loro incolumità, e si riunirono in un Fronte di Malcontento Pubblico i cui capi, Alì Marrebi in prima fila, tenevano frequenti comizi sulle piazze per denunciare l'increscioso stato di cose nel quale il paese si dibatteva. I vessilli verdi del Fronte sventolavano in cortei e manifestazioni divenuti di giorno in giorno più frequenti, e gli stessi Fratelli Defraudati cominciarono a caldeggiare l'attività di Alì Marrebi, non per questo desistendo dalle loro azioni sanguinose.

A palazzo la situazione era diventata insostenibile; ben sette dei nove ministri rassegnarono le dimissioni, e lo stesso Gran Visir, accusando l'aggravarsi del suo stato di salute, si ritirò in una residenza di campagna lasciando così di fatto, se non pubblicamente, la sua carica.

Dall'esterno intanto arrivavano continui appoggi al Fronte, e tutti avvertivano ormai con chiarezza che la casa regnante aveva le ore contate: i Defraudati capirono che stando così le cose era meglio allearsi apertamente col Fronte, e diressero i loro attacchi non più indiscriminatamente su cittadini innocenti, bensì sui membri della famiglia reale e del governo, uccidendo dapprima il principe ereditario, poi la concubina di Sua Maestà e infine il gran ciambellano Azimùr e il Visir per gli Idrocarburi. Era diventata quasi soltanto una questione di forma, da parte del Fronte, prendere pubblicamente il potere.

Il 12 novembre il re abdicò, recandosi in esilio ad Asunción, in Paraguay, con i membri superstiti della sua famiglia: il paese finalmente era libero!

Fu eletto un governo provvisorio che proclamò subito tre giorni di festa nazionale; l'entusiasmo della popolazione era indescrivibile, tutti si abbracciavano nelle strade, dovunque sventolavano le bandiere verdi del Fronte, che d'ora in avanti, modificando il nome iniziale, si chiamò per esteso: Fronte di Benessere Pubblico.

Dopo regolari elezioni, con suffragio pressoché universale, il nuovo governo fu confermato nella propria carica, e Alì Marrebi divenne il primo presidente della nuova repubblica.

I quattordici liberi pensatori giustiziati quattro anni addietro dalla milizia regia furono proclamati Padri della Rivoluzione, e fu stabilito che alla loro memoria si rendesse omaggio ogni anno, il 5 febbraio, Giorno degli Eroi.

Uno dei primi provvedimenti del nuovo governo fu l'emanazione di una legge che dava a ognuno il diritto di scegliere se farsi crescere o meno la barba, se portarla o meno posticcia...

Fu soltanto in un secondo tempo che si ordinò tassativamente ai cittadini, nel caso avessero optato per la barba, di tingersela di verde per onorare il colore della bandiera del Fronte, divenuta il nuovo vessillo nazionale.

E altri liberi pensatori, altri spiriti indipendenti si candidarono al martirio, ipotecando una gloria da eroi e, forse, una giornata tutta per loro.

"*Dinner is ready!*" gridò Memed dalla cucina. Chiusi il quaderno dalla copertina bordò che mi avevano regalato a Padangbai, e fu in quei momenti, mentre rimanevo soprappensiero a tamburellare col cappuccio di plastica della penna su uno spigolo del tavolo, che mi ripromisi di scrivere un racconto per ogni paese attraversato con la Vespa.

In meno di quattro anni, sul quaderno che ho sempre portato con me, anche quando nello zaino avrò un personal computer, con una stampante microscopica, E-mail, Internet e tutto il resto, di racconti ce ne saranno sessantacinque. Questo è il secondo che ho scritto, terminandolo poco prima che mi venisse versata nel piatto la solita e ormai insopportabile porzione di *chelo kebab* con contorno di cetrioli.

Il 9 settembre, dopo altri 250 chilometri di deserto e laghi salati tra i quali la strada perfettamente asfaltata è spesso coperta da dune di sabbia trasportate dal vento, che devo "guadare" spingendo la Vespa a mano, arrivo a Zahedan, l'ultima città iraniana di un certo rilievo prima del confine pakistano, e l'unica che incontrerò fino a Quetta, il capoluogo del Beluchistan distante ancora più di 700 chilometri, intervallati soltanto da qualche raro villaggio. Subito dopo la frontiera, a Taftan, il deserto continua, ma l'asfalto per incanto sparisce, e non se ne riparlerà più per qualche giorno.

Zahedan è un grosso centro a ridosso della punta formata dai confini simmetrici di Afghanistan e Pakistan, e delle sue strade polverose non conservo altra memoria se non un viavai continuo di gente che sembrava sempre indaffaratissima, intenta ad andare da qualche parte, anche se magari non aveva niente di preciso da fare né alcun posto in cui andare; le giacche e i pantaloni all'europea delle città iraniane cedevano il posto a caftani, *pijiama* e turbanti più "esotici", e l'aria austera che costantemente si respira in Iran sembrava già essersi mischiata alla confusione policroma, ai suoni e agli odori tipici del Subcontinente indiano.

Akbar mi aveva dato l'indirizzo di un suo parente, che si chiamava Akbar come lui e viveva in una casa vicino al terminal degli autobus. Vengo ricevuto con molta cordialità e ceno con la numerosa famiglia, raccolta in circolo su uno splendido tappeto tutto rose e arabeschi: il cibo è ottimo, la conversazione vivace. E la mattina successiva, quando sto uscendo dalla stanza con uno dei due zaini sulle spalle, il mio ospite mi porge un biglietto che mi lascia sconcertato: è il conto di vitto e alloggio: cinquemila *rial* per il pernottamento e tremila per la cena.

Considerando il cambio al mercato nero (1600 *rial* per un dollaro) è una cifra irrisoria, ma nondimeno giunge così inaspettata da lasciarmi senza parole, e mi riempie di imbarazzo davanti a un imbarazzatissimo padrone di casa, che con gli occhi bassi sul tappeto, sulle rose e gli arabeschi, prende i soldi in un silenzio al quale non c'è bisogno di aggiungere: "La vita è diventata difficile, tutto cresce di prezzo, spero tu capisca," per capire.

Un'ora più tardi, verso le dieci, sono a Mirjawar, il posto di frontiera 70 chilometri a sud di Zahedan. La procedura burocratica negli uffici iraniani è di nuovo veloce, e me la cavo in una ventina di minuti.

Ma una volta arrivato a Taftan, l'*entry point* pakistano, dovrò aspettare fino all'una del pomeriggio perché un signore con la testa lucida di brillantina e l'arroganza tipica di molti funzionari di confine si degni di dare un'occhiata al mio carnet di passaggio (dopo avermi fatto aspettare tutto quel tempo su una sedia del suo stanzone disadorno, apparentemente senza alcun motivo se non la voglia di farmi aspettare) e poi mi dica: "*Wait till three o' clock*", perché deve andare a mangiare e ha il bisogno impellente di chiudersi la porta dell'ufficio dietro le spalle. Io protesto, gli dico che non è giusto (nel frattempo aveva messo la sua firma detestabile e i suoi timbri color lavanda sui documenti di tre camionisti che erano arrivati dopo di me). Lo guardo con occhi imploranti, mi produco in un paio di "*Please, mister*" facendogli capire che sarei disposto ad accompagnare le mie preghiere con un *bakshish*, la parola magica che significa "mancetta" ed è la prima che si impara a quelle latitudini; ma non sortisco altro effetto se non quello di fargli ripetere, ancora più categorico e scostante: "*Wait until three!*".

Così mi rassegno e vado a sedermi a gambe incrociate sulla stuoia di un ristorante senza tavoli né sedie, dove servono soltanto *chapati*, *dhal* e *chai*, rispettivamente: pane, companatico (un purè di lenticchie dall'innegabile cromatismo di cacchetta di cane) e tè al latte.

La Vespa parcheggiata davanti agli uffici della dogana, a una trentina di metri di distanza dal luogo in cui sto consumando il pasto, ha intanto attratto un manipolo di curiosi, come sempre a ogni sosta, dalla Cappadocia in poi. Solo che stavolta il gruppo è composto da almeno una trentina di persone, tutti in camicioni (*pijiama*) marroni o grigi, lunghi fino al polpaccio, sopra sbuffanti braghe di cotone fermate alla caviglia; una folta rappresentanza viene poi a prendere posto sulle altre stuoie vicino a me, come per puro caso e sulle prime senza dire una parola.

Molti di loro, sotto il voluminoso turbante, hanno degli occhi che sembrano incastonati nel kajal, e scagliano sguardi molto fieri anche se un po' languidi, con le iridi nere che luccicano vitree; hanno tutti una barbetta a punta; alcuni sono ragazzi che cambiano i soldi alla frontiera, altri autisti di quegli strani autobus bombati pieni di colori vivacissimi e specchietti, bandierine e scritte, e sono in attesa di ripartire dopo la siesta.

Finalmente qualcuno rompe il ghiaccio, facendomi le solite domande alle quali do le solite risposte, secondo un copione già imparato a memoria da almeno un mese, con poche varianti.

Alle tre in punto, dopo aver bevuto un *chai* dal retrogusto di cacio in una ciotolina di terracotta, mi alzo dalla stuoia, saluto tutti e faccio per ritornare nello stanzone della dogana davanti a quell'odioso funzionario pieno di brillantina quando uno dei ragazzi, con un occhio coperto da una cataratta albumosa, mi viene dietro e toglie con circospezione dalla tasca ampia del *pijiama*, guardandosi attorno, un mattoncino color cuoio, che poi mi porge sul palmo della mano dicendo: "Very good, my friend; very cheap. Twenty dollar".

È un parallelepipedo di hashish avvolto in una pellicola di plastica trasparente, grande come una confezione di burro da un etto, e per venti dollari è davvero regalato. Mi viene un po' da ridere all'idea di importare clandestinamente hashish in Pakistan: sarebbe come importare il torrone a Cremona, o il cioccolato fondente in Svizzera! Comunque do un'occhiata al panetto di pasta scura, con dei riflessi verdastri, freschissima e così malleabile da recare le impronte di parecchie ditate. Glielo tolgo dalle mani, lo soppeso per un attimo tra le mie e poi con un gesto di superiorità glielo riporgo dicendo: "Expensive; too small", tanto per dire qualcosa in attesa che si levi di torno; lui sta per ribattere, ma in quel momento un soldato seduto a gambe larghe sul davanzale di una finestra della dogana mi fa un cenno intimandomi: "You, turist: camm!". È il segnale che il funzionario con la brillantina è ritornato, e finalmente si accinge a vistare i documenti. Il mio *pusher* si infila furtivamente il pacchetto nella tasca per sparire tra la gente che sta scendendo da un autobus appena arrivato.

Altri quindici minuti, e finalmente posso andarmene con tutti i crismi burocratici, i timbri e le firme detestabili. A meno di un chilometro dagli uffici di frontiera, superate le ultime case di Taftan, parecchi uomini stanno lavorando sulla linea ferroviaria, rimuovendo i binari vecchi, cambiando le traversine e spicconando qua e là. Seguo la strada di brecciolino, e poi mi impunto con la ruota anteriore in una buca profonda mezzo metro, tra le rotaie su un dosso. Accelero al massimo, ma non mi sposto di un centimetro; l'unico risultato che ottengo è quello di consumare mezzo pneumatico sprigionando una nuvola di sabbia.

Avanti non posso andare, e il mio equilibrio è troppo precario perché possa smontare dalla sella e spingere la Vespa con tutti i bagagli che la zavorrano: mi sfuggirebbe dalle mani rotolando giù dall'altro versante, per riempirsi di ammaccature. Spingerla a ritroso non se ne parla nemmeno: ci vorrebbe una forza che i miei muscoli non hanno, e se anche ce la facessi non riuscirei poi a controllarla, e l'esito sarebbe lo stesso, sul versante opposto. Come sempre, quando non so cosa fare, sto immobile e aspetto.

Quasi tutti gli uomini hanno smesso di lavorare, e sono rimasti con i picconi in mano, sudati sotto i turbanti o i fazzoletti che gli pendono ai lati della faccia, come quelli dei soldati della Legione Straniera. Qualcuno si mette a ridere, qualcun altro è troppo stanco per provare qualsiasi emozione, e guarda la scena come se nemmeno la vedesse. Due di loro, entrambi in canottiera e con delle tovaglie a quadrettoni attorno ai fianchi, simili ai *sarong* indonesiani e che qui chiamano *longi*, mi vengono in aiuto. Spingendo tutti e due, con una mano sul portapacchi e una sul manubrio (e con me in mezzo che mi sento di troppo), disincagliano la Vespa dalla scomoda posizione in cui si trova e mi danno una spinta un po' più forte per farmi prendere l'abbrivio tra i sassi dall'altra parte del dosso.

Quando fermo la mia corsa e mi volto per ringraziarli, loro accennano un sorriso timido sotto i folti baffi spioventi, lasciandomi un po' interdetto col loro altruismo così poco loquace. Mi guardo intorno e faccio per proseguire, ma non vedo alcuna strada davanti a me: solo sabbia grigia e le tracce più scure lasciate dalle ruote dei camion. Non mi ci vuole molto a capire che la *strada* è quella! *Welcome to Pakistan*.

Dopo un paio di chilometri percorsi a passo d'uomo mi fermo a mettere benzina davanti a una baracca con le mura unte di grasso, qualche bidone d'olio, dei giganteschi pneumatici sventrati, un differenziale di autobus arrugginito, delle batterie ossidate e un cartello con su scritto Esso che penzola da una trave del tetto. Devo suonare il clacson diverse volte perché qualcuno si decida a uscire dalla casa per venire a riempirmi il serbatoio vuoto con nove litri di una maleodorante benzina gialla, risucchiati con un pezzo di canna da un bidone coperto con una stuoia e poi versati in una bottiglia di plastica dal fondo tagliato, che serve contemporaneamente da misurino e da imbuto. Un cane magrissimo fa la guardia a tutta l'operazione, legato a una catena a litigare con le zecche.

"Nine dollar."

"Come *nine dollar*?"

"One liter one dollar; nine liter nine dollar."

Cerco di farmi fare un po' di sconto, ma lo strozzino scuote la testa sorridendo beatamente, con un rigonfio di tabacco da masticare sotto una guancia e una fila di denti marci; irremovibile ripete *nine dollar* in una cantilena cacofonica, e sputa a terra un succo marronastro. Non mi resta che pagare e andarmene con la coda tra le gambe, ripensando con nostalgia ai bei tempi in cui nove litri di benzina costavano trecentosessanta lire, dall'altra parte del confine.

Percorro appena 40 chilometri in due ore e mezzo, senza incrociare una casa né una persona: soltanto l'autobus arrivato poco prima che mi timbrassero i documenti, e che adesso mi sorpassa sollevando un polverone e mandandomi in gola e negli occhi uno sciame di granelli pungenti. La striscia scavata nella sabbia grigia si perde in lontananza nel cielo dello stesso colore, e in certi tratti è così profonda che le ruote affondano di parecchi centimetri e devo procedere al rallentatore usando le gambe come leve e i piedi come puntelli.

Le stradacce di Sumatra o dell'Anatolia orientale, paragonate a questo tratto di deserto nel Beluchistan pakistano, mi sembrano nella memoria autostrade americane, e mentre scalo le marce per affrontare in prima un buon chilometro in cui la pista sparisce del tutto, coperta da uno strato di sabbia fresca, mi dico ad alta voce (da qualche settimana avevo preso l'abitudine di parlare da solo) che peggio di così, con uno scooter, non si può. Se avessi saputo qualcosa delle strade che mi aspettavano di lì a qualche anno in Etiopia e in Mozambico non avrei perso l'occasione per starmene zitto. Del resto già un'ora più tardi, quando comincia a far buio e devo rallentare ulteriormente perché non vedo quello che mi passa sotto le ruote e rischio di cadere in continuazione, mi dico che il *peggio* non finisce mai, e per la prima volta provo un po' di rammarico all'idea di non avere una tenda e un sacco a pelo con me.

Avevo deciso già a Singapore, mentre in una bettola di Chinatown, tra le carte stradali e i libri appena comprati stilavo un primo elenco delle cose da portarmi, di escludere dai miei bagagli sia l'una sia l'altro; sapevo che sarebbero stati un peso e un ingombro pressoché inutili, perché anche con uno scooter si possono sempre percorrere, più o meno agevolmente o proprio alla disperata, 500 o 600 chilometri ogni giorno, e in 600 chilometri è difficile che non ci sia un posto dove passare la notte, magari non una stanza d'albergo con tanto di lenzuola pulite, ma almeno una baracca con un tetto di frasche sulla testa. Sarà poco romantico o poco avventuroso, ma è proprio così: sapevo che in ogni paese del mio itinerario, tranne in pochissime occasioni (e quella prima notte in Pakistan si candidava a essere una delle poche), avrei potuto fare a meno di piantare la tenda, di cucinarmi la cena con un fornelletto a gas e di vegliare alle stelle come un boy-scout nelle uscite di Reparto. Quasi mai, inoltre, avrei trovato campeggi o comunque posti custoditi, e nella maggior parte dei casi avrei dovuto accamparmi nel bel mezzo di niente e rimanere appiccicato alla Vespa e ai bagagli per paura che mi portassero via tutto; in questo modo avrei passato la quasi totalità del viaggio davvero "in solitaria". L'essere costretto ogni volta a raggiungere un centro abitato, invece, oltre a farmi sperare in un letto e in una doccia, mi dava la possibilità di scambiare due parole se non altro con l'albergatore, o con l'affittacamere, o con chi mi avesse offerto ospitalità, magari dopo tutto un giorno passato guidando in completa solitudine.

Alle nove di sera, dopo un'altra trentina di chilometri coperti a forza di parolacce, vedo davanti a me due luci scintillanti nel buio che avvolge ogni cosa, e che il tenue cono luminoso sprigionato dal mio faro anteriore appena scalfisce per pochi metri, prima di venire riassorbito nell'oscurità.

Mi avvicino riprendendo un po' animo, come se quelle due luci fossero l'avamposto di una terra promessa. È un "ristorante" simile a quello in cui avevo pranzato alla frontiera, una bassa costruzione dalle pareti di fango, senza tavoli né sedie. Ci sono soltanto due uomini e il padrone, un signore obeso che sta pulendo con della sabbia un pentolone affumicato. I due clienti spiano ogni mio movimento, e le loro facce, sezionate in tagli di luce e di ombre dal riverbero di un fuoco che sta finendo di bruciare nella cavità del forno, non sono rassicuranti, con lo sguardo sospettoso, i nasi adunchi sotto il turbante e le barbette a punta; mi fanno pensare a due ladroni nel racconto di Alì Babà; tanto più che ognuno di loro ha una cartuccera a tracolla e un fucile ritto di fianco a sé, con la punta della canna che poggia sulla parete.

Due lunghi fucili di vecchia fabbricazione, col manico di legno che dall'impugnatura si estende fino a rivestire gran parte della canna, e la cui presenza non mi stupisce più di tanto, perché già a Taftan avevo visto parecchie persone girare armate, con le stesse cartuccere e gli stessi archibugi d'altri tempi a tracolla.

Mi siedo in un angolo vicino al forno, e dopo mezzo minuto ho davanti il canonico piatto pieno di *dhal* giallognolo e una terrina di tè. Sono ricoperto di sabbia dalla testa ai piedi, e pagherei chissà cosa per poter fare una doccia come si deve; ma non è nemmeno il caso di pensarci. Mi viene comunque offerta una bacinella smaltata piena d'acqua, e posso se non altro lavarmi le mani. Per cinquanta rupie (due dollari) mi viene offerto anche un letto di corda intrecciata nella stanza del padrone, che sentirò russare a lungo prima di addormentarmi a mia volta, quando i due clienti con i loro fucili se ne saranno andati salutando cortesemente.

La mattina successiva vengo svegliato prestissimo da un coro di voci, tra le quali distinguo le parole *Fhespa* e *Rhoma* pronunciate a più riprese; apro gli occhi sbadigliando in un sole accecante, e vedo un gran movimento di camicioni che svolazzano attorno alla Vespa, di turbanti e di fucili. Mi alzo di scatto e vado a vedere cos'è successo, un po' preoccupato.

Ma non è successo niente, e nel gruppo dei curiosi il padrone, che sta spiegando qualcosa agli altri con una terrina di tè fumante in mano, mi dice sorridendo *Good morning*, mentre un ragazzino prontissimo mi porge il vassoio della colazione già preparata: *chapati*, *dhal*, tè e, novità, un uovo sodo.

Mangio con appetito, rispondendo a qualche domanda e guardando con preoccupazione la stessa, immutabile striscia di sabbia pressata dalle ruote dei camion, che procede senza una curva fino all'orizzonte. Il padrone, con un po' di cerimonie e prendendo il discorso alla larga, mi chiede se posso dare un passaggio a un suo parente fino a Nok Kundi, un villaggio distante tre chilometri; il parente, dal canto suo, un giovanotto magro e dinoccolato, segue la conversazione con un fagottino sulle spalle, già pronto a partire. Non sono molto convinto e sto quasi per dire di no, ricordandomi gli sbandamenti e le derapate della notte prima, e sapendo benissimo che con il carico di due persone la Vespa avrebbe fatto ancora più fatica; ma prima ancora che possa aprir bocca mi viene da pensare a tutti i favori ricevuti in quelle migliaia di chilometri dalla partenza, disinteressatamente ogni volta, soltanto per il gusto di aiutarmi quando ne ho avuto bisogno, e mi sento in colpa a non ricambiare almeno in parte, adesso che ne ho l'occasione; così dico "*Okay*", se pure senza troppo entusiasmo; finisco di caricare i bagagli con l'aiuto sollecito del giovanotto che nella foga si pianta un gancio dei tiranti nel palmo di una mano, e insieme partiamo verso Nok Kundi, che dista, in effetti, *diciannove* chilometri... e quaranta minuti di viaggio.

La striscia di sabbia della pista, per brevi tratti, porta il ricordo di un tenue strato d'asfalto corroso e frammentato in una miriade di isolette, come le tessere di un puzzle al quale mancano la metà dei pezzi, e comunque è un po' più agevole da percorrere di quanto lo fosse stata subito dopo il confine; il mio passeggero, che si chiama Chwodri o qualcosa di simile, mi spiega che fino a Quetta la strada sarà *forse* così, in certi punti un po' meglio in certi altri un po' peggio; ma quando gli chiedo quanto manchi per raggiungere Quetta la sua risposta è vaga, e lascia un margine di supposizione che oscilla tra i 200 e i 1000 chilometri. Non c'era mai stato: sapeva solo che era molto lontana, e che la strada per arrivarci *forse* era così, in certi tratti un po' meglio in altri un po' peggio.

Questo colloquio con Chwodri, e il ricordo di quello precedente avuto col padrone del ristorante sui *tre* chilometri fino a Nok Kundi, mi danno un primo esempio di quanto i pakistani siano inattendibili nelle informazioni riguardo alle distanze tra un luogo e l'altro, di quanto, anzi, lo stesso concetto di "distanza" rientri per loro in una logica diversa, non necessariamente misurabile in chilometri o miglia; cosa di cui avrò ampia e circostanziata documentazione in seguito.

Entrando a Nok Kundi, sui due lati della pista, vedo una fila continua di bancarelle che apparentemente vendono taniche di plastica, anche se non ci vuole molto a capire che le taniche sono piene di benzina. Sono i "punti vendita" dei contrabbandieri che agiscono con il tacito permesso della polizia del Beluchistan, e fanno la spola tra il confine iraniano e Nok Kundi, da dove la benzina viene poi smistata in tutta la provincia. La differenza tra il prezzo della benzina iraniana e quello imposto dal governo di Islamabad è abissale: un litro di "normale" in Pakistan (la Super non l'ho mai trovata) costa quindici rupie, cioè sessanta centesimi di dollaro, almeno nei distributori veri e propri e non dagli strozzini sul confine. Facendo un paragone approssimativo con l'Italia, che ha un prodotto interno lordo pro capite sedici volte superiore a quello pakistano e dove la benzina è comunque carissima, verrebbe da pensare a una cifra astronomica di circa trentamila lire al litro, il che non è proprio vero in assoluto ma dà comunque la misura di quanto il prezzo della benzina pakistana sia sproporzionato rispetto al tenore di vita degli abitanti, e di come il contrabbando sia non solo inevitabile, ma quasi d'obbligo.

Davanti a una casa su cui spicca un grosso cartellone dipinto a mano, che raffigura una bocca aperta con due file di denti bianchi, una pinza che sembra una tenaglia di lato e tre protesi di canini scintillanti sullo sfondo, Chwodri mi dice di essere arrivato e smonta ringraziandomi per il passaggio. Io lo saluto e proseguo su quei pochi metri di asfalto tra le case, prima che la pista ricominci, e sono grato all'idea d'avere fatto un check-up dentistico alla vigilia della partenza dall'Italia.

A mezzogiorno arrivo a Yakmach, dopo aver percorso altri 100 chilometri senza imbattermi in un villaggio e aver bevuto qualche sorso d'acqua vicina al grado di ebollizione dalla borraccia di un camionista che, impietosito da una mia richiesta d'aiuto che tradiva una gola secchissima, si era fermato pochi metri più avanti. A Yakmach, dove entrerò "scortato" da una colonna di cinque dromedari indolenti e un cammelliere pieno di verve che dall'alto della gobba a capofila grida: "*You, you, you! What are you!*", decido di organizzarmi un po' meglio, e in mancanza di acqua minerale, che non riesco a trovare, compro cinque bottiglie di una bibita color rubino, pagando più per il deposito del vetro che per il loro contenuto; un lungo chiodo forgiato in forma di cavatappi, qualche pacchetto di biscotti e una bustina di tabacco da masticare (per attivare la salivazione, mi dico: ma più sinceramente per surrogare il gusto di una sigaretta). Dopo aver raggiunto Dalbandin nel primo pomeriggio e aver fatto una breve sosta per il pranzo (*dhal*, *chapati* e tè; ci mancherebbe!), do un'occhiata alla carta stradale e decido di proseguire fino a Nushki, anche se calcolo sia distante almeno 200 chilometri e so che le condizioni della pista non miglioreranno di una virgola; come di pochissimo, probabilmente, erano migliorate da quando l'avevano percorsa gli uomini di Alessandro Magno per recarsi nell'Hindukush, più di duemila anni fa.

Il Beluchistan è la più vasta provincia pakistana e si estende su un territorio desertico di oltre 340.000 chilometri quadrati, con una popolazione di appena tre milioni di abitanti e una densità bassissima rispetto a un'altra provincia pakistana, il Punjab, che è tra le zone più densamente popolate del mondo. I beluci sono un popolo prevalentemente nomade che ha un passato bellicoso di guerriglie e brigantaggio, e non si è mai sottomesso del tutto alle occupazioni degli achemenidi, dei moghul e infine degli inglesi, ai quali oppose la più fiera resistenza incontrata durante l'espansione nel Subcontinente indiano. Descritti dai cronisti inglesi del secolo scorso come "orde di barbari che abitano le montagne, la cui unica occupazione è combattere e spargere sangue, compiere razzie e saccheggiare i villaggi nel deserto", i beluci si batterono per un autonomo stato musulmano quando, allo smembramento della British India nel 1947, venne creato a tavolino, con esiti disastrosi, quell'aborto geo-politico di un Pakistan musulmano a due teste, separate da oltre 2000 chilometri ostili di India, e dei quali la "testa" orientale è diventata nel 1971 il Bangladesh. Anche oggi i beluci non hanno abbandonato le loro aspirazioni indipendentiste e sono causa di continui problemi e tensioni per il governo pakistano, già alle prese con la difficilissima situazione del Kashmir e del Punjab, e con la perenne crisi economica di un paese sempre più povero... Che si stava comunque preparando ad avere la prima bomba atomica posseduta da uno stato musulmano.

Raggiungo Nushki alle otto di sera, e trovo alloggio in una specie di pensionato che ospita gli studenti e i turisti pakistani in viaggio da una città all'altra. Non ci sono camere singole, e me ne tocca una a sei letti; uno solo è occupato da una vecchia valigia di cuoio legata con lo spago, il cui proprietario non vedrò mai.

Prima di cena esco a fare due passi per le vie tranquille della cittadina, e la cosa che mi impressiona di più è il fatto di non vedere neanche una donna, come se tra gli abitanti di Nushki non ce ne fossero, e la popolazione fosse costituita esclusivamente da uomini. In Iran le donne erano coperte dal chador, ma la loro presenza nelle strade era addirittura predominante rispetto a quella degli uomini, molti dei quali servivano sotto l'esercito o erano stati sterminati nella guerra con l'Irak; in questa parte del Beluchistan pakistano incontrerò complessivamente, negli oltre 600 chilometri percorsi fino a Quetta, solo *sei* donne, e tutte coperte dal *burkah*, un abito che partendo dalla sommità del capo arriva come un bozzolo fino ai piedi senza lasciare scoperto nemmeno un centimetro quadrato di pelle, e nello spazio davanti agli occhi ha una minuscola grata di tessuto attraverso la quale vedere scampoli di un mondo quadrettato.

Sto comprando una nuova bustina di tabacco da masticare in un negozietto che sembra vendere di tutto, dalle caramelle alle ventose sturalavandino, dagli articoli da ferramenta a quelli da farmacia, quando mi si avvicinano tre ragazzi vestiti con dei camicioni di altrettante gradazioni di grigio. Sono allegrissimi, non smettono un attimo di ridere e hanno gli occhi vellutati da un'inconfondibile luce un po' torbida, quella che si ha da *stoned*. Uno di loro, con una faccia che ricorda Errol Flynn da giovane e i capelli lucidi di olio dai quali si sparge all'intorno una zaffata di mandarino, mi porge la mano e dice: "Hey, you are the italian with the Fhespa, isn't it?".

Rispondo di sì, senza essere troppo sorpreso del fatto che uno straniero diventi ben presto una celebrità a Nushki, tanto da essere riconosciuto per strada: in un villaggio piccolo e un po' fuori dal mondo, in Pakistan come in Indonesia o in Nicaragua, le notizie corrono alla velocità della luce, e qualsiasi presenza insolita è subito di dominio pubblico. Ma mi meraviglio sinceramente quando un altro ragazzo del gruppo mi chiede se sono amico di Giliano Gimma. "Di chi?" "Giliano Gimma, very good actor!" Mi dispiace un po' deluderlo, ma devo rispondere di no.

Arrivano due nuovi amici, su una Vespa degli anni sessanta di fabbricazione indiana, blu come tutte le altre che avevo visto finora a Nok Kundi e Dalbandin, con la ruota di scorta fissata dietro la sella. Vengo invitato a bere del tè in un ristorante, e benché sia un po' stanco per tutta la strada fatta quel giorno e la sabbia ingoiata, la loro allegria da *cannabis indica* mi diverte e contagia anche me; così decido di seguirli e di mangiare qualcosa lì con loro.

Quando alle nove e mezzo in punto il ristorante chiude, e le luci di Nushki pian piano si spengono come durante un coprifuoco, mi trovo coinvolto, senza che abbia saputo dire di no, ad andare con le moto (la mia Vespa e quella blu: tre persone ognuna) a trovare un loro amico che abita un po' fuori Nushki, sulla strada per Quetta, e ha una chitarra. Durante la cena avevo detto di saperla suonare un po', e la festa musicale era stata organizzata su due piedi.

"Guitar, guitar!"

"Please, play guitar."

"Ma quanti chilometri sono?" avevo chiesto.

"Ohh, vicinissimo: tre o quattro."

Dopo aver guidato esattamente per quindici chilometri, mentre i miei due passeggeri intonavano una sfilza di canzoni in urdu delle quali ripetevo, urlando e mordendo il vento fresco, qualche parola anch'io (*Aapka nam kya hai?*: Come ti chiami?; *Ek, do, tin*: un, due, tre), arriviamo a casa del proprietario della chitarra, che si chiama Awan e subito prepara una pipa ad acqua il cui fornello viene riempito con un pezzo d'hashish e un po' di tabacco.

"Guitar, Awan. Vai a prendere la chitarra: italian music!"

Awan va a prendere la chitarra in una stanza al piano superiore, e dopo mezzo minuto ritorna con un... violino!

"Play, George; we dance!"

"Avevate detto una chitarra!"

"Guitar; this good guitar."

"No, mister: questo è un violino. Non sono capace."

"Play, George; we dance!"

E così, con una faccia ispirata e pizzicando le corde in mancanza di un archetto, libero nell'aria una cascata di note senza capo né coda, mi faccio prendere sempre più dalla mia musica sgraziata e scuoto la testa come un virtuoso del violino su un palcoscenico immaginario, mentre i miei amici a occhi socchiusi ondeggiano in una danza sinuosa, imitano i movimenti delle mie dita e mugugnano ognuno una melodia, in un crescendo fortissimo che zittisce tutti i grilli.

4.

Sonniferi

Il 13 settembre arrivo a Quetta, il capoluogo del Beluchistan pakistano sul crocevia delle strade che portano a Kandhar nell'Afghanistan, a Multan e Lahore nel Punjab e a sud verso il Sind e Karachi.

Il mio contachilometri, vicino all'adesivo tricolore della Repubblica islamica dell'Iran che ho sempre avuto sotto gli occhi da Tehran in poi, segna ormai 9100, e la lancetta del tachimetro, almeno da quattro giorni a quella parte, non è mai riuscita a superare la soglia dei 70 chilometri orari, anche quando la pista nel deserto aveva già lasciato il posto a un timido tentativo di strada asfaltata, piena di buche, di interruzioni dovute a lavori in corso, di smottamenti e dei famigerati *speed-breakers*, che mi terranno compagnia fino in Bangladesh e mi causeranno, di lì a un mese e mezzo, il primo e unico incidente di tutto il viaggio.

Gli *speed-breakers*, letteralmente "rompitori di velocità", sono rilievi d'asfalto e mattoncini stesi trasversalmente sul manto stradale, come dei salsicciotti neri che a volte sono alti anche quaranta centimetri, e sotto le ruote piccole di uno scooter costituiscono un muretto contro il quale si infrange la corsa, con esiti sempre sgradevoli: grandi botte sugli ammortizzatori o bagagli che volano da tutte le parti a causa del contraccolpo; decolli e atterraggi veri e propri quando la cima del muretto è addolcita da saliscendi che ne attenuano l'impatto, e una sfilza d'imprecazioni da parte del conducente quando non c'è nessun saliscendi e l'ostacolo capita davanti all'improvviso, senza uno straccio di cartello che ne indichi in anticipo la presenza.

Quetta è una città decisamente brutta, dalle costruzioni recenti e senza alcun palazzo storico, a causa di un terremoto che nel 1935 la rase quasi completamente al suolo; non conserva vestigia né dell'impero moghul né della dominazione britannica, ma la presenza simultanea di abitanti beluchi, pathan, iraniani e di un enorme numero di rifugiati afghani rende le sue strade movimentate e piene di colori, e l'impressione della modernità e della vita attiva che vi si svolge, con gli uffici, le banche, i negozi e tutta una serie di attività commerciali, è ulteriormente amplificata dalla vastità del deserto circostante, nel quale Quetta sorge come unica città di un certo rilievo, per centinaia di chilometri in ogni direzione.

Mi sistemo in un albergo senza troppe pretese, l'Himdad Hotel, nel centro di Jinnah Road, la via che attraversa Quetta da nord a sud e che prende il nome da Alì Jinnah, il fautore della *Partition* e dello stato islamico del Pakistan dopo l'indipendenza dell'India dalla corona inglese. La *Partition*, come viene chiamata la separazione avvenuta nel 1947 delle zone abitate prevalentemente da musulmani, come il Punjab e il Bengala, confluite rispettivamente nel Pakistan occidentale e nel Pakistan orientale, è stata uno degli esodi di massa e delle tragedie più grandi di questo secolo. L'India era un paese a grande maggioranza indù, benché fosse stata governata per secoli da re musulmani (i moghul) prima di diventare la British India; quando i coloni inglesi furono rimandati a casa e si creò la prima Repubblica indiana, la questione più scottante fu cosa si dovesse fare dei milioni di musulmani rimasti nel Subcontinente tra un numero di indù otto volte superiore, in una convivenza che non era mai stata né avrebbe mai potuto essere pacifica. L'essenza stessa di queste due popolazioni religiosissime per natura (l'esuberante politeismo indù raffigurato in un tripudio di divinità antropomorfe e il rigoroso monoteismo musulmano, nel quale Allah e il suo profeta non vengono mai rappresentati fisicamente) non potrebbe essere più inconciliabile e drammaticamente lontana.

La soluzione adottata nel '47 con un accordo tra Jinnah e il viceré inglese Mountbatten (e la strenua opposizione del Mahatma Gandhi), cioè ritagliare geograficamente due zone a più alta concentrazione musulmana e separarle con un colpo di bisturi dall'India, era un piano destinato a fallire in partenza, e subito creò una serie di problemi e di contraddizioni che ne mise in luce i limiti e l'arbitrarietà. Tra l'altro, l'impossibilità di dividere forzosamente *tutti* i musulmani dagli indù, in una nazione così complessa e articolata come l'India, venne ribadita dal fatto che, dopo la *Partition*, l'India era rimasta con almeno cento milioni di musulmani che vivevano entro i suoi confini, ed era perciò il terzo "stato musulmano" al mondo per numero di abitanti (dopo l'Indonesia e la nuova nazione del Pakistan). A tutt'oggi nessuno stato arabo ha più musulmani di quanti ce ne siano nell'India politeista.

La situazione nel Punjab, che fu spaccato a metà da un confine tra Amritsar, la città santa dei sikh, e Lahore, si rivelò uno dei nodi più difficili da sciogliere, e fu dall'inizio carica di tensioni. I sette milioni di indù che si trovarono relegati nella parte diventata Pakistan si riversarono in massa nel versante del Punjab rimasto all'India; e un numero analogo di musulmani relegati in India dalla *Partition* migrò nella regione diventata Pakistan occidentale seguendo la corrente opposta, in una *escalation* senza precedenti di violenze e aggressioni tra i due gruppi religiosi, che trasformò l'esodo in un bagno di sangue e costò la vita a 500.000 persone secondo alcune stime, e a quasi un milione secondo altre, forse più attendibili. Nell'autunno del '47 i disordini si estesero al vicino stato del Kashmir, dove i tre quarti della popolazione erano musulmani ma il maharajah Sri Hari Sing che li governava era indù. Il maharajah chiese l'annessione del Kashmir all'India, che prontamente accettò di incorporarlo tra le sue nuove province, e questo gettò le basi di un conflitto diplomatico tra il Pakistan, che si aspettava di annettere lo stato in virtù dei legami religiosi e geografici esistenti, e il governo di New Delhi; conflitto che allo stato attuale delle cose non è ancora risolto e raggiunge periodicamente, come nel 1964 e nel 1990, livelli allarmanti di crisi politica e insurrezioni armate.

Sul fronte orientale, nel Bengala, gli effetti della *Partition* furono drammatici anche da un punto di vista strettamente economico: la iuta, il principale prodotto agricolo della zona, cresce soprattutto in quello che con i nuovi confini è diventato Pakistan orientale; ma le fabbriche per processare il prodotto erano concentrate a Calcutta, che rimarrà indiana: così si venne a creare il paradosso di un Pakistan orientale ricco di iuta che marciva a tonnellate perché non c'era un'industria tessile che la lavorasse sul posto, e di un Bengala indiano pieno di macchinari che si arrugginivano e rimanevano inutilizzati come cattedrali nel deserto perché non avevano fibre di iuta da lavorare: gli effetti di questa grottesca situazione ridussero sul lastrico migliaia di famiglie.

Nel 1970 un ciclone tra i più forti del secolo si abbatté sul Pakistan orientale, e la risposta della controparte occidentale, dove risiedeva il governo di questa incongrua nazione bicipite, fu vergognosamente indifferente e superficiale: gli aiuti tardarono a essere inviati e si persero per strada in quei 2000 chilometri che separano Lahore da Dhaka; la corruzione dilagò a macchia d'olio e i disordini sfociarono in una guerra civile che nel giro di pochi mesi portò all'indipendenza del Pakistan orientale e alla creazione del Bangladesh. Quest'ultimo paese rimane uno tra i più poveri del mondo, e quello da cui si è staccato, nonostante la bomba atomica e il lusso di certi quartieri della sua nuova capitale, Islamabad, lo segue distanziato di non molte posizioni in una classifica che demarca con precisione, ben più di ogni confine geografico e con l'inappellabile freddezza delle statistiche, il Nord e il Sud della Terra.

Seduti sulle poltrone di velluto tarmato nella piccola hall dell'Himdad Hotel incontro una coppia di neozelandesi, Jeff e Lisa: i primi stranieri da quando ho lasciato John Smith e il suo polpaccio dolorante, due settimane prima a Shiraz. Dopo le presentazioni e le chiacchiere di rito davanti ai soliti bicchieri di tè al latte, Jeff mi aiuta a sostituire il cavo della frizione, che si stava sfilacciando all'attaccatura della leva sul manubrio, e che non avevo la più pallida idea di dove andasse a finire, non avendolo mai cambiato fino a quel momento. Jeff invece sembrava un provetto meccanico, e benché la Vespa non gli fosse familiare, seppe subito dove mettere le mani.

Mi invitarono a cenare con loro, dopo una passeggiata di un paio d'ore nel dedalo di viuzze del bazaar vicino alla stazione degli autobus, e insieme andammo ad accomodarci sulle sedie del Farah Restaurant, che aveva la fama di essere il migliore della città e l'unico dove si servissero piatti occidentali. Ebbi la malaugurata idea di ordinare degli *Spageti Bolognaise*, che dopo la prima forchettata mi affrettai a lasciare indisturbati per ripiegare invece su un ottimo capretto arrosto, autoctono e senza troppe fisime da cucina... esotica per lo *chef* pakistano.

Jeff e Lisa erano partiti da Auckland tre mesi prima, avevano preso un aereo fino a Singapore e da lì avevano fatto il tragitto via terra, con autobus e treni, saltando solamente la Birmania con un altro tratto aereo da Bangkok a Dhaka, perché non erano riusciti a ottenere in tempi ragionevoli un visto d'ingresso in Myanmar (il nuovo nome della Birmania dopo il golpe militare del generale Saw Maung nel settembre del 1988). Da Dhaka avevano attraversato tutta l'India settentrionale e il Pakistan, lungo un itinerario simile a quello che mi preparavo a seguire, nel senso inverso, da Quetta al Sud-est asiatico.

Mentre cenavamo venimmo a sapere da quattro pakistani seduti a un tavolo vicino al nostro, che erano vestiti all'europea e sembravano appartenere al *jet-set* locale, con le dita piene di anelli d'oro e le cravatte dal nodo enorme come si usava negli anni settanta, che al nord del Punjab pakistano, il giorno prima, c'era stata un'alluvione che stava causando centinaia di vittime e di dispersi; che tutti i fiumi del paese erano in piena, che molti ponti erano crollati e che il governo aveva dichiarato lo stato d'emergenza. Ne parlavano come di una cosa lontana, appartenente a un mondo di miseria che li sfiorava soltanto; e subito dopo ripresero a parlare della World Cup di cricket che si era conclusa da poco, ospitata dal Pakistan e vinta dalla squadra nazionale.

Chiesi a Jeff e Lisa se ne sapessero qualcosa, ma mi risposero che da un'eternità non leggevano un giornale, e dal loro arrivo a Quetta erano quasi sempre rimasti nella camera dell'Himdad Hotel, attendendo pazientemente che il Consolato iraniano si pregiasse di concedere loro un visto.

Pochi giorni più tardi, davanti al ponte crollato sul fiume Chenab, lungo la strada per Multan, verrò a sapere di persona tutto quello che c'era da sapere sulla tragedia di quell'alluvione, e il mio viaggio subirà uno stop categorico, facendomi decidere per una deviazione verso Rawalpindi, Peshawar e le valli a nord di Chitral, perché non me la sentivo di aspettare immobile che le acque si ritirassero dalle decine di chilometri di territorio allagato; cosa che, mi dissero, avrebbe potuto richiedere anche un paio di settimane.

Dopo aver salutato la coppia di amici neozelandesi, il 15 settembre parto da Quetta in direzione di Loralai, sulle montagne del Beluchistan che verranno per un po' a sostituire lo scenario desertico che non mi aveva abbandonato da Tabriz nell'Azerbaijan iraniano, qualche migliaio di chilometri prima.

Su una pagina del mio libro-guida c'è scritto in grassetto: "*Warning* (attenzione!), il banditismo e gli atti di brigantaggio sono molto diffusi nel tratto di strada da Quetta a Loralai, specialmente in prossimità di quest'ultima cittadina. Siate prudenti".

Durante i 190 chilometri percorsi in un giorno, prima di arrivare Loralai, questa frase non farà che ronzarmi in testa, e ogni gruppo di persone che vedrò in lontananza, fermo sul ciglio della strada e costantemente armato con i soliti, lunghi fucili e le cartuccere a tracolla, mi procurerà continue apprensioni e momenti vibratili di una giustificata paura.

Lo scenario in questa parte montagnosa del Beluchistan è aspro e desolato, e se qualcuno mi avesse aggredito per portarmi via tutto, come nella Garfagnana del secolo scorso, quando i briganti assaltavano le diligenze (e uno scooter, tra l'altro, è una preda molto più facile), le mie tracce sarebbero di certo sparite per incanto, e nessuno sarebbe venuto a saperlo per chissà quanto tempo.

Lungo la strada, in gran parte non asfaltata ma comunque di terra battuta non difficile da percorrere, si arriva a quota 2500 metri, passando per villaggi di poche case fatte di pietre e travi, vasti pascoli in valli che si aprono improvvisamente tra le gole rocciose, e rilievi ondulati dalla strana conformazione, brulli come enormi crani spelacchiati.

Arrivo a Loralai poco dopo il tramonto, sano e salvo nonostante la suggestione e gli avvisi alla prudenza, e senza aver fatto alcun incontro sgradevole. Mi sistemo in un alberghetto nel centro della città, che ha un ristorante al pian terreno con le finestre sulla via principale, pieno di profughi afghani vestiti con pantaloni larghissimi, gilet, turbanti e naturalmente fucili. Nel giro di pochi minuti altri uomini silenziosi sono affacciati alle finestre, comunicandomi un po' d'imbarazzo mentre sorseggio una terrina di tè, sotto i loro sguardi fissi, senza un sorriso.

Salgo le scale verso la mia stanza, accompagnato cerimoniosamente dal padrone al quale chiedo se sia possibile fare una doccia calda; spiacente: doccia sì ma acqua calda no. Col freschetto che fa preferisco tenermi lo sporco, rimandando i lavacri a miglior occasione. Apro il rubinetto costipato di un lavandino in corridoio e mi butto schifiltosamente qualche goccia gelida sulla faccia, come i gatti. Nella camera di fronte, che ha la porta spalancata, due uomini sdraiati sul letto con un'aria indolente e le cartuccere buttate sul pavimento alla rinfusa insieme a qualche vestito stanno fumando delle sigarette puzzolenti, e mi offrono un pezzo di sapone invitandomi con uno sguardo a prenderlo su una mensola lì da loro, dopo aver notato che quello con cui stavo lavandomi era una scaglia sottile come un'ostia, completamente consumata.

"Tourist?" chiedono in sincronia con due voci gentili, mentre prendo in prestito un piccolo "lingotto" di Lifebuoy color ciclamino, il sapone dall'odore di medicinale più economico e più diffuso in Asia. Avevo già da un pezzo preso l'abitudine di rispondere "Yes" a domande del genere, che in Iran e in Pakistan mi venivano rivolte quasi ogni giorno; senza più addentrarmi nella cavillosa distinzione tra *tourist* e *traveller*, nella differenza tra le due categorie, tra una vacanza e un viaggio, come invece facevo i primi tempi, impuntandomi sul fatto che percorrere circa 20.000 chilometri con uno scooter, in sei o sette mesi di tempo, non rientrasse esattamente nella definizione di turismo. "Grazie per il sapone, ve lo riporto subito." Loro fanno un cenno silenzioso di approvazione, e i discorsi finiscono lì.

Un bel po' oltre la mezzanotte, quando da almeno tre ore sono sprofondato in un sonno duro come la pietra, pieno di colori, sento bussare violentemente alla porta. Alì Kemel? No. È uno dei signori presta-sapone, vestito e armato di tutto punto, con turbante, gilet e camicia a sbuffi di foggia afghana; con lui c'è un altro signore con un enorme naso butterato, in camicione sopra i pantaloni fermati alla caviglia, con un cappellino piatto che sembra un panforte senese e gli occhi dipinti col kajal, secondo i dettami della moda pakistana.

"*What's the matter?*" chiedo sbadigliando, non proprio allarmato ma decisamente sorpreso.

I due, senza nemmeno chiedere permesso o preoccuparsi di disturbare, entrano nella stanza e si siedono sul tappeto ai piedi del letto, pronti a intrattenermi in una conversazione amichevole, come due zitelle in una sala da tè inglese alle cinque del pomeriggio. L'argomento principale, me ne accorgo dalle loro prime battute, è la Vespa, di cui il pakistano possiede un esemplare.

"Which model yours?" chiede serio e compunto. Io non credo alle mie orecchie, ma poi mi trovo a rispondere, scuotendo la testa e strizzando gli occhi, in quella "terra di nessuno" che si estende tra il sonno profondo e il dormiveglia: "*Px 125*", senza nemmeno sapere cosa sto dicendo.

"Ohhh: Pe Ekis!" È evidente che non l'ha mai sentito nominare, nonostante voglia far credere il contrario. "New model?"

"Sentite..." Cerco di fargli capire che vorrei rimandare lo sviSceramento delle caratteristiche tecniche almeno all'indomani, ma la coppia sembra non darsene per inteso, e il pakistano continua:

"In Loralai many, many Fhespa; my Fhespa very old; name Lambbrreta!".

"Ah!"

L'afghano accende una delle sue sigarette puzzolenti, assentendo con gravità e godendosi la conversazione per me soporifera e piena di sbadigli, che si protrae per almeno mezz'ora prima che riesca a essere abbastanza maleducato da mettere fine al loro maleducato, innocente e socievole blitz nella mia stanza: "Mi fa male la testa, per cortesia: ho bisogno di dormire".

I miei due visitatori confabulano un pochino in urdu; poi il padrone della Lambretta toglie da una tasca interna dei pantaloni, sotto il *pijiama* color caffelatte, un pacchettino avvolto in un pezzo di foglio di giornale, e dicendomi: "Want to buy? Very good sleeping!" lo scarta e mi mostra una pallottolina nera e appiccicosa, grande come una noce moscata. Visualizzando in una frazione di secondo l'irruzione di un poliziotto nella stanza, che mi punta il fucile al petto e pretende una cauzione di qualche migliaio di dollari (da spartire con la spia pakistana che era d'accordo con lui) per starsene zitto e non mandarmi in galera, spavento i miei ospiti assumendo un'espressione truce, offesissima, e grido: "*Get out of here!!!*" prima di chiudere la porta alle loro spalle.

Poi rimango per un po' a ridacchiare, soddisfattissimo della mia recita e beandomi al ricordo delle loro facce atterrite, assolutamente esilaranti.

Mi metto a letto, tiro la coperta sugli occhi e mi riaddormento subito, senza bisogno d'oppio.

Peace mission

Dopo aver lasciato Loralai proseguo sulle montagne del Beluchistan orientale, che poco per volta degradano in una pianura non più arida e desertica, ma fertile, popolosa e ricca di vegetazione. Passo i villaggi di Kingri e Fort Munro, dove in un prato sul ciglio della strada assisterò a una esercitazione di tiro di un gruppo di beluci in caftani e turbanti bianchi, con l'aria da vitelloni felliniani trasportati in Centro Asia e la mira precisissima, che nel giro di pochi minuti disintegrano una pelle di capretto che funge da bersaglio, sforacchiandola a ogni colpo dei loro fucili, senza mancarla una volta.

A Dera Ghazi Khan, una cittadina venti chilometri prima del fiume Indo, mi informano che il ponte sull'Indo non è crollato e il fiume è rimasto negli argini, ma che il suo affluente Chenab è straripato inondando una vasta zona vicina a Multan, e rendendo perciò impraticabile il percorso e impossibile raggiungere il Punjab lungo la strada prevista dal mio itinerario.

Il Punjab, o Panj Nad (Terra dei Cinque Fiumi), si estende poco più a nord di dove il fiume Chenab incontra le acque dell'Indo, chiamato anche Sind o Hindus, che un po' come il Nilo per l'Egitto è stato la linfa vitale e l'arteria di comunicazione in questa regione dalla storia e dalla cultura millenarie. In Pakistan, una nazione che dal punto di vista archeologico è tra le più ricche al mondo e dal punto di vista turistico tra le meno visitate, si trovano insediamenti umani del Paleolitico che risalgono a mezzo milione di anni fa. Al nord del paese, alcune tribù del Neolitico hanno sviluppato i loro insediamenti megalitici dal 6000 al 4000 a.C. Nel Punjab e nel Sind fiorirono le civiltà pre-aryaniche di Moenjodaro, Harappa e Taxila, i cui resti sono ancora visibili lungo il corso dell'Indo, con lo stile raffinato della loro arte e gli straordinari sigilli di steatite conservati nei musei pakistani, raffiguranti animali e motivi che poi gli aryani adottarono nel loro pantheon religioso. Qui arrivò a estendersi, nel VI secolo a.C., il regno achemenide di Ciro il Grande, e il suo successore, Dario, stabilì una nuova "satrapia" dell'impero persiano. Alessandro Magno, prima di decidere il ritorno in Grecia, vi combatté la sua ultima battaglia, nella quale morì il fedele cavallo Bucefalo. In questi luoghi fiorì l'arte buddhista del gandhara, una fusione di stili greci, romani e indiani, che aveva la sua capitale a Taxila, e nella parte nord della Valle dell'Indo si svilupparono fiorenti città-stato grazie al commercio lungo l'antica Via della Seta, che attraversava le valli di Peshawar e Lahore. Sorsero i sofisticati monumenti, i forti e le grandiose città dei moghul, prima della conquista inglese del 1849 che fece di Lahore uno dei centri più importanti della British India.

La storia più recente del Pakistan, dalla *Partition* del '47 in poi, è meno gloriosa e parla di corruzione, colpi di stato, governi inefficienti e progressivo impoverimento di una sempre più larga fascia della popolazione. Dopo undici anni dalla creazione dello stato, nel 1958, il generale Ayub Khan aveva preso il potere con un colpo di stato militare e aveva imposto la legge marziale; nel 1969 il potere era stato trasferito nelle mani di un altro generale,

Yahya Khan, il quale a sua volta, dopo la guerra civile, la secessione del Bangladesh e la guerra con l'India per il Kashmir, dovette cederlo nel 1971 ad Ali Bhutto, leader del Partito popolare pakistano. Nel 1977, con un altro colpo di stato, il generale Zia aveva rovesciato il governo di Ali Bhutto, che fu giustiziato due anni più tardi, e aveva imposto una nuova dittatura e un nuovo periodo di legge marziale, durante il quale fu introdotto il codice della Legge islamica, lo *Shariah*. Il regime militare di Zia ebbe una fine improvvisa nell'agosto 1988, quando il generale perse la vita in un incidente aereo e in seguito ai risultati delle elezioni di novembre il potere passò a Benazir Bhutto, figlia del leader giustiziato e prima donna ad assumere la carica di primo ministro in un paese islamico. Il nuovo governo rimase in carica due anni soltanto, e nel 1990 Benazir fu dimessa con le accuse di incompetenza, corruzione e abuso di potere, per essere sostituita da Nawaz Sharif, capo dell'Alleanza democratica islamica.

Mi fermo per tre lunghissimi giorni a Dera Ghazi Khan, un posto che in condizioni normali meriterebbe sì e no una visita di mezz'ora, in attesa di prendere una decisione e trovare il modo di proseguire aggirando il territorio inondato da un'alluvione che assume di ora in ora proporzioni sempre più tragiche. Le notizie parlano di duemila morti, di interi villaggi spazzati via, di centinaia di dispersi, decine di migliaia di feriti, di tre milioni di persone rimaste senza casa e di un danno economico che ammonta a un miliardo di dollari.

In un disastro naturale di queste proporzioni (il più grande abbattutosi sul Pakistan dall'inizio del secolo) e di cui soltanto tre giorni prima, quando ne avevo sentito parlare a Quetta dai pakistani appassionati di cricket, ignoravo l'entità, devo fare grandi sforzi mentali, nella stanza squallida di un albergo a Dera Ghazi Khan, per concentrarmi sull'itinerario e gli ostacoli imprevisti di un viaggio in Vespa che all'improvviso mi appare futile e quasi fuori luogo. Non ho mai guardato con antipatia ai problemi, perché mi sono sempre state estremamente simpatiche le soluzioni, e queste ultime presuppongono di necessità i primi; ma in quell'occasione un mio problema *personale* si manifestò, mai come allora così nitido, nella sua giusta luce, quella che sempre dovrebbe avere e quasi mai ha, rivelandomi tutta la sua piccolezza prima ancora della sua importanza, del suo bisogno di soluzioni.

Il 19 settembre parto da Dera (come i suoi abitanti chiamano sempre, per risparmiare sul nome un po' lungo, la loro città) per raggiungere Muzaffargah sulle rive del Chenab straripato, e rendermi conto di persona della situazione prima di decidere sul da farsi.

Passo il ponte sull'Indo, che ha resistito nonostante la violenza dell'acqua, e tutti i campi intorno a me, a perdita d'occhio, sono degli specchi lucidi tra i quali la gente si muove come inebetita, con i sandali in mano e i camicioni rimboccati attorno ai fianchi. Le vie di Muzaffargah, quando vi arrivo verso le dieci di mattina, sono completamente allagate, nonostante distino almeno cinque chilometri dagli argine del fiume.

Mi fermo davanti a una moschea, con l'acqua che arriva a metà dei parafanghi, coprendo quasi tutte le ruote. A un centinaio di metri da me, davanti alle macerie fangose di una casa crollata, le cui fondamenta si sono come sciolte nell'alluvione, un gruppetto di gente sta raccolto in silenzio, mentre alcuni uomini estraggono da sotto la massa nera di fango e travi il cadavere di una donna, rigida nel suo *burkah* che sembra ormai di argilla e la riveste come un sudario, e quello di un bambino di pochi anni, immobilizzato dalla morte nella posizione di un tragico bambolotto dalle braccia spalancate. Un corteo continuo di persone passa rasentando il muro: qualcuno si ferma pochi istanti a guardare, qualche altro tira dritto, assorto nei propri pensieri. Ingrano la prima, rabbrividendo, e sprigiono due ali di spruzzi mentre mi muovo a casaccio per le vie, il più lontano possibile da quella scena.

Arrivato alla periferia della città chiedo a un militare, che sta fumando una sigaretta appoggiato a un palo della luce storto, se sia possibile proseguire in qualche modo per Multan. Lui con una smorfia scuote la testa e mi dice che è tutto allagato, per decine di chilometri intorno a Muzaffargah. Si potrebbe con gli elicotteri, questo sì... Perché non lo seguo fino alla caserma e parlo con il comandante? Magari potrebbero darmi qualche informazione, o forse addirittura mettermi a disposizione un elicottero.

"Cosa?!"

"*Why not, mister?*"

"Perché mi sembra assurdo, ecco perché."

"Se io fossi in te proverei; è qui vicino, andiamo?" Non riesco a capacitarmi della sua apparente indifferenza per quello che ci circonda, ma quasi contro la mia stessa volontà le sue parole mi mettono una pulce nell'orecchio e decido di seguirlo, spingendo a mano la Vespa.

Giriamo l'angolo di un edificio con le saracinesche abbassate, e dopo poche decine di metri entriamo in un cortile nel quale un automezzo blindato sta arrugginendosi sotto una pianta di mango, vicino a tre camionette, a una antidiluviana ambulanza dal cofano aperto, senza motore, e a parecchi cavalletti per mitragliatrice. Passiamo per un lungo corridoio, urtando contro i gomiti di tre soldati che stanno uscendo e prendono posto su una camionetta; "Vanno al ponte crollato," informa il mio accompagnatore, riguardo al quale non so decidermi se sia in buona fede e voglia davvero aiutarmi, oppure se stia mirando a una *commission* nel caso mi decidessi a pagare per un elicottero, la qual cosa non smette di sembrarmi assurda ed eccessiva, indipendentemente dal suo costo.

Il comandante tiene inclinato di almeno quarantacinque gradi all'indietro lo schienale della sedia, dondolandosi piano e puntellando i piedi sulla scrivania, dentro un paio di anfibi lucidissimi; un vecchio telefono di bachelite nera trilla in continuazione vicino a lui.

Il militare mi presenta con poche parole che non capisco, in un attimo di pausa dei trilli, e il suo superiore allora mi guarda con un interesse che mi sembra sincero, senza l'ombra di quello scherno, di quella superiorità impaziente che mi sarei aspettato. Toglie i piedi dalla scrivania e dice: "*Have a seat*", al che mi siedo davanti a lui, passandomi una mano sui jeans inzaccherati, senza sapere cosa dire.

"Dunque: lei dovrebbe andare a Multan..."

"Dovrei. Ma se..."

"Con una *Fhespa...*"

"Sì, vengo da Roma con uno scooter."

"*Why?*"

"È un viaggio sponsorizzato fino a Saigon, in Vietnam." Metto consapevolmente l'accento su "sponsorizzato", quasi volessi giustificare con una parola più o meno ufficiale la mia intrusione nella sua stanza, in un momento così delicato.

"Which *mission* do you have?" chiede lui.

Mission? Mi avevano fatto la stessa domanda a Tehran, e uno dei due giornalisti aveva risposto per me di sua iniziativa, scrivendo poi nel lungo articolo che mi era stato tradotto all'albergo di Esfahan: "...Lo scopo di questo don Chisciotte dell'era moderna sembra essere quello di portare un messaggio di fratellanza tra i popoli servendosi del suo Ronzinante metallico". Anche se non era del tutto vero nelle premesse, e non avevo pensato ad alcuna "missione" fino a quel colloquio negli uffici della NMI iraniana, l'idea di portare un messaggio di fratellanza, al di là della sua inevitabile retorica, mi sembra adesso abbastanza "verosimile", e ripeto il concetto nelle sue linee essenziali, frodando il giornalista dei diritti d'autore.

"*Peace mission?*"

Abbassando gli occhi sulla scrivania, con un po' di pudore, rispondo: "*Yes*". Poi, per avvalorare la mia investitura, gli chiedo se sa leggere il farsi, se ha un attimo di tempo; lui risponde di sì a ognuna delle domande, e allora vado a togliere dal cassettino frontale della Vespa il foglio spiegazzato di "Salaam", che gli porgo stirandolo con una mano sulla scrivania. Il comandante legge attentamente, guardandomi un paio di volte e annuendo in segno di approvazione.

"Quanti giorni crede ci vorranno perché la strada sia di nuovo praticabile?" gli chiedo mentre lui sta dicendo qualcosa in urdu al militare e dalla stanza vicina giunge un improvviso scroscio di ticchettii da una macchina per scrivere.

"Una settimana almeno; forse due. Per lei è importante arrivarci prima, vero?"

Non è strettamente importante, e la tabella di marcia, al di là della mia voglia personale di non restare bloccato, potrebbe subire tutti i ritardi di questo mondo senza che la "missione di pace" venga pregiudicata; ma visto che ormai sono in ballo preferisco ballare, e dico: "Sì, abbastanza importante".

"*I see, I see,*" mormora lui, soprappensiero; poi alza il ricevitore e nel giro dei successivi cinque minuti fa un paio di telefonate, parlando con serietà e calore, un po' in urdu, un po' in pushtu (la lingua ufficiale dell'Afghanistan e dei pathan al nord del Pakistan, il cui suono inconfondibile avevo già imparato a riconoscere), e un po' in inglese.

"Non dovrebbero esserci problemi. Tra qualche minuto richiamano per darmi una risposta definitiva," dice riponendo la cornetta di bachelite sulle forcelle che assomigliano a due corna, e sembra sinceramente contento per me.

"Problemi per cosa?"

"Per portarla a Multan."

"In... elicottero?" Non riesco a credere a quello che sto dicendo, ma lo dico lo stesso.

"Sì. Ne stanno inviando uno dal comando di Multan, con gli aiuti della Croce Rossa Internazionale; lei potrebbe tornare con loro una volta scaricate le casse." Sono allibito, e all'improvviso mi sento anche abbastanza in colpa, come se stessi approfittando di una qualifica che non mi spetta, come se li avessi abbindolati. Provo a dire che forse non è il caso, che lo ringrazio davvero, ma non c'è bisogno di elicotteri... Lui mi dà due pacchette amichevoli sull'avambraccio, e sorridendo mi comunica: "Dont' worry; it's Ok. No problem".

Dopo l'arrivo di cinque o sei telefonate, tutte per motivi diversi dal mio eventuale sorvolamento della zona alluvionata, arriva la risposta delle autorità. Ed è un sì!

"Si prepari: a mezzogiorno saranno a Muzaffargah, e verranno qui a prenderla." Non ero mai salito su un elicottero in vita mia; sono eccitatissimo. Soltanto come se si trattasse di una cosa marginale, di un dettaglio, gli chiedo se avrei dovuto togliere io la benzina dalla Vespa, ricordandomi qualcosa a proposito del trasporto di un veicolo, se avrei dovuto prepararla io o se invece ci avrebbero pensato i militari.

"What you mean with 'Fhespa'?"

"Cioè, voglio dire: la Vespa la trasportano così com'è oppure...?"

"Fhespa is not allowed!" E qui svanisce l'immagine della mia compagna di viaggio legata con una fune all'elicottero, sul riverbero degli specchi d'acqua.

"Scusi: se la Vespa non è *allowed*, allora come faccio?"

"Noi pensavamo che il trasporto riguardasse solo lei."

"Io invece credevo fosse sottinteso: Fhespa-plus-me."

Qualche attimo di silenzio, nel quale entrambi ci sentiamo a disagio, in una situazione che ricorda un certo teatro di Ionesco.

"E non potrebbe andare a Multan in elicottero e poi tornare qui a prenderla tra qualche giorno?"

"*I beg your pardon?*"

E così cinque minuti più tardi, previa un'altra telefonata per disdire l'appuntamento, io ripiego il foglio di "Salaam", me lo metto in tasca e ringrazio tutti lo stesso, nonostante la punta di delusione. Inspiegabilmente, però, mi sento anche quasi sollevato al pensiero che non se ne sia fatto nulla.

Il comandante mi accompagna alla porta tenendomi un braccio attorno alle spalle; mi domanda qualcosa sulla situazione politica italiana, senza convinzione e come per sviare il discorso: conosce Andreotti e lo pronuncia Andruti, conosce il capo delle camicie nere e lo chiama Mosulini. Poi, stringendomi la mano (o meglio: dandomi da stringere cinque dita molli e senza nerbo, come la maggior parte degli orientali quando si assoggetta a questa cerimonia occidentale), ancora dice buon viaggio, e buona fortuna, e che Allah sia con me.

"Grazie di tutto, davvero; è stato gentilissimo..."

Ma prima di uscire non riesco a trattenermi e gli chiedo, lasciando cadere la domanda con indifferenza, quanto avrei dovuto pagare per il trasporto in elicottero, nel caso fosse stato possibile. Lui mi guarda un po' sorpreso.

"Pagare? Sarebbe stato un contributo dell'esercito del Pakistan a un cittadino italiano in missione di pace; non avrebbe dovuto pagare nulla." Esco frastornato dal suo ufficio, senza sapere cosa pensare; saluto con una stretta di mano anche il militare che mi aveva accompagnato fin lì (o meglio: stringo il pezzo di carne sudaticcia che mi porge); sicuramente non si era mai sognato di pensare a una "mazzetta", alla faccia della mia sgradevole diffidenza. Do un'ultima occhiata alla carta stradale e decido di deviare a nord verso Rawalpindi, con un cambiamento di programmi che nell'economia del mio itinerario ha un po' il sapore di una piccola, pacifica rivoluzione.

Senza rendermene conto mi trovo a passare di nuovo sotto la moschea, prima di imboccare un viottolo fangoso ma comunque praticabile, con un cartello che dice "A70". Il gruppetto di persone si è disperso. I due cadaveri sono stati portati via.

Nelle valli degli infedeli

Guido per tutta la giornata risalendo il corso dell'Indo, e lasciandomi alla destra i campi allagati dallo straripamento del Chenab, le cui rive si allontanano sempre di più fino a sparire alla vista in direzione di Multan, la grossa città che soltanto qualche giorno prima pensavo di attraversare per poi raggiungere direttamente Lahore, e che invece non vedrò nel corso di questo viaggio.

Vedrò Rawalpindi, le valli di Chitral e Peshawar, in compenso, durante i quindici giorni della mia deviazione a nord, in attesa che nel Punjab si normalizzasse la situazione della viabilità.

Da Muzaffargah fino a Minjawali, dove mi fermo per la notte, percorro 300 chilometri in nove ore, senza incontrare un villaggio degno di questo nome lungo tutto il cammino; soltanto poche case qua e là, prati turgidi d'acqua, pali della luce divelti e una via crucis di *speed-breakers* improvvisi sotto le ruote e di buche profonde tre spanne, una delle quali mi procurerà una mezza caduta e una slogatura alla caviglia, sparpagliando all'intorno tutto il contenuto della valigia che era sul portapacchi anteriore: carte stradali, calzini, il quaderno balinese e il computer tascabile per giocare a scacchi contro Kasparov, che da quel momento smetterà di funzionare e farmi perdere le partite.

Arrivo a Minjawali con la gola secca e una sete incredibile, perché da almeno due ore non avevo trovato alcun posto lungo la strada dove poter fermarmi a bere qualcosa. In un chioschetto accanto a un distributore di benzina nella periferia sud della città arraffo una bottiglia ghiacciata di una bibita pakistana simil-Coca-Cola, e senza pensarci due volte bevo a garganella tutto il suo contenuto, dal retrogusto di muffa... Comincio a boccheggiare come un pesce fuor d'acqua, con un dolore allo stomaco che mi annebbia la vista, e il respiro che non ne vuole più sapere di uscirmi dalla gola; il ghiaccio della bibita diventa incandescente nei miei polmoni, arroventandoli. Devo aggrapparmi al banco di lamiera del chiosco per non perdere l'equilibrio, piegato in due dalla fitta, e ci vuole un po' perché il sapore beffardo della morte guardata in faccia per qualche secondo mi si tolga dalle labbra; gli occhi torbidi in un principio di soffocamento.

Non raggiungere il Vietnam per una fucilata nella schiena, per un incidente stradale o per un'aggressione con una lama nella trachea, questo sì; questo l'avrei sopportato. Ma non arrivarci per colpa di una bibita dal gusto di muffa e il nome sconosciuto scritto a caratteri vermiformi, questo no: sarebbe stata una presa in giro troppo grande, un contrappasso ingiusto per i peccatucci di gola accumulati fino a quel momento, e non credo che me lo sarei meritato.

A Minjawali fatico per trovare un alloggio, e dopo un'ora di ricerca infruttuosa decido di ritornare al distributore di benzina e chiedere al proprietario se può farmi dormire da qualche parte. Magnanimamente mi viene offerta una branda all'interno, di fianco a un bidone d'olio la cui scritta "Caltex" mi calamiterà a lungo lo sguardo prima che riesca a prendere sonno.

L'indomani parto con le prime luci dell'alba, ansioso di lasciare al più presto la mia alcova maleodorante, e nel primo pomeriggio arrivo a Rawalpindi, dopo altri 200 chilometri di una strada asfaltata che tagliava con la sua striscia di bitume nero un paesaggio costantemente sommerso dalla lastra immobile dell'acqua, come una cappa di metallo scintillante in un cielo ancora gravido di pioggia.

Rawalpindi è una città sovraffollata, con un inquinamento atmosferico e acustico oltre i livelli di guardia, nella parte più settentrionale della Grand Trunk Road, la leggendaria arteria di comunicazione che unisce Peshawar a Calcutta e fu il fulcro delle attività commerciali ai tempi della British India. In passato Rawalpindi è stata sede della più importante guarnigione militare britannica e a tutt'oggi ospita il quartier generale delle Forze Armate pakistane. Nei primi anni sessanta è stata la capitale provvisoria del paese, in sostituzione di Karachi e in attesa che venisse ultimata la costruzione di Islamabad (dalla quale dista soltanto 15 chilometri), la moderna e per certi versi avveniristica città concepita con criteri analoghi a quelli di Brasilia o di Canberra, con i suoi palazzi di venti piani, i centri commerciali, gli edifici governativi e le zone residenziali che sembrano appartenere a un'altra galassia, quando si hanno ancora vive nella mente le case di fango nel deserto del Beluchistan, senza elettricità e senz'acqua potabile, con il pavimento di terra battuta e le capre a gironzolare nell'unica stanza che fa da cucina, salotto e camera da letto.

Rawalpindi è a poche decine di chilometri dal confine col Jammu e Kashmir, la vasta provincia che nelle mappe pakistane è segnata come territorio appartenente al Pakistan; nelle mappe indiane come territorio dell'India (ciò che in effetti è, perlomeno amministrativamente), e nella mappa "neutrale" della Kümmerly+Frey che ho con me viene rappresentata a strisce gialle e rosa alternate: giallo per l'India e rosa per il Pakistan, cioè come territorio di nessuno e di tutti e due i paesi, un'area di 230.000 chilometri quadrati disputata da entrambi i governi. Per la cartografia pakistana il Nord dell'India finisce con l'Himachal Pradesh, senza il "cappuccio" del Jammu e Kashmir; per quella indiana il Nord-est del Pakistan finisce poco dopo Islamabad, senza il prolungamento nel "cappuccio" che si estende fino alle sorgenti dell'Indo, sulle montagne del Tibet.

Seduto a un tavolo del Café Khurshid nella parte vecchia e caotica della città vicino a Saddar Bazaar, mentre sfoglio un vecchio libro inglese che avevo appena comprato su una bancarella, vengo a sapere che le tribù dei kafiri vivono a qualche centinaio di chilometri a nord di Rawalpindi, nelle Valli Kalash. Molti anni prima avevo letto un racconto di Kipling, *L'uomo che volle farsi re*, e successivamente mi era capitato di vedere il film con Sean Connery e Michael Caine, tratto dallo stesso racconto. Sia l'uno sia l'altro erano piuttosto infantili e inverosimili, e i kafiri vi facevano la parte di selvaggi adoratori di un mitico re-dio Sikhander, la deificazione di Alessandro Magno, il ricordo della cui spedizione nell'Hindukush si era poi sublimato a livello di religione per i kafiri, che secondo una leggenda erano i discendenti dei disertori dell'esercito macedone, stabilitisi qui con le nuove mogli persiane quando il condottiero aveva già deciso il ritorno in Grecia.

La copertina del libro, *Kalash Solstice*, raffigura una donna dei kafiri, con al collo un groviglio di collanine di corallo dalle molte sfumature di arancione, il volto tatuato da arabeschi intorno agli occhi e sulle guance, e dei tratti somatici indiscutibilmente europei, con un bel naso greco, la pelle chiara e gli occhi verdi: questa immagine mi colpisce con la stessa intensità con cui mi avevano colpito a Singapore le due teste di pietra di Nemrut Daği; e su due piedi, mentre comincio a leggere degli usi, della vita e delle cerimonie religiose dei kafiri, prendo la decisione di andarci personalmente, e invece di scendere la Grand Trunk Road fino a Lahore, di risalirla fin quasi a Peshawar e da lì puntare verso Chitral e le Valli Kalash. È la seconda volta in meno di due mesi che una semplice suggestione visiva mi fa deviare dall'itinerario prefissato; la prima con la complicità di una splendida ragazza olandese; la seconda con quella di una tremenda alluvione.

Il 21 settembre, dopo la sosta di un giorno passato a Rawalpindi per riordinare le idee e riprendermi dalla faticata nella sabbia del Beluchistan, che subdolamente aveva cominciato a farsi sentire qualche tempo dopo essere uscito dal deserto regalandomi crampi improvvisi e dolorosissimi alle braccia e alle gambe, proseguo fino al bivio di Risalpur per Mardan e Chitral, una cinquantina di chilometri prima di Peshawar, e passo la notte in una topaia sul ciglio della strada, senza luce elettrica e senza nome, dove per quaranta rupie, meno di due dollari, trovo un letto dal materasso sottile e duro come una focaccia rafferma, ma almeno senza bidoni di Caltex nelle vicinanze.

Avevo deciso, dopo un'occhiata sommaria alla carta stradale, di continuare un altro po' superata Mardan, perché sarebbero state soltanto le tre del pomeriggio quando vi sarei arrivato. Ben mi sta! La strada, che sulla mappa era segnata in giallo, cioè come secondaria e probabilmente brutta, diventa da Mardan in avanti poco meno che orribile, piena di buche, macigni e avvallamenti, come il greto sassoso di un fiume.

Mi spiegano che fino a Chitral sarà anche peggio, soprattutto nelle vicinanze del Lowari Pass dove si arriva a più di 3000 metri, e il padrone della topaia mi sconsiglia vivamente di andarci: "No good, no good; have breakdown!" dice scuotendo la testa senza staccare gli occhi dai piccoli pneumatici della Vespa, ricoperti da una pellicola di fango secco e polvere. Per tutta la notte non riuscirò a chiudere occhio, e non tanto per la durezza del pagliericcio, che comunque contribuisce all'insonnia, quanto per i pensieri che mi passano per la testa: Chitral è lontana ancora 200 o 300 chilometri (non posso dirlo con esattezza perché la mia mappa non indica le distanze, e la strada, almeno a giudicare da quella fatta fin qui dal bivio per Peshawar, è tutta una curva). Non so decidermi se ritornare a Rawalpindi e da lì raggiungere subito Lahore, rinunciando alla puntata velleitaria nel Kafiristan, o se invece stringere i denti e continuare su quell'aborto di strada che sembra il letto di un fiume, mettendo a repentaglio la salute della Vespa e forse anche il mio osso del collo. Quando la luce grigia di un'alba senza sole s'intrufola tra le fessure della mia finestra non ho ancora deciso, e affido tutto a una moneta da 500 lire turche – il resto del caffè in quel bar di Ankara, che conservavo nel marsupio dalla mattina in cui avevo conosciuto Ellis. La lancio in aria, sbadigliando, e la tengo chiusa tra i palmi delle mani per un po', prima di guardare. È testa per la moneta; e il Kafiristan per me.

Saluto il padrone della topaia che mi sta aiutando a caricare i bagagli e ripete indefesso: "Breakdown, don't go!"; per un riflesso condizionato faccio le corna, non visto, e metto in moto lasciandomi alle spalle i suoi consigli per continuare, in virtù di quella premonizione numismatica, tra i sassi sulle montagne della frontiera del Nord-ovest, la provincia pakistana nella quale arrancherò tutta la giornata prima di raggiungere la cittadina di Dir, al tramonto di un sole invisibile che colora le nuvole basse con un arancione sanguigno.

L'indomani, armato fino ai denti di una pazienza che ancora non mi conoscevo, e sostituendo a metà strada la ruota posteriore il cui cerchione si era deformato a causa dei contraccolpi nelle buche e sulle pietre, mi lascio alle spalle il Lowari Pass con i suoi 3000 metri e procedo verso Chitral, che dista ormai poco. Ho aggiunto altri 260 chilometri al mio *palmarès* di sterrati, e una nuova sfumatura, quasi fideistica, alla sana fiducia del mezzo di cui sono alla guida; fiducia che è indispensabile come la benzina, se non si vogliono rischiare sconforti profondi quando le condizioni della strada sono così proibitive, quando non passa una macchina da ore, quando fino all'orizzonte non c'è altro che il nulla, e altro nulla dall'orizzonte in poi.

Il Kafiristan e le Valli Kalash, per cui ero arrivato fin lì, consistono in realtà di tre villaggi soltanto (Bamburete, Birir e Rambur), abitati da non più di tremila persone chiamate kafiri, che in un isolamento quasi totale dal mondo hanno portato avanti le loro tradizioni e il loro modo di vivere mutandoli di pochissimo nel corso di duemila anni. Non sapevo ancora con precisione dove fossero i tre villaggi, né se fossero raggiungibili con uno scooter; sapevo però che Chitral era il *campo base* da cui partire, e così entrai direttamente in città rimandando al giorno dopo la mia visita agli "infedeli", ciò che alla lettera il nome "kafiri" significa. Circondati dall'integralismo di due nazioni rigorosamente musulmane, il Pakistan e l'Afghanistan, i kafiri (a differenza dei loro cugini nuristani che vivono poco distante, dall'altra parte del confine afghano e sono stati convertiti all'Islam) adorano divinità simili a quelle del paganesimo greco e romano, celebrano le loro feste religiose con sfrenate danze di gruppo, musiche ipnotiche e colossali bevute: non c'è da stupirsi che siano stati massacrati nel corso dei secoli, che i loro superstiti vivano adesso in una sorta di "limbo" a malapena tollerato dall'autorità centrale di Islamabad, e che gli stessi abitanti di Chitral li considerino una realtà sgradevole da cui prendere le distanze, o perlomeno da ignorare.

I kafiri, chiamati anche "bambini della natura" per l'esistenza semplice che conducono nel loro isolamento anacronistico e autosufficiente, basato su un'agricoltura di sussistenza e l'allevamento del bestiame, hanno pochissimi contatti con il mondo esterno; non di rado le donne passano tutta la vita entro i confini del villaggio e l'economia che amministrano si fonda ancora sul baratto, anche se ormai da tempo, vedendo i pochi turisti aggirarsi tra loro con la macchina fotografica a tracolla, hanno cominciato a pretendere a gran voce "*Rupaia! Rupaia!*", cioè rupie, soldi, per ogni scatto, sia che vengano inquadrate o meno.

Le vie di Chitral, a quell'ora della sera, sono affollate fino all'inverosimile, fumose, con pochi lampioni che le illuminano. Devo zigzagare con la Vespa in un brulichio di umanità, tra i costumi e i colori di almeno dieci gruppi etnici diversi: tajiki, kashmiri, afghani, cinesi, kirghizi... La città, che sorge sulle rive del fiume Mastuj ai piedi dell'Hindukush himalayano, era un importante punto di transito sull'antica Via della Seta: l'attività commerciale, la compravendita di ogni cosa che vada dai libri ai vestiti usati, dalle spezie ai pezzi di ricambio per camion è attiva anche adesso, ed è una delle prime cose che colpisce chi vi arriva: ai lati delle vie una schiera di tappeti e tappetini sui quali è disposta la mercanzia, decantata senza sosta dai venditori urlanti; capannelli di clienti e curiosi, andirivieni di persone con ceste sulla testa o rotoli di stoffa sottobraccio, venditori di ortaggi e frutta venuti dalle montagne, e cento altre sfaccettature di questo caleidoscopio di piccolo commercio, policromo e vociante.

La temperatura si è costantemente abbassata a mano a mano che salivo verso nord, e se il giubbotto di pelle fino a tre giorni prima costituiva un impaccio e mi faceva sudare come in una sauna, adesso diventa indispensabile, e addirittura lo accompagnerei volentieri con una sciarpa, un passamontagna o dei guanti, se li avessi. In Indonesia avevo sempre guidato in maglietta, sandali e pantaloni leggeri di cotone, o a volte persino in costume da bagno e nient'altro. Prima di partire da Roma mi ero imposto alcune condizioni riguardanti l'abbigliamento, che cercavo di rispettare il più possibile durante il viaggio: jeans e scarponcini al posto di pantaloni leggeri e sandali, e *sempre* il giubbotto di pelle sopra camicie o magliette. Ogni ferita, anche un graffio o una sbucciatura, in Asia può infettarsi facilmente a causa della polvere, dell'acqua e della sporcizia, e necessita di molto tempo per cicatrizzarsi, lasciando poi come ricordo quei segnacci antiestetici di cui ho fatto una bella collezione su gambe e braccia, punteggiate come una carta topografica. Avere quante più parti del corpo protette o comunque coperte mi era sembrata una buona idea, e così avevo sempre guidato servendomi di quell'*armatura*, anche in un caldo soffocante, anche sotto un sole che spaccava le pietre. Per quanto riguarda il casco, che dovrebbe essere la cosa più importante, dopo averlo regalato a Nazim in Turchia avevo sempre rimandato un nuovo acquisto, sapendo che né in Iran, né in Pakistan o in India è obbligatorio indossarlo... e questo dà la misura di quanto approssimativa e incoerente fosse le mia "tattica precauzionale" nel corso del viaggio: avambracci coperti e testa al vento; ginocchia al sicuro e tempie allo sbaraglio!

La mattina del 24 settembre, di buon'ora, lascio la mia stanza all'YZ Hotel di Chitral per ripercorrere un breve tratto della strada in direzione del Lowari Pass, fino al bivio di Ayun, dove imboccherò la vera e propria mulattiera che conduce a Bamburete, distante ancora 25 chilometri. Il padrone dell'albergo, un afghano di Kabul rifugiatosi in Pakistan con tutta la famiglia, mi aveva detto che quella era una *restricted area*, e per girarla si doveva avere un permesso speciale dalla polizia di Chitral; suo figlio subito aveva aggiunto che il permesso ci voleva fino all'anno prima, ma che adesso si poteva farne a meno: non sapendo a chi dei due dare retta, e soprattutto visto che gli uffici dove ottenere il nullaosta a quell'ora erano ancora chiusi, decido di partire senza alcun permesso speciale, che in effetti non mi verrà mai chiesto nei quattro giorni passati in Kafiristan.

Prima di raggiungere Bamburete devo però farmi aiutare, a pagamento, da tre persone vestite con il classico costume del popolo pathan (e con i classici fucili a tracolla) a spingere la Vespa tra le pietre di un ruscello gorgogliante, e a sollevarla poi di peso per diversi metri, entrando tutti e quattro nell'acqua fino ai polpacci. E nemmeno posso più lamentarmi troppo delle condizioni stradali, perché per gli ultimi due chilometri da lì a Bamburete la strada semplicemente smette di esistere, e io mi do del matto per essere arrivato fin lì, soprattutto in previsione del ritorno a Rawalpindi lungo lo stesso tragitto.

È questo il primo momento di autentico sconforto avuto dalla partenza: appoggio la fiancata con su scritto "Dall'Italia al Vietnam" contro il tronco di un albero (il terreno era troppo accidentato e fangoso persino per poterla mettere sul cavalletto); mi siedo su un sasso e rimango per almeno dieci minuti a fissare il prato davanti a me, con due capre indifferenti che continuano a brucare, e la cima azzurra dei monti dove il prato finisce. Fumare farà anche male, non discuto; ma in certi momenti non fumare fa peggio, lo assicuro. Quando riesco a riprendermi un po' d'animo spingo a fatica la mia compagna di viaggio fino a raggiungere le prime case di Bamburete, piccole costruzioni di fango appollaiate le une alle altre sui contrafforti delle montagne, senza finestre, col tetto di sterpi e paglia.

Tre ragazzine sedute davanti alla porta di una casa stanno mondando dalle foglie secche delle pannocchie di granturco, e vedendomi si mettono a ridere rumorosamente: una di loro mi fa una boccaccia con tanto di lingua a sfarfallare sul mento, e insiste così a lungo che temo possa indolenzirsela. Sono vestite proprio come la donna sulla copertina di *Kalash Solstice*: una lunga tunica di tela nera fino alle caviglie, decorata sul corpetto e sulle spalle, sulle maniche e sull'orlo a colori vivacissimi; centinaia di collanine arancioni, rosse, rosa, ancora più vistose di quelle che portano al collo le donne masai o samburu in Kenya, e una massa di conchigliette, plastica colorata, bottoni, campanellini. Hanno i capelli raccolti in quattro trecce voluminose, e per copricapo una fascia fatta con le stesse perline e conchiglie, che scende sulla nuca in una larga banda, fino a metà della schiena. Prima ancora di darmi il tempo di accennare una reazione o di manifestare qualsiasi prurito fotografico, di colpo smettono di ridere e in coro mi fanno sentire per la prima volta la cantilena "*Rupaia, rupaia!*", che diventerà così familiare, fastidiosa e continua per tutto il tempo del mio soggiorno nel loro villaggio.

A una cinquantina di metri, seminascosta dalle fronde degli alberi che delimitano come fosse un viale l'unico viottolo intorno a cui si sviluppa tutto il centro di Bamburete, vedo una casa un po' più grande delle altre, intonacata di fresco con un bianco abbagliante, sulla quale un'insegna di legno recita a caratteri incisi col fuoco: Kalash Inn.

Il primo pensiero che mi passa per la testa è: "Cosa ci fa un *Inn* da queste parti?", ma subito devo rettificarlo, perché comincio a sentire delle voci che parlano inglese, e appartengono a parecchie gole diverse. Entrando nel prato recintato in fondo al quale un altro cartello annuncia *Reception* vedo due ragazze bionde e altrettanti ragazzi, più biondi ancora, vestiti con scarponi da montanaro, calzettoni, K-way, borracce alla cintola e tutto un armamentario da *trekking*, tutto un repertorio di *fuck* e *bullshit* che mi fa capire subito la loro australianità. Un uomo pathan li sta a guardare mentre impacchettano le loro cose, con l'attitudine di una guida in procinto di accompagnarli per un'escursione sulle montagne, elegantissimo col suo lungo gilet sopra il camicione color nocciola, i pantaloni a sbuffo, una giacca che arriva a metà delle cosce e una falda del turbante bianco a penzolargli fino alle caviglie.

"*Hey man,* non dirmi che sei venuto fin quassù con quella cosa!" dice una ragazza smettendo di armeggiare attorno a un sacco a pelo.

"*Fuck!*" dice un suo amico.

"*A scooter!*" dice l'altro ragazzo.

"*I can't believe it*!" dice l'altra ragazza.

"Welcome, drink!" dice il pathan raccogliendo da terra una bottiglia piena di liquido scuro, e porgendomela con un bel sorriso. "Drink. Kalash wine." Non posso crederci, ma è vino per davvero. In Pakistan!

Sotto quel sole di mezzogiorno, dopo tutta l'astinenza nelle due repubbliche islamiche, quel sorso di vino asprigno, nero come la pece e di produzione locale, mi dà subito alla testa con un calore piacevolissimo in tutti i muscoli. "Grazie."

"*You're welcome*," ripete il pathan, e questa volta non capisco se è per rispondere prego o per ripetermi benvenuto.

Gli australiani sono pronti a partire per il loro *trekking*, e mi salutano con calorose strette di mano insieme a una raffica di domande riguardanti me e il mezzo di trasporto: nazionalità, prossima destinazione, cilindrata, due o quattro tempi?

In quel momento da una stanza del Kalash Inn escono due uomini; uno è un pathan, e dall'abbigliamento sarebbe il caso di chiamarlo più propriamente "guerriero" pathan (come i beluci, anche i pathani, o pushtuni, che la mitologia fa discendere dalle dieci tribù disperse di Israele, vorrebbero l'indipendenza dal Pakistan, in nome di un Pushtustan con capitale a Peshawar); è alto almeno due metri e ha le spalle che sembrano il giogo di una coppia di bufali nelle risaie di Bali, la canna di un fucile dietro il tronco di baobab della schiena, e sopra la giacca una cartuccera così grande ed elaborata come ancora non ne avevo viste. L'altro è un ometto paffuto, che gli trotterella accanto: il primo pakistano vestito con abiti europei che vedo da quando ho lasciato Rawalpindi. La guida che aveva offerto il vino me li presenta come Iqbal (il piccoletto, che è il padrone del Kalash Inn e mi dà da stringere il solito pezzo di carne senza vita, sudaticcia, mentre lancia un'occhiata concupiscente alle due ragazze e ribadisce con un sorriso distratto: "*Welcome*"), e Nawab, il guerriero, che dal canto suo abbassa lo sguardo sotto le folte sopracciglia, annuendo dignitosamente, come se in quel nome fosse racchiuso gran parte del suo avere.

Quella sera ceno con Iqbal e Nawab sulla terrazza illuminata da qualche candela. Chiamare *Inn* questo posto potrebbe dare un'idea distorta di quello che in effetti è: una costruzione sì a due piani e decisamente più lussuosa di tutte le altre abitazioni del villaggio, ma edificata comunque con fango pressato, mattoncini e travi, composta di due stanze, una per piano, basse e un po' lugubri, delle quali quella al piano superiore contiene cinque letti di ferro per i clienti; senza luce elettrica e acqua potabile, due cose che sembrano destinate a toccare Bamburete soltanto in un futuro molto lontano.

Dopo l'esodo degli australiani, il cui ritorno dalle montagne è previsto tra qualche giorno, sono rimasto l'unico pensionante, privilegio che mi porterà ad avere per cena un cosciotto di capretto arrosto e tre bottiglie di vino locale, quindici volte più care della pensione completa, da dividere col silenzioso Nawab e il ciarliero Iqbal, sotto gli sguardi di un gruppo di donne kafire sistematesi nel prato sottostante, come nella platea di un cinema, a ridacchiare in continuazione sbirciando all'insù il nostro simposio alla luce tremula delle candele.

"Vieni con me alla partita di polo a Chitral?" chiede Iqbal.

"Quando?" Per un attimo penso a Carlo d'Inghilterra e alle divise impeccabili dei giocatori di polo inglesi; ma poi mi ricordo che al nord del Pakistan, nella provincia di Chitral e in quella di Gilgit, il polo è lo sport più popolare, vecchio di secoli, senza divise impeccabili e probabilmente con la stessa violenza del *buzkashi* afghano, dove si lancia una carogna di capra senza testa invece di colpire con le mazze.

"Domenica; dovresti venire a vederla: *very nice.*"

Nawab annuisce, portando alle labbra un bicchiere sbreccato. Non ho la più pallida idea di quando sia domenica, né di che giorno sia oggi, e soltanto dopo aver chiesto delucidazioni vengo a sapere che quel 24 settembre è un giovedì. "Non lo so, non credo. Dopo Bamburete pensavo di andare un paio di giorni a Rambur e Birir, e poi scendere verso Peshawar senza ripassare da Chitral."

"A Birir con la Fhespa?"

"Perché, non si può?"

"Certo che non si può: non c'è la strada!"

"Anche quella che arrivava fin qui *non era* una strada."

"Cannot!" dice Nawab, rompendo solo a bisillabi il suo silenzio, come aveva fatto finora. Mi spiegano che la mulattiera per Birir è assolutamente impraticabile con una moto, e che ci si può andare soltanto a piedi, arrampicandosi sulle montagne lungo un sentiero sconnesso.

Il giorno dopo vado a constatare di persona, facendo una passeggiata intorno a Bamburete, e devo ammettere che hanno ragione, e che con uno scooter non ci si può davvero andare. Passo tutta la mattina perdendomi in fantasie tra le statue dei defunti conficcate nel terreno, le steli di pietra e le bare di legno all'aria aperta, ornate da una ruota solare e con il coperchio tenuto fermo da pietre, nel piccolo cimitero appena fuori dal centro, con lo scenario idilliaco di un prato tra le montagne e di alberi dalle foglie rese argentee dal sole, con un ruscelletto che lo attraversa riflettendo lo sfilacciarsi delle nuvole in un cielo improvvisamente blu. I kafiri delle Valli Kalash hanno un culto profondo per i morti, e adorano i loro antenati con la stessa devozione con cui venerano i loro dèi. Mi dirà Iqbal, l'unico musulmano che abita il villaggio di Bamburete, che per i kafiri la sparizione o il furto di una di queste statue funerarie, o la violazione delle tombe all'aperto, sono considerate segni nefasti apportatori di ogni sorta di calamità naturali, accompagnate dalla vendetta degli antenati che nella mitologia dei kafiri hanno poteri soprannaturali e divini. Qualche anno prima erano state trafugate le statue di alcuni defunti, per essere poi vendute a dei collezionisti occidentali con pochi scrupoli o addirittura al museo di Peshawar: gli abitanti di Bamburete ancora aspettavano la vendetta e l'arrivo di una tremenda calamità e durante le grandi festività di gennaio e maggio pregavano e facevano sacrifici agli antenati, per placare la loro ira.

Nel pomeriggio vado con Iqbal e Nawab nella casa di Buda, un loro amico kafiro che ha due mogli e una decina di figli, e aiuto tutta la famiglia a spremere tra le mani i grappoli d'uva per raccogliere il loro succo in un grande catino, dove verrà lasciato fermentare in attesa di diventare *Kalash wine*. Le due mogli di Buda e alcune delle sue figlie fanno continui commenti, che mi sembrano un po' sfrontati anche se non capisco le loro parole, sui miei jeans e sul fatto che non sono sposato, e ogni tanto si mettono a ridacchiare tra loro. Nawab di punto in bianco rompe il suo silenzio atavico e mi chiede se voglio andare a Birir con lui, che deve incontrare alcuni amici pathan con i quali ha un appuntamento. "Andarci quando?" gli chiedo, con le mani grondanti il succo scuro e viscoso.

"Raitnàu I go," risponde Nawab, seduto immobile e arrivando a sfiorare con il suo turbante il basso soffitto della capanna.

Iqbal si offre di custodire la Vespa con i miei bagagli nella stanza a piano terra del Kalash Inn, e così dopo un attimo di esitazione decido di accompagnare Nawab e di visitare Birir, anche se mi sembra che sia un po' tardi per mettersi in viaggio. "Quanto ci vuole per arrivare?" domando mentre una moglie di Buda prende tra le dita il risvolto di tela dei miei pantaloni e lo palpa con aria da intenditrice, per assicurarsi della qualità della stoffa "Few hours walking," rassicura Iqbal.

Di lì a una decina di minuti siamo già in marcia lungo il sentiero che s'inerpica sulla catena di montagne al di là della quale c'è Birir; Nawab davanti che procede sicuro, io dietro che incespico in continuazione, sentendo riacutizzarsi il dolore alla caviglia slogata per colpa di quella maledetta buca tra Rawalpindi e Minjawali.

L'aria si fa sempre più rarefatta, e respirarla mi provoca una sensazione inebriante di leggerezza, nonostante il fiato corto e la fatica; la canna del fucile di Nawab oscilla in continuazione sopra la sua schiena, seguendo ritmi a volte esageratamente lenti, altre volte quasi forsennati, secondo il numero dei massi che c'è da scavalcare o la ripidità dei saliscendi. Il sole sta già per tramontare alle nostre spalle, e ancora non c'è traccia di Birir davanti a noi: "Still far?" chiedo alla mia guida, che senza voltarsi risponde "Not far..." e continuerà a dirlo, nelle prossime due ore, ogni altra volta in cui gli farò la stessa domanda, finché le ombre della sera avranno scurito di riflessi color petrolio tutte le valli intorno a noi, dalle quali ogni tanto spuntano spirali sottili di fumo o l'ovattata luminescenza di un fuoco acceso.

"Better stop there," annuncia alla fine Nawab, quando ormai è troppo buio per continuare e io già da un pezzo non vedevo più dove stavo mettendo i piedi.

"Stop there, where?" gli chiedo di malumore.

"There; good hut over there." E in effetti, dopo qualche altro passo scricchiolante sugli sterpi che hanno invaso il sentiero, ci troviamo davanti una capanna bassa dal tetto di frasche, non più grande di due metri per tre. "Birir still far," sentenzia Nawab, dopo tutti quei "Not far", "Better stop."

Io lo guardo con un po' di diffidenza, perché ero convinto di raggiungere Birir prima di sera e invece adesso mi tocca passare una notte all'addiaccio, con un abbigliamento che non era in alcun modo adatto per farlo; ma devo riconoscere che continuare così, senza torcia e a tentoni, è un rischio maggiore del passare qualche ora in una capanna con un pathan semisconosciuto, e seppure senza troppo entusiasmo rispondo: "Ok, stop here". Nawab produce dalla sacca che ha a tracolla un cartoccetto con dentro gli avanzi del montone della sera prima, raccoglie silenziosamente un po' di legna mentre io mi guardo intorno perplesso, senza vedere altra cosa se non un'oscurità impenetrabile, e comincia ad accendere un fuoco per il nostro bivacco notturno a metà di quel niente montagnoso che si estende tra Bamburete e Birir.

L'interno della capanna è impregnato di un pesante odore di muffa e funghi, e anche la coperta che Nawab mi porge dopo averla estratta dalla stessa sacca mi sembra un riparo insufficiente per il freddo che si preannuncia per le prossime ore. Ceniamo conversando davanti al fuoco, in una sfilza di frasi che non mi sarei aspettato dopo i precedenti silenzi di Nawab; vengo a sapere che ha una moglie e tre figli, che è nato a Jalalabad in Afghanistan ma che da quindici anni vive con la sua famiglia a Peshawar, che ha lavorato in una fabbrica di armi a Darra e che viene spesso a Chitral per certi suoi commerci sui quali non si dilunga troppo; che è amico di Iqbal e l'ha aiutato a costruire il Kalash Inn.

Quando dopo alcuni fragorosi sbadigli gli dico che per me si è fatta ora di andare a dormire, Nawab si toglie la cartuccera e il fucile per metterli in un angolo della capanna; dispiega nella sua totalità la coperta, che in un primo momento avevo pensato fosse soltanto per me e che ora invece mi accorgo essere destinata a entrambi, e rannicchiando i suoi due metri nello spazio angusto a disposizione vi si avvoltola come una crisalide nel bozzolo, turbante e scarponi compresi, per sdraiarsi di fianco a me, tanto vicino che riesco a sentire il caldo del suo respiro sulla mia fronte. Sono decisamente nervoso, e fisso a occhi aperti il buio screziato dalle frasche, al riverbero delle braci che ancora scoppiettano fuori dalla capanna; Nawab non dice più una parola, ma so che non sta ancora dormendo: ogni tanto c'è un tossicchio, ogni tanto un rivoltarsi nella coperta.

Alla fine gli occhi si chiudono da soli e scivolo in un sonno profondo, cadenzato dal mio respiro che si è fatto via via più regolare, meno agitato. L'immagine di Ellis mi viene a trovare cullandomi in un abbraccio, e comincio a sentire la sua mano leggera come una piuma che mi cammina sulle gambe per poi andare a posarsi piano e guardinga sulla mia erezione; apro gli occhi di scatto in un intontimento un po' languido, e mi accorgo che la mano è quella di Nawab, non di Ellis!

Resto immobile come una statua di ghiaccio per una frazione di secondo, poi scalcio sotto la coperta, scuotendomi bruscamente dai rimasugli del sonno, e gli grido: "Stop it, Nawab! St-op-it-now!".

Come se si fosse improvvisamente scottato lui molla la presa e ritrae la mano, bofonchiando qualcosa con un nuovo colpo di tosse. Non mi era mai successo di passare una notte con un guerriero pathan e il suo fucile appoggiato a una parete, lì a portata di mano... e soprattutto non mi era mai successo di diventare l'oscuro oggetto dei suoi desideri! Non riesco più a riaddormentarmi, e veglio tutta la notte sul chi vive finché la luce scialba dell'aurora si stempera nel buio; ma in compenso Nawab, questo gigante che sembrava il massimo della virilità (e forse anche lo era), la capisce con le buone e si comporta da vero gentleman.

Quando riprendiamo il cammino lungo il sentiero coperto di sterpi, vedendolo così mogio e musone ci manca poco che mi metta a consolarlo io per le sue precedenti *avances* andate a vuoto, ma non sapendo di preciso cosa dirgli me ne sto zitto, e silenziosamente continuiamo a scendere il fianco della montagna.

Nemmeno un quarto d'ora più tardi arriviamo al villaggio di Birir, che avremmo potuto tranquillamente raggiungere anche la notte prima, vicino com'era alla capanna dove ci eravamo accampati, se quel furbastro di Nawab non avesse avuto le sue mire.

Guardandolo procedere impettito davanti a me non riesco a trattenere un sorriso, mentre la canna del suo fucile oscilla su e giù a ritmo di valzer.

Dopo un pasto frugale nella casa dei suoi amici, e dopo aver pagato qualche "*rupaia*" per fotografare tre donne kafire che sorridenti si erano messe in posa, saluto tutti e attraversando nuovamente le montagne ritorno a Bamburete da solo.

Golden Temple

Il 30 settembre sono a Peshawar, con l'aggiunta di altri 200 chilometri al mio *palmarès* di sterrati e il bis del Lowari Pass tra le nuvole basse sui suoi 3000 metri, questa vòlta da nord a sud in direzione di Mardan.

Al Kalash Inn di Bamburete mi aspettava una piccola sorpresa: Iqbal aveva fatto lavare i miei vestiti, e fin qui niente di male, anzi; solo che io non gliel'avevo chiesto di lavarli, e lui di sua iniziativa aveva aperto i miei zaini per decidere quale capo di biancheria meritasse la strigliata da parte delle donne kafire sui sassi del torrente e quale altro no, in un eccesso di ospitalità, ma non certo di discrezione, che mi lascerà senza parole al momento di ringraziarlo per il disturbo. Da Bamburete, dopo la sosta di un'altra notte a lume di candela su uno dei cinque letti di ferro al piano superiore, avevo ripercorso lo stesso incubo di mulattiera fino ad Ayun, e poi senza ripassare per Chitral avevo cominciato a macinare chilometri a rilento, facendo tappa a Dir e imbarcandomi l'indomani in una nuova sfacchinata fino all'asfalto della Grand Trunk Road, dove avevo girato verso Peshawar.

Contavo di trattenermi qualche giorno nel capoluogo della provincia pakistana della Frontiera di Nord-ovest, e futura capitale di un ipotetico Pushtustan indipendente, prima di ritornare a Rawalpindi e da lì puntare su Lahore, ponendo così termine alla deviazione coatta al nord in attesa che le strade allagate fossero di nuovo percorribili, per riprendere il viaggio lungo il suo itinerario originale.

A pochi chilometri dal Khyber Pass sulla via per Kabul, Peshawar è sempre stata un'importante stazione di frontiera e il punto di transito obbligato delle comunicazioni tra l'Asia centrale e il Subcontinente indiano. Nei tre giorni della mia sosta approfitto per sbrigare alcune cose pratiche: scrivere lettere, inviare un fax al distributore Piaggio di Lahore per avvisare che sarei stato lì in meno di una settimana, telefonare in Italia e far riparare il cerchione della ruota che avevo messo di scorta. Inoltre visito la città, che è molto bella, piena di testimonianze architettoniche del periodo moghul, come il Forte di Balisar, e della dominazione britannica, come il Mall in stile vittoriano; per un intero pomeriggio vago nelle stradine di Saddar Bazaar e lungo Kissa Kahani, la via più famosa di Peshawar dove una volta gli indovini predicevano il futuro.

Tra le bancarelle di Mochilara Bazaar, il mercato dei calzolai, incontro di nuovo i quattro australiani conosciuti a Bamburete, che erano ritornati in aereo da Chitral (il volo più spettacolare che avessero mai fatto, mi diranno, letteralmente zigzagando tra le gole e sfiorando con le ali i fianchi delle montagne) e adesso si preparavano a volare a Karachi. Mi invitano a bere una birra nel buffet dell'hotel in cui alloggiano, il Green's Hotel, il migliore della città e l'unico in cui, ottenuto un permesso speciale da un ufficio governativo adiacente al ristorante, si possano bere alcolici. Assisterò alla buffa procedura di un timbro verdastro su un foglietto prima di vedermi servire una Murre Lager ghiacciatissima, la prima birra che mi trovo davanti da quando ho lasciato Doğubeyazit in Turchia, qualcosa come 6000 chilometri fa.

Poco prima di arrivare a Rawalpindi, il 2 ottobre, devio dalla Grand Trunk Road e mi fermo un paio d'ore a Taxila, l'antica capitale dell'arte gandhara, distrutta dagli unni nel V secolo d.C. I recenti scavi hanno portato alla luce le rovine stratificate di tre città diverse e un'impressionante collezione di reperti archeologici, tra cui decine di statuette di un Buddha scheletrico con le gambe incrociate nella posizione del loto, bassorilievi che rappresentano momenti della sua vita e giocattoli di terracotta per bambini, simili a quelli scoperti negli scavi di Moenjodaro, la Collina dei Morti 1500 chilometri più a sud, e conservati ora nel museo locale.

Dopo una notte passata a Rawalpindi continuo a percorrere la Grand Trunk Road verso sud, in questa parte fertile ed estremamente popolata del Punjab. Senza altre soste per visitare il tempio buddhista di Manikyala e il Forte Rewat, mi lascio alle spalle le trafficatissime città di Jhelum e Gujranwala e raggiungo Lahore coprendo in nemmeno quattro ore i 220 chilometri che la separano da Rawalpindi a una velocità media di tutto rispetto, alla quale da qualche tempo non ero più abituato.

Verso le due del pomeriggio mi presento negli uffici del RAJA GROUP OF INDUSTRIES, in una stretta traversa del viale che taglia tutto il Mall nel centro della città, dopo aver parcheggiato la Vespa sul marciapiede davanti a un negozio di frutta secca straripante di casse di noci, mandorle e pistacchi, e averla vista sommersa da un nugolo di curiosi affacciandomi alle finestre del primo piano.

Mr Awar, il responsabile del marketing e delle relazioni esterne al quale avevo inviato il fax da Peshawar, ha già organizzato una conferenza stampa in uno degli alberghi più esclusivi della città, alla quale presenzierà Mr Raja stesso, il padrone della società, arrivato a Lahore qualche giorno prima dalla sede di Karachi per un incontro con i venditori pakistani. Vengo accolto con molta ufficialità, e mi sento subito un po' in imbarazzo per la ghirlanda di fiori e il turbante che Mr Raja mi mette attorno al collo e sulla testa in segno di benvenuto (guardando le fotografie in una bacheca mi accorgerò che questa è l'accoglienza abituale riservata agli stranieri in visita alla società, e riconoscerò alcuni funzionari dell'Overseas Piaggio di Pontedera, bardati allo stesso modo). Mi stupisce anche l'importanza che Mr Awar e i suoi collaboratori attribuiscono all'aspetto promozionale del mio viaggio, parlandone con quella seriosità enfatica tutta orientale e traducendomi in inglese con voce stentorea e soddisfatta i trafiletti in urdu che sui giornali annunciano la conferenza: "*Fhespa Man arrives in Lahore*" o "*Fhespa Man on his way to Vietnam*". Mentre li ascolto mi viene da pensare a un altro titolo: "*Vespa Man* palpeggiato da un guerriero pathan sulla strada per Birir" e il tè color caramello che stavo sorseggiando improvvisamente mi va di traverso in una risatina soffocata. Quella notte rimango a gironzolare per un po' attorno all'albergo, passando più volte sotto il Lahore Fort e le mura della Golden Mosque, uno splendido esempio dell'arte moghul le cui cupole e le punte dei minareti scintillano alla luce incerta dei lampioni; mi aspetto da un momento all'altro di voltare un angolo e trovarmi davanti il cannone su cui stava seduto a cavalcioni Kim nella pagina iniziale del libro di Kipling, l'unica immagine che mentalmente associavo a Lahore ripescandola tra i ricordi d'infanzia, ma quando mi decido a chiedere notizie circa la sua ubicazione mi dicono che Zamzama, questo è il suo nome, sta da tutt'altra parte della città, vicino al museo.

Così ritorno in camera passando sotto il colonnato della hall per salutare dei compìti portieri in divise improbabili da British India, e fino a tardi rileggo *The great railway bazaar* prima di addormentarmi con il libro in mano e il televisore acceso, che fino al risveglio mi cullerà con il suo ronzio e i milioni di puntini di fine trasmissione.

Il 7 ottobre, al termine di quattro giorni trascorsi anche troppo piacevolmente nel lusso dell'albergo (lusso che, come sempre in Oriente, raggiunge livelli di sfarzo veri e propri e prende alla sprovvista con i suoi privilegi e le sue comodità chi, come me, non vi sia troppo abituato), riparto da Lahore e in pochi minuti sono al confine indiano di Attari Border, scodinzolando sulla strada tra camion cromati, lucidati a specchio dal radiatore fino ai fari posteriori, pullman coloratissimi come quelli che avevo visto in Beluchistan, carretti tirati da cammelli, biciclette e ragazzini seduti sul manto stradale a giocare con dei tappi di bottiglia e una scacchiera tracciata col gesso sull'asfalto granuloso.

Il giorno prima c'era stata la conferenza stampa con una quindicina di giornalisti dei quotidiani in urdu e in inglese, i cronisti della radio nazionale e i fotografi con delle macchine che ricordavano quelle di via Veneto degli anni sessanta (la prima vera conferenza stampa della mia vita, nella quale mi verranno rivolte anche domande spiazzanti come: "Mr Bettili, come si chiama l'allenatore della squadra di cricket italiana?", oppure: "Mr Bnelitti, come mai ha scelto di venire a Lahore con una *Fhespa* e non in aereo?").

Dopo aver timbrato il passaporto nello stanzino dell'*Immigration* ed essermi presentato alla dogana ripenso con gratitudine allo scrupolo avuto a Roma prima della partenza, quando appena ritirato il carnet di passaggio all'Aci, che mi avevano detto sarebbe stato valido per *tutti* i paesi del mio itinerario, avevo avuto l'accortezza di leggere sulla copertina i nomi di *tutti* gli stati per i quali il carnet era ritenuto documento valido per l'importazione temporanea di un veicolo: e tra i nomi non c'era quello dell'India.

Allora ero ritornato all'ufficio dell'Aci, e l'impiegata, dopo un paio di telefonate, aveva detto: "Ha ragione, scusi; per l'India non va bene". "E allora come si fa?" "Aspetti ancora un secondo." E giù un'altra telefonata, grazie alla quale vengo a sapere che l'India riconosce solo il carnet emesso in Italia dal Touring Club e non quello rilasciato dall'Aci, e così, previa un'altra fideiussione bancaria pari al valore del duecento per cento della Vespa da nuova, avevo ottenuto un secondo documento, valevole per l'India soltanto.

Il signore alla dogana di Attari, un sikh in divisa color kaki, il turbante rigido e la barba raccolta in una reticella attorno alle guance, mi racconta che l'anno prima due italiani a bordo di un furgoncino Ford erano stati rimandati indietro perché non avevano il carnet giusto, e siccome uno dei due si era scaldato più del necessario e aveva inscenato un putiferio, schiumando di rabbia e insultando l'ufficiale di frontiera, erano stati entrambi messi per un paio di settimane al fresco con l'accusa di oltraggio alla forza pubblica o qualcosa del genere, e ci era voluto l'interessamento dell'Ambasciata italiana di New Delhi per tirarli fuori.

Un chilometro dopo la frontiera in direzione di Amritsar, mentre ancora sto gesticolando col pugno al vento e tra le labbra ripeto "India, India, India!" come una giaculatoria, devo rallentare fino quasi a fermarmi davanti a una folla di scolari sikh con la cartella a zainetto sulle spalle, camicia bianca con cravattina, pantaloncini blu e la "cipolla" dei capelli raccolti in cima alla testa, dentro fazzoletti gialli che la fermano e mi fanno pensare a quei sacchettini di lavanda che si mettono nei cassetti per profumare la biancheria.

Sono almeno un centinaio, la metà dei quali sta procedendo a piedi e l'altra metà è disseminata, cinque o dieci (!) bambini per volta, su qualche rickshaw a bicicletta spinto a mano da conducenti sudatissimi, in canottiera e *longi* con i muscoli delle braccia magre che guizzano lucidi sotto il sole. Si alza una salva di urla e gridolini, e molti scolari saltano giù dai rickshaw per unirsi a quelli a piedi e sbarrarmi la strada vocianti, facendo per gioco mosse da kung fu e karatè, saltando, ridendo sguaiatamente, afferrando in un parapiglia di mani il parabrezza e gli zaini: il trambusto diventa assordante, e non appena smonto dalla Vespa per prendere la macchina fotografica e fermare su pellicola quell'orgia sfrenata di allegria, cresce fino all'inverosimile e la scena per un attimo mi sembra irreale, quel brulichio di cipolle gialle mi turbina negli occhi e le orecchie prendono a ronzare.

I guidatori dei rickshaw, boccheggianti, stanno a guardare divertiti, ognuno con il gomito appoggiato ai manubri delle biciclette: "Foooto!" grida uno di loro con un sorriso dai denti bianchissimi, e subito la parola passa sulle labbra di tutti gli scolari. Indietreggio di qualche passo per prendere l'inquadratura, e quando inciampo in un fossato coperto dall'erba e per poco non cado a terra, l'ilarità raggiunge soglie di schiamazzo acutissime.

Metto in moto e stringo un bel po' di mani, poi mi lascio alle spalle il marasma di fazzoletti gialli dopo averci zigzagato in mezzo stando attento a non metterne sotto le ruote qualcuno, e in una decina di minuti raggiungo Amritsar, la città santa e il luogo di pellegrinaggio di tutti i sikh sparsi in India e nel mondo.

Riconoscibili tra l'altro per l'usanza di non tagliarsi mai né capelli né barba (che portano raccolti rispettivamente in un rigido turbante a punta o in una delle "cipolle" di cui sopra, e in una reticella sotto il mento) secondo il divieto introdotto nel 1600 dal Guru Gobind Singh, in modo che gli uomini potessero identificarsi facilmente quali appartenenti alla stessa fede, in un periodo in cui erano fortemente perseguitati e la loro religione assumeva connotazioni sempre più militari, i sikh hanno un aspetto fiero e bellicoso anche a causa di altri segni distintivi che alcuni di loro portano ancora abitualmente, come una spada al fianco o una lancia.

L'essenza della loro religione, fondata dal Guru Nănak sul finire del XV secolo, è un sincretismo che unisce gli aspetti migliori dell'Islam e dell'Induismo (del quale i sikh non accettano, per esempio, la ripartizione sociale in caste). È basata su un rigoroso monoteismo, sugli insegnamenti di un unico dio tramandati dai Dieci Guru; sul divieto di adorare dèi e sulla tolleranza e l'amore tra gli uomini (capisaldi di ogni altra religione, del resto, e tanto poco rispettati nella pratica che viene spontaneo annoverare le religioni tra le più grandi calamità naturali, come i terremoti o le carestie, quando si pensa ai milioni di persone morte a causa loro o all'odio e all'intolleranza che generano). Un sikh riceve il suo battesimo, l'*amrit*, soltanto quando è adulto a sufficienza per volerlo spontaneamente: davanti a cinque sacerdoti della comunità il suo viso viene spruzzato con acqua dolce al grido di "dio ci ha scelto, vittoria al nostro dio!". Dopo un'iniziazione entra nella confraternita chiamata *khasa* assumendo spesso il cognome di Singh (Leone), e alla fine della sua vita viene cremato.

Questa zona attorno ad Amritsar fu teatro delle più gravi violenze durante la *Partition*, e negli anni seguenti, fino ai giorni nostri, i continui disordini tra gli integralisti sikh, che vogliono una maggiore autonomia del Punjab, e il governo di New Delhi sono occasioni di scoppi di violenze e uccisioni, e determinano la periodica chiusura della frontiera terrestre di Attari Border, che in questi ultimi decenni è stata praticabile soltanto a singhiozzo e a tutt'oggi è l'unico punto di transito terrestre tra il Pakistan e l'India, due paesi che dividono un confine di quasi tremila chilometri.

Nei primi anni ottanta il Golden Temple di Amritsar, il massimo luogo di culto e il centro spirituale del sikhismo, fu occupato dagli estremisti sikh, scacciati poi dall'esercito indiano con un grande spargimento di sangue; questa azione repressiva fu uno dei fattori che in seguito determinarono l'assassinio di Indira Gandhi da parte di una sua guardia del corpo, un fanatico seguace dei Dieci Guru. Un altro massacro per cui Amritsar è tristemente famosa, quello verificatosi nel 1919 per mano del generale inglese Deyer, costò la vita a 400 indiani, tra cui donne e bambini, uccisi indiscriminatamente durante una manifestazione di protesta nel quartiere di Jallianawalla Bagh. Fu questo l'elemento scatenante della ribellione e della presa di coscienza nell'opinione pubblica, che portò alla richiesta inderogabile dell'indipendenza dalla corona britannica.

Oggi i sikh sono una delle frange più benestanti della società indiana; hanno un ruolo decisivo nel commercio e il controllo esclusivo della fabbricazione dei pezzi di ricambio per automezzi, oltre a vantare un'insuperabile abilità nel campo meccanico in genere e la fama di essere i migliori autisti di taxi e i migliori piloti d'aereo (un taxista su due per le vie di New Delhi è un sikh, come sikh è la maggior parte dei piloti dell'Air India o delle linee aeree interne).

Arrivo ad Amritsar verso le due del pomeriggio, e trovo subito una sistemazione, più che decente per il prezzo di novanta rupie indiane, nemmeno quattro dollari, alla Moon Guest House in una stradina vicino al Golden Temple, potendo per giunta piazzare la Vespa sulla gettata di cemento del cortile interno proprio sotto la finestra della camera n. 3 che mi viene assegnata, l'unica rimasta libera. Le altre sono tutte occupate da un gruppo di sikh dello stato di Orissa, in pellegrinaggio organizzato a bordo di un pullman verdognolo pieno di striscioni e santini raffiguranti i Dieci Guru, di fianco al quale parcheggio.

Dopo un pranzo veloce a base di *samosa*, le frittelle al curry che si vendono in piccoli chioschi di ambulanti, avvolte in fogli di giornale su cui trasudano mischiando l'olio all'inchiostro tipografico, cammino sotto un sole accecante lungo la strada che conduce al Golden Temple ed è fiancheggiata da negozietti di souvenir religiosi e stampe sacre su un lato, e da una schiera di mendicanti, lebbrosi, storpi e ciechi sull'altro, offrendo subito uno spaccato dei due aspetti dominanti in ogni città dell'India, il misticismo e la miseria, la spiritualità ineffabile e il dolore incancrenito, le menomazioni fisiche, le piaghe. Ricordavo di avere letto nel libro di Théroux, la prima notte passata a Lahore, un passo a proposito dell'immagine più ricorrente che adesso vedo raffigurata sulle stampe sacre, in una decina di edizioni diverse e tutte dipinte a colori vivaci, che tappezzano incorniciate ogni negozio di souvenir religiosi: quella di un uomo senza testa. "Il sangue sgorga dal moncherino del suo collo, e l'uomo indossa un'uniforme da guerriero. In una mano tiene la spada sguainata, e nell'altra la testa gocciolante. Avevo chiesto a nove sikh quale fosse il nome di quest'uomo; nessuno aveva saputo dirmelo, ma tutti conoscevano la sua storia."

Prima di arrivare sul piazzale antistante l'ingresso al tempio, delimitato da mura di marmo candido come spuma da barba e abbagliante nella luce del pomeriggio, provo a fare la stessa domanda limitandomi a un solo sikh, il padrone del negozio nel quale stavo curiosando da alcuni minuti e dove l'indomani comprerò un harmonium a mantice di quelli che usano i monaci indiani per accompagnare le loro preghiere (il primo pacco postale spedito in Italia dalla partenza). La storia che mi viene raccontata è questa. In una delle guerre del Punjab venne decapitato un guerriero sikh fedelissimo al suo credo, che non voleva saperne di lasciarsi morire senza aver prima ottenuto una degna cremazione ad Amritsar; perciò raccolse la propria testa mozzata e continuò a combattere, trafiggendo a colpi di spada tutti i nemici che gli si paravano davanti sulla via per Amritsar, con la testa dagli occhi strabuzzati e feroci che gli ciondolava in una mano sprizzando gocce di sangue... In quanto al nome di questo indomito esempio di perseveranza e tenacia tutta sikh, nemmeno il padrone del negozio saprà rivelarmelo.

Dopo essermi tolto gli scarponcini e le calze, e averli posati su uno sportello di legno ricevendo in cambio un tagliando, salgo una scalinata per entrare sulle lastre di marmo lucido e scivoloso attorno all'enorme vasca al cui centro brilla la cupola del Golden Temple, che nel 1803 il maharajah Ranjit Singh fece ricoprire con 400 chili di lamine d'oro. Lo spettacolo intorno a me è di quelli da mozzare il fiato, e la Lubitel tenuta insieme dal nastro adesivo scatta in continuazione.

L'architettura del tempio e dei palazzi di marmo che lo circondano, con porticati, torri e colonne, è un incrocio tra gli stili indù e moghul musulmano; il viavai dei fedeli sulla pensilina delimitata da lampioncini dorati e ghirlande di fiori che dai bordi della vasca lo raggiunge, è incessante ma stranamente silenzioso, con le macchie di colore degli sgargianti *sari* femminili e i veli bianchi mossi da un vento leggero; stormi di rondini punteggiano il blu intenso del cielo, e sui bordi della vasca alcuni uomini in perizoma stanno immergendosi nell'acqua stagnante che circonda il tempio, assorti in preghiera con le mani giunte tra la fronte e le labbra. Dall'interno, nella sala in cui è custodita la copia originale del Granth Sàhib, il testo sacro della religione sikh, giungono amplificati da un impianto stereo un po' gracchiante il suono dell'harmonium e il salmodiare dei preti con le risposte corali mormorate dai fedeli.

Quando dopo un paio di ore ritorno alla guest house trovo due Enfield, le grosse moto di fabbricazione indiana, parcheggiate di fianco alla Vespa, che al loro confronto sembra minuscola e mi fa sorridere al pensiero che mi abbia portato fino lì, come testimoniano gli adesivi che a mano a mano ho appiccicato sul parafango anteriore, e che finora dicono: Grecia, Turchia, Iran, Pakistan e – sfoderandolo dal marsupio, fresco fresco di acquisto nei botteghini di souvenir –: India.

Anche questo, come segnare con il pennarello la strada fatta ogni giorno, è uno dei momenti piacevoli del viaggio, anche se capita molto più di rado: aspettare di essere entrato in un nuovo paese, comprare un adesivo con la bandiera nazionale, e a volte faticare per trovarlo passando da un negozio all'altro in una ricerca da caccia al tesoro; poi attaccarlo sul parafango e stare qualche secondo a rimirare l'opera, fantasticando, magari per accorgersi di averlo attaccato storto. Le bandiere sono molto pittoresche, finché non le si prende troppo sul serio; e i loro accostamenti cromatici sul bianco avorio dei miei tre scooter, in cinque continenti diversi, mi sono sempre sembrati bellissimi.

Una donna grassa dietro il banco della reception mi informa che le moto appartengono a due ragazze francesi, che in quel momento sono andate con suo figlio nella dépendance della guest house per dare un'occhiata alla camera prima di decidere se fermarsi lì o no. L'idea di poter parlare con due *görrs* (come le chiama la matrona), e non importa se francesi o peruviane o zairesi, mi giunge molto gradita dopo tutti i giorni passati in Pakistan, dove l'unico sostantivo femminile con cui abbia avuto una certa dimestichezza è stato "strada", quasi sempre accompagnato dall'aggettivo "brutta".

Poco più tardi le ragazze ritornano insieme al figlio della padrona, fasciate in tute di pelle da motociclista, col viso infuocato e sudaticcio per il caldo, e al primo colpo d'occhio l'aggettivo sembra indicatissimo anche per loro, al plurale. Provo a intavolare una conversazione qualsiasi, *Comment ça va? D'où venez-vous?* Ma le *mesdemoiselles* rispondono così svogliatamente e di fretta che mi passa la voglia di fare altre domande, e mentre inforcano le moto per andarsene via, dal momento che la camera non è stata di loro gradimento, io le saluto agitando cinque dita un po' perplesse e me ne torno in camera con la coda tra le gambe. Le incontrerò altre quattro volte sulle strade dell'India, e Monique e Brigitte diventeranno il Leitmotiv delle mie tappe in Rajasthan, nell'Uttar Pradesh, in Bihar e nel Bengala, diventando nel contempo sempre più sudate e solo di poco più socievoli.

La mattina del 10 ottobre lascio Amritsar e il Punjab, per entrare nel piccolo stato dell'Haryana sulla Grand Trunk Road verso New Delhi. Questo stato, con i suoi 18 milioni d'abitanti in un'area di 40.000 chilometri quadrati, circonda l'enclave del distretto federale di Delhi e rappresenta un'eccezione, un fenomeno isolato rispetto alle reali condizioni di altri stati indiani, anche per quanto riguarda la viabilità e le facilitazioni turistiche per chi viaggia. In certi momenti, percorrendolo, si ha quasi la sensazione di essere in Europa... salvo poi avere all'improvviso dei tocchi inconfondibili di "indianità", come nugoli color carbone di avvoltoi sulla carogna putrescente di un bufalo, o un *sadhu* che passeggia tranquillo lungo il ciglio della strada, con il corpo nudo pitturato d'azzurro, il tridente in mano e un serpente attorno al collo, come il dio Shiva.

Anche la capitale dell'Haryana, Chandigarh, è una città che sembra progettata per un altro mondo, un sobborgo parigino trapiantato in un contesto che non è il suo, e al quale l'India conferisce dei toni contraddittori e surreali, a volte comici, a volte stridenti.

Disegnata dall'architetto francese Le Corbusier secondo un'asettica planimetria a scacchiera divisa in settori numerati, e costruita intorno ai primi anni cinquanta, Chandigarh ha ampi parcheggi per le automobili (in un paese in cui soltanto una persona su tremila possiede un'auto privata), larghe vie piene di sensi unici, congestionate dal traffico dei rickshaw a bicicletta, delle vacche sacre e dei pedoni; palazzi di calcestruzzo che fanno pensare a enormi scatole da scarpe e sono intervallati da larghi spazi inutilizzabili, trasformati in accampamenti dalle migliaia di *homeless* che vivono in un loculo di cartoni e stracci, o in pascolo per le capre; appartamentini che sembrano progettati avendo in mente una famigliola europea, e che qui vengono abitati da venti o trenta persone.

Nel tratto della Grand Trunk Road in Haryana ci sono stazioni di servizio vere e proprie, con motel e ristoranti, bungalow con aria condizionata e piscine, e tutto sembra, sulle prime, di una pulizia addirittura impensabile in altre località dell'India, benché a un esame più attento riveli solo la copertura della sporcizia, non la sua rimozione: qualcosa come gettare la polvere sotto i tappeti, invece di spazzare per bene. Tutti i motel e gli autogrill davanti ai quali mi trovo a passare hanno nomi di volatili, in un lessico ornitologico che comprende Flamingo (fenicottero), Parakeet (parrocchetto), Heron (airone), Magpie (gazza).

Verso sera mi fermo al Kingfisher (martin pescatore, che è anche il nome della marca di birra più diffusa al nord dell'India), a pochi chilometri dalla città di Ambala ed esattamente a metà strada tra Amritsar e New Delhi. Sul bordo della piscina, nell'aria rovente e polverosa del tramonto, assisterò alla rissa più feroce che abbia mai visto in vita mia, tra alcuni camionisti sikh e un gruppo di giocatori d'azzardo locali, con scazzottate degne di un film western, serramanici sfoderati, grida, sirene della polizia, ambulanze.

Alla fine il corpo di un uomo verrà portato via in barella, e prima di essere coperto dal lenzuolo la sua gola, tagliata dai cocci di una bottiglia di Kingfisher, gocciolerà sangue come quella del guerriero sikh sulle stampe sacre vendute nei negozi davanti al Golden Temple.

5.

Lampadine & Lampade

La grande piazza rotonda di Connaught Place nel centro di New Delhi (con i suoi dieci viali che si dipartono a raggiera in tutte le direzioni della città, i taxi neri, gli uffici governativi, i palazzi in stile vittoriano, i ristoranti esclusivi, le librerie fornite, le banche) e la vicinissima Chandni Chowk, la Via d'Argento nel cuore di Old Delhi (congestionata a ogni ora del giorno e della notte da una folla vociante di facchini, venditori, mendicanti, con i carretti spinti a mano, l'immondizia ammonticchiata dovunque, le moschee del periodo moghul e le case fatiscenti) formano un contrasto netto e perentorio. Già dalla prima occhiata mentre entro in città lungo la Grand Trunk Road e attraverso il ponte sulla ferrovia, costeggio il Red Fort e la parte vecchia per dirigermi a Connaught Place, mi rendo conto di come la capitale indiana sia in effetti formata da *due* città distinte e molto lontane tra loro, nell'essenza se non nella distanza.

Jeff e Lisa, a Quetta, mi avevano dato l'indirizzo della Sunny Guest House in Scindia Street, nei paraggi di Connaught Place, raccomandandomela vivamente: camere spaziose, poco rumore, doccia calda, colazione al mattino; e il tutto per 120 rupie, meno di cinque dollari. Visto che quel giorno è domenica e gli uffici della Piaggio Layson India sono chiusi, decido di andare a verificare di persona la doccia calda della Sunny, per rimandare al giorno dopo l'incontro con il distributore indiano e, molto probabilmente, il trasloco in un hotel migliore, con tanto di stelle e aria condizionata, moquette e frigobar, come già era avvenuto a

Tehran e a Lahore (anche se i frigobar di queste due città erano stati soltanto *frigo* e niente *bar*).

Ero partito dal Kingfisher prima delle cinque di mattina, pensando ancora al luccichio delle lame e alla rabbia che deformava il volto dei contendenti, sentendo le loro urla acute, o soffocate da una giacca sulla bocca. Mentre il sole spuntava lontano all'orizzonte e il cielo si rischiarava di una luce nebbiosa, sulla Grand Trunk Road era già in corso un'attività incessante: alcuni uomini, tutti in fila sul ciglio erboso della strada, stavano accucciati col *longi* rimboccato sui fianchi e si svuotavano le viscere prima d'iniziare la giornata, guardando fisso davanti a sé; altri si lavavano insaponandosi da capo a piedi e versandosi addosso manciate d'acqua pescata nel ruscello; le donne accendevano il fuoco fuori dalle capanne, o impastavano il letame palpeggiandolo tra le mani come pasta fresca, per poi appiccicare le focaccette nere sulle pareti di fango, e farle seccare al sole prima di poterle usare come combustibile; le bambine vagavano veloci qua e là con in testa le brocche d'ottone piene d'acqua, e camminavano con la schiena all'indietro e il portamento da piccole indossatrici.

Tutto sembrava essere in movimento, anche se con scansioni indolenti e mai affannose: qualcuno attaccava i buoi al giogo, qualcun altro inchiodava un pezzo di lamiera sul legno della sua capanna; un ragazzino faceva volare il suo piccolo aquilone triangolare oltre i fili elettrici molli e panciuti, tra i quali una moltitudine di piccole vittime di carta velina, verde, rossa, gialla, azzurra, si era già precedentemente impigliata. Un uomo con degli spessi occhiali neri e del cerotto sulle stanghette stava riparando il mozzo di una bicicletta, attorniato da un pubblico di marmocchi mezzi nudi, con strisce di moccio sotto il naso, i brandelli delle canottiere sulle pance prominenti e i crani rasati, che lo guardavano con lo stesso interesse con cui si ammirerebbe un ingegnere in camice bianco maneggiare un pezzo di reattore nucleare. Qualcun altro si aggirava sulle gambe magre tra i pendii di un'enorme montagna di rifiuti per raccogliere qualsiasi cosa potesse essere riutilizzata: una bottiglia di plastica, una camera d'aria sventrata, le bucce di melone e i grumi secchi di riso su foglie di banana, contendendo ai corvi ogni presa.

Superata Ambala mi ero trovato davanti a un cartello di ferro arrugginito che dal ciglio della strada diceva, in hindi e in inglese: "Campo di Kurukshetra. Qui fu combattuta la battaglia tra i valorosi pandawa e i loro cugini kurawa, come narra il *Mahābhārata*;

e qui il dio Krishna impartì all'eroe Arjuna gli insegnamenti morali sul valore e la fedeltà al proprio dovere, secondo il sacro testo della *Bhagavadgītā*". Accosto con la Vespa, ma non c'è niente da vedere tranne un prato e il cartello; così tolgo dallo zaino un libretto di mitologia indù comprato ad Amritsar e, sbocconcellando un mango per colazione, leggo tutto quello che c'è da leggere sull'eroe Arjuna e i pandawa, Krishna e la battaglia di Kurukshetra, guardandomi intorno ogni tanto; poi proseguo per New Delhi, che dista ancora 160 chilometri.

Nel primo pomeriggio dell'11 ottobre, dopo aver chiesto due volte informazioni a due tassisti sikh che sembravano uno la copia dell'altro, arrivo davanti al cancello di ferro della Sunny, in una giornata piovigginosa senza nemmeno l'ombra di un sole anemico tra le nuvole, a dispetto del nome evocativo. E neanche c'è la camera spaziosa, con poco rumore e la doccia calda, perché sono tutte occupate e c'è posto solo nel dormitorio.

Allora provo alla Ringo Guest House, pochi metri più avanti nella stessa via, e per qualche rupia in meno mi sistemo in una stanza non spaziosa, rumorosissima e con arcipelaghi di isolette muffose sulle pareti; con il bagno miscroscopico ricavato da due tramezzi di masonite, la doccia da cui esce un misero rivolo d'acqua gelida o bollente, senza mezze misure. In compenso i tavolini del piccolo ristorante di fianco alla reception sono pieni di stranieri: due ragazzi che giocano a backgammon, un uomo magro con la faccia da inglese, gli avambracci pieni di tatuaggi e un Om di ferro sul torace pieno di peli, che legge "The Hindu" da solo in un angolo; una coppia di piccioncini settantenni che all'apparenza devono essere austriaci, e ogni tanto si tengono per mano o si danno un buffetto sulle guance mentre finiscono di sistemare i sacchi a pelo negli zaini, con l'entusiasmo di due boy-scout e i colli abbronzati pieni di rughe; tre ragazze che leggono libri o scrivono lettere, ognuna seduta a un tavolo diverso: capelli lunghi, zaffate di patchouli, collanine e vestiti da hippie un po' anacronistici ma piacevoli da guardare, che mi mettono subito a mio agio e mi fanno decidere per il Ringo, senza andare a cercare altre sistemazioni nei dintorni. Una delle tre ragazze, soprattutto, me lo fa decidere.

Del libro che tiene sopra le ginocchia, alzate contro il bordo del tavolo sotto una gonna di velluto nero, riesco a intravedere il titolo, e senza alcuna ragione mi piace il fatto che stia leggendo *David Copperfield* lì a New Delhi. Mi viene spontaneo sorriderle di sfuggita, prima di salire in camera a cambiarmi la camicia bianca che in quei due giorni era diventata di un colore indefinito. Lei impercettibilmente ricambia il sorriso, alzando per un attimo gli occhi dal libro, azzurri come la copertina di quell'edizione della Penguin.

Strigliato a dovere e con una camicia nuova scendo nella piccola sala del ristorante; i giocatori di backgammon sono stati sostituiti da altri due, un ragazzo e una ragazza, davanti alla piccola scacchiera, e i piccioncini austriaci se ne sono andati con i loro zaini sulle spalle. L'inglese magro è passato a una copia della rivista "India Today"; le due ragazze ai tavoli distanti tra loro stanno scrivendo delle cartoline dopo aver finito con le lettere, ma la mia lettrice di Dickens è scomparsa. ("She go for a walk," mi dicono alla reception, quando con tono indifferente cerco di carpire qualche notizia sulla sua assenza.)

Vado a fare quattro passi fino a Connaught Place, con la segreta speranza d'incontrarla prima o poi, e mi guardo intorno attentissimo a ogni angolo, fiutando l'aria come un segugio, quasi volessi riuscire a districare il sottile filo della sua scia di patchouli tra i fili di mille altri odori che mi si aggrovigliano nelle narici: verdura marcia, incenso, gas di scarico e l'acre aroma dei *beedies*, i sottili sigarilli fatti con una foglia aromatica arrotolata e tenuta ferma da un refe di cotone, venduti in cartocci dalla forma conica.

La incontrerò soltanto verso le undici, dopo aver cenato da solo in un ristorante, The Host, pieno di indiani benestanti e rispettive consorti che cicalavano preferibilmente in inglese tra loro, con l'inconfondibile suono delle dentali e delle liquide che hanno gli indiani quando parlano ogni lingua, che sia l'inglese o l'hindi, il bengali o il francese. Un cameriere con turbante verde smeraldo e fusciacca dorata sul petto è rimasto fermo per tutto il tempo dietro di me, e bastava che facessi un gesto o mi lasciassi sfuggire un tossicchio o uno sbadiglio per vederlo scattare come una saetta e piegarsi un poco verso il tavolo a sussurrare: "*Yes, mister?*". Mi portò un *thali*, che è uno dei piatti più popolari ed economici dell'India, anche se nei ristoranti di lusso te lo servono in pompa magna facendolo prima diventare una "raffinatezza" per turisti (e naturalmente facendotelo pagare cinquanta volte di più che se lo mangiassi in una bettola di Agra o Varanasi). Il *thali* è un piatto di metallo sul quale sono posate altre ciotoline di metallo con diverse verdure al curry, un assortimento di salse piccanti, purè, yogurt mischiato all'aglio o al sedano, *samosa*, riso e *pata*, foglie arrotolate come involtini con ripieno di frutta e noci, e poi cotte al vapore. Nei ristoranti più alla buona le ciotoline sono incorporate direttamente nel metallo del piatto, in forma di avvallamenti rotondi, e anche la varietà dei cibi che lo compongono è minore.

Al *thali* seguì un piatto di *chicken tandoori*, annaffiato da una forte birra scura il cui nome era tutto un programma: Knock Out, e che sull'etichetta aveva un pugile scazzottante. Guardai la gradazione alcolica enfatizzata vicino ai guantoni, e lessi 8 per cento, che per una birra non è poco davvero. Una seconda bottiglia, finita poco prima che mi arrivasse il conto su un piattino pieno di semi di anice e stuzzicadenti, mi regalò un'impalpabile sensazione di leggerezza e le gambe molli, sulle quali uscii dal ristorante come se i piedi non toccassero terra, salutato dal sorriso cerimonioso del mio angelo custode con il turbante. Una terza bottiglia avrebbe fatto sicuramente scattare il guantone, per mandarmi al tappeto. Appena fuori dal ristorante m'imbatto nell'uomo "vestito" con l'abito più strano che abbia mai visto.

È in piedi sotto un enorme cartellone dipinto a mano, con colori così accesi da sembrare fosforescenti e pennellate abbastanza dozzinali, che pubblicizza un film indiano i cui protagonisti sono avvinghiati in un bacio a labbra chiuse, con delle facce grassocce e le meno orientali possibile. Sta saltellando con le braccia conserte sul torace, come se avesse freddo; ha gli occhi stralunati e la cornea è una sostanza gelatinosa, giallognola. I capelli stopposi gli scendono in una massa compatta fin sulla schiena, appiccicati tra loro come pezzi di pelliccette tarmate, di poco prezzo; borbotta una cantilena con una voce catarrosa, ripetendo due o tre parole, sempre le stesse. La gente gli passa a fianco senza prestargli attenzione, le macchine lo scansano strombazzando con i clacson fragorosi che sono di prammatica in India; ma lui sembra non scomporsi, e continua a saltellare sulle gambe piene di ulcere fresche, sanguinolente; la pelle bruna è resa traslucida da un velo di polvere e sporcizia.

Sarebbe completamente nudo... se non fosse per una grande lampadina annerita che gli penzola in mezzo alle gambe, attaccata con un pezzo di spago alla radice del pene, e che a ogni saltello va su e giù, facendo ticchettare contro il bulbo di vetro i filamenti scoppiati all'interno.

Ritorno all'albergo scuotendo ogni tanto la testa, senza sapere cosa pensare, mentre canticchio sottovoce una canzonetta pakistana, quella che mi avevano insegnato a Nushki quando stavamo andando a prendere con le moto la chitarra-violino: "*Aapka nam kya hai? Ek do tin...*".

Ed eccola lì, da sola tra i tavoli vuoti, con le ginocchia puntate contro il bordo e *David Copperfield* sulla gonna di velluto. Due nuovi sospetti di sorriso: distratto il suo, questa volta; sfrontato e con occhi torbidi il mio, grazie alle Knock Out. Mi installo senza troppe cerimonie al tavolo di fronte al suo, e comincio a guardarla con una fissa lucidità un po' folle, di certo non gradevole. "*Anything wrong?*" chiede lei di punto in bianco, alzando gli occhi da Peggotty, Emily, Steerforth e Uriah Heep per puntarli acuminati nei miei, con una smorfietta di scherno che le piega appena appena le labbra.

Per almeno cinque minuti non so cosa dire né che pesci pigliare; mi guardo intorno con una faccia da ebete, leggo il poster che mi sta sopra la testa e che pubblicizza un tour a Dharamshala in Himachal Pradesh, dove si è rifugiato il Dalai Lama con i tibetani che l'hanno seguito in esilio (900 rupie una settimana, autobus compreso), poi passo a un altro poster che illustra le meraviglie di Khajurhao (cinque giorni 600 rupie); ma non riesco ad andarmene di lì né a intavolare una conversazione decente.

Finché all'improvviso, forse stanca di quel silenzio imbarazzante, lei mi viene in aiuto con la parola magica, e posando il libro sul tavolo chiede: "*You're the Italian on a scooter, aren't you?*".

"YEESSS!" rispondo io con gratitudine, liberato dalla tortura.

E da quel momento non riesco più a frenarmi; le parlo della Turchia e dell'Iran, di Nawab e dei kafiri, dando la stura a una valanga di chiacchiere, farcendo ogni parola con l'improvvisa sfrontatezza che otto volumi di alcol svolti in una birra sanno dare per incanto. Non distolgo lo sguardo, mentre la subisso di racconti, dal magnetismo dei suoi capezzoli in rilievo sotto la trama fine del cotone, e dai suoi occhi blu scuro, screziati nell'iride da strani punti luminosi, che al riverbero della lampada mi sembrarono – ahimè! – pagliuzze d'oro. Strizzando forte le palpebre, mentre lei con una cannuccia gorgoglia sul fondo di una bottiglia di Thums Up, la pseudo Coca-Cola indiana, ci vedo avvinghiati sulla stuoia di paglia, tra le sedie e le gambe dei tavoli; ma quando le riapro di scatto lei è ancora seduta nella stessa posizione e con una mano davanti alle labbra dice "*Pardon*" dopo essersi lasciata scappare un ruttino silenzioso.

Si chiama Elektra, è figlia di greci ma è nata in Inghilterra; si è laureata in filosofia all'università di Edimburgo e da cinque mesi sta viaggiando per l'Asia con autobus e treni, come Jeff e Lisa; è appena tornata dal Tibet e adesso pensa di rimanere un po' in India, poi forse andrà a Mombasa, in Kenya, con una nave da Bombay, o tornerà direttamente in Inghilterra, *who knows?*

"Elektra e poi?"

"Dimitropoulos; più greco di così non si può, eh?"

"Effettivamente..." Le chiedo di raccontarmi del Tibet, e Elektra mi parla di Lhasa e dei monasteri sparsi sulle montagne, facendomi venire una grande voglia di andarci, magari in Vespa con lei.

Poi lei chiede a me di parlarle dell'Indonesia, dove non è mai stata; e le mie chiacchiere ispirate, per il vero, sembrarono interessarla... ma non per questo, alla fine, riusciranno a spianarmi la strada verso la stuoia sottostante o la sua camera al piano superiore, a dispetto delle mie occhiate in tralice e del suo umore diventato via via più allegro e ciarliero.

Verso l'una Elektra si alza, stringe *David* in una mano e con l'altra mi fa un saluto preparandosi a salire, da sola, le scale.

"Domani ti fermi ancora a Delhi?" le chiedo con l'ultima scintilla di speranza, lasciando a mia volta il tavolo e appoggiandomi col gomito sul banco dei registri, vicino al cameriere che sonnecchia.

"No, vado a Jaipur in treno; tu cosa fai?"

"Domani devo passare dal distributore della Vespa qui a Delhi; poi non saprei..." Bugiardo, lo sai benissimo che *poi* andrai a Kanpur per incontrare i manager italiani della Piaggio che risiedono in India, e che organizzeranno sicuramente qualche altra conferenza stampa; lo sai benissimo che passerai per Varanasi e Calcutta, e da lì in Bangladesh; senza l'ombra del Rajasthan di mezzo, senza la Città Rosa di Jaipur, gli elefanti e i maharajah, senza il Tempio dei Venti o i *sadhu* di Pushkar.

"Beh, buonanotte. *Nice to meet you.*"

"Kali nikta – Parakalò – Sagapò," le dico dando fondo a tutto il mio greco; lei sorride e mi manda un bacio scanzonato sulla punta delle dita, prima di chiudersi la porta n. 11 alle spalle.

Fino a tardi non riesco ad addormentarmi, rigirandomi in continuazione nelle lenzuola non pulitissime della Ringo Guest House. Ripenso a Ellis e alla Cappadocia, mi rivedo abbracciato a Elektra sotto il tavolo; penso al Rajasthan, al Vietnam e alle difficoltà che sicuramente troverò per entrare in Birmania, o in Cambogia.

Verso le otto di mattina scendo a far colazione, e prima ancora di portarmi una tazzina con l'acqua calda e un barattolo di Nescafè, il cameriere m'informa, senza che gliel'abbia minimamente chiesto, che "She already gone to Jaipur"; e poi aggiunge: "Black or milk?".

Due giorni più tardi, il 13 ottobre, dopo essere passato negli uffici della LML Vespa di Mac Load Street e avere fatto due interviste per "The Times of India" e "The Hindu", organizzate seduta stante dal direttore dei servizi promozionali, Mr Narayam, con un paio di telefonate; dopo aver avvisato i manager italiani che avrei fatto una deviazione di qualche settimana nel Rajasthan prima di raggiungerli a Kanpur, lascio la bella stanza al Nirula's Hotel dove mi avevano ospitato per una notte, con la birra nel frigobar e le lenzuola immacolate, e parto a rotta di collo verso Jaipur, sulle tracce di David Copperfield e di Elektra Dimitropoulos.

Il Rajasthan (la Terra dei Re) è uno degli stati più poveri della poverissima India, ma sicuramente è anche uno dei più "esotici", colorati e pittoreschi di tutto il Subcontinente, come ribadiscono le agenzie turistiche presentando i loro dépliant, come specificano con enfasi i foglietti illustrativi distribuiti dal ministero del Turismo indiano, e come si accorge da solo chiunque visiti Jaipur o l'Amber Fort, il City Palace di Udaipur e la Fiera dei cammelli di Pushkar, l'oasi di Jaisalmer o il palazzo del maharajah di Samode.

"Più che ogni altro stato in India, il Rajasthan incarna le immagini dell'esotico Oriente, e in un modo che supera la fantasia della più fervida immaginazione. Forti e palazzi da fiaba in ambientazioni da fiaba punteggiano il paesaggio, testimoniando l'opulenza dello stile di vita dei raja che governarono lo stato per diversi secoli. All'estremo opposto della scala sociale c'è la vigorosa e fiorente cultura popolare, che si esprime in un'esplosione di colori, in esuberanti feste e celebrazioni, in una musica fascinosa e in forme di bellezza straordinariamente delicate; tutte cose ancora più notevoli per una popolazione cui la stessa esistenza è una lotta continua."

Questo è l'incipit del capitolo dedicato al Rajasthan sulla guida Nelles per l'India del Nord, che ho nello zaino insieme ai canonici volumi della Lonely Planet, corredato da splendide fotografie della Fiera dei cammelli a Pushkar, del Palazzo dei Venti di Jaipur (l'Hawa Mahal), ripreso di notte, e del City Palace di Udaipur.

Arrivo a Jaipur quello stesso giorno, dopo aver lasciato all'alba la stanza al Nirula's Hotel e aver coperto senza tappe intermedie i 310 chilometri che separano la capitale del Rajasthan da New Delhi, fermandomi solo pochi minuti per riempire il serbatoio, bere un succo di canna da zucchero spremuta a mano in un botteghino, tra due rulli di metallo zigrinato, e ripulire un cartoccetto di *pakora*, dei triangoli di pastella croccante ripieni di verdura, dal sapore simile a quello dei *samosa*.

Poco prima di entrare nella città di Kot Puri, verso l'una del pomeriggio, vedo in lontananza un gruppo di persone ferme in mezzo alla strada, e avvicinandomi scorgo un grande autobus di linea finito in un fosso dopo aver divelto un paio di alberi, che sta capovolto con le ruote in su, semiaffondato nella melma tra i cespugli folti, con alcune persone che ancora gemono all'interno, tra le lamiere contorte. Cinque contadini che stavano lavorando nel campo sull'altro lato della strada sono accorsi e stanno dandosi da fare tra le lamiere; e la cosa che mi stupisce maggiormente è che gli altri passeggeri dell'autobus, quelli che adesso sono sulla strada illesi o feriti soltanto leggermente, non muovano un dito per aiutarli; vanno avanti e indietro lamentandosi, o semplicemente guardano la scena.

Le donne ricompongono i lembi dei *sari*, i bambini frignano aggrappati alle braccia delle madri; l'autista, che ha un graffio su una guancia, sta spiegando qualcosa a un passeggero; ma soltanto i cinque contadini, con le gambe magre e arcuate sotto i *longi* raccolti tra le cosce, le magliette di cotone piene di buchi e le sciarpe di lana scozzese annodate sulla fronte a mo' di turbante, sembrano fare qualcosa di concreto per estrarre le persone intrappolate.

Gli altri non si scompongono più di tanto, stanno con le mani in tasca o intrecciate dietro la schiena, e mi lasciano interdetto mentre li guardo, dopo aver accostato sul ciglio della strada, spento il motore e aver chiesto loro se avessi potuto fare qualcosa anch'io. "Go, go!" dice l'autista intromettendosi, e non sembra molto contento che mi sia fermato. "No need; go!" fa eco un indiano con la faccia gialla da burocrate, i capelli unti di olio e una spessa lente degli occhiali che nel colpo è andata in pezzi.

Proprio in quel momento, da Kot Puri, arriva una camionetta della polizia, che dopo essersi avvicinata a velocità di crociera frena bruscamente sul luogo dell'accaduto, facendo fischiare i pneumatici in un modo eccessivo e del tutto inutile. "Go, you go!" mi dicono anche i poliziotti, appena smontati dalla macchina. E solo allora, sentendomi così indesiderato e superfluo, do un colpo sul pedale della messa in moto almanaccando intorno al comportamento delle persone scampate all'incidente, che non finisce di sembrarmi enigmatico e incomprensibile, insieme a quella voglia lampante che me ne andassi in fretta. Avevo comunque imparato, in quei pochi giorni da Amritsar a Delhi e nei quattro precedenti viaggi in India (una nazione che sarebbe forse più giusto chiamare *continente*, e che qualcuno addirittura non esita a definire *pianeta*), che voler decifrare o cercare di capire ogni dinamica, ogni logica interna delle "stranezze" che gli indiani ti offrono in continuazione, spiazzando la *tua* logica e le *tue* previsioni, è una fatica di Sisifo, un compito che trascende i limiti di un singolo viaggio, soprattutto di un viaggio a bordo di uno scooter. Così ingrano la prima e senza fare altre domande me ne vado.

Mangio il mio cartoccetto di *pakora*, croccanti e untissime, seduto su una panca di legno appena fuori da Kot Puri, inalando la puzza di nafta che gli onnipresenti camion col logo TATA (la marca indiana di veicoli pesanti più diffusa nel paese) mi sbuffano addosso in nuvoloni di pulviscolo grigio, sfrecciando a tutta birra sulla A8 dopo i rallentamenti forzosi nel centro abitato. Poi continuo senza altre interruzioni fino a superare le città di Chandwaji e Amber, e a trovarmi sotto le volte di Zorawar Gate, la porta nei bastioni nord di Jaipur.

Imbocco il trafficatissimo viale di Sideori Bazaar (biciclette, rickshaw, camioncini, Vespa, Bajaj, elefanti, Suzuki Maruti, pedoni, *sadhu*, mucche, carretti dalle ruote enormi tirati da cammelli, vecchie Ambassador, capre eccetera) che attraversa tutto il centro della città, racchiuso dalle mura di cinta dipinte di rosa.

Costeggio un angolo dello spettacolare Hawa Mahal, il Tempio dei Venti, la cui facciata color salmone, piena di nicchie, spigoli e finestre rimane però nascosta dagli alberi che delimitano il viale, nonostante allunghi il collo tra le teste dei guidatori di rickshaw e i tetti delle macchine, fermi come me a un semaforo dall'interminabile luce rossa.

Come in ogni grande città indiana, anche qui le moderne tecnologie non hanno sostituito le antiche, semplicemente si sono affiancate a esse; le forme culturali, le etnie e i modi di vita più diversi, il "vecchio" e il "nuovo" non sono antitetici tra loro, ma assimilati in uno stesso universo come manifestazioni naturali e immutabili della sconfinata varietà dell'esistenza, come simultaneo oggettivarsi di tutte le sue possibilità. I carretti tirati dai cammelli convivono con i furgoncini e i pick-up giapponesi; gli elefanti con i camion TATA; i rickshaw a bicicletta con i taxi neri. L'India, che è una delle più grandi potenze industriali del Terzo mondo, rimane allo stesso tempo un paese essenzialmente rurale, in cui il 70 per cento della popolazione è impiegato nell'agricoltura e nell'allevamento del bestiame. Gli astrologi e gli indovini espongono le loro parafernalie divinatorie sui marciapiedi davanti ai nuovi negozi di Mc Donald's che da qualche mese avevano fatto la loro apparizione in India (hamburger con carne di pollo, montone o fibre di soia) e ai palazzi con le antenne paraboliche. Le orchestrine itineranti di tromboni e di clarinetti lasciati dagli inglesi convivono con i moderni impianti HF di produzione locale o arrivati dalla Malesia e da Taiwan, e i *sadhu* nudi, con il corpo imbiancato di cenere e gli occhi perennamente annebbiati del *ganja*, la marijuana locale, girano per le strade a fianco di impiegati di banca o ai manifestanti di un corteo politico.

Jaipur è conosciuta dagli indiani come la "Città Rosa" per il colore con cui sono dipinti tutti i suoi edifici più antichi e la cerchia di mura che li circonda; un colore che nella cultura rajput simboleggia l'ospitalità. Deve il nome e la sua fondazione al maharajah Jai Singh, vissuto nella prima metà del XVIII secolo, che aveva fama di grande guerriero e astronomo e che nel 1727, in pieno declino dell'impero moghul, la edificò sul letto prosciugato di un lago, vicino all'allora fiorente città-fortezza di Amber. Lo stesso maharajah disegnò il piano della città sulla base di antichi testi indù, facendo subito edificare un osservatorio astronomico, tuttora visibile tra i tesori architettonici della capitale del Rajasthan.

Cercare una ragazza greco-britannica, o di qualunque altra nazionalità, nel caos di questa città indiana di quasi due milioni di abitanti, mi sembrò sulle prime un'impresa senza speranza, come cercare un ago in un pagliaio. Ma dopo aver considerato meglio la questione, ancora prima di partire da New Delhi, mi ero detto che non era poi così improbabile o assurdo, e che tutto sommato avevo buone possibilità di incontrarla di nuovo: chi a Delhi dorme alla Ringo o alla Sunny, a Jaipur andrà molto probabilmente all'Evergreen o al Diggi Palace, e a Calcutta all'Hotel Maria o alla Times guest house di Sudder Street. Per chi viaggia con un budget limitato, con meno soldi nel portafogli e più tempo a disposizione, o per chi comunque rientra nella categoria di *backpacker* più che in quella di turista, ci sono in molte città dell'Asia delle zone che diventano quasi "destinazioni obbligate", con gli alberghi economici e gli ostelli più popolari, dove può succederti di incontrare le stesse persone che avevi già visto cinque volte in cinque nazioni diverse, a distanza di migliaia di chilometri, come se vi foste dati degli appuntamenti ben precisi.

A Jakarta c'è Jalan Jaksa, a Yogya c'è Sosrowijaia; a Penang, in Malesia, c'è Julia Street, a Singapore Bancoolen Street; la "zona deputata" di Bangkok si chiama Khao San Road, quella di Calcutta è Chowringhee, quella di Benares (Varanasi) è Gowdalia, quella di Kabul *era* Chicken Street, quella di Katmandu è nelle stradine attorno a Durbar Square.

Dopo aver percorso tutto il viale di Agra Marg ed essermi fermato a un altro po' di semafori sovraffollati, vado a colpo sicuro verso l'ufficio postale e l'Evergreen, che gli sta di fronte in un vicolo pieno di negozietti che vendono pietre dure e monili in argento. Ero già stato lì qualche anno prima, e adesso non credo ai miei occhi vedendo come i locali della guest house siano stati ampliati e rimessi a nuovo, come il padrone (Ashoka, Arjuna o qualcosa del genere) si atteggi a nuovo arricchito, fumi con sufficienza una Benson&Hedges dietro l'altra e abbia costruito una ventina di nuove stanze lungo tutti i quattro lati del cortile interno, abbia rilevato un paio di case circostanti per annetterle all'Evergreen, messo in piedi un bel ristorante al posto del bugigattolo di prima, con negozi sotto il porticato e una piscina, come se i soldi dei viaggiatori più squattrinati, nel frattempo, si fossero trasferiti tutti nelle sue tasche e nella sua pancia, gonfia come un mappamondo sotto la camicia e un paio di impeccabili pantaloni con la riga, invece dell'eterna canottiera e del *longi* a quadrettoni con i quali me lo ricordavo.

Prima di entrare nella sala della reception avevo visto due Enfield parcheggiate davanti al cancello, con due bandierine francesi attaccate al manubrio, sommerse da una folla di ragazzini che facevano commenti e ridevano, mentre qualche adulto dignitosamente li scacciava con la punta di un bastone o a colpi di braccia, per poi rimanere a fare commenti e a ridere sotto un turbante e i baffi arricciati in punta, o sotto una papalina fatta all'uncinetto e una barba musulmana, tinta di arancione. I commenti, le cui parole non capivo, sicuramente vertevano non sulle Enfield, che sono motociclette molto popolari in India e si vedono regolarmente sulle sue strade, ma sul fatto che a guidarle fossero due ragazze, cosa un po' meno frequente.

Mentre compilo il registro do una sbirciatina attentissima alla pagina, da cima a fondo, e a quelle precedenti fino a risalire di tre giorni; ma nel ginepraio di grafie diverse non figura alcun nome decifrabile come Elektra, e tanto meno un Dimitropoulos che mi sarebbe balzato subito all'occhio.

Sistemo i bagagli nella camera, che nonostante la ripulita generale della facciata, gli ampliamenti e le migliorie è squallida e arredata male esattamente come lo erano le camere qualche anno prima; poi vado al ristorante per bere un caffè e trovo Monique e Brigitte, sempre fasciate dalle stesse tute di pelle da centauro, con una sciarpetta di cotone tempestata di Om e di minuscoli Ganesh attorno al collo, e un accenno di saluto sulle labbra screpolate, lucide di burro cacao. "*Comment ça va?*" "*Ça va bien*," eccetera.

Mi fermo a bere il caffè al loro tavolo, spiluccando un pancake al miele, e facciamo due chiacchiere se non proprio con disinvoltura almeno più cordiali delle poche sillabe scambiate quando ci si era visti per la prima volta, ad Amritsar. Avevano noleggiato le Enfield a Calcutta, un mese e mezzo prima, e avevano girato gli stati del Bihar, dell'Uttar Pradesh, dell'Himachal Pradesh (erano state a Dharamshala, per conto loro, non 900 rupie tutto compreso, sperando di vedere il Dalai Lama, che però in quel momento stava tenendo un giro di conferenze all'estero), poi erano scese nel Punjab e adesso, in un altro mese di viaggio e pigiando sull'acceleratore perché le loro vacanze stavano finendo, avrebbero riportato le Enfield a Calcutta attraverso il Rajasthan, il Madhya Pradesh e l'Orissa. "*All India Tour*", c'era scritto sul serbatoio delle moto, accompagnato dal tricolore francese.

"*Pas de problème*?" chiedo.

"*Pas de problème*," rispondono, e la conversazione si trascina stentata per un altro po', finché Brigitte decide di andare a fare due passi per Jaipur e Monique si alza per seguirla, lasciandomi solo a finire il pancake. *Au revoir*.

Prima di sera ho già sbirciato sui registri di altre nove guest house, con i pretesti più diversi e in pressoché tutte le zone della città, ma di Elektra neanche l'ombra.

Nei venti giorni che seguiranno, dopo aver condiviso l'allegria e l'entusiasmo della festa del Divali, senza smettere di cercarla tra la folla; dopo essere salito sulla groppa di un paio d'elefanti nei dintorni dell'Amber Fort e aver mancato di qualche giorno la Fiera dei cammelli a Pushkar; dopo aver passato la città di Udaipur con lo splendido palazzo che si affaccia sul lago ed essermi lasciato sfiorare dall'atmosfera mistica di Ujjain, una delle città sante dell'India, la incrocerò per poche frazioni di secondo e vedrò il suo viso sfrecciare dietro i finestrini di un autobus che corre nella direzione contraria: e di Elektra Dimitropoulos non ci sarà più traccia nel resto della mia vita, perlomeno di *questa* vita. Pochi minuti più tardi, mentre procedo bestemmiando a una velocità folle considerate le condizioni della strada, decollerò su uno *speed-breaker* per atterrare malamente sul pollice di una mano protesa in avanti, sentendo un *creeek* sinistro e guardandolo atterrito gonfiarsi come una melanzana.

Nel primo dei cinque giorni della festa del Divali, celebrata ogni anno per la luna nuova del mese di Kartika, che nel calendario indù corrisponde al periodo compreso tra la metà di ottobre e la metà di novembre, gli indiani imbiancano le facciate delle loro case con calce viva, le ripuliscono da cima a fondo e decorano i gradini con intricati motivi di gesso, in disegni chiamati *rangolis*. Di notte un numero impressionante di lampade viene acceso per le vie delle città, e la tradizione vuole che le luci e le fiaccolate servano per indicare al dio Rama la via del ritorno a casa dopo l'esilio da Ayodhya, la sua città natale.

Il secondo giorno si celebra la vittoria del dio Krishna (l'ottava reincarnazione – *avatara* – di Vishnu il vivificatore) sul leggendario tiranno Narakasura, e vestiti nuovi sono indossati dai fedeli in questa occasione, dopo un bagno purificatore in olio profumato fatto alle prime luci dell'alba. In compenso, di notte, molti si ubriacano, giocano d'azzardo fino a perdere delle fortune e fanno una visita ai bordelli della città, con la speranza che le cortigiane concedano gratuitamente i loro favori, rispettose dei testi sacri che lo prescrivono in occasione di questi "saturnali" indiani.

Il terzo giorno è dedicato all'adorazione di Lakshmi, la moglie di Vishnu e dea della fortuna e della prosperità: i nuovi bilanci finanziari delle società e delle industrie, e la programmazione delle spese delle singole famiglie per l'anno a venire, sono fatti in questo giorno, considerato fausto per ogni attività economica e commerciale. Negli ultimi due giorni la festa continua con la commemorazione di altre divinità minori, con i fuochi d'artificio che illuminano il cielo di notte; in ultimo agli uomini viene apposto sulla fronte, dalle sorelle o da altre donne appartenenti alla famiglia, il *tilak*, il segno sacro fatto con polveri vermiglie.

Il concetto di purificazione assume per gli indù caratteristiche quasi ossessive, ed è alle radici della loro devozione, il *bhakti*, e di qualsiasi cerimonia religiosa. Un indù fa il bagno molte volte al giorno, specialmente dopo aver mangiato, dopo essere andato di corpo (uno degli atti indispensabili prima di iniziare qualsiasi preghiera o meditazione religiosa), e persino dopo avere avuto una visione impura o aver offeso gli dèi imprecando e arrabbiandosi. Anche se vive sui marciapiedi di Calcutta, in un metro quadrato di stuoia con tutta la sua famiglia, usando cartoni come coperte e sporcizia come arredamento, un indiano farà la fila per potersi lavare alle colonnine degli idranti da cui zampilla l'acqua agli angoli delle vie.

La religiosità è uno dei caratteri dominanti della vita indiana, e i suoi segni sono evidentissimi per le strade di ogni città e villaggio, in forma di templi, immagini sacre, monaci itineranti, santoni e "giullari di dio", bastoncini d'incenso accesi davanti agli altarini e processioni di fedeli al suono delle *tabalas* e dei cimbali.

Guardato da un'ottica profana, il pantheon dell'induismo è quanto di più bizzarro si possa immaginare, e le raffigurazioni di certe sue divinità sembrano uscite da un cartone animato di Walt Disney.

Hunumani ha la faccia di una scimmia antropomorfa; Ganesh il corpo di un bambino paffuto e la testa di un elefante, con una lunga proboscide al posto del naso e una sola zanna, avendo perso l'altra in battaglia. Durga ha otto braccia e siede in groppa a una tigre; Kalì ha una collana di teschi e la lingua penzoloni sul mento. Krishna ha il corpo dipinto di azzurro e suona sempre un flauto; le tre divinità della Trimurti, composta da Brahma (il creatore), Vishnu (colui che preserva) e Shiva (il distruttore-rigeneratore, il cui fallo, lo Shiva *lingam*, è adorato come fonte inestinguibile di vita nella forma di un cilindro di pietra, spesso conficcato in una piattaforma ogivale che simboleggia l'organo sessuale femminile), hanno tutte quattro braccia, e Brahma è sempre rappresentato con quattro teste, per guardare in ogni direzione dell'universo.

Shiva, anche lui azzurro, ha un terzo occhio con le palpebre chiuse, perpendicolare alle sopracciglia; dai suoi capelli sgorgano le sorgenti del Gange e spunta una mezza luna crescente.

Con la consorte Parvati e il figlio Ganesh, l'elefantino, è spesso raffigurato in un'immagine che ricorda le rappresentazioni cattoliche della Sacra Famiglia. Vishnu è di colore blu scuro, è vestito di una tunica zafferano e ha alle spalle un ventaglio fatto di teste di cobra.

Per un occidentale, trovandosi di fronte a questo esuberante e colorato groviglio di animali, mostri e mezzi uomini, non è facile cogliere la profonda spiritualità della religione indù e della terra da cui è stata generata, insieme a un'altra delle grandi dottrine dell'umanità, il buddhismo. Non è facile percepire, tra le mediazioni a volte grottesche di queste divinità, la sete di realizzazione interiore e la ricerca del divino "dentro di sè", l'*atman*, che è alla base della speculazione filosofica induista e della pratica devozionale di ogni singolo fedele.

Pochi giorni prima che iniziasse il Divali ero andato a Samode, un villaggio distante 70 chilometri da Jaipur, dove il palazzo di un maharajah è stato trasformato in albergo, e per l'equivalente di quello che si spenderebbe in una pensioncina vicino alla Stazione Termini si può dormire in una stanza da Mille e una Notte, con la vasca da bagno in ottone incassata nel pavimento, broccati alle pareti e, su richiesta, odalische sinuose nel letto, ingioiellate e coperte di veli.

Proprio a Samode assisto alla scena più straziante che mi sia capitata davanti agli occhi nel corso di tutto il viaggio.

Alla periferia del paese, in uno spiazzo brullo nel quale arrivava il prolungamento dei fili elettrici su pertiche di bambù, era issato il tendone pieno di strappi di un circo miserando, con quattro baracche limitrofe che surrogavano i fasti di un luna park vendendo zucchero filato color fucsia, biglietti per una lotteria con in palio una bicicletta, tiro al bersaglio e un padiglione delle "curiosità", sul tipo di quelli che ospitano la donna barbuta o l'uomo serpente.

Resto a bighellonare per una decina di minuti tra le baracche, e pago poche rupie per tirare tre proiettili di sabbia rivestita di stoffa contro una piramide di barattoli, senza farne cadere nemmeno uno. Sto già per ritornare all'albergo del maharajah quando dalle tende del padiglione sento alzarsi le voci stridule di due bambini, amplificate da microfoni a volume troppo alto, che ogni tre parole vanno in distorsione e lacerano l'aria con dei fischi acuti.

Una voce sembra fare delle domande, e l'altra rispondere a tono; ma questa pantomima ha in sé una nota inquietante e fastidiosa, e senza motivo mi fa venire voglia di andarmene di lì al più presto.

Alzo lo sguardo verso lo striscione di stoffa che sormonta la tenda, sul quale sono dipinte alcune immagini inverosimili di divinità a più braccia che circondano un bambino a due teste, tra una serie di linee orizzontali sotto cui si sviluppano le zampette e i circolini dell'alfabeto hindi.

Un uomo appoggiato con i gomiti a una transenna, davanti alle tende accostate che fanno da ingresso, mi ripete diverse volte "Camm! Only ten rupees; camm!", vedendomi lì immobile con lo sguardo fisso sullo striscione colorato. Soprappensiero infilo una mano in tasca, tolgo una banconota accartocciata e gliela porgo.

Ricevo il resto e un bigliettino celeste; poi l'uomo scosta i lembi delle tende e mi fa cenno di entrare, mentre le due voci stridule scoppiettano e sfrigolano per un improvviso acciacco dei microfoni.

All'interno ci sono cinque o sei persone, in una penombra odorosa di fieno e sterco di animali, rischiarata soltanto da una lampadina da pochi watt che penzola dall'alto, col filo attorcigliato a quelli di due microfoni antidiluviani.

Sotto di essi, su una piattaforma circolare fatta di assi di legno, è sdraiato un bambino di dieci o dodici anni, nudo a eccezione di un paio di calzoncini corti. I due microfoni arrivano fino alle labbra di ognuna delle sue teste dai capelli ricci e corvini, sfiorando due visi dai lineamenti bellissimi, un po' contratti nello sforzo di gridare, di farsi domande e di rispondersi. Senza ancora rendermi perfettamente conto di quanto stia succedendo, ma già in preda a una confusa sensazione di curiosità e orrore, mi alzo sulle punte per vedere meglio... Proprio in quel momento il bambino, puntellandosi con i gomiti e i calcagni sul legno della piattaforma, descrive col corpo un cerchio di trecentosessanta gradi, trascinando penosamente le due teste, per mostrare agli spettatori che non c'è trucco, che nessuna di loro spunta da sotto, che sono tutte e due sue! Una donna in piedi di fianco alla piattaforma, forse sua madre, grida qualcosa con una voce altrettanto stridula, porgendo poi al pubblico un piccolo canestro di rafia, dove qualcuno fa cadere degli spiccioli.

Dopo aver descritto a fatica il suo cerchio, il bambino ritorna sotto i microfoni e da una delle sue gole parte una battuta che fa sorridere i presenti; ancora un secondo, e l'altra gola, evidenziando il pomo d'adamo, aggiunge una battuta che accresce l'ilarità, e più di una persona applaude timidamente. Le voci sono molto diverse tra loro: una è più roca e pronuncia adagio le sillabe; l'altra è più acuta, affannosa nel modo di parlare; forse anche perché il bambino vuole caricare l'effetto... *Il* bambino? Oppure *i* bambini? Un cuore solo, due braccia, due gambe, un tronco; ma *due* teste, due cervelli, due bocche, due voci! Un brivido freddo mi corre lungo tutta la schiena, ma non riesco a smettere di fissare quelle teste ricciute.

Fino alle clavicole il bambino è perfettamente normale, ben proporzionato; poi c'è un collo corto, non centrato rispetto alle spalle, dalla cui radice spunta, come il tallo di un innesto, un altro collo, più tozzo, che regge una testa soltanto di poco più piccola di quella che le sta a fianco. Le corde vocali che vibrano in due gole distinte su un unico corpo appartengono alla stessa persona o a *due* persone diverse?! E i pensieri? I gusti? L'*anima*?! I gemelli siamesi, per quanti organi possano condividere e per quanto siano uniti l'uno all'altro, sono sempre due gemelli, due persone. Ma un bambino con due teste, due cervelli e un corpo solo, è un bambino o *due* bambini?

La donna intercetta il mio sguardo, e con un sorriso sgraziato si mette quattro dita davanti alla faccia e fa andare su e giù l'indice della mano destra, come per invitarmi a scattare una fotografia: "Twenty rupee!" grida. "Twenty five!" fa eco il bambino, voltando fin dove riesce la testa più prossima alla direzione in cui sta il pubblico, con due grandi occhi improvvisamente seri. "Fifty rupee three foto!" incalza la donna, e sono sempre più convinto che sia sua madre: gli stessi tratti del viso, anche se meno aggraziati e dolci di quelli del bambino. Ho con me la Lubitel, e quasi senza rendermene conto la stringo più forte tra le dita di una mano.

Non ho la più pallida idea di quanto possa vivere una povera creatura che nemmeno riesce ad alzarsi dalla sua piattaforma di legno perché la colonna vertebrale non gli sostiene il peso di due teste; un bambino che la miseria dei suoi genitori ha fatto diventare un fenomeno da baraccone, e che forse non ha mai visto un dottore da quando è nato; forse pochi anni, forse la sua adolescenza era già un'eccezione... Ma so per certo che le mie cento rupie non lo faranno vivere né meglio né di più. Vengono raccolte dalla donna con una faccia incredula, e prese in fretta dall'artiglio di una mano che spunta sotto il *sari* verde; il bambino si mette in posa, con due indecifrabili sorrisi.

Quell'unica fotografia, scattata quasi in trance, sarà la più bella e la più dolorosa, la più dolce e la più agghiacciante che conservi del mio viaggio da Roma a Saigon.

Sei cammelli e una Vespa

Ero a Pushkar da tre giorni, in attesa di decidermi se rimanerci fino all'inizio dell'annuale Fiera dei cammelli, nella prima settimana di novembre, se scendere verso Udaipur e da lì, attraverso il Madhya Pradesh, raggiungere Agra e Kanpur, o se invece accorciare la strada di un bel tratto e raggiungere subito Gwalior "tagliando" la parte nord del Rajasthan da ovest a est. Ero ospite nella casa di un italiano che viveva in India da alcuni anni; c'eravamo incontrati per caso una sera, mentre passeggiavo sulla stretta via del lungolago, dalle parti dell'Hotel Lotus.

L'avevo riconosciuto subito, nonostante l'abbigliamento da hippie, le sciarpe sgargianti, i braccialetti e i capelli lunghi e inanellati come quelli di un rasta giamaicano, così diversi dall'acconciatura a spazzola, dalla giacca e cravatta con cui me lo ricordavo dall'ultima volta in cui ci si era visti, almeno quindici anni prima, sotto il duomo della piccola città di provincia in cui eravamo nati.

"*Michele!!*"

Lui si ferma, mi squadra per un attimo e poi grida: "*Too much!!*". Era da tempo che non sentivo più questa esclamazione, molto in voga negli anni settanta tra i freak nostrani che sognavano l'India, insieme ad altre frasi del tipo "buone vibrazioni", "paranoia", "Bon Shankar", "flippato" eccetera. Michele in quel periodo, comunque, gravitava nell'orbita dell'associazione cattolica della parrocchia di San Giacomo, e *too much* o *Bon Shankar* non facevano parte del suo vocabolario, i cui stereotipi erano piuttosto "portare una testimonianza", "nella misura in cui" e "dare il proprio contributo"...

Ci conoscevamo solo di vista, senza esserci mai frequentati; adesso mi stupisco sinceramente vedendolo bardato a quel modo, pieno di orecchini e senza l'ombra della cravatta; mi stupisco ancora di più quando mi dice che vive tra Goa, Manali e il Rajasthan da tre anni, per certi suoi *bisnis* sui quali non gli chiedo di dilungarsi, e che molto probabilmente hanno più a che fare con la compravendita di hashish che con quella di articoli religiosi o paramenti sacri.

Arrivati a casa sua, in un vicoletto dietro il grande Tempio di Pushkar, forse l'unico in tutta l'India a essere dedicato a Brahma, Michele mi presenta la ragazza con cui vive, Marie Louise, una biondina belga con un viso da furetto e una pancia da ottavo mese. "Se è maschio lo chiamiamo Ashoka, come l'imperatore antico; se invece è femmina Lakshmi, come la moglie di Vishnu; ti piace?" Mentre rispondo di sì, mi viene da pensare con un sorriso a come il cammino di ogni persona possa cambiare dal giorno alla notte nel giro di pochi anni, e come il Michele che conoscevo io avrebbe probabilmente battezzato i suoi figli Stefano o Martina, Edoardo o Monica.

La casa è in una vecchia costruzione a tre piani, di cui occupa gli ultimi due. Ha una bella veranda piena di vasi di fiori e piante rampicanti, con una vista dei tetti della città fino alle sponde del lago. Nel giardinetto non recintato al piano terra, attorno al quale l'edificio si sviluppa in altezza, cinque *sadhu* sono seduti a gambe incrociate sull'erba rasata come quella di un prato inglese, e pacatamente chiacchierano tra loro, intervallando poche frasi a lunghissimi silenzi.

La definizione classica di un *sadhu* è quella di una persona impegnata in una ricerca spirituale, itinerante di villaggio in città. Per seguire questo cammino di ricerca, individualmente o con altri *sadhu*, molto spesso ha lasciato una vita normale di affetti e affari. Un *sadhu* non è necessariamente un guru o un maestro spirituale; è piuttosto egli stesso il discepolo di una scuola che insegna la mortificazione fisica e la preghiera (insieme ad abbondanti fumate di *ganja* per innalzare il proprio *atman* e portarlo vicino all'io cosmico del *Brahman*); è una persona che cerca una via verso la verità, nell'accezione tanto cara a Hermann Hesse e a personaggi come Siddharta o Knulp.

La sua presenza è un'altra delle costanti immancabili in ogni città indiana, e i *sadhu* sono facilmente riconoscibili perché girano molto spesso nudi o in perizoma (ma *quasi mai* con una lampadina legata al loro organo di riproduzione), con la pelle incrostata di polvere e a volte dipinta di azzurro, il colore del dio che venerano sopra tutti gli altri: Shiva. È fuori discussione che molti *sadhu* siano dei semplici mendicanti che hanno adottato la tattica della "spiritualità" per sbarcare il lunario, e non hanno abbandonato alcun lavoro precedente per la semplice ragione che non ne hanno mai avuto uno; ma in generale la popolazione li vede di buon occhio e in un certo qual modo li venera come santi, gradisce le loro preghiere e le loro canzoni, e fa abbondanti offerte di cibo nella ciotola d'ottone (*kola*) che è una delle poche cose che un *sadhu* ha con sé durante le sue peregrinazioni.

Mentre sto con i gomiti appoggiati alla ringhiera della terrazza a casa di Michele, guardando in giù verso il simposio indolente dei *sadhu* che sembrano essere appena tornati dalla questua e si spartiscono un po' di riso e delle verdure gialle di curry, assisto a una performance che mi lascia esterrefatto.

Uno di loro, che non dimostra più di diciott'anni sotto la crosta di polvere e i capelli impastati in un profluvio di trecce, sta seduto un po' in disparte dagli altri, e fino ad allora non ha partecipato con una sola parola alla conversazione pacata. È molto magro, e indossa un perizoma color lattemiele e una striscia di stoffa arancione sulla fronte.

A un certo punto estrae dalla bisaccia che tiene legata ai fianchi un *chillum* di terracotta delle dimensioni di una grande carota, con uno sguardo che sembra non vedere niente di quello che lo circonda, le iridi violacee e vellutate, e un sorriso vago sulle labbra; toglie anche parecchi pizzichi di *ganja*, con i quali, dopo averli pressati per bene e con una lentezza esasperante tra i palmi delle mani, comincia a riempire il fornello del *chillum*. Io seguo interessatissimo ogni suo movimento, facendo conti mentali su quanta *ganja* possa stare in un fornello così capiente: tre o quattro grammi, non di meno.

Ultimata l'operazione di "carica" avvolge attorno all'imboccatura del *chillum* la pezzuola chiamata *safi*, resa ormai marronastra e unta da chissà quanto condensato di marijuana fumata in precedenza.

Sistema il *chillum* tra le mani a coppa e lo porta alle labbra inclinando la testa e tenendo il fornello rivolto verso l'alto. Senza che ci sia stato bisogno di richiederne la collaborazione, un altro *sadhu* depone tra l'erba la ciotola dalla quale stava mangiando del riso bollito e gli si avvicina, tenendo una scatola di fiammiferi in mano. Gli accende il *chillum*, rintuzzando per bene i minuzzoli di *ganja* che si accartocciano bruciati, usando contemporaneamente i fiammiferi come sorgente di fiamma e curapipe. Il *sadhu* con la striscia arancione sulla fronte resta immobile, a occhi chiusi, e continua ad aspirare.

Dopo diversi secondi io sono sicuro che passi il *chillum* agli altri, perché insieme possano finirlo come un calumet della pace; ma lui non si muove dalla sua posizione, e gli altri *sadhu*, compreso quello che è appena ritornato alla sua ciotola di riso, indifferentemente continuano a mangiare e chiacchierare.

E allora, senza staccargli gli occhi di dosso, comincio a contare il tempo, mentre lui imperterrito aspira, aspira.

Strabuzza gli occhi all'indietro, dilata la gabbia toracica e contrae lo stomaco e gli intestini fino quasi ad appiccicarli alla colonna vertebrale: se potessi vederlo di profilo sono certo che in quegli attimi il suo ventre non sarebbe stato più largo di cinque centimetri; e aspira ancora! Le guance gli sono rientrate come quelle di un vecchio senza denti, e dove c'era la loro poca carne ci sono adesso due buchi profondi, in ognuno dei quali potresti incastonare una noce. Cinquanta, sessanta, novanta: una boccata di novanta secondi!

Finalmente, dopo quell'eternità, stacca il *safi* dalle labbra, ed espettora piano piano una nube di fumo denso e giallognolo nella quale il suo viso sparisce per alcuni istanti, come nella più fitta delle nebbie. Poi batte il fornello del *chillum* su una mano, e ne esce solo un mucchiettino di cenere e una brace grummosa, ancora incandescente. Si è fumato quattro grammi di marijuana in un tiro! E senza un filo di tabacco a diluire la miscela: quattro grammi di marijuana purissima.

Quando rientro nella stanza e racconto a Michele quello che ho visto, lui sorride con sufficienza, fa spallucce e mi dice: "Chi? Baba Cham? Se ne farà almeno venti al giorno, di chillum così".

Marie Louise, da sopra il pancione, mi lancia un'occhiata ironica che mi fa sentire un pivellino, un borghese capitato per sbaglio nel loro universo fluttuante da hippie... E a proposito di universo: mentre mi riempio un bicchiere di tè al gelsomino mi viene da domandarmi in quale galassia extragalattica possa abitare la mente di Baba Cham, in quali spazi sconfinati si possano muovere il suo pensiero e la sua anima sulle ali di ottanta grammi, grammo più grammo meno, di *ganja* quotidiana.

Verso la fine di ottobre, dopo quindici giorni passati in Rajasthan, soprattutto a Jaipur e dintorni, allo scopo fin troppo evidente di mettermi sulle tracce di Elektra Dimitropoulos, comincia a rimordermi un po' la coscienza per quella vacanza fuori programma, e nonostante la Fiera dei cammelli di Pushkar abbia inizio di lì a pochi giorni, e sappia che sia uno spettacolo da non perdere, decido di riprendere il mio viaggio "tagliando" verso Gwalior in Madhya Pradesh, e da lì raggiungere la Grand Trunk Road a Etawah, tra Agra e Varanasi.

"Rimani almeno fino a quando comincia, guarda che è un *trip* per davvero, una cosa fuori di testa! E capace anche che la incontri qui, la tua greca; tutti gli anni la Fiera è piena di stranieri, di turisti, di truppp (*sic!*) cinematografiche che girano qualche film; resta, no?" cercava di convincermi Michele, al quale la mia presenza sembrava, non so come, fare piacere ed essere gradita, sebbene da ragazzi non fossimo mai stati in confidenza e neppure, credo, in simpatia reciproca.

L'inizio della Fiera dei cammelli ogni anno varia di qualche settimana tra i mesi di ottobre e novembre, e nel 1992 era fissato per il 5 novembre, la luna piena del mese di Kartika. Già da diversi giorni Pushkar era invasa da una folla di cammellieri venuti da tutto il Rajasthan con i loro cammelli, le loro tende, i colori accesi dei turbanti e i visi coperti d'oro delle loro donne. Per le grandi occasioni, sotto il *sari* anch'esso intessuto di fili brillanti, le donne portano elaboratissimi orecchini d'oro che dal padiglione auricolare si estendono sopra tutta la guancia, in pendagli, ciondoli e ruote scintillanti, fino a congiungersi alla pinna di una narice. È proprio durante la Fiera di Pushkar che l'esotismo e il fascino del Rajasthan decantati dai dépliant raggiungono il massimo splendore, e lo stesso Ufficio del Turismo indiano ha promosso la Fiera dei cammelli ad attrazione internazionale organizzando continue danze nei costumi tipici delle varie tribù del Rajasthan, eventi culturali e programmi di musica locale per ogni serata della Fiera.

Durante i tre giorni passati come ospite nella casa di Michele, lui non fa parola della sua "conversione" dai turiboli dell'Associazione Cattolica ai *chillum* dell'India, e benché a volte io cerchi di portare la conversazione sull'argomento, capisco che non gli fa molto piacere parlarne, e così non gli faccio ulteriori domande, accontentandomi del suo unico aforisma, un po' stantio e non certo originale: "Dio non esiste; Dio sei tu", quando gli avevo chiesto se fosse ancora religioso.

Una sera li invito a cena sulla veranda del Pushkar Palace Hotel, proprio sulle rive del lago, e tornando verso casa Michele incontra un suo amico tedesco, Kurt, un marcantonio con il braccio destro tagliato sotto il gomito in un moncherino grinzoso, e il sinistro pieno di tatuaggi. Anche Kurt vive in India da qualche anno; ha una casa a Udaipur con un negozio di bigiotteria, e adesso è venuto a Pushkar per la Fiera. Mentre chiacchieriamo seduti sul tappeto a casa di Michele, con Marie Louise che prepara il tè e

Kurt che arrotola con incredibile destrezza un joint dietro l'altro servendosi della mano che gli è rimasta, Michele per sfottermi racconta al nuovo ospite della mia caccia al tesoro finora senza esiti, e vengo a sapere che Elektra Dimitropoulos aveva appena comprato un paio di orecchini di lapislazzulo nel negozio di Kurt. "Ma quando?!" chiedo con un'accelerazione cardiaca. "Trre o qvattro ciorni fa." "E come fai a sapere che era proprio lei?" "Qvante Elekktre credi ke c'è, in Rachasthan?" Gli do altri particolari dell'identikit, e benché lui non sappia niente di David Copperfield, alla fine mi convince. Era rimasta per un paio di ore nel suo negozio, avevano parlato un po' e lei gli aveva detto che dopo Udaipur sarebbe andata qualche giorno a Ujjain, la città santa, e poi avrebbe proseguito per Agra o per Bombay, ancora non lo sapeva di preciso.

L'indomani all'alba carico i miei bagagli sulla Vespa. Cerco di svegliare Michele per ringraziarlo dell'ospitalità, ma lui è immerso in un sonno così profondo che dopo qualche scrollata infruttuosa decido di lasciare un biglietto, nel quale saluto anche Ashoka o Lakshmi che sia, che ancora sgambetta nella pancia di Marie Louise, augurando loro tutte le cose migliori; poi parto in direzione di Udaipur, rinunciando alle meraviglie della Fiera dei cammelli e lasciandomi alle spalle il lago di Pushkar, velato a quell'ora da una leggera foschia, e gli accampamenti dei cammellieri che già stavano sorgendo tra le distese di sabbia e arbusti appena fuori dalla città.

La struttura imponente del City Palace è la prima cosa che vedo di Udaipur entrandovi dalla statale di Ajmer, dopo oltre 200 chilometri percorsi in nove ore, in una zona essenzialmente rurale punteggiata però da continui villaggi e cittadine, quasi senza interruzione. Si dice che in India ci siano oltre un milione di agglomerati urbani, e questa parte del Rajasthan sembra testimoniare a favore di tale stima. L'unità architettonica del palazzo, nonostante le numerose aggiunte in epoche più recenti, è rimasta sostanzialmente la stessa di quando la struttura originaria fu edificata agli inizi del XVI secolo dal maharajah Udai Singh, il fondatore della città. La facciata che guarda sul Pichola Lake, attorno alla cui sponda orientale si sviluppa la parte vecchia di Udaipur, è un caleidoscopio di torri, nicchie, balconi e cupole; è dipinta di un uniforme giallo chiaro che le dà un'impronta quasi fiabesca di leggerezza, nonostante i particolari ridondanti e l'eccessiva elaboratezza del disegno. Udaipur viene chiamata la "Venezia dell'Est" (appellativo abusato, del quale si fregiano anche altre città asiatiche, per esempio Banjarmasin, nel Borneo indonesiano); e in questo accostamento, più che un richiamo ai canali, ai ponti o alle calli, credo giochi un ruolo importante l'atmosfera romantica e un po' sdolcinata che si respira sul lungolago di Udaipur, all'ombra di palazzi e costruzioni altrettanto romantiche, come in una certa iconografia da cartolina della città lagunare, preferibilmente alla luce dorata di un tramonto. Per un istante, mentre parcheggio la Vespa davanti alla porta del Lake Shore Hotel, mi viene da pensare con un ghigno autoironico che non c'è in India scenario migliore per continuare la patetica ricerca di Elektra *disparue*.

Il primo giorno di novembre si consuma in un gironzolare a vuoto per le stradine di Udaipur, con due puntate veloci all'interno del City Palace e al Jagdish Temple, dedicato a Vishnu in una delle sue reincarnazioni, come Jagannath il Signore dell'Universo.

Salgo i ripidi gradini fiancheggiati da statue di elefanti dipinte di nero, do un'occhiata a un'immagine di ottone che rappresenta Garuda, con la sua testa d'aquila e il corpo di uomo; poi vado a curiosare tra le bancarelle del Bapu Bazaar dove, più per noia che altro, compro un *sitar* da un venditore che si professa cugino di Ravi Shankar (come del resto tutti i venditori di *sitar* in ogni città dell'India, specialmente ad Agra o Calcutta: i più presuntuosi sono addirittura suoi fratelli, i più discreti cugini; mai nessuno scende sotto questo grado di parentela); il prezzo del *sitar* è più o meno lo stesso di quello del pacco postale che l'indomani, prima di partire in direzione di Ujjain, spedirò in Italia: il secondo della serie "strumenti musicali".

Da Udaipur scendo per un'ottantina di chilometri verso sud, fino al bivio di Khairwara, dove imbocco la strada che va verso Indore e Bhopal, per lasciare il Rajasthan ed entrare nel Madhya Pradesh.

Nel dicembre del 1984 Bhopal fu teatro del più grande disastro industriale mai verificatosi sulla faccia della Terra. In seguito allo scoppio di un serbatoio contenente un gas usato per la preparazione di pesticidi, si sprigionò una nuvola tossica che uccise all'istante più di duemila persone, compromettendo irrimediabilmente la salute di un numero di vittime molto più alto. La gente cominciò a morire di mese in mese, prima ancora che una sola rupia degli aiuti economici stanziati per il disastro arrivasse a destinazione, persa nelle maglie burocratiche di una causa legale tra il governo indiano e la Union Carbide, proprietaria dell'impianto chimico. A distanza di otto anni la gente continuava a morire con gli organi devastati dai veleni del gas; e i soldi continuavano a non arrivare.

Il Madhya Pradesh, lo stato più grande dell'India, si estende per quasi mezzo milione di chilometri quadrati nel centro esatto del paese, e i suoi punti cardinali sono equidistanti rispettivamente dal Pakistan e dal Bangladesh, dal Kashmir e dall'estrema punta meridionale della penisola.

Passo una notte movimentata a Ratlam, in una stanza dalle pareti di carta velina che sembravano amplificare piuttosto che attutire il rumore dei treni nella vicina stazione ferroviaria (non avendo tappi per le orecchie ho fatto ricorso a un sistema infallibile per vincere l'insonnia: uscire in strada e ingozzarsi di *chai* con relativa teina in una baracchetta di legno sotto l'albergo, per tirar mattino sveglio e con gli occhi sbarrati, come se mi fossi riempito di anfetamine).

La vita notturna nelle città indiane non è poi molto diversa da quella che si svolge sotto il sole durante le ore del giorno: c'è sempre movimento, c'è sempre un carretto che passa o un gruppo di persone che va da qualche parte; c'è sempre una radio che spara a tutto volume una canzone e la luce di qualche lampada a petrolio che illumina un chioschetto dove si vendono *beedes*, bibite, giornali e le foglie del *pan* (il masticatorio con la noce di *betel* e altri ingredienti aromatici, che è per gli indiani una specie di chewing-gum e rende i loro denti e la saliva rossi come il sangue); c'è sempre qualcuno che rovista nell'immondizia, qualcuno che si lamenta, qualcuno che tossisce sotto gli stracci che lo avvolgono nel suo metro quadrato di marciapiede-casa; qualche fuoco acceso che cuoce un *chapati*, qualche bambino che urla. Sembra quasi che una parte dell'India non dorma mai, che sia "aperta" e lavori, o soffra, *24 hours no-stop*.

Il 3 novembre percorro un tratto relativamente breve rispetto ai 250-300 chilometri giornalieri a cui avevo fatto l'abitudine da quando ero partito da Pushkar. Poco dopo Ratlam la strada si biforca a destra verso Indore e a sinistra verso Ujjain, che raggiungo quando ancora non sono le undici di mattina. L'aria fresca che mi era arrivata sulla faccia in quel centinaio di chilometri di strada asfaltata su cui si poteva andare un po' più veloce del solito, mi aveva spazzato di dosso la stanchezza per la notte passata in bianco; ma ugualmente decido di fermarmi a Ujjain e di dormire subito qualche ora. Avevo già imparato a temere, se non proprio a rispettare, le strade indiane; a non prendere mai eccessiva confidenza, a non credermi più sveglio e attento di quanto lo fossi veramente dopo aver dormito neppure cinque minuti, ad accelerare il meno possibile anche nei tratti che all'apparenza si rivelavano buoni e facilmente percorribili. Sarà enfatico dirlo, ma le strade indiane nascondono sempre un'insidia, e a volte la nascondono come meglio non si potrebbe: una buca profonda un metro che capita davanti all'improvviso, in un tratto asfaltato come le autostrade di Los Angeles; una mandria di bufali appena dietro una curva, che scappa disordinatamente sentendoti arrivare, e spaventata distribuisce colpi di corna qua e là; e soprattutto gli *speed-breakers*, dei quali di lì a due giorni finirò di conoscere ogni cosa ci sia da sapere, una volta per tutte.

Parcheggio davanti a uno dei primi alberghi che trovo entrando in città, il Surya Hotel, e sono così soprappensiero e distratto che mi faccio incantare dalla bella facciata dipinta di fresco con un azzurro intenso, e nemmeno mi accorgo che di fronte c'è un'altra stazione ferroviaria, per farmi fare il bis con quella di Ratlam, come se ce ne fosse bisogno.

Entro nel bugigattolo della reception, ricavato da un angolo del sottoscala, con una scrivania di compensato dietro la quale c'è un uomo grassoccio e sudatissimo che legge un giornale stampato con i caratteri dell'alfabeto tamil, e mastica *pan*. La sua pelle è scura come quella di un senegalese, ma i lineamenti sono assolutamente europei, come spesso accade tra gli indiani del Sud, soprattutto quelli che abitano gli stati del Tamil Nadu o del Kerala.

Chi dice che l'India sia un continente più che una nazione, potrebbe spingersi oltre e dire, forse con più rispondenza al vero, che l'India è piuttosto *due* semicontinenti distinti e diversi tra loro. Gli stati dravidici sull'altopiano del Deccan, sia per storia sia per cultura, per lingua e per architettura religiosa, sono un'altro mondo rispetto agli stati della pianura gangetica al Nord; e l'hindi e il tamil sono due lingue tanto diverse tra loro come potrebbero esserlo il quechua peruviano e l'ungherese.

Dalle labbra che sembrano dipinte col rossetto per il *pan*, dietro al foglio del giornale tamil con una fotografia di Sonia Gandhi, la moglie italiana del primo ministro Rajiv ucciso nel maggio dell'anno prima, mi sento augurare un "*Welcome, sir*" salivoso e grondante il succo sanguigno della noce di *betel* masticata. Mi viene presentato un grande registro rettangolare, che apre le sue pagine come la ruota di un pavone, e quando sto per cominciare a scrivere la solita tiritera di nomi e date... *zac*, eccolo lì!

Elektra Dimitropoulos, nella pagina a fianco, con una bella firma arzigogolata sulla E e sulla D; nazionalità: English; coming from: Udaipur; going to: Agra; arrival's date: 29-10-1992; date of departure: il giorno dopo. Non riesco a decidermi se il fatto di averla "sfiorata" con uno scarto di pochi giorni soltanto mi faccia più piacere o più rabbia; e così, aiutato da un *room-boy* di tredici o quattordici anni, magrissimo, sorridente e sollecito, scarico i bagagli per portarli in camera e mettermi subito a dormire con un sole accecante che filtra dalle imposte, per rimandare al risveglio lo svisceramento della questione.

Non avrei mai pensato che dieci rupie di mancia potessero accendere negli occhi di un ragazzino una luce così gioiosa, una scintilla di gratitudine così commovente. "Thank you so very, very much, sir; my name Chandra, evreething you need, sir."

Nel pomeriggio, al termine di un pranzo sostanzioso a base di *masala dosa*, un pancake fatto con farina di lenticchie che avvolge in un grosso rotolo della verdura al curry, così piccante da indolenzirti la lingua e il palato dopo averli arroventati per bene, vado a immergermi per qualche ora nell'atmosfera di spiritualità che sembra pervadere le vie di Ujjain a ridosso del fiume Shipra, insieme a un traffico notevole e a un andirivieni continuo.

Ujjain, nella mitologia indù, deriva il suo carattere di città santa da un'antica leggenda, che narra del tempo in cui gli dèi e i demoni squassarono le acque degli oceani e ne setacciarono i fondali alla ricerca del nettare dell'immortalità. Quando l'anfora (*kumbh*) contenente l'ambitissimo nettare alla fine fu trovata, si accese una zuffa furibonda tra gli dèi e i demoni, che se la contesero strappandosela dalle mani; ebbero la meglio gli dèi, che portarono l'anfora nei cieli, ma i demoni li inseguirono senza darsi per vinti, e in seguito a una nuova "colluttazione" quattro gocce del nettare dell'immortalità si rovesciarono dal *kumbh* cadendo sulla Terra, e più precisamente sulle città di Ujjain, Allahabad, Nasik e Hairdwar.

In ognuna di queste quattro località viene celebrato ogni dodici anni il *Kumbh Mela*, il più grande e affollato pellegrinaggio al mondo, che porta milioni di fedeli a bagnarsi nelle acque dei fiumi su cui sorgono le quattro città. Il *Kumbh Mela* di Ujjain era stato celebrato agli inizi del 1992, durante il mese di Magha (gennaio-febbraio), e i segni delle ristrutturazioni degli edifici, delle transenne e delle devastazioni dei gradini sui *ghat* (in ogni *Kumbh Mela* muoiono mediamente cinquecento persone, schiacciate tra la folla) erano ancora visibili, a novembre, per le stradine della città vecchia.

L'indomani, nel primo pomeriggio, parto da Ujjain per risalire verso nord sulla strada che porta a Gwalior e Agra, con l'intenzione di fare in quella giornata un'altra tappa abbastanza breve, per poi passare la notte a scrivere un minimo di cinquanta cartoline (le prime che avrei spedito nei tre mesi passati dalla partenza: finora le avevo comprate, le avevo messe da parte pensando che le avrei scritte di lì a qualche giorno, senza mai decidermi a scriverle; finché entravo in un'altra nazione e mi creavo l'alibi sufficiente per buttarle via: come si fa a mandare dal Pakistan una cartolina con le rovine iraniane di Persepoli, o da New Delhi un'immagine del Partenone di Atene?). Scrivere cartoline era un'incombenza che mi era sempre stata antipaticissima, un assillo che rimandavo di settimana in settimana nel corso di ogni viaggio. Adesso, dopo il plico policromo di panorami, vedute di palazzi, elefanti, danzatrici e cammellieri comprato in Rajasthan, l'incombenza era diventata improcrastinabile, e seppure con pochissima voglia dovevo decidermi a sbrigarla; se non altro per alleggerire il bagaglio.

Guido per tutto il pomeriggio tra i campi riarsi dal sole, arrivando nella cittadina di Guna poco prima del tramonto. Questa parte occidentale del Madhya Pradesh offre continue immagini dell'India rurale, con i suoi sistemi di lavorazione agricola che non si sono di molto modificati nel corso degli ultimi secoli. Le donne accoccolate per terra, col viso scintillante d'oro e i *sari* dai colori brillanti, impastano lo sterco delle mucche per appiccicare le focaccine, che recano le impronte delle loro dita, alle pareti di fango delle capanne, piene in ogni centimetro di spazio utilizzabile sotto le frasche e gli sterpi che formano i tetti conici delle abitazioni. Gli uomini nei campi spingono indolentemente i buoi tra le zolle, con pacati colpi di bacchetta sui fianchi scarni degli animali, e i soliti cumuli di avvoltoi neri sono posati qua e là sulla carcassa di una mucca o di un cammello abbandonata sul ciglio della strada, dalla quale si sprigiona l'inconfondibile odore acre della putrefazione, uno dei più ricorrenti sulle strade dell'India, che tiene costante compagnia a chi le percorra con un veicolo scoperto.

Il 5 novembre è una splendida giornata di sole, e fin dalle prime ore del mattino il caldo è soffocante.

Decido di infilare il giubbotto di pelle nello zaino e di mettermi un paio di pantaloni leggeri invece dei soliti jeans, contravvenendo con un'alzata di spalle, e senza preoccuparmene più di tanto, ai buoni proponimenti per ciò che riguarda l'abbigliamento. Passo velocemente all'ufficio postale per imbucare la valanga di cartoline; poi carico i bagagli sui portapacchi e mi preparo a partire per Gwalior, contando di raggiungerla prima di sera.

Verso le undici, passata la città di Shivpuri, faccio una breve sosta a Mohana per riempire di benzina il serbatoio e mandare giù controvoglia un *samosa*, annaffiandolo con dei sorsi di un *chai* denso e speziato nella cui brodaglia aveva appena finito di vivere una piccola mosca, immobile e grondante quando ne ripesco la nera salma col cucchiaino.

Riparto scansando un gruppo di ragazzini che avevano accerchiato la Vespa, e mi accorgo con una punta di stupore di non ricordarmi più i lineamenti del viso di Elektra... E dopo nemmeno cinque chilometri, eccola dietro il finestrino, in uno degli ultimi sedili dell'autobus che arriva strombazzando da Agra e procede dritto per Bombay, come annuncia un cartello appiccicato al parabrezza; eccola lì, con i capelli colorati dall'henné, le lentiggini sulle guance e gli occhi blu, giusto per rinfrescarmi la memoria.

Lei non mi vede, e in una frazione di secondo è già lontana lungo la strada che ho appena percorso; tra pochi minuti sarà a Mohana... Aspetta: magari l'autobus si ferma a fare rifornimento, o a lasciare che i passeggeri si sgranchiscano le gambe, o che vadano a mangiare qualcosa. Mi produco in una inversione spericolata, incurante degli anatemi di un autista al volante di una Ambassador antidiluviana, che per poco non m'investe; ritorno a spron battuto verso Mohana... ma di autobus fermi neanche l'ombra. Almeno ci ho provato, Elektra; almeno ci ho provato fino in fondo.

Indulgendo a una cocente autocommiserazione che mi asciuga la saliva, e cacciatami in bocca una foglia di *pan* comprata da un omino con una cassetta a tracolla piena di vasi d'ottone, foglie e barattolini con gli ingredienti, faccio una nuova inversione e mi allontano da Mohana a velocità folle, sputacchiando come un ossesso i succhi sanguigni del *betel*, macinando chilometri senza rendermene conto, imprecando di rabbia, passando la città di Ghatigaon... Finché tutto d'un tratto, come una mazzata tra capo e collo, mi trovo disteso a terra con la Vespa che è scivolata lontana da me sprigionando scintille; pieno di sangue mio e non del *pan*, con un pollice che si gonfia a vista d'occhio, come nei cartoni animati, e mi sembra anestetizzato, come se non mi appartenesse più.

Il primissimo pensiero, nell'improvvisa lucidità un po' incredula che accompagna ogni incidente, è che se dovessero amputarmelo non potrei più cambiare le marce, e allora addio Saigon. Due addii nello spazio di pochi minuti, contando anche quello a Elektra, sarebbero troppo dolorosi e immeritati per chiunque. Dopo qualche istante, quando il dolore comincia a farsi sentire nella sua pienezza, il pollice tumefatto e scorticato mi scarica nel cervello delle fitte insopportabili non appena cerco di muoverlo un po'.

Nel senso contrario sta arrivando la processione dinoccolata di sei cammelli, con un cammelliere in testa e un altro in coda, che avanza lenta a ridosso del ciglio in fila indiana (ci mancherebbe altro!). Entrambi i cammellieri smontano in fretta dai loro animali, e corrono ad aiutarmi. "Okehh?" chiedono all'unisono, prendendomi ognuno per un braccio e provando a rialzarmi. "No ok; no." Mi guardo il pollice: è gonfio, cianotico, e mi fa sempre più male.

Uno dei cammellieri rimette in piedi la Vespa, il cui manubrio si è storto di trenta gradi. Ma bastano i calci ben assestati dei suoi piedi nudi per raddrizzarlo, colpendo la ruota e tenendo stretto il manubrio tra le mani.

Dice qualcosa al suo compagno e poi, a gesti, mi fa capire di sedermi dietro di lui, che guiderà fino a Panniar, dove c'è un ospedale. Ripete *Panniar* e *hospital* diverse volte, in modo da non lasciarmi dubbi circa il senso di quello che vuole fare. Avevo imparato qualche parola di hindi, quelle più indispensabili (e un paio di parolacce insegnatemi da Michele a Pushkar): "*Panniar kitna kilo?*" chiedo. "*Nau kilo.*" Nove chilometri a Panniar.

Il suo compagno torna a prendersi cura dei cammelli, e mi fa un saluto timido mentre mi sistemo sulla parte posteriore della sella, dove non mi ero mai seduto fino ad allora. Sono preoccupato, pesto, dolorante, incazzato nero e triste: un bel cocktail per persone felici! L'unica sfumatura buona, nel marasma torbido dei miei pensieri, è il senso di gratitudine verso i due cammellieri. "*Shukrya*" (grazie), ripeto a intermittenza dietro il padiglione auricolare del mio conducente. "Okehh, okehh," risponde lui, e sorride lasciando intravedere il candore dei denti sulla pelle caffelatte; sembra quasi contento per la gita inaspettata su due ruote.

In pochi minuti raggiungiamo l'ospedale di Panniar, una piccola costruzione di due stanze dal tetto basso e piatto, sulle cui pareti imbiancate a calce spicca una croce rossa. Mi basta dare un'occhiata all'interno, agli spettri dei malati che vagano nel corridoio o alle facce di quelli che sono sdraiati nei sei letti dell'unica corsia, alcuni con l'ago dell'ipodermoclisi infilato nei groppi delle vene blu di un braccio, altri con un catetere in vista tra le gambe nude e grinzose, per chiedere al mio *chauffeur*: "*Gwalior kitna kilo?*" "*Nau kilo.*" "Go Gwalior?" "Okehh!", e rimetterci in marcia, lui davanti io dietro, con un nuovo "*shukrya*" sussurrato sul suo padiglione auricolare, leggermente a sventola.

Arriviamo a Gwalior, una città di 800.000 abitanti; ma anche il suo ospedale pubblico è una scena che sembra strappata da un quadro di Bosch. Ogni cosa è sporca, arrugginita, verdastra; le corsie sono sovraffollate, il baccano indescrivibile, l'aria pesante e vagamente profumata di morte e varechina; i letti di ferro, le padelle raccolte da sotto i malati e poi lasciate in un angolo del corridoio.

Non sono mai stato troppo schifiltoso, e mi sono sempre stati poco simpatici i privilegi che i soldi o la nazionalità o il colore della pelle possono dare; ma anche in questa occasione il pensiero che qualcuno possa inibirmi il "cambio-marce" ingessandomi il pollice in un modo sbagliato, per inesperienza o per mancanza di attrezzatura, mi fa riflettere qualche istante mentre mi guardo intorno imbambolato, prima di chiedere al mio amico cammelliere: "No private clinic?".

"*Acchà!*" risponde lui annuendo, ma è chiaro che non ha capito la domanda. Non era la prima volta che vedevo un indiano annuire e dire "*Acchà*" quando non sapeva cosa rispondere.

Ripeto la domanda; lui ripete *acchà*.

Un giovane medico, con il camice bianco pieno di schizzi di tintura di iodio, mi viene in aiuto e poi traduce la mia richiesta alla guida, spiegandogli come fare per raggiungere la clinica di un certo dottor P.H. Sharma, il cognome che denota la casta brahminica, la più alta della gerarchia. "*Don't worry; he'll drop you there,*" dice poi rivolto a me. Ma prima che io abbia il tempo di rimontare sulla Vespa non riesce a non farmi la canonica domanda, espressa col canonico linguaggio ampolloso che avevo già sentito diverse volte per bocca di indiani benestanti: "Which nationality *do you belong?*". Come se si dovesse per forza "appartenere" a una nazionalità, invece di esserlo e basta. Gli rispondo in fretta e lo ringrazio, mentre Charu (nel frattempo ho saputo che questo è il nome del cammelliere) mette in moto per portarmi alla clinica del dottor Sharma, che sta nella parte opposta della città.

A ogni buca sulla strada, che anche nel centro è asfaltata solo per metà a causa di lavori in corso, dal pollice partono delle fitte atroci che per un attimo mi annebbiano la vista.

Bofonchio "Porca troia!", e Charu risponde "Okehh".

Sibilo "Merda secca!", e Charu risponde "*Acchà*".

Un tramonto ad Allahabad

"Allora?" chiedo con ansia al dottor Sharma, un uomo alto e asciutto, dai capelli corvini lucidi d'olio, e senza nessuno di quei chili superflui che gli indiani tendono a mettere sulla pancia e sui fianchi, quando possono mangiare due volte al giorno e non vivono negli *slums* di Calcutta o sui marciapiedi di Bombay.

"*Microfracture*," annuncia la gola dell'oracolo, vibrando tra il colletto della camicia slacciata all'ultimo bottone, impeccabilmente pulita e stirata. La radiografia viene posata di sghimbescio su due tomi di letteratura medica, e tra le sue macchie traslucide, a chiaroscuro, mi sembra di scorgere la figura di una colomba dalle penne caudali leggermente aperte, invece di quella di una mano con un pollice ritto.

"E ci vorrà molto per...?"

"Un mese almeno."

"Cosa?!"

"Forse venti giorni, dipende dalla *bontà* delle sue ossa; più probabilmente un mese." Poi qualche parola in hindi a un'infermiera, che nel giro di pochi minuti ritorna con una bacinella di metallo su cui sono posate delle pinze, un filo per suturare, dei tamponi di garza e una siringa, per fortuna confezionata in una bustina di cellophane, sigillatissima. Mr Sharma mi fa un'iniezione di antibiotici, ripulisce ulteriormente l'escoriazione sulla mano aiutandosi con le pinze per estrarre gli ultimi granelli di brecciolino e un frammento di vetro dalla forma trapezoidale, poi l'avvoltola in un profluvio soffice di ovatta e in una fasciatura rigida, gessata, con due pezzettini d'acciaio che spuntano ai lati del pollice come i binari di un trenino elettrico.

Ho un bel po' di altre escoriazioni sui gomiti e sulle ginocchia, grazie alla meravigliosa idea di usare pantaloni leggeri di cotone al posto dei soliti jeans, e d'infilare il giubbotto di pelle nello zaino, proprio quel giorno! Mi vengono disinfettate una per una, cosparse di una pomata color caramello e fasciate. I primi giri di garza, sulla rotula sinistra, non riescono ad addomesticare il filo dei tre punti di sutura, che spunta ancora nero e duro, e ricorda le cuciture sul budello di un cotechino.

Dopo un altro quarto d'ora esco a ringraziare Charu. Durante tutto quel tempo aveva aspettato pazientemente in corridoio. Per sdebitarmi gli do il rotolino di rupie che ho nella tasca dei pantaloni di cotone sbrindellati (al che le sue iridi scure cominciano a illuminarsi di una luce scintillante). Poi, dopo un attimo di riflessione, aggiungo anche lo Swatch che era rimasto illeso durante l'incidente e continuava a marciare sul mio polso emettendo un flebile brusio da grillo (al che gli occhi di Charu luccicano ancora di più: forse non aveva mai avuto un orologio in vita sua). "*Shukrya, shukrya,*" dice, contento.

"*Acchà, acchà,*" rispondo io, tamburellando affettuosamente sulla sua schiena, con la mano buona.

Davanti al cancelletto della clinica lui ferma uno di quei taxi pubblici a tre ruote, enormi e col muso a punta, la marmitta scoppiettante attaccata alle sospensioni della ruota anteriore, e una cinquantina di passeggeri al posto dei dieci per i quali probabilmente è omologato; mi saluta con un ultimo sorriso e ritorna dai suoi cammelli verso Panniar.

Mi viene assegnata una camera, con il consiglio di rimanere sotto osservazione per tre o quattro giorni; poi avrei potuto andarmene dove avessi voluto... senza Vespa, s'intende: la Vespa non avrei potuto guidarla per almeno tre settimane, neanche a parlarne.

Seduto ai piedi del letto, a rimirarmi la fasciatura sulla mano con uno sguardo ebete, ho il primo vero accesso di rabbia e frustrazione, due sensazioni che mi assaliranno a intermittenza fino al giorno in cui non riuscirò, con un grande sforzo e una fitta elettrica di dolore, a ingranare la prima.

Mi ritrovo anche a pensare, con un'incongruenza lampante, che se fossi stato tutto fasciato e immobile come una mummia, con le braccia alzate da tiranti e un sondino di plastica nel naso, almeno mi sarei messo il cuore in pace! Ma starsene in immobilità forzata per uno stupidissimo pollice che m'impedisce di guidare, questo mi fa diventar matto... Quando si è arrabbiati, del resto, non si è mai obiettivi; e ci vogliono due chiacchiere con il dottor Sharma, quella sera nel salotto della sua bella casa al piano superiore, per farmi capire che mi è andata benissimo, che dovrei ringraziare la mia buona stella; e che in India, tutto sommato, non è molto piacevole stare immobile come una mummia in un letto, con un sondino di plastica nel naso: molto meglio uno stupidissimo pollice: "*Believe me, George. Some more tea?*".

I due camerieri del dottor Sharma, così come l'infermiera e il personale della clinica (e forse anche i suoi pazienti), le donne che spazzano i pavimenti, gli uomini che puliscono i cessi e i suoi tre amici, che quella sera cenano con noi, si chiamano tutti Sharma, e sono tutti *brahmini*. A me non è ben chiaro come un *brahmino* possa fare anche lavori umili, che avevo sempre pensato fossero "appannaggio" dei *dalit*, cioè degli intoccabili o *pariah*; il mio ospite allora mi spiega qualcosa a proposito del ruolo delle caste e delle sottocaste in India, ma alla fine i suoi discorsi, e quelli di sua moglie e dei suoi amici, mi risultano ancora più confusi e meno comprensibili delle stesse caste, e dell'atavica ingiustizia sociale che le ha elevate a sistema. Così smetto di fare domande e mi concentro sulla zuppa di lenticchie che ho sotto il naso, tra i miei ospiti vegetariani, che non bevono alcolici e non fumano. Mi viene detto, per esempio, che l'essere nato in una data casta non necessariamente limita o privilegia il raggio delle occupazioni nella vita di un indiano, ma che l'impronta del segno castale rimane però indelebile (e allora, mi chiedo, qual è la differenza tra un *brahmino* che pulisce i cessi e un *dalit* che fa altrettanto, visto che una differenza c'è e che un "segno" è rimasto?). Uno degli amici annuncia che anni prima un *dalit* era persino diventato pilota d'aereo dell'Indian Airlines (ma la moglie del dottor Sharma puntualizza subito, con un sorriso ironico, che le prime pagine dei giornali riportavano la notizia a grandi titoli). Mi raccontano, anche se lo sapevo già, come le quattro caste siano nate dal corpo di Brahma: i *brahmini* (preti) dalla sua bocca, i *khsatrya* (guerrieri) dalle sue braccia, i *vhaisa* (commercianti) dalle sue cosce e i *sudra* (contadini) dai suoi piedi. "E i *dalit*?" domando io; "I *dalit* non sono nati dal corpo di Brahma," risponde con voce querula uno degli amici.

Mentre l'orologio nel corridoio a pian terreno fa scattare le sue lancette sulle dieci e trentaquattro, e dalla penombra silenziosa arriva il gorgoglio di una lunga scatarrata, entro nella mia camera e mi chiudo alle spalle la porta di ferro (con un letto di ferro, un comodino di ferro e una sedia di ferro come unico arredamento). Prima di spogliarmi do un'occhiata malinconica alla carta stradale della Kümmerly+Frey, i cui dieci decimi sono ormai interamente coperti nella loro lunghezza dalla striscia di pennarello nero, che parte sinuosa da Atene. Avevo pregustato da giorni questo momento, quando avrei continuato la striscia sulla mappa della Nelles Verlag (*Indian Subcontinent*), che poi mi avrebbe accompagnato fino in Birmania; e invece adesso il suo gusto mi va di traverso, e non c'è la minima traccia di gioia o di soddisfazione nel prendere il pennarello e segnare un desolato "5 nov." sotto il nome della città di Gwalior, sapendo benissimo che per qualche settimana sia il pennarello sia la mappa non mi serviranno a nulla.

L'indomani, con uno degli inservienti della clinica alla guida e con me seduto dietro, la Vespa viene portata da un carrozziere, che a colpi di martello raddrizza la lamiera della sacca laterale su cui era scritto "Dall'Italia al Vietnam", e dove ormai c'è solo uno sgorbio di vernice graffiata, di abrasioni scintillanti al sole e di ammaccature. Un po' di stucco passato con una spatola porta tutto in piano, e poi il bianco avorio di una bomboletta spray la fa tornare come nuova, solo un tantino più opaca e più chiara dell'avorio originale. E la scritta? *No problem*: c'è un ragazzino che lavora nella bottega qui a fianco, dove si fanno cartelloni pubblicitari, striscioni e insegne, e da come ne parlano deve essere un vero artista, un piccolo Giotto indiano.

Lo vanno a chiamare e lui si presenta con un pennellino, una bacchetta sulla quale lo vedrò di lì a poco poggiare il polso per tenerlo ancora più fermo e non farlo tremare (era già fermissimo e non tremava minimamente anche senza bacchetta), e un barattolo di vernice bordò.

Le scritte, perfette e senza una sbavatura, le avevo fatte fare a Roma da un mio amico che aveva un laboratorio dove si producevano gli stessi cartelloni pubblicitari, gli stessi striscioni e le stesse insegne, però con una procedura "occidentalizzata" e l'uso ormai esclusivo del computer e di macchinari sofisticati, che ritagliavano automaticamente da un foglio di plastica adesiva quello che era stato scritto sul display, e lo riproducevano tale e quale, con la grafica e le dimensioni desiderate. Qui non c'era alcuna macchina e tantomeno un computer, e tutto il lavoro veniva fatto a mano.

Chiedo al carrozziere se sia possibile dipingere la stessa dicitura, questa volta però in inglese, così non avrei più dovuto rispondere *From* e *To* a chi mi avesse ancora chiesto cosa significassero *Dall'* e *Al*; lui traduce nel dialetto del Madhya Pradesh, e il ragazzino si mette subito all'opera, con la sua bacchetta, il pennellino un po' spelacchiato e il barattolo di vernice dove lo intinge con dei colpetti precisi prima di farlo scolare sul bordo di metallo.

Intanto l'inserviente, S.W. Sharma, ferma uno dei mastodonti neri a tre ruote e si fa riportare alla clinica, dopo avermi chiesto: "Need me more?".

E nel giro di una decina di minuti la scritta sarà né più né meno identica a quella fatta con il computer, perfetta e senza una sbavatura.

Il ragazzino si alza dalla posizione in cui stava accucciato, raccoglie i suoi pochi attrezzi di lavoro e mi lancia un'occhiatina soddisfatta, chiedendomi senza parlare, con un veloce ammiccamento delle sopracciglia, cosa ne pensassi.

Dignitosamente intasca le cinquanta rupie che aveva pattuito col carrozziere, e che mi sembrano adesso vergognosamente poche, anche se, dai sorrisi e dalla faccia dei ragazzi che stanno passando la pasta abrasiva sullo scheletro di un furgoncino TATA, mi sembra di capire che quelle cinquanta rupie erano forse una cifra "disonesta", come se il piccolo Giotto avesse provato a fare l'esoso e gli fosse andata bene; e che a un indiano lo stesso lavoro sarebbe costato probabilmente la metà. *That's India!*

Lascio la Vespa dal carrozziere, che si era offerto di custodirmela nella sua officina, coperta con un telo, fino a quando non avessi potuto usarla di nuovo. Torno a piedi alla clinica, passando davanti al Man Singh Palace con le sue decorazioni di pavoni, elefanti e oche sulle mura blu, e lecco distrattamente la piramide di un durissimo gelato dal colore che non esiste in natura. Tengo il cono nella mano libera dalla fasciatura, e contemporaneamente faccio movimenti dal vago sapore fisioterapico con le dita dell'altra, cauto e sul chi vive.

Ferme davanti al cancello d'ingresso, a parlottare col dottor Sharma e l'infermiera, ci sono alcune persone vestite poveramente ma con degli abiti puliti, oltre al solito gruppo di mendicanti coperti di stracci, con i loro pentolini e i sacchi di iuta pieni di tutto quello che possiedono, che avevo già visto attorno al tronco di un albero il giorno prima, quando ero arrivato con Charu.

Proprio in quell'istante il portone della clinica si apre, e quattro uomini escono reggendo sulle spalle il cadavere rigido di un uomo avvolto in una coperta dalla quale spuntano soltanto un paio di baffi brizzolati e un naso ceroso che ha il colore di un biscotto.

Lo sistemano su una specie di portapacchi di legno dietro il sellino di un rickshaw a bicicletta, il cui conducente aspettava immobile un po' discosto dal gruppo, con un mozzicone di *beedi* spento tra le labbra. Quattro giri di una corda filacciosa, e il corpo dell'uomo è legato e inamovibile tra le molle del sellino di cuoio e un gancio che sbuca dal parafango posteriore.

Il guidatore del rickshaw parte, alzandosi e abbassandosi ritmicamente in tutta la sua statura per imprimere velocità con lente pompate sui pedali; i suoi polpacci sono un teso evidenziarsi di fibre muscolose, e il suo viso non ha alcuna espressione; le clavicole s'inarcano a ogni ampia pedalata, sotto le spalline di cotone di una stretta canottiera.

Il suo fardello trasversale, che sembra aver comunicato anche alla coperta di lana il *rigor mortis*, lo segue sussultando impercettibilmente a ogni strattone della catena, e muovendosi un po' di più, come per i rimasugli grotteschi di una vita propria, quando le ruote sbattono in una buca o sulle traversine della linea ferroviaria che disegna un'ansa di vecchi binari inutilizzati e polverosi proprio intorno alla clinica.

Il gruppo di persone, vestite con solenne decoro nonostante la povertà degli abiti, saluta a turno il dottor Sharma inchinandosi fino a sfiorargli una caviglia con le mani; poi si divide prendendo posto su altri due rickshaw che aspettavano vicini all'aiuola dei mendicanti, e insieme seguono il rickshaw-funebre perdendosi tra la folla per le vie di Gwalior.

"Come andiamo oggi?" mi chiede bonariamente il dottore, quando il corteo è scomparso alla vista.

"Così così. Quando è morto?"

"Quell'uomo? Verso l'una di questa mattina. Era nella camera di fianco alla sua; non s'è accorto di niente?"

"Dormivo. Di cosa è morto?"

"*Broken heart.*"

"Infarto?"

"*No: just broken heart,*" ripete il dottor Sharma, con un sorriso triste. Crepacuore.

Quella parola mi stupisce, non riesco ad associarla all'immagine dell'India che ho nella mente. Morire di fame o per una malattia fisica; morire d'inedia o schiacciati sotto le ruote di un camion; morire di miseria o per un'indigestione; ma in ogni caso morire di una morte "materiale", dalle cause tangibili e ben precise: queste erano le dinamiche che mi veniva spontaneo associare all'idea della morte in India. Fino a quel momento avevo pensato, istintivamente e senza alcuna ragione vera per farlo, che gli indiani fossero in qualche modo immuni dalla sofferenza morale, che non potessero lasciarsi morire nell'anima come fanno gli europei; e semplicemente perché il loro spirito era molto più forte e capace di sopportare; perché la loro cultura e la loro religione l'avevano forgiato così. Fino a quel pomeriggio davanti alla clinica del dottor Sharma, nella periferia di Gwalior, non avevo ancora pensato che in India si potesse morire *anche* di crepacuore.

Dopo quattro giorni di convalescenza passati perlopiù a leggere e a guardare il soffitto della mia stanza, a mangiarmi le unghie di *una* mano e a essere costantemente di malumore, compro un biglietto di seconda classe per il treno che va ad Agra, previa una fila di mezz'ora per raggiungere la nicchia di uno sportello dietro il quale un impiegato maleducatissimo sbraitava in continuazione, s'infuriava con gli indiani poveri se non gli consegnavano la giusta somma di denaro, e diventava mellifluo con gli indiani ricchi, cambiando sollecito le banconote di taglio grosso e porgendo amorevolmente il resto.

Le pensiline della stazione ferroviaria sono affollate fino all'inverosimile, e lo scompartimento nel quale riesco a trovare posto sembra essere ancora più affollato delle pensiline su cui si affaccia con la sua struttura antiquata. Lo raggiungo dopo un assalto al treno pieno di urla, di fagotti passati dai finestrini alla gente sulla piattaforma e viceversa, di gomitate e pestoni, di ragazzini che gridano *chai chai* distribuendo bicchieri di vetro unto ai viaggiatori, pieno delle macchie argentee di sacchetti di plastica con dentro patatine stinte dal sole, noccioline, mandarini o mangos.

Le stazioni indiane, con il loro movimento frenetico di passeggeri, merci imballate e facchini vestiti di rosso, mendicanti, storpi, lebbrosi che senza dover prendere alcun treno sono lì e basta, tra gli stracci e le patetiche masserizie delle loro case ambulanti, sono sempre state un luogo tra i più "pittoreschi" e crudeli dell'India, e hanno sempre affascinato gli scrittori, a cominciare da Kipling, e i cineasti, indiani ed europei.

Si potrebbe quasi definirle la cartina di tornasole della società indiana: in pochi metri sono concentrati tutte le contraddizioni, i colori, il frastuono, l'attività concitata e l'inedia, la follia e la serietà, l'opulenza e la miseria, l'India rurale trapiantata sulle pensiline con intere famiglie di contadini, capre e galline, e l'India tecnologica, moderna, con gli uomini d'affari dalla ventiquattrore sottobraccio e i Ray-Ban scuri, che dai finestrini del vagone ristorante, protetti ermeticamente dalla folla di mani che chiedono qualche rupia, sottolineano a matita un trafiletto sulle pagine dell'"Economist".

I posti a sedere del mio scompartimento erano numerati con placchette di ferro che andavano da 101 a 106, e benché due di esse fossero state strappate, era chiarissimo che i sedili fossero destinati, all'origine, a sei passeggeri soltanto... Nella stazione intermedia di Morena, poco dopo assere partiti da Gwalior, tra la poltroncina 101 e quella 106 saremo in diciotto, stretti come in un barile di acciughe: undici adulti e sette bambini, due dei quali lattanti con le labbra abbarbicate come ventose lucide di saliva ai capezzoli delle madri, per non farseli strappare dalle gengive a ogni scossone delle ruote sui binari. Passerò il resto del viaggio, che per fortuna dura solo poche ore, all'aperto, sul tetto bombato del treno, avvolto dalle folate di un vento caldissimo, reggendomi a un tubo per non scivolare giù, tra le persone che facevano altrettanto, e con qualcuno che di quando in quando intonava una canzone.

Avevo deciso di andare ad Agra non tanto per visitare il Taj-Mahal o il Forte inglese, quanto perché Gwalior mi era diventata ormai insopportabile, e mi annoiavo mortalmente a camminare su e giù come un automa nel corridoio della clinica o nelle strade polverose del centro. Inoltre mi sembrava fuori luogo, e un po' vergognoso, occupare una camera quando ero sano come un pesce, se si esclude il pollice gonfio che m'impediva di guidare la Vespa. Fuori dalla clinica c'era una processione ininterrotta di indiani che imploravano il dottor Sharma di ricoverare il padre, o la moglie, o un bambino; e io stavo sdraiato sul letto di ferro di una stanza tutta per me, a leggere *Tess dei d'Urbervilles*! Già dalla seconda notte, per la verità, stavo trasferendomi in un albergo, ma la moglie del dottor Sharma aveva insistito perché mi sistemassi su da loro nella camera degli ospiti, in modo da poter continuare la cura di antibiotici e cambiare le fasciature facendo solo una rampa di scale, senza attraversare tutta Gwalior, perché gli hotel di lusso stavano dall'altra parte della città (non sapeva che avevo già fatto il callo a dormire in hotel *non proprio* di lusso, e che per me sarebbe andato benissimo anche l'alberghetto di fronte alla clinica, con un venditore di *pan* e il suo botteghino piazzati inamovibili davanti all'ingresso, ormai parte dell'architettura).

Il pretesto di una visita al Taj-Mahal, comunque, mi fornirà l'occasione per liberare anche la camera degli ospiti dopo solo due notti, e rifugiarmi nello scompartimento (e poi sul tetto) del treno per Agra. Fatto edificare nel 1632 dallo Shah Giahan per celebrare la memoria della sua sposa, morta due anni prima mentre partoriva il quattordicesimo figlio, il mausoleo in marmo bianco del Taj-Mahal è il più famoso monumento non solo dell'arte moghul ma dell'India intera, la "prova d'amore" più sfarzosa e commovente che sia mai stata costruita da un uomo per la donna amata (in questo caso con il lavoro di 200.000 persone e l'ingegno dei migliori architetti dell'epoca, chiamati da ogni parte del mondo). L'imperatore aveva già progettato di costruire un altro mausoleo per sé, in marmo nero, che avrebbe fatto il paio con quello bianco edificato per la moglie; ma prima che potesse imbarcarsi nell'impresa, e spendere altre somme favolose, suo figlio Aurangzeb lo fece imprigionare nel Forte, dove rimase rinchiuso per il resto della sua vita.

Cosa sarebbe potuta diventare Agra se il fascino del Taj-Mahal fosse stato raddoppiato da una sua immagine "in negativo" è un'ipotesi difficilmente immaginabile; ma è certo che *due* Taj-Mahal avrebbero lasciato di stucco anche il visitatore più distratto, avrebbero tolto il fiato al turista meno impressionabile.

Appena uscito dalla stazione vedo in lontananza John Smith, intento a litigare con il fianco e la coda di una gigantesca mucca immobile tra una fila di macchine, le tende dei negozi e la traiettoria della sua bicicletta. Più lui si agita e più la mucca rimane immobile; più lui pigia sulla leva del campanello e più quei grandi occhi, lucidi e acquosi, non smettono di fissarlo perplessi, mentre la coda oscilla svogliatamente di qua e di là, come un pendolo. Qualche persona si è già raccolta attorno a quel terzetto male assortito (umano-bovino-metallico), per godersi la scena. John è visibilmente esasperato, e il suo viso è rosso come un papavero. Ancora prima che io faccia in tempo a chiamarlo lo sento gridare: "*Shit!!*" e proprio nello stesso istante, come se avesse obbedito a un ordine perentorio, la mucca alza la coda e lascia cadere chili di una sostanza molle e verdognola, rivestendogli le Timberland e il polpaccio un tempo dolorante, come la glassa di un disgustoso frutto candito.

Seduti su una panchina di fronte al Taj-Mahal, con due bottiglie di Kingfisher comprate in un chioschetto (e avvolte ipocritamente dal venditore in fogli di giornali che le nascondano per bene mentre si bevono, perché in India è proibito consumare alcolici per la strada, ma non è proibito venderli), John Smith, ripulito e rimesso a nuovo dall'acqua di una fontanella, mi racconta del suo viaggio durante i due mesi da quando ci si era incontrati in Iran. Era stato malato per una settimana, senza uscire dalla sua stanza in un albergo malfamato nel porto di Karachi; per qualche giorno era stato convinto di essersi preso la malaria, nonostante la profilassi che regolarmente faceva da quando aveva lasciato Dublino; ma poi la febbre era passata da sola, lasciandolo soltanto un po' debilitato e con qualche chilo di meno. Da Karachi aveva preso un aereo per Bombay, e risalito lo stato del Marhastra fino ad Agra.

Come già mi era successo in Iran quando lo sentivo raccontare del passaggio chiesto a un camionista tra Esfahan e Shiraz, anche adesso non perdo l'occasione di stupirmi per il suo modo di viaggiare "a singhiozzo" con una bicicletta, io che fino all'incidente di Gwalior avevo coperto ogni chilometro, anche i più terribili come quelli per raggiungere i villaggi nelle valli Kalash, rigorosamente e soltanto in sella alla Vespa; ma nel frattempo avevo già imparato a giudicare un po' di meno, così non gli chiedo ulteriori spiegazioni... Del resto, un mese più tardi, mi troverò anch'io a imballare la mia compagna di viaggio in una cassa di legno all'aeroporto di Dhaka, per spedirla a Bangkok. E non certo per una mia scelta!

Esattamente quindici giorni dopo il volo sullo *speed-breaker*, la mano sinistra mi viene rimessa in libertà, contro il parere del dottor Sharma che soltanto a malincuore toglie i ferretti e la garza gessata, non prima di avermi fatto assumere tutta la responsabilità della mia richiesta, a suo modo di vedere perlomeno prematura.

"*This is your decision, remember; not mine.*" "Ok, ok."

L'ultima notte del mio soggiorno forzato a Gwalior trascorre al piano superiore della clinica, in un simposio con altri amici brahmini che affettuosamente mi augurarono buon viaggio.

Chiacchiero a lungo con la signora Sharma, una donna molto colta, medico anch'essa (ginecologo), che è appassionata di letteratura e conosce i classici inglesi e russi, oltre a quelli indiani di cui sa citare intere frasi a memoria, con effetti abbastanza soporiferi.

Mi fa vedere il libro, appena pubblicato, scritto da Sonia Gandhi per commemorare il marito Rajiv, con le fotografie scattate da quest'ultimo durante i loro viaggi, il periodo dell'università in Inghilterra, e molte altre immagini familiari, tra le quali spiccano quelle del matrimonio, con i ritratti di una sorridente Indira Gandhi, la suocera di Sonia. Rajiv era un appassionato e competente fotografo, da quanto vedo, e in quel periodo la sua memoria non era ancora stata sfiorata dagli scandali che in seguito offuscarono la luce di martirio ed eroismo che lo aveva circonfuso insieme alla sua famiglia agli occhi di molti indiani, da quel giorno di maggio del 1991 quando una kamikaze delle Tigri tamil, imbottita di esplosivo, si era fatta saltare in aria insieme a lui mentre gli stringeva la mano. Erano già diverse volte che mi imbattevo in immagini del bel viso e dei capelli rosso-rame di Sonia Gandhi, e constatavo come la sua figura fosse ancora popolare e benvoluta dagli indiani (molti albergatori, mentre compilavo il registro alla voce *nationality*, avevano detto: "*Ah: Italy! Like Sonia; she loves India, India loves her!*").

"E secondo lei ha fatto bene a non accettare?" chiedo alla signora Sharma, sfogliando le pagine del libro. Pochi giorni dopo l'assassinio di Rajiv era stato offerto a Sonia, dal partito di governo al quale era appartenuto il marito, di prendere il suo posto e diventare primo ministro dell'India.

"Benissimo. Doveva pensare ai suoi figli; se avesse accettato sarebbero rimasti orfani nel giro di pochi mesi."

"E poi non era il suo paese, la sua cultura. Come avrebbe potuto un non-indiano capire i problemi..."

"No, su questo non sono d'accordo. Molto spesso un indiano è la persona meno adatta a comprendere o a giudicare l'India. Così come altrettanto spesso sono proprio i poveri a non capire i problemi di un altro povero; o i ricchi quelli di un altro ricco. Sonia Gandhi non sarebbe di certo stata un politico peggiore di quelli che abbiamo avuto dal Mahatma in poi, se avesse potuto esprimersi liberamente." Dopo cinque o sei portate di cucina vegetariana, mentre scavo con un cucchiaino in uno stucchevole dolce di pasta di mandorle e miele, scambio due parole con Giuju G. Sharma, il figlio tredicenne dei miei ospiti. Anche lui da grande vuole diventare medico, perché ha un sogno da realizzare. Quando con un sorriso indulgente gli chiedo quale sia questo sogno, che di certo immagino gli faccia onore, come la scoperta di un nuovo vaccino o la cura delle persone che soffrono, lui mi risponde: "Diventare ricco abbastanza per comprarmi una Ferrari!".

Nelle prime ore del mattino un altro Sharma, uno dei domestici, mi viene a svegliare e poi mi aiuta a impacchettare le mie cose negli zaini. Il pollice sinistro, bianco e pieno di striature come un pezzo di manzo lesso, mi fa ancora male a ogni movimento, benché nel pomeriggio precedente l'avessi già un po' allenato al cambio-marce, con le labbra strette tra i denti. Dal momento che il dottor Sharma non vuole accettare nemmeno un dollaro per le sue cure mediche e il ricovero delle notti in clinica, aspetto che aprano i negozi del centro e me la cavo con due libri per sua moglie, un atlante illustrato del corpo umano con dentro, come segnalibro, una cartolina che riproduce una Ferrari Testa Rossa per suo figlio, e due volumi di *A history of India* per lui, comprati in una di quelle librerie fornitissime che inaspettatamente si trovano nelle città indiane.

Alle dieci parto da Gwalior per Etawah, che raggiungo dopo una tappa relativamente breve ma estenuante e persino troppo impegnativa per la mia mano sinistra, tant'è che ogni dieci chilometri almeno devo fermarmi e lasciarla riposare.

Il 24 novembre sono a Kanpur, dai manager italiani della Piaggio che mi ospiteranno per una settimana organizzando un incontro con la stampa e facendomi trovare, durante una cena, qualcosa di cui avevo dimenticato l'esistenza, qualcosa che mi stringe lo stomaco con un languore paradisiaco: un piatto di lasagne! Nelle peripezie alimentari che mi aspetteranno d'ora in avanti in India, in Bangladesh e nel Sud-est asiatico, il ricordo benedetto di quella cena rimarrà indelebile in un angolino della mia mente, a condire con una salsa metafisica il sapore di qualsiasi schifezza futura possa mai trangugiare. Kanpur, dove ha sede lo stabilimento che produce più Vespa dopo quello di Pontedera, e impiega oltre novemila indiani, è una città industriale tra le più brutte e inquinate non solo dell'India ma del mondo intero. Di sera una nube di smog e pulviscolo la ricopre interamente, arroventandoti gli occhi e affaticandoti il respiro, e se guardi la città da una delle colline circostanti o dagli edifici più alti, semplicemente non la vedi, perché la cappa di smog la sommerge del tutto, nascondendola alla vista.

Nonostante la dimensione apocalittica di Kanpur e le suggestioni da disastro ecologico che in certi momenti, per le sue strade, mi facevano pensare a sequenze del film *Blade Runner*, il calore e la simpatia dei cinque manager italiani mi regaleranno un bellissimo ricordo dei giorni passati nel loro residence alla periferia della città. Ma dopo una settimana intera, per quanto piacevole, è decisamente ora di riprendere il viaggio, così spezzettato in quel mese dalla deviazione in Rajasthan, dalla sosta per l'incidente a Gwalior e dalla gita appiedata sotto il Taj-Mahal. Così, il primo dicembre, rifocillato e col morale alle stelle, scatto una fotografia di gruppo davanti alle vetrate degli uffici di Kanpur, e sono pronto a immettermi nuovamente, in sella alla Vespa, nel traffico della Grand Trunk Road in direzione di Allahabad, la città che sorge sulla confluenza del Gange e del fiume Yamuna, circa 200 chilometri a est di Kanpur, dove incontrerò per l'ennesima volta le due ragazze francesi con le loro Enfield da *All India Tour*. "Come va?" "Non c'è male." "*See you next time.*" "*Au revoir!*"

Davanti a uno spettacolare tramonto che incendia l'aria di riflessi fiammeggianti, mentre sto seduto da solo su un blocco di pietra delle scalinate davanti a un'ansa del Gange, seguo a lungo con lo sguardo i giochi spumeggianti di due cani, che caracollano nell'acqua verdastra e sembrano contendersi un oggetto, con i denti scintillanti e un sommesso uggiolare, ringhiare, guaire.

Dopo aver guardato meglio, mi accorgo che l'oggetto della loro disputa è la gamba di un uomo.

Strappata all'inguine, grigia e tumefatta, che l'acqua ha macerato e stinto, e dalla quale i denti aguzzi dei due cani riescono ancora a far stillare rare gocce di un sangue denso, nero come la pece.

6.

Dalle finestre dell'Om Shanti

Nelle acque del Gange, che i pellegrini venuti a Varanasi da tutta l'India bevono a occhi socchiusi mormorando preghiere, e nelle quali tra la cenere e i rifiuti, tra le ghirlande di fiori e la sporcizia stagnante si bagnano per ripulirsi dai peccati, sono gettati i cadaveri di chi non è ricco abbastanza per pagarsi la legna di una pira funebre, i cadaveri dei bambini nati morti o morti in tenera età, e quelli di un serraglio composito di animali in decomposizione: cani, mucche, bufali, capre, che gli avvoltoi posati a stormi sulla riva orientale del fiume sono pronti a raccogliere in voli plastici e stridenti.

Nonostante ciò, e per quanto incredibile possa sembrare, le acque del Gange non sono veicolo per i bacilli del colera, e anzi possiedono proprietà terapeutiche, non solo per lo spirito, ma anche per le malattie della pelle e ogni sorta di ulcerazioni. Il sacro fiume dell'India è conosciuto con millecentootto nomi diversi, tra cui "il puro", "la luce nelle tenebre", "il dispensatore di felicità", "il sanatore di piaghe e miseria", "l'eterno"; e mescolare le proprie ceneri all'acqua del Gange è il fine ultimo e il desiderio più grande di ogni indù, indipendentemente dalla casta o dal prestigio che ha accompagnato la sua esistenza terrena. Soprattutto all'alba, quando la città si sveglia e i pellegrini fanno le loro prime abluzioni, i *ghat* di Varanasi, cioè le gradinate di pietra che dal centro della città vecchia scendono fino alle rive del fiume, sono permeati da un'atmosfera rarefatta di sacralità che sembra avulsa dalla vita concitata e rumorosa che scorre a pochi metri di distanza.

Basta uno sguardo all'intorno per capire come questo sia il vero cuore pulsante della spiritualità indiana, che letteralmente si "respira" nell'aria insieme al profumo dell'incenso e della legna bruciata, allo sfilare policromo dei *sadhu* e dei cortei che vanno alle cremazioni, della musica e delle ghirlande di fiori votivi.

La "città eterna", che in passato si è chiamata Kashi e Benares e soltanto recentemente è tornata a chiamarsi Varanasi, da uno dei suoi primi nomi che significa "la città tra due fiumi", è il più antico agglomerato urbano da sempre abitato, e ha avuto, nei millenni della sua storia, un ruolo speciale nella civiltà indiana. È considerata, oltre che un luogo fausto e propizio per morire, il più importante centro di studi del sanscrito (la lingua in cui sono stati scritti i *Veda*, le *Upanisad* e il *Mahābhārata*, i testi sacri dell'induismo) ed è sempre stata il fulcro della cultura tramandata dai filosofi e i dai brahmini. Questa fama, e l'afflusso continuo di denaro dovuto da una parte al pellegrinaggio religioso e dall'altra al richiamo esercitato sui turisti occidentali, per i quali Varanasi è una delle "attrazioni" da non perdere durante un viaggio in India, non ha però portato un concreto miglioramento alle condizioni di vita e allo sviluppo dell'area in cui la "città eterna" sorge, che continua a essere una delle più povere e sovrappopolate dell'Uttar Pradesh.

Da Allahabad, lungo l'asfalto pieno di buche della Grand Trunk Road, che segue parallelamente il corso del Gange, avevo percorso 110 chilometri passando attraverso una serie ininterrotta di città e villaggi: Jushi, Saidabad, Handia, Gopiganj, Ghosia, Aunraj, Mizra Murad, che avevano abbassato drasticamente la velocità media portandola sotto la soglia dei 20 chilometri all'ora.

Poco prima di entrare a Handia avevo visto sfilare, nella direzione opposta alla mia, una processione di almeno duecento indiani armati di picconi, badili e spranghe di metallo. Rallento fin quasi a fermarmi, e per un po' li seguo con lo sguardo: molti sono *sadhu* vestiti con l'abito color zafferano, e hanno la fronte dipinta a strisce orizzontali con una polvere gialla; altri sono in *longi* e maglietta o in abiti all'europea, e tutti sembrano molto determinati, come se avessero un obiettivo ben preciso. Gridano slogan di cui capisco solo il nome "Rama" e ogni tanto li intervallano con le strofe di una canzone. Uno di loro, con gli occhi iniettati di sangue e probabilmente ubriaco, vedendomi passare in prima mi fa un gesto minaccioso con la zappa che brandisce come una lancia, mimando il gesto d'infilzarmi; ma poi scoppia a ridere e contagia subito con la sua ilarità le persone che gli sono vicine.

Non riesco a immaginare dove siano diretti, né cosa facciano con quei picconi e quelle spranghe di ferro... Cinque giorni più tardi, dopo essermi completamente dimenticato di quell'episodio, mi risveglierò a Calcutta in un frastuono assordante, con colpi di armi da fuoco, scoppi di bombe molotov, sirene della polizia, urla e vetrine in frantumi, macchine fatte a pezzi; e avrò la spiegazione di dove stesse andando quel gruppo di indiani, e per fare cosa.

Nel primo pomeriggio del 2 dicembre arrivo a Varanasi, e dopo una ricerca infruttuosa in due o tre alberghetti di Gowadalia, tutti pieni, mi sistemo all'Om Shanti Guest House, vicino al *ghat* di Manikarmika, chiamato anche Big Crematory per l'attività incessante delle cremazioni. Aiutato da un paio di persone carico a mano la Vespa su una rampa di scale, per poi lasciarla parcheggiata tre giorni sullo stretto pianerottolo del primo piano, e muovermi a piedi nel dedalo di vie e viuzze che serpeggiano attorno alla costruzione azzurra dell'Om Shanti, in una delle parti più antiche della città.

Mentre sto uscendo dalla porta della guest house, con l'idea di andare a curiosare nei negozietti che vendono sciarpe di seta e sandali, per poco non vado a sbattere contro quattro uomini vestiti di bianco, con una fascia gialla sulla fronte, che stanno correndo nello spazio angusto del vicoletto reggendo sulle spalle una barella fatta di pali di bambù, su cui è deposto il cadavere di un uomo avvolto in uno stretto sudario. Lo stanno portando al Manikarmika Ghat per la cremazione, e recitano gridando delle invocazioni, che ripetono in coro. Sono seguiti da uno sparuto corteo di persone, i parenti e gli amici, che non riesce a tenere il loro passo, e ogni tanto qualcuno inciampa nel rilievo di un gradino o tra le grosse pietre del ciottolato.

Mi metto in coda anch'io, e li seguo lungo il vicolo in discesa fino a sbucare nell'ampio spiazzo del Big Crematory, dove almeno cinque cataste di legna sono avviluppate dalle fiamme e altrettante hanno appena finito di bruciare, e fumigano esalando un acre odore mentre alcuni uomini raccolgono le ceneri o rincalzano sotto le braci le parti dei corpi che non sono ancora bruciate perfettamente, e rivelano il bianco latteo delle ossa tra la carne ormai abbrustolita, come pezzi di rami scortecciati.

Rimango per quasi mezz'ora con la schiena appoggiata a una colonnina di mattoni rossi, a guardare il trambusto concitato di nuovi cortei che arrivano, l'affannoso costruire pire su pire con le cataste di legna ammonticchiate sulla sabbia, tra il vagare indolente dei bufali neri dalla pelle lucida sotto il sole; a fissare abbacinato i *sari* che si dissolvevano in un baleno, i capelli che diventavano fiaccole ardenti e la carne ormai esposta che prendeva fuoco lentamente, crepitando.

A un tratto lo sguardo mi cade su una pira dove è stata deposta la salma di una donna grassa, che gonfia col suo corpo la stoffa di un *sari* turchino, trapunto di fili d'oro. Dopo qualche minuto, quando ormai è avvolta dalle fiamme, la vedo alzare un braccio e sussultare come se i suoi nervi fossero scossi da un attacco epilettico. Il sangue mi si gela nelle vene, afferro la manica di un indiano che sta in piedi vicino a me, con un impeccabile vestito nero nonostante tutto quel caldo, e di certo devo avere gli occhi stralunati e un'espressione di terrore sul viso, perché lui sorride pacatamente e nell'inglese lamentoso degli indiani colti, perfetto grammaticalmente ma pronunciato come se fosse un'altra lingua, mi tranquillizza e m'informa che quell'agitarsi della donna tra le fiamme è un fenomeno abbastanza frequente durante le cremazioni. I nervi si tendono a causa del calore, scuotendo gli arti del cadavere come quelli di un burattino animato da fili invisibili: "Dhon't wuory, no evil spirits; just a ppoor corppse," mi dice con una voce un po' effemminata, cantilenante. Qualche minuto ancora, e poi il corpo della donna grassa si calma nel guizzare delle lingue di fuoco, e comincia a squagliarsi e a bruciare nella sua via imperscrutabile verso una reincarnazione migliore.

Il concetto della morte nelle culture occidentali, o comunque nelle culture *non* indiane, è accompagnato dal dolore e dalle lacrime, dalla disperazione e dall'insostenibile vuoto che lasciano le persone care nella vita di chi rimane. Sui *ghat* di Benares non c'è niente di tutto questo: né lacrime né urla strazianti; c'è piuttosto un composto saluto a chi abbandona la sua presente immagine mortale, un figlio, un genitore o una moglie; un silenzioso raccoglimento per nulla disturbato dalle urla, dal trapestio degli addetti alla preparazione delle pire o dei cortei che si avvicinano al *ghat* salmodiando a voce alta; c'è la febbrile attività di gente che svolge il proprio compito, con lo stesso coscienzioso impegno che metterebbe alla catena di montaggio di una fabbrica o in un laboratorio dove si producono statuine di alabastro raffiguranti le divinità; poco importa che *questo* lavoro sia inteso a preparare il passaggio tra una reincarnazione e l'altra, o a dire addio al volto di una persona con cui si era vissuti o della quale si era stati amici: lo si svolge come se si trattasse della cosa più normale, perché la stessa morte, per un indù, è *normale*, è il passaggio obbligato, lo scatto inevitabile nell'ingranaggio del *samsara*.

"Which iss de *purrpose* of your visit?" mi chiede il signore vestito di nero, che ha tutta l'aria di assistere alle cremazioni da semplice spettatore, come me, non coinvolto da legami affettivi con chi sta bruciando sulle cataste. Ecco un'altra delle domande classiche, espressa con la stessa buffa enfasi e lo stesso lessico burocratico di "which nationality *do you belong*?". Rispondo distrattamente, senza la minima voglia di intavolare una conversazione, ancora ipnotizzato da quello che mi sta davanti agli occhi; poi lo saluto e me ne vado, risalendo la scalinata con la testa confusa, come se avessi della bambagia al posto del cervello.

Vicino al Wishwanath Temple, il tempio d'oro dedicato a Shiva nel suo attributo di Signore dell'Universo, entro in un piccolo negozio che vende seta e broccati, e nel quale, seduti su un piumino biancastro con il padrone che, decantandola, stende la propria merce tra le gambe intrecciate in una posizione vagamente yoga, ci sono due ragazzi tedeschi, una coppia, col viso bucato da spille da balia e chiodi, i capelli rasati sulle tempie ma lunghissimi sulla nuca, e i jeans sporchissimi, dai quali non emana un buon odore. Quando le maniche delle camicette di cotone arabescato che entrambi indossano si alzano un poco sopra il gomito, mentre la ragazza è intenta a contrattare il prezzo di una partita di sciarpette e il ragazzo ne palpa la consistenza tra le dita, posso vedere che le vene dei loro avambracci sono piene di bucherellini messi ordinatamente in fila, come se una processione di formiche rosse gli stesse camminando sulla pelle: alcuni buchi sono infettati, alcuni rivestiti da piccole croste, altri circondati da ematomi blu e giallognoli. Soltanto dopo più di dieci minuti da quando sono seduto insieme a loro sul piumino, nel negozio vuoto, sembrano accorgersi di me, e mi rivolgono un sorriso assente. A lei mancano tutti i denti superiori, e la gengiva vuota sembra aver risucchiato le labbra in una smorfia che la fa apparire quasi vecchia, anche se probabilmente non ha più di venticinque anni. Lui è magrissimo e allampanato, con la schiena curva da cui le vertebre spuntano come le nocche nodose di una mano, anche sotto la camicia e il gilet di velluto.

Il pomeriggio è ancora caldissimo quando torno alla guest house; il sole accecante colora di riflessi più scuri l'acqua del Gange e illumina la riva lontana e le macchie nero-argentee degli avvoltoi con una luce secca, come una radiografia. Mi siedo sul davanzale della finestra nella mia stanza all'Om Shanti, con il quaderno balinese aperto tra le ginocchia, lo sguardo a girovagare sui tetti della città e la punta di una matita tra i denti, insanguinati come quelli di un vampiro per aver masticato a lungo le foglie del *pan*.

Dopo essersi persa per quasi un'ora nell'intricato groviglio delle stradine di Benares, Elena finalmente sbucò in quel piccolo spiazzo vicino al Main Ghat, proprio sulla riva del Gange, dove il giorno prima aveva passato tutto il mattino guardando bruciare i cadaveri. Si sedette sullo stesso blocco di pietra e prese a rigirare tra le dita la collana di fiori arancioni che gli indù usano per le offerte mattutine sui piccoli altari di Shiva, disseminati un po' dappertutto per le strade della città; proprio da uno di questi altarini Elena l'aveva presa, poco prima, assaporando una sottile vibrazione di sacrilegio.

Doveva essere ancora troppo presto, quel giorno, perché lo spiazzo era deserto, e così anche le cataste di legna che ancora fumigavano sotto una fitta pioggerellina, sferzata dal vento; solo pochi metri più in là, nelle acque del fiume, alcuni fedeli pregavano facendo le loro abluzioni, e un bufalo dalla pelle lucida stava placidamente sdraiato sulla sabbia, vicino a una colonnina di mattoni rossi.

Elena tolse dalla custodia di stoffa che portava appesa al collo il suo vecchio portafogli, e mentre alcuni petali arancioni cadevano a terra lo aprì, rimanendo poi, a lungo, a guardarsi abbracciata a Roberto, sulla porta dell'università, il giorno della propria laurea.

La fotografia era strappata in un angolo, e una macchiolina d'inchiostro copriva per metà le sue labbra, cariandole il sorriso. Roberto era bellissimo!

Quante ore insieme per preparare quell'interminabile tesi, e quanti consigli aveva saputo darle lui, che già l'anno prima si era laureato, strappando persino la lode a De Benedetti, lo spauracchio di tutti gli studenti di Antropologia culturale... "*Archetipi e radici storiche della Bhagavadgītā*"...

Non era riuscita a prendere il massimo dei voti, ma che importa? Quanta felicità in quei momenti! E subito dopo i preparativi per la partenza; Roberto che correva di qua e di là per i visti, le altre carte, ogni cosa; e le loro ultime cene in casa, a Milano, a lume di candela, innamorati come due ragazzini; gli amici che venivano a trovarli e raccomandavano di scrivere, di non dimenticarsi di loro.

Sfilò la fotografia da sotto lo strato di plastica trasparente, sul lato interno del portafogli, e un'altra apparve sotto di questa: Goa!

La loro prima casa insieme, una piccola villa proprio sul mare.

Il portoghese che gliel'aveva affittata stava ritto in mezzo a loro, in posa con un sorriso buffissimo, e Roberto gli teneva una mano sulla spalla. Per sei mesi quello fu il loro nido, proprio così amava chiamarlo lei: il loro nido! Poi erano cominciati i viaggi: Bombay, Delhi, Katmandu, Manali, Calcutta...

Elena prese le due fotografie e le bruciò, in quello spiazzo dove si bruciavano i morti. Raccolse le ceneri e le disperse nel Gange.

Quando rientrò nella stanza dell'Om Shanti, dove abitavano dal loro arrivo a Benares, guardò Roberto che dormiva respirando a fatica, col laccio ancora stretto sopra il gomito, nudo sulla stuoia di corda intrecciata; e non era più così bello.

Tolse dalla borsa l'astuccio sdrucito dall'uso e si fece un'overdose di morfina. Prima di lasciarsi andare sul pavimento ebbe il tempo di vedere dalla finestra i tetti di Benares, che si scioglievano come cenere nel Gange.

Nel nome di Rama

Il 4 dicembre parto da Varanasi in direzione di Calcutta, che dista ancora 700 chilometri da percorrere su uno dei tratti più trafficati e in pessime condizioni di tutta la Grand Trunk Road.

Il pomeriggio precedente, dopo aver disincagliato la Vespa dalle masserizie che una notte dopo l'altra l'avevano accerchiata sul pianerottolo della guest house, ricoprendola con i tavoli, le sedie e i materassi di un trasloco in corso, ero andato per alcune ore a Sarnath, dieci chilometri a nord di Varanasi, dove il Buddha aveva iniziato le sue predicazioni ed enunciato i principi per il raggiungimento del *nirvana*, più di venticinque secoli fa.

Siddharta, Gautama, Shakyamuni, che poi sarà chiamato il Buddha (il Risvegliato), fu una figura storica della stirpe nobile dei Shakya e nacque a Kapilavastu, sull'attuale confine tra India e Nepal intorno al 523 a.C. Fu contemporaneo di uomini come Confucio, Eraclito e Lao Tzu, e ottenne l'Illuminazione senza l'aiuto di alcuna dottrina, di alcun dio o di alcun maestro, basandosi esclusivamente sulle proprie forze e il proprio pensiero, raggiungendo il *nirvana* non con un rifiuto aprioristico della vita, ma dopo una serie di esperienze esistenziali diventate coscienti, equidistanti da una vita di passioni e dall'ascetismo assoluto. Coscienza che costituisce i cardini della Via Mediana annunciata ai discepoli a Sarnath, insieme alle Quattro Nobili Verità (La vita è dolore. La sete di esistere è la causa del dolore. La sete di esistere può essere estinta. Esiste il modo di estinguere la sete) e all'Ottuplice Sentiero, cioè alle otto fasi di un percorso etico esemplare.

Per gli indù Buddha è la nona reincarnazione di Vishnu disceso sulla Terra: questo forse rappresenta un tentativo dei preti brahmini di riportare all'ovile i convertiti al buddhismo, e nello stesso tempo dimostra un loro disagio e imbarazzo nei confronti del nuovo messaggio del Buddha, che stava diventando sempre più popolare nel Nord dell'India. Dopo l'incontro con i primi discepoli a Benares il Buddha, infatti, proseguì una vita di insegnamenti per quarantacinque anni e morì ottantenne a Kusinara, nell'attuale distretto di Gorakpore. Alla sua morte la dottrina da lui predicata si era estesa a tutta l'India e alle regioni a nord e a nord-ovest di essa, sebbene nessuna parola del Buddha fosse mai stata scritta.

Oggi il buddhismo, con innumerevoli varianti e interpretazioni, è dominante in molti paesi dell'Asia centrale, orientale e sud-orientale, ed è tuttora una delle più grandi religioni, per numero di fedeli, del mondo; anche se nel caso del buddhismo il termine religione sembra essere poco adatto, trattandosi piuttosto di un impianto filosofico e speculativo che non presuppone elementi trascendenti o un dio creatore. Per quanto riguarda il dettaglio del mio viaggio in Vespa: dopo l'Islam del Bangladesh, tutte le altre nazioni da attraversare per arrivare a Ho Chi Minh City saranno di religione e cultura buddhista.

Tra i numerosi templi di Sarnath si può vedere uno stupa alto 34 metri, che risale al 500 a.C. e si crede sia stato costruito sul luogo stesso dove il Buddha ha tenuto i suoi sermoni dopo il "risveglio" di Bodhgaya; le bellissime decorazioni a motivi floreali e geometrici sulla base dello stupa sono del periodo gupta, alla fine del quale, intorno al 600 d.C., il buddhismo cominciò a declinare in India. Gli stupa sono pagode o templi dalla forma stratificata, destinati ad accogliere reliquie o a commemorare fatti della vita del Buddha, e sono presenti in ogni forma architettonica legata al buddhismo (basti pensare ai complessi di Angkor Wat in Cambogia, di Borobudur nell'isola di Giava e ai templi di Pagan o di Rangoon in Birmania). Secondo la leggenda, la forma di uno stupa doveva riprodurre gli abiti del Buddha, ripiegati a quadrato, su cui poggiava, capovolta, la tazza delle elemosine; il tutto sormontato dal bastone del pellegrino. Nel significato simbolico, la forma semisferica di uno stupa rappresenta la volta celeste che ruota attorno all'asse del mondo, cioè a una proiezione cosmica del Buddha.

Uscito dalla periferia est di Varanasi, dopo aver attraversato il ponte sul Gange e il sobborgo di Mughul Serai con la grande stazione ferroviaria che smista il traffico dei treni verso Bombay, Delhi e Calcutta, mi avvicino al confine tra lo stato dell'Uttar Pradesh e quello del Bihar, dove le condizioni della strada e le facilitazioni per chi viaggia rispecchiano fedelmente l'economia dello stato più povero dell'India: l'asfalto è deformato da crateri e avvallamenti che a volte sono profondi anche un metro, e su cui si procede a passo d'uomo come sul percorso di una gimkana o di una gara di cross, tra le file dei camion con il logo TATA che dondolano minacciosamente i loro carichi.

Ai lati della strada non si può trovare una bibita in bottiglia per chilometri e chilometri, neanche a pagarla a peso d'oro: solo terrine di *chai* dal gusto di caprino, che è saporito e dissetante una volta o due, ma che *sempre*, e senza l'ombra di alternative, diventa perlomeno stucchevole. Il cibo che lo accompagna nelle soste in Bihar è *chapati* e *dhal*, esattamente come nel Beluchistan pakistano: un'accoppiata di sapori di cui non sentivo assolutamente la mancanza, e del cui bis in territorio indiano avrei fatto volentieri a meno. Per più di cinque chilometri, superata la città di Dehri, il ciglio sinistro della strada è disseminato di enormi cartelloni dipinti che pubblicizzano la famiglia "tipo" auspicata per l'India del futuro (padre e madre sorridenti con in braccio un bambino a testa, più sorridente ancora), e alcune marche di preservativi dal nome suggestivo come Kamasutra, Golden Love e Sensibility.

Arrampicati ai pali dei cartelloni, o sdraiati in mezzo alla strada incuranti del traffico, decine di bambini poverissimi, coperti di stracci e con occhi stupendi, mi guardano passare e mi salutano con le mani alzate finché non sparisco alla loro vista. Sembrano la testimonianza vivente di come la pubblicità non abbia fatto molto effetto e del fatto che la famiglia "tipo" del Bihar sia composta di cinque o dieci figli almeno, che dipinti non entrerebbero tutti insieme neanche in un cartellone più grande. La popolazione attuale dell'India (la seconda al mondo dopo quella della Cina) sfiora i novecento milioni d'individui, e aumenta annualmente con un tasso del 2,5 per cento, nonostante la politica di controllo delle nascite e sterilizzazione volontaria promossa da Indira Gandhi all'inizio degli anni settanta (con criteri di "volontarietà" molto spesso discutibili, non solo per le campagne promozionali con slogan del tipo "*Un apparecchio radio in cambio della sterilizzazione*", ma soprattutto per le rappresaglie di veri e propri squadroni di reclutamento, che per alcuni mesi hanno terrorizzato le donne indiane con i loro blitz di sterilizzazione coatta).

Una delle ragioni del continuo incremento demografico, al di là della miseria e della poca istruzione che si accompagnano alla vita nei villaggi (in Bihar, per esempio, il livello di analfabetismo raggiunge il 66 per cento) può essere ricercata, per quanto futile possa sembrare, nella proverbiale superstizione e nella mania divinatoria degli indiani, per i quali un oroscopo fatto al nascituro è forse più importante e imprescindibile dello stesso latte in polvere o delle pezze per fasciarlo quando sarà nato. Più una famiglia è povera e disgraziata, più cresce in essa la speranza che un prossimo figlio possa raddrizzare la situazione, possa diventare famoso e ricco e risollevare le sorti di fratelli e genitori, con delle dinamiche molto simili alla fede dei giocatori del lotto, che puntano con accanimento sui numeri che più sono in ritardo. E gli astrologi ambulanti o i ciarlatani che confezionano questi oroscopi sono spesso propensi a presagire eventi molto fausti e congiunzioni favorevoli per la progenie a venire, in cambio di poche rupie e gratificando nei loro clienti il senso di sicurezza e di fiducia nel futuro.

Percorro altri 200 chilometri, durante i quali ho la seconda foratura da quando sono partito dall'Italia, e soltanto per un pelo evito di mettere sotto un bambino che attràversa la strada all'improvviso, fermandomisi davanti terrorizzato. Evitarlo vuol dire sterzare bruscamente e poi sbandare sprizzando scintille con le punte del cavalletto, prima di riprendere l'equilibrio. Miracolosamente non cado, e quando riesco a fermarmi, con la circolazione sanguigna che come un martello pneumatico mi pulsa sulle tempie, mi volto e grido un liberatorio "Crrrreeetino!!" all'indirizzo del soldo di cacio che per tutta risposta, ancora immobile in mezzo alla strada, agita la manina in segno di saluto e mi sorride in lontananza, in un modo del tutto disarmante.

Verso sera arrivo in una cittadina che un cartello stradale, sforacchiato da anonimi colpi di pistola, indica come Barhi, e che mi regala subito un fugace pensiero rivolto al capoluogo pugliese.

Decido di fermarmici per la notte, anche perché sulla mappa della Nelles che sfoglio velocemente non vedo altri punti segnati con un nome fino a Dhanbad, distante ancora 120 chilometri. Sta già cominciando a diventare buio, e so per esperienza che guidare di notte, in India, è quasi un suicidio. Biciclette e carrettini non hanno quasi mai un fanale o un catarifrangente che ne segnali la presenza, per non parlare poi dei pedoni o degli animali; i camionisti sembrano non conoscere vie di mezzo: o viaggiano con gli abbaglianti costantemente accesi o viaggiano a fari spenti, e la loro barbara abitudine di lasciare sulla strada le pietre o gli alberi sradicati con i quali avevano segnalato un guasto meccanico che stavano riparando, di notte costituisce un'insidia pari a quella di camminare su un campo minato.

E quando di lì a qualche giorno comincerò a grattarmi la testa come un forsennato, dapprima non prestando la dovuta attenzione e alla fine ritrovandomi sotto le unghie un bel po' di uova di pidocchio, darò mentalmente la colpa a quella notte passata a

Barhi, sicuro di non sbagliarmi: la camera in cui avevo trovato alloggio, nell'unica locanda della città, era così lercia da far suonare l'aggettivo come un eufemismo, e il cuscino, pieno di bitorzoli e gibbosità, così fetido che anche dopo averne coperta la federa con un *sarong* balinese puzzava invariabilmente di gatto morto, con il suo allevamento di bestioline invisibili che mi si annniderà tra i capelli.

Questa parte del Bihar meridionale è meno abitata (per quanto possa essere "meno abitato" uno stato indiano, e non certo in virtù della sfilza di cartelloni che pubblicizzano la famiglia ideale composta di quattro persone sorridenti), e forma un contrasto notevole con la confinante regione del Bengala occidentale, dove i villaggi si susseguono gli uni agli altri sulla strada quasi senza soluzione di continuità. Il traffico sulla Grand Trunk Road si fa concitato, insieme a una nube grigia di gas di scarico che si stende sulla campagna come una nebbiolina maleodorante.

Dopo la sosta di una notte a Barddhaman, la mattina del 6 dicembre passo sotto le arcate di metallo del ponte Howrah, il ponte più trafficato del mondo, su cui transitano ogni giorno decine di migliaia di veicoli e di persone, ed entro nel caos disperato di Calcutta.

Attorno al ponte Howrah e alla vicina stazione ferroviaria ci sono alcuni degli *slums* più degradati dell'intera città, uno dei quali, Anand Nagar, che letteralmente significa "città della gioia" è divenuto famosissimo grazie al libro di Dominique Lapierre e al film che successivamente ne è stato tratto. In questi ultimi anni i diseredati di Anand Nagar, che vivono in baracche fatte di cartone, lamiere arrugginite, stracci o pezzi di cellophane nero strappati dai sacchi per l'immondizia, sono divenuti quasi una sorta di "attrazione turistica", e i gruppi di europei o giapponesi in viaggi organizzati si aggirano tra loro come se fossero allo zoo. La figura centrale del libro, il guidatore di rickshaw Hasari Pal, è uno dei tanti "cavalli umani", spesso emigrati dal vicino Bihar, che affollano il centro della città correndo tra le stanghe dei loro rickshaw per trasportare i clienti, spaccandosi i polmoni e le reni per un guadagno di dieci o quindici rupie giornaliere (mezzo dollaro), una volta decurtato l'affitto da pagare ai boss della mafia che affittano i rickshaw, e solo se la giornata è stata buona.

Durante la stagione delle piogge che fa seguito ai monsoni, le vie delle città si allagano regolarmente, e i rickshaw tirati a braccia, con le loro grandi ruote, sono gli unici mezzi pubblici che riescano a muoversi nell'acqua e nel fango alti fino alle ginocchia. I "cavalli umani" aspettano con impazienza questo periodo, quando il bilancio economico delle loro famiglie sarà un po' più florido grazie al surplus di lavoro dei loro muscoli, nel traffico paralizzante di autobus, taxi e vacche sacre spaesate tra un marciapiede e l'altro.

I *rickshaw wallah*, come vengono chiamati questi uomini quasi sempre magrissimi e con lo sguardo stanco dei vecchi anche quando sono ancora sulla trentina, si districano nella bolgia del centro di Calcutta imponendo brusche sterzate alle stanghe che reggono con le braccia divaricate, saltellando su e giù al passo, al trotto e al galoppo, aiutati da un sonaglio rotondo che sbattono contro il legno delle impugnature e che ha un suono simile al campanello di una bicicletta. Questa infamia degli "uomini da tiro" sopravvive solo a Calcutta (in tutte le altre città asiatiche le gambe umane come propulsore almeno sono sostituite da biciclette, da cavalli veri e propri o da motori a scoppio) e per quanto l'amministrazione comunale di Calcutta continui a promettere di intervenire, il racket dei *rickshaw wallah* arruola una schiera di disperati sempre più grande, fornendo loro, comunque, una possibilità d'impiego che altrimenti non avrebbero. Per molti disoccupati indiani, arrivati a Calcutta con la speranza di una vita migliore e poi finiti a morire d'inedia con tutta la loro famiglia sui cartoni del ponte Howrah, anche il reclutamento tra le stanghe del rickshaw è visto come una benedizione, un privilegio invidiabile, una grazia ricevuta.

La definizione scontata di "città di contrasti" si può applicare a molte metropoli indiane o asiatiche; mai però con la stessa immediatezza e verosimiglianza con cui si può applicare a Calcutta. L'impatto con la città di Tagore e di madre Teresa, del Victoria Memorial Hall e dei "cavalli umani" può essere più forte di un pugno nello stomaco, può fare odiare l'India e renderla intollerabile; così come può far nascere i miracoli di carità delle missionarie nelle case dei moribondi, dei lebbrosi, dei bambini di strada.

Ho conosciuto una coppia di danesi che da Copenaghen hanno preso un volo direttamente per Calcutta, con uno scalo di pochi minuti a Delhi: il loro primo viaggio fuori dall'Europa. È bastato solo il tragitto in taxi dall'aeroporto di Dum Dum fino al centro di Calcutta per sconvolgerli a tal punto da farli chiudere in albergo per una settimana, incapaci di uscire, di reggere la vista di quello che li aspettava per strada.

E ho conosciuto un'altra coppia che era venuta in India per una vacanza di quindici giorni, e per cinque anni è rimasta a prestare servizio di volontariato a Shanti Nagar, l'ospedale dei lebbrosi.

Calcutta è la città più ricca dell'India (il quartier generale di famiglie d'industriali e finanzieri, il centro dell'onnipotenza della famiglia Birla, che ha interessi economici in tutti i settori della vita indiana), e nello stesso tempo è una città di una miseria così profonda e disperata da essere difficilmente immaginabile. È la città con il più alto numero di laureati dell'India, di cui è la capitale culturale soprattutto per quel che riguarda la letteratura, il cinema di qualità (contrapposto alla paccottiglia commerciale che si confeziona a Bombay) e la musica; e nello stesso tempo è la città degli analfabeti, dei diseredati e dei cadaveri che ogni mattina sono raccolti sui marciapiedi. È la città delle fogne a cielo aperto, ma qualche volta le fogne sono letteralmente intasate... di fiori e di ghirlande colorate. È stata la "seconda città britannica", ma anche la prima a opporsi alla corona, a diventare sede del rinascimento bengalese. È uno dei luoghi più tristi e angoscianti dell'India, e nello stesso tempo l'allegria e il senso dello humour dei bengalesi sono proverbiali.

Vado verso Chowringee e Sudder Street sul lato orientale del grande parco del Maidan, il polmone verde che sorge al centro della città attorno a Fort William. Per una sorta di contrasto "personale", è proprio entrando a Calcutta che avverto per la prima volta così intensamente, da quando sono partito dall'Italia, il bisogno di un po' di comfort, di una tregua alla confusione e al trambusto (e al dolore, alle malattie, alle stampelle degli storpi, alla ressa di gente, alle voci dei bambini coperti di stracci che gridano "One rupee; one rupee!", agli odori sgradevoli e all'inquinamento) che mi avevano tenuto costante compagnia dall'arrivo ad Amritsar.

Il Fairlawn Hotel, a metà di Sudder Street, è un po' un'oasi anacronistica e dorata in uno dei quartieri più popolari e poveri di Calcutta. Conserva intatto lo stile coloniale, l'atmosfera della British India, e i proprietari, Edmund Smith e sua moglie Violet, una donna di origini armene, lo mandano avanti da quarant'anni riempiendo, di anno in anno, la hall e il giardino interno con cimeli e pezzi d'antiquariato, in una bella collezione di oggetti del periodo vittoriano e del Raj indiano.

Ero già stato da loro una volta, e anche adesso il Fairlawn è il primo posto dove mi dirigo, quasi automaticamente, in cerca di una sistemazione che mi risollevi un po' il morale dai disagi dei giorni trascorsi in Bihar; in cerca di una "parentesi" all'India, proprio nella città più *indiana* del Subcontinente.

Avevo intenzione di trattenermi a Calcutta non più di due giorni, anche perché il mio visto sarebbe scaduto il 9 dicembre; e per quarantott'ore contavo di rimettermi in forze nell'*enclave* fuori dal tempo di Edmund Smith e consorte, prima di arrivare nella capitale del Bangladesh e immergermi in un nuovo bagno di miseria e di caos.

A dicembre Calcutta brulica di turisti, soprattutto tedeschi e inglesi, e trovare una camera negli alberghi migliori di Chowringee non è facile. Infatti al Fairlawn, per quel giorno, non ne è rimasta una libera.

"Vuoi prenotare per domani?" mi chiede Violet stringendomi la mano, dopo aver chiamato il marito e un paio di camerieri, con le solite improbabili fusciacche a tracolla, attorno alla Vespa. Edmund ripete ogni tanto ai turisti, spaparanzati sulle sedie a dondolo di paglia con l'immancabile stelo di un bicchierino da cocktail tra le dita: "*Look at this guy! On a scooter!*".

"Allora ci vediamo domani."

"Ti aspettiamo."

E invece andrà a finire che li vedrò soltanto tre anni più tardi, ripassando da Calcutta con un'altra Vespa durante il viaggio dall'Australia al Sudafrica.

Dopo aver provato anche al Carlton e al Lytton, dove parcheggiate nel cortile vedo le due Enfield ma non incontro Monique né Brigitte, decido di abbassare lo standard della mia ricerca e per una notte, in attesa di traslocare al Fairlawn, mi accontento di un alberghetto in una traversa di Sudder Street, gestito da un musulmano di mezza età, molto cerimonioso e grosso come un armadio, con una papalina fatta all'uncinetto sulla testa calva.

Non ci sono altri stranieri, forse scoraggiati da un cartello che vicino alla rastrelliera per appendere le chiavi annuncia in inglese, con qualche errore di ortografia: "Severamente vietato consumare alcolici! Non fare chiasso dopo le 10 di sera!". Sulle poltroncine davanti al televisore acceso ci sono tre indiani con la faccia da commessi viaggiatori, un sikh che si liscia in continuazione la barba pressata dalla reticella sulle guance, e due omaniti in caftani color lavanda.

La stanza che mi viene assegnata al piano superiore è spaziosa e non troppo spartana; per cento rupie va benissimo, anche se il bagno è in comune nel corridoio. Le finestre che danno sulla strada lasciano filtrare tra le imposte socchiuse dei raggi polverosi, che mi fanno pensare alle navate di una chiesa.

Mi butto sul letto con le mani intrecciate dietro la nuca, e per qualche minuto mi lascio sopraffare da una confusa sensazione di piacevolezza, prima di appisolarmi con la coscienza a posto, come uno scolaro che ha fatto tutti i compiti. Il mio viaggio verso il Vietnam sembrava andare di nuovo a gonfie vele, dopo l'incidente di Gwalior; ogni cosa aveva ripreso a filare per il verso giusto; e io ero lontanissimo dal pensare che proprio da quel giorno, da quell'arrivo a Calcutta, le cose avrebbero cominciato a girare per il verso sbagliato, a diventare difficili e complicate, piene d'intoppi e di delusioni, di rabbia e di frontiere chiuse a frapporsi tra Saigon e le ruote della mia Vespa...

La mattina del 7 dicembre sembra che sia scoppiata la guerra.

M'infilo un paio di pantaloni e scendo in fretta le scale; a piano terra il portone d'ingresso è stato sbarrato, e nella penombra tutti i clienti sono raccolti attorno al proprietario, che sta spiegando qualcosa ai due omaniti in calzoncini corti e canottiera, senza caftani color lavanda.

Tra le sue parole quella più ricorrente è *curfew*: coprifuoco.

Proprio in quegli istanti dalla strada arriva una raffica secca di colpi sparati da una scacciacani; all'esterno il tumulto si fa assordante, nella penombra dell'albergo per un attimo tutti tacciono. Poi qualcuno ripete "*curfew*", e gli omaniti scuotono la testa increduli; il sikh è seduto in disparte, con i lunghi capelli sale e pepe sciolti sulle spalle.

In pochi minuti saprò cosa è successo, e mi ricorderò di quella processione di indiani armati di vanghe e picconi, in cui mi ero imbattuto lungo la strada per Benares.

La convivenza tra la maggioranza indù e i milioni di musulmani rimasti in India dopo la *Partition* non è mai stata pacifica, e periodicamente la situazione degenerava raggiungendo livelli di estrema tensione e lasciando ogni volta un numero di morti sul terreno degli scontri. Il 6 dicembre 1992 l'intolleranza era tragicamente arrivata al suo punto più alto.

Dall'inizio dell'anno, attraverso la stampa e manifestazioni di protesta quasi quotidiane, gruppi di indù minacciavano di voler costruire un tempio dedicato a Rama in quella che la tradizione venera come la sua città natale, Ayodhya, e dove nel XVI secolo gli imperatori moghul avevano fatto edificare diverse moschee distruggendo i precedenti templi indù; una moschea in particalore, quella di Babri, era sorta al posto del Tempio di Rama, sul luogo che gli indù rivendicavano come il più sacro di Ayodhya.

Insistenti chiamate alla mobilitazione generale erano arrivate dai partiti politici dell'Uttar Pradesh e da altre organizzazioni estremiste indù, per una "crociata" che avrebbe ristabilito l'ordine delle cose: l'inizio del *kar seva*, il "servizio manuale" di riparazione e di preghiera nella città del dio Rama usurpata dai luoghi di culto islamici, era stato fissato per la mattina del 6 dicembre. Migliaia di indù da ogni parte della nazione erano accorsi ad Ayodhya e in poche ore, come un esercito di cavallette, avevano raso al suolo la moschea di Babri, intonando per tutto il giorno inni in lode del dio Rama e canti di vittoria, con il tacito benestare del partito di governo dell'Uttar Pradesh, il Bharatiya Janata Party (BJP), e nessuna interferenza da parte della polizia.

Nel giro di pochi giorni, in seguito alla distruzione della moschea di Ayodhya, 1200 persone perderanno la vita in scontri armati con la polizia e tra le opposte fazioni religiose. A Calcutta, Bombay e Ahmadabad, tra le altre città, verrà dichiarato lo stato d'emergenza e imposto il coprifuoco, con l'ordine di sparare a vista su chiunque fosse visto aggirarsi per le strade. La reazione del governo di Delhi fu fermissima, ma il paese sprofondò ugualmente nel caos. Il 7 dicembre fu annunciata la decisione di mettere fuori legge tutti i partiti fondamentalisti sia indù sia musulmani e di ricostruire la moschea; i leader del BJP furono arrestati, i governi del Madhya Pradesh, del Rajasthan e dell'Himachal Pradesh furono destituiti e il Fronte Nazionale, per contro, chiese le dimissioni del primo ministro indiano, Narasimha Rao.

Una scarica di pugni e calci si riversa sul legno del portone, poi lo scoppio di una bomba molotov e la sirena di un'auto della polizia. Le teste dei tre commessi viaggiatori fanno capolino da una porta al primo piano, che subito richiudono senza una parola. Gli omaniti in fretta salgono le scale, blaterando in arabo.

"You better gobèk your room!" mi dice il padrone, e io non me lo faccio ripetere due volte, accodandomi agli omaniti e alle loro gambe senza peli sotto quei ridicoli calzoncini corti di cotone a fiori.

E nella stanza rimarrò tutto il giorno, sbirciando ogni tanto dalle imposte la guerriglia che ha invaso la strada sottostante, e sbarrandole soltanto quando l'odore dei gas lacrimogeni diventa troppo pungente. Il corpo insanguinato di un musulmano viene caricato su una camionetta; due poliziotti stanno picchiando selvaggiamente un indiano riverso sul marciapiede. Verso sera il mio stomaco, con una prosaicità che mi lascia sconcertato, comincia a brontolare (era rimasto con due *pakora* e un *lassi* di banana dal pomeriggio del giorno prima); timidamente scendo le scale per chiedere al padrone se ha qualcosa da mangiare.

"Only rice," dice lui, e *only rice* mangio io, ripulendo in pochi secondi un piatto che mi aveva portato dalla cucina.

L'indomani all'ora di pranzo scendo nuovamente, e il padrone ripete: "Only rice".

All'ora di cena mi ripresento davanti alla sua papalina fatta all'uncinetto, e lui dice: "Finish rice: no food".

Quella notte, mentre sto provando a dormire, le imposte vengono spalancate brutalmente da una pietra che finisce il suo volo sul cuscino, a pochi centimetri dalla mia testa.

La mattina del 9 dicembre ci sono due ore d'interruzione del coprifuoco, e tenendo le mani alzate sopra la testa si può uscire per strada, in cerca di cibo. I pochi negozi aperti sono presi d'assalto: io arrivo troppo tardi, quando ogni genere alimentare è stato già arraffato da mani più mattiniere delle mie. Per cento rupie riesco a comprare tre mandarini, che m'infilo nella maglietta prima di ritornare di corsa all'albergo con le mani alzate, quando alle undici il coprifuoco ricomincia.

Passo davanti ai portoni chiusi del Fairlawn, sentendo un tintinnio di posate che arriva dalla bella sala del ristorante, e un profumino di fritto che scatena un ribollio di succhi gastrici nella mia pancia. Indugio un attimo e poi suono il campanello, ma nessuno viene ad aprire; un poliziotto accarezza il manico della sua scacciacani chiedendomi "This your hotel?", prima di sentirmi rispondere un mesto "*No*" e d'intimarmi con voce categorica: "Gobèk your place, hurry up!". Sudder Street è un campo di battaglia. Vecchie Ambassador bruciate, fatte a pezzi; rickshaw dalle stanghe rotte e i sedili sventrati; schegge di vetro dappertutto; militari appostati sui marciapiedi, automezzi blindati.

L'11 dicembre c'è una nuova interruzione del coprifuoco.

Carico i bagagli sulla Vespa e senza alzare le mani dal manubrio mi precipito fuori da Calcutta, verso il confine con il Bangladesh.

Il mio visto è scaduto da due giorni, ma dieci dollari passati sottobanco al funzionario dell'*Immigration* di Benapole mettono a posto ogni cosa, e sul passaporto mi viene messo un timbro d'uscita unitamente a qualche parola in bengali scritta a penna, con una firma arzigogolata a forma di quadrifoglio.

Ho percorso i 70 chilometri che separano Calcutta da Benapole in appena un'ora e dieci minuti: in assoluto il mio record di velocità sulle strade indiane. Da due ragazzi alla frontiera cambio le poche rupie che mi sono avanzate con l'equivalente in *thaka*. "No dollar?" mi chiede uno di loro, e mentre l'altro aggiunge "Good rate" mi rendo conto di essere rimasto senza l'ombra di una banconota americana in tasca, ho soltanto le carte di credito che fino a Dhaka non mi serviranno a niente, e i cento *thaka* appena ricevuti: circa seimila lire.

Dopo aver riempito il serbatoio e aver bevuto una bibita a temperatura ambiente, cioè almeno trentacinque gradi sopra lo zero, i cento *thaka* sono già diventati venti, e io ho ancora più sete di prima, insieme a un crampo di fame. La spia dell'olio del miscelatore, inoltre, segna il vuoto più desolante: se non dovessi aggiungerne un po', di certo fonderei il motore nei prossimi venti chilometri.

Domando se hanno una lattina di *two strokes oil*, ma non vengo capito se non dopo una serie di gesti atti a simulare qualcosa che si mischia a qualcos'altro, e aver provocato una risatina maliziosa del benzinaio che probabilmente interpreta il tutto come una simbologia erotica. Il titolare del chiosco, riconoscibile nella sua qualifica di superiore grazie a un paio di pantaloni e una camicia, mi viene in aiuto arricciandosi un bel paio di baffi a punta e scansando in malo modo il benzinaio in *longi*. Quando alla fine mi mostra orgoglioso una lattina coperta di polvere, senza etichetta e senza nessuna parola stampigliata sopra (e che in teoria potrebbe contenere olio per motori a due tempi come olio d'arachidi o miele d'acacia), non è tanto la diffidenza che me la fa rifiutare, o il suo modo fastidioso di scansare i subalterni, quanto il fatto di non avere abbastanza soldi per pagarla: mi mancano esattamente diciotto *thaka*.

Decido di risolvere il problema vendendo qualcosa, e provo in prima istanza con il paio di scarponcini che tolgo in fretta dallo zaino, ma il boss arriccia il naso insieme ai baffi, e non sembra propenso all'acquisto. Lo Swatch che avevo regalato a Charu sarebbe stato perfetto, ma ormai non c'è più e non vale neanche la pena di pensarci; la Lubitel? no: troppo piena di cerotti per essere appetibile... Per un attimo penso di irretire i presenti (nel frattempo si era formato il solito capannello di gente) con il giochetto dei sedici fiammiferi in quattro file orizzontali; ma prima ancora che possa imbarcarmi nell'impresa di spiegare le regole, l'attenzione del titolare si concentra su un anello d'argento che nei giorni delle ristrettezze alimentari di Calcutta aveva cominciato a ballarmi attorno all'indice. L'affare è combinato seduta stante, con reciproca soddisfazione delle parti: in cambio dell'anello ho la lattina d'olio, un'altra bibita a temperatura ambiente e venti *thaka*.

Nel primo pomeriggio sono a Jessore, e grazie agli scarponcini posso avere una cena come si deve, pernottare in una camera e avere anche dei soldi per pagare il traghetto sul Brahmaputra, dove liquiderò anche la Lubitel per una cifra irrisoria, in modo da poter raggiungere Dhaka.

La parte meridionale del Bangladesh, un paese grande come metà dell'Italia e in cui vive una popolazione tre volte maggiore, è interamente occupata dai delta del Gange e del Brahmaputra, che sfociano nel Golfo del Bengala e frastagliano il terreno in una miriade di isolette e corsi d'acqua. Questa posizione geografica è la grande sfortuna del Bangladesh. I due fiumi provocano frequenti alluvioni che hanno esiti spesso disastrosi, come quella del 1988 che lasciò oltre 30 milioni di persone senza casa. E come se questo non bastasse per annientare regolarmente l'economia e dare un quadro apocalittico della nazione più povera e più densamente popolata del mondo, ci sono i cicloni devastanti che arrivano dal Golfo del Bengala con una frequenza pressoché annuale, e spazzano via tutto quello che le alluvioni hanno risparmiato.

A Dhaka incontro i fratelli Alì e Raju Muriadh, i padroni della BANGLADESH CAR LMT, la società che produce su licenza della Piaggio gli onnipresenti furgoncini Tempo destinati al trasporto pubblico (di scooter per le vie di Dhaka non se ne vedono, a differenza delle città indiane in cui la quasi totalità dei veicoli a due ruote sono Vespa o Bajaj). Alì Muriadh mi accompagna all'Ambasciata birmana, dove mi aspetta la delusione più cocente di tutto il viaggio.

Avevo sempre saputo, fin da prima di partire dall'Italia, che le frontiere terrestri della repubblica di Myanmar, il nuovo nome della Birmania, erano chiuse e nessuno le aveva attraversate a bordo di un veicolo di sua proprietà dall'inizio degli anni sessanta; che alla capitale Rangoon, che adesso si chiamava Yangon, si poteva andare soltanto in aereo, e che fino a qualche anno prima non ci si poteva andare nemmeno in aereo, perché la Birmania si era virtualmente tagliata fuori dal mondo diventando *off limits* per gli stranieri.

Ma durante le migliaia di chilometri percorse dalla partenza, avevo sempre cercato di esorcizzare il pensiero rimandandolo almeno fino a quando fossi arrivato a Dhaka, dicendomi mentalmente che è stupido fasciarsi la testa prima di essersela rotta, che le cose avrebbero potuto cambiare nel frattempo, e nutrendo sempre una fiducia e un ottimismo che, alla resa dei conti, si riveleranno del tutto immotivati e velleitari. Non avevo alcuna reale ragione per sentirmi ottimista o fiducioso, ma la consapevolezza di poter contare sull'appoggio di una grande società italiana e dei suoi distributori all'estero mi aveva inconsciamente convinto che una soluzione si sarebbe trovata, che il diavolo non è mai così brutto come lo si dipinge, e con lo stesso fideismo irrazionale di chi si aspetta un miracolo mi aspettavo di essere *proprio io* il primo straniero a sfatare l'inviolabilità terrestre delle frontiere birmane. E invece no, Mr Vespa: in Birmania (*pardon*: Myanmar) via terra non si entra! Un visto d'ingresso per volare a Rangoon (*pardon*: Yangon) nel dicembre del 1992 non è più un problema così grande, e in pochi giorni e per pochi dollari si può materializzare sul tuo passaporto; ma andarci *on the road*, sia con uno scooter sia con una Limousine o una jeep, non se ne parla nemmeno, e l'impiegato dietro lo sportello dell'ufficio consolare, sezione visti, per poco non mi scoppia a ridere in faccia.

Alì Muriadh mi dice sottovoce di non preoccuparmi, che ha degli amici all'Ambasciata italiana e loro possono sicuramente aiutarmi. Così salutiamo l'impiegato e ritorniamo negli uffici della BANGLADESH CAR LMT, dove lui comincia a fare un giro di telefonate con lo stesso ottimismo fiducioso che fino a pochi minuti prima era stato mio, e che adesso invece mi ha completamente abbandonato relegandomi su una poltrona in finta pelle di fianco alla scrivania, con una faccia da funerale e un bicchiere di *chai* in mano, davanti a un ritratto incorniciato dell'Agha Khan (i Muriadh sono ismailiti).

I quattro giorni successivi si consumano in un'altalena continua di spiragli che si aprono e si chiudono, di vaghe possibilità favorevoli e concretissime possibilità contrarie, di mezzi "forse" e di "no" decisi. Il 16 dicembre il mio morale tocca il punto più basso: l'impossibilità di entrare in Birmania compromette tutto il viaggio facendo balenare per la prima volta lo spauracchio di un fallimento al quale non ero preparato, o a cui più semplicemente finora non avevo voluto pensare.

Dhaka diventa all'improvviso ostile come lo scenario di un brutto sogno, con le sue vie intasate di rickshaw, i mendicanti senza occhi, senza braccia, con il viso deformato da schistosomi gonfi di pus, i cortei di protesta che in quel periodo sfilano ininterrottamente, i megafoni che scandiscono gli slogan e la puzza insopportabile di immondizia, di sudore, di una sofferenza altrui che non riesce più a commuovermi e giunge solo fastidiosa, indisponente. E quando alla fine mi trovo a fare un gesto di stizza a un povero ragazzo che trascinava le sue gambe aggrovigliate, magre come grissini, su una tavoletta di legno alla quale erano montate delle rotelle, facendo leva sull'asfalto con i pugni protetti da pezzi di copertone e chiedendomi qualche soldo con insistenza... soltanto allora mi rendo conto di come l'ostacolo di una frontiera chiusa abbia saputo indurirmi, rendermi cinico ed egoista; e mi dico che devo andarmene al più presto da Dhaka, in un modo o nell'altro.

Per interessamento di un funzionario dell'Ambasciata italiana a Bangkok (contattato per interessamento di un funzionario dell'Ambasciata italiana a Dhaka), che aveva un amico all'Ambasciata italiana di Rangoon-Yangon (grazie al cui interessamento fu contattato un consigliere dell'ambasciatore della Birmania-Myanmar), per interessamento del quale fu contattato un generale della Giunta militare birmana a Rangoon... Insomma: tutta questa sinuosa trafila di interessamenti e contatti riuscirà a garantirmi, dopo quattro giorni di fax, telefonate e attese snervanti, solo un *business visa* di cui non so che farmene, perché l'unica cosa di cui ho bisogno è un *Vespa visa*, che invece non arriverà mai. Per un momento ho anche l'impressione che i birmani facciano... gli indiani; cioè che abbiano capito perfettamente il mio problema e l'impossibilità di una sua soluzione, ma che vogliano menare il can per l'aia (*to beat around the bush* è l'espressione che usa uno dei fratelli Muriadh durante una cena), per non dire brutalmente le cose come stanno, per non ammettere fin dall'inizio che ogni interessamento o contatto è perfettamente inutile, e che le frontiere rimangono sbarrate così come sono.

Ricordo la mattina in cui ero andato per la terza volta all'Ambasciata birmana di Dhaka, contento come una Pasqua perché sulla scrivania di Raju Muriadh era appena arrivato un fax da Bangkok che diceva all'incirca: "Tutto a posto, il generale ha concesso l'autorizzazione, complimenti e buon viaggio". L'impiegato dietro lo sportello è adesso molto cerimonioso e servizievole, e si guarda bene dal ridermi in faccia come aveva fatto quattro giorni prima. Era appena arrivato anche a lui un fax dalla Giunta militare di Yangon, a firma nientemeno che del generale tal dei tali, uno dei ministri nel nuovo governo di Than Shwe che da pochi mesi aveva rimpiazzato quello *ancora* più repressivo del generale Saw Maung.

"Mr Blitteni?"

"Yes!" Cioè: non proprio, ma va bene lo stesso.

"This is your passport."

"*Ce-zutim-bàde!*" (Vuol dire "grazie" in birmano, e lo avevo imparato apposta in quei giorni, insieme a qualche altra parola); lui sorride e risponde, abbastanza divertito dalla mia pronuncia: "*Keisà-mashi-babù*", cioè "prego".

Prendo il passaporto ostentando un atteggiamento distaccato e superiore (in fin dei conti si era scomodato un ministro, non un usciere qualsiasi!) e impongo alla mie mani di non tremare; lo sfoglio piano, sotto gli occhi dell'impiegato che di volta in volta mi chiede, curioso: "Which visa this?" "Brunei." "And this?" "Malaysia." "This?" "Iran", eccetera. Finalmente arrivo alla pagina occupata interamente da un disegno che sembra uno stemma nobiliare, sotto il quale c'è scritto "*Embassy of the Union of Myanmar, Dhaka, Business Visa, Single journey only, validity two Weeks*" e non si accenna minimamente né alla Vespa, né al fatto di entrare nell'Union of Myanmar via terra. Perdo per incanto tutta la mia ostentazione di sicurezza e di distacco; le mani tremano e non riesco a controllarle mentre farfuglio che c'è stato un malinteso, che avevo sperato in un'altra cosa, che così non risolvo niente.

"Come ci arrivo a Yangon?"

"By plane."

"E allora che differenza c'è tra un *tourist visa* che avrei potuto benissimo procurarmi anch'io, e un *business visa* per cui abbiamo mandato un chilo di fax a Bangkok e in Birmania, *pardon*: Myanmar?!"

“Con un visto turistico avrebbe dovuto cambiare all’aeroporto di Yangon un minimo di 300 dollari al cambio ufficiale di 6 *kyat* per dollaro, e sarebbe stato come buttarli via. Con un *business visa* non ha bisogno di farlo.” Sorriso da furbetto, soddisfattissimo della spiegazione.

“*Ce-zutim-bàde!!*” La mia faccia è congestionata in una smorfia di scherno, e negli occhi sicuramente ho una luce da psicopatico, da serial killer. Accartoccio il passaporto in una mano e me lo caccio in tasca. “*Keisà-mashi-babù*,” risponde lui con un filo di voce, guardandomi un po’ interdetto uscire senza salutare, sbattere la porta e gridare in faccia al sole, appena fuori sul pianerottolo, una sfilza di improperi.

Quello stesso pomeriggio parto da Dhaka in direzione di Chittagong, Cox’s Bazaar e Teknaf, l’ultima città del Bangladesh a ridosso della frontiera con la Birmania.

Non ho più la minima speranza di passare dall’altra parte del confine con la Vespa, ma voglio andare a metterci il naso ugualmente, per un ultimo tentativo, per mettermi l’anima in pace e la coscienza a posto con la consapevolezza di averle provate tutte, e infine per curiosità, se non altro, per rendermi conto personalmente di come stanno le cose. Un visto di quindici giorni ce l’ho, e se per un miracolo mi lasciassero passare li impiegherei tutti, dal primo al quindicesimo, per sfregarmi le mani e intonare peana di contentezza sotto la pagoda di Shwe Dagon a Rangoon, sotto i templi di Pagan e Mandalay, nelle acque fresche del Lago Inle e tra i colli lunghi delle donne giraffa della tribù Paw Daw.

Mi lascio alle spalle le migliaia di rickshaw a bicicletta che imperversano nel traffico di Dhaka (mai vista una città con tanti rickshaw in vita mia; mai visti degli ingorghi così spietati e senza speranza, causati da trabiccoli a tre ruote pieni di specchietti, bandierine e catarifrangenti come gli autobus nel Beluchistan). Percorro tutta Maipu Road fermandomi a singhiozzo davanti a un ginepraio di semafori, i più dei quali non funzionano e il cui posto è preso da poliziotti sudatissimi, che non sanno che pesci pigliare e fischiano a pieni polmoni per dirigere una circolazione che la loro presenza gestuale rende ancora più aggrovigliata.

Attraverso da ovest a est tutta la capitale del Bangladesh con i suoi dieci milioni di abitanti, seguendo dei rari cartelli che indicano Shunargao e Comilla, poi imbocco Dayagang Road ed esco dalla città, tirando un po’ il fiato in un tratto lungo il quale il traffico sembra diradarsi sempre più, e una vegetazione lussureggiante sostituisce le case di cemento e delle baracche di legno a palafitta sui rigagnoli d'acqua.

Gruppi di donne accucciate sul ciglio della strada, vestite poveramente con dei *sari* di cotone impolverati e pieni di buchi, stanno spaccando montagnette di pietre e riducendo a pezzettini dei mattoni, mentre altre donne curano il fuoco sotto pentoloni neri e fumanti, dentro i quali sta bollendo il bitume, con il suo odore inconfondibile, reso ancora più intenso dall'aria immobile e da un caldo soffocante. Avevo già visto, negli oltre 200 chilometri percorsi da Jessore a Dhaka, "lavori in corso" analoghi, tutti rigorosamente al femminile, in cui alle donne erano affidati i compiti più pesanti, e che gli uomini si limitavano a dirigere, spesso sbraitando. Anche a Dhaka, attorno alle case in costruzione, c'erano più *muratrici* che muratori, e quasi sempre le donne erano aiutate dai figli più piccoli, bambini di sei o sette anni che si caricavano sulla testa secchi di pietre o palanche più grandi di loro. La piaga del lavoro minorile, in un paese come il Bangladesh, sembra perdersi nel marasma di piaghe infinitamente più grandi: nessuno si stupisce vedendo dei lustrascarpe o degli sguatteri che hanno ancora i denti da latte, e un bambino diventa adulto con una velocità direttamente proporzionale alla povertà della sua famiglia; non c'è tempo per i giochi o per la scuola se i pochi *thaka* che compongono il bilancio familiare non bastano nemmeno a comprare un chilo di riso o la farina per il *chapati*.

Supero un altro ramo del Brahmaputra con una piccola barca di legno nella quale la Vespa entra a malapena, sdraiata in mezzo a balle di iuta e a caschi di banane (il ponte in quei giorni era impraticabile per un'altra serie di lavori in corso che testimoniavano quanto l'emancipazione femminile avesse ancora molta strada da percorrere, a quella latitudine). Mi fermo una notte a Comilla, a pochi chilometri dal confine con l'appendice indiana dello stato di Tripura, in una regione che una volta era conosciuta come l'Assam e dopo l'indipendenza dell'India è stata frammentata in cinque stati e due unioni territoriali, il Mizoram e l'Arunachal Pradesh. Il Bangladesh è letteralmente incapsulato tra questi cinque stati, che delimitano tutta la sua frontiera orientale a eccezione di un piccolo corridoio che s'incunea in Birmania, e il Bengala occidentale indiano, che corre parallelo a tutta la frontiera occidentale del paese e lo separa a nord dal Bhutan.

Nel tardo pomeriggio del giorno successivo arrivo a Chittagong, la seconda città del Bangladesh e forse la più bella da visitare, con le sue moschee moghul, le chiese cattoliche lasciate dai commercianti portoghesi e gli stupa dei templi buddhisti. Se soltanto avessi la minima voglia di visitare una città, Chittagong mi fornirebbe l'opportunità giusta: peccato che il mio umore nero non mi consenta di fare altre cose se non starmene sdraiato sul letto di una camera persa tra i vicoli del porto, a pensare alla Birmania e alla Giunta militare, ai generali con i loro fax inutili e alle mie belle speranze.

La storia di questa nazione, negli ultimi tre decenni, è stata un susseguirsi di atrocità e di offese ai diritti umani, e il premio Nobel per la Pace dato l'anno prima alla donna leader della resistenza birmana, Aung San Suu Kyi, poteva simbolicamente essere diviso con le centinaia di migliaia di birmani che le giunte militari avvicendatesi le une alle altre dal 1962, quelle dei generali Ne Win, Saw Maung e Than Shwe, avevano torturato, chiuso nei lager, e ucciso come nemici del popolo dopo le farse di processi sommari. L'attuale governo della Repubblica di Myanmar è illegale, in quanto è uscito sconfitto dalle elezioni indette nel maggio 1990, le prime libere e democratiche dopo trent'anni, vinte dalla NLD (National League for Democracy), la coalizione dei partiti d'opposizione guidata da Aung San Suu Kyi, che sorprendentemente, e a dispetto di tutte le misure preventive della giunta al potere, aveva conquistato 392 dei 485 seggi disponibili. Ma il generale Saw Maung, in risposta allo smacco subito, aveva dichiarato nulle le elezioni, distrutto le sedi della NLD, arrestato i suoi leader carismatici ed esiliato o ucciso 111 dei parlamentari neoeletti. Dopo l'imposizione di una nuova legge marziale aveva ripreso saldamente il potere, lasciando intendere a tutti di non essere più disposto a cederlo con soluzioni pacifiche.

La mattina del 18 dicembre parto da Chittagong e copro in poche ore i 150 chilometri che la separano da Cox's Bazaar. In questa regione, famosa per la sua spiaggia ininterrotta di oltre 120 chilometri, una delle più lunghe al mondo a essere totalmente libera dalla presenza di squali (anche se le meduse, come sperimenterò personalmente, abbondano), si è riversata la maggior parte dei 265.000 rifugiati birmani di religione islamica; e le relazioni diplomatiche tra il Bangladesh e Myanmar si sono sensibilmente raffreddate in seguito a questo esodo. Nonostante Cox's Bazaar sia un po' la Saint-Tropez dei ricchi bangladeshi, la sua spiaggia in quel periodo dell'anno era quasi deserta, così come i grandi hotel che la fronteggiano proiettando sulla sabbia le loro ombre avveniristiche, tra quelle di una schiera di venditori ambulanti che offrono patetici souvenir fatti di conchiglie, ancora più patetici perché non c'è quasi nessuno a cui offrirli.

Il giorno dopo, passata Ukhia da dove una strada sbarrata da assi di legno e presidiata dai militari conduce al villaggio birmano di Taungbro, sono a Teknaf, l'ultima città del Bangladesh che sorge sulla linea di confine, e che raggiungo dopo aver percorso una stradina secondaria asfaltata solo in parte (l'unica via di comunicazione terrestre tra i due paesi, se la frontiera fosse aperta), con una ricca vegetazione di palme e qualche isolato tempio buddhista alla mia sinistra, e le acque del Golfo del Bengala alla mia destra.

Eccomi qui, dopo aver fatto tutto quello che si sarebbe potuto fare: eccomi a pochi metri da Myanmar.

Il posto di frontiera è una desolazione: qualche baracca di legno, molto filo spinato e pochi militari in assetto di guerra sul versante del Bangladesh; e probabilmente qualche baracca di legno, molto filo spinato e altrettanti militari armati di tutto punto sul versante birmano, nascosto tra gli alberi e le foglie delle palme.

I soldati bangladeshi sembrano sinceramente stupiti della mia presenza, e mi si avvicinano tutti insieme, prima in silenzio, poi cominciando a parlare in bengali tra loro. Alla fine mi chiedono: "*What do you want?!*". Cosa voglio *esattamente* non lo so; so soltanto cosa "vorrei".

"Border close?" chiedo col massimo dell'innocenza, schiarendomi la gola. C'è qualche risatina tra i militari, poi tutti dicono la loro, in uno spettrogramma vocale che oscilla tra i "Close" e gli "Stop go!", tra i "Not allowd!" e i "Gobèk!".

Vengo comunque invitato per un *chai* nella baracca di legno, e tutti i miei ospiti, che probabilmente si annoiano a morte nella loro qualifica di presidio a una frontiera fantasma (il traffico dei profughi birmani o dei contrabbandieri di oppio ed eroina si svolge sulle montagne, senza strade, e non certo sotto i loro occhi a Teknaf), sono adesso curiosi e divertiti dall'apparizione su due ruote di un "diversivo alla monotonia" con gli occhi da matto e un inutile visto birmano sul passaporto.

Dopo un quarto d'ora di chiacchiere e domande, estraggo dalla manica l'asso che avevo tenuto in serbo fino a quel momento, e con la dovuta discrezione annuncio, soppesando ogni parola, che sarei disposto a pagare cinquecento dollari a loro, e cinquecento ai colleghi birmani dall'altra parte del confine, se in un modo o nell'altro mi avessero lasciato passare, senza mettermi alcun timbro sui documenti, semplicemente facendo finta di non avermi visto.

Era un progetto folle, degno degli occhi che mi ritrovavo in quel momento; ma l'avevo considerato fantasticando a lungo persino sui dettagli, nelle ore trascorse senza riuscire a dormire a Comilla e a Chittagong. Se mi avessero lasciato passare, da entrambi i versanti del confine, avrei viaggiato di gran carriera solo di notte per evitare il più possibile gli incontri con la polizia, e avrei percorso clandestinamente i chilometri (che in linea d'aria non sono nemmeno 700) di territorio birmano fino alla frontiera thailandese di Mae Sot. Una volta lì, chissà: forse si sarebbe trovato il modo di farla franca, magari con la corruzione di un altro migliaio di dollari, oppure i generali della Birmania (*pardon*: Myanmar) me l'avrebbero fatta pagare cara schiaffandomi in una prigione piena di scarafaggi, fino a quando l'intervento della diplomazia italiana o di Amnesty International, prima o poi, mi avrebbero tirato fuori; o forse semplicemente sarei stato espulso dal paese come clandestino indesiderato, la qual cosa ormai non mi avrebbe più fatto dispiacere, soprattutto se si fosse materializzata in direzione di Bangkok; chissà!

I militari ammutoliscono all'improvviso, guardandosi in faccia ognuno con un'espressione diversa; e in quel silenzio si sentono benissimo volare le centinaia di mosche dalle quali siamo attorniati nella baracca dall'aria soffocante. Dopo qualche istante di tensione silenziosa nel quale il ronzio delle mosche sembra decuplicarsi d'intensità, uno dei militari mi dice scandendo bene le sillabe: "Bangladeshi people poor, but his police honest. Go away!".

Io non volevo un trattato di deontologia professionale o di economia politica (tanto più che la polizia del Bangladesh è tutto meno che "onesta", e me ne ero già accorto a Dhaka quando avevo dovuto pagare cento *thaka* di multa per essere passato a un semaforo... rotto!). Ripeto più timidamente la mia offerta di cinquecento dollari, anche sapendo che se venisse accettata potrei comunque averli buttati al vento, se solo i colleghi birmani dall'altra parte del confine dovessero essere tanto *honest* da non lasciarsi corrompere e da rispedirmi indietro; ma a questo punto vengo preso molto poco cerimoniosamente per un braccio e invitato a uscire, prima ancora che possa finire la mia terrina di *chai*.

Mentre metto in moto la Vespa e mi preparo all'inversione per tornare tra le prime case di Teknaf, lancio un'occhiata alla fila di palme che m'impedisce la visuale della Birmania, a pochi metri da me.

Con la piega di un sorriso triste mi viene da pensare a Elektra Dimitropoulos dietro i finestrini dell'autobus che sfrecciava da Agra a Bombay, e per la seconda volta in poche settimane ripeto, a denti stetti: almeno ci ho provato; almeno ho provato fino in fondo.

Tre giorni più tardi sono di ritorno a Dhaka, e il 23 dicembre mi assesto una martellata sul pollice della mano sinistra, finendo d'inchiodare le assi di legno attorno alla Vespa che lascio imballata in un hangar dell'aeroporto.

O Cambogia, o Laos, o niente

La due vie di Patpong, nel centro di Bangkok, sono il più grande bordello a cielo aperto che esista al mondo. Pattaya, Phuket e Ko Samui non sono da meno, e lasciano subito intendere come una delle voci principali nell'economia thailandese, in questo decennio, sia il sesso e il relativo turismo sessuale.

L'immagine di un europeo ultrasessantenne, con le gambe bianche piene di vene varicose sotto pantaloncini da tennis griffati, che cammina col mento lucido di saliva abbarbicato a una ragazzina thailandese che ogni tanto lo accarezza ridendo sguaiatamente, è una di quelle che ricorrono con più frequenza ogni giorno sul lungomare di Pattaya. Tra le luci psichedeliche nei locali di Patpong, le ragazze che si spogliano sui banconi accucciandosi lascivamente tra i boccali di birra fino a cacciare tra le labbra di clienti compiaciuti, imbarazzati o divertiti, la morbidezza dei loro peli pubici, sono numerate da cartellini tramite i quali il cliente può sceglierle, come si sceglie una giovenca a una fiera del bestiame, ed essere trascinato per mano in una camera tra la sinfonia dei sospiri che giungono dalle camere attigue, per riportare a casa dalla moglie in Belgio, nel Vermont o a Sydney, un ricordo languido ed eccitante della follia di notti thailandesi, insieme a un lavorio di virus nell'organismo. Sui due lati delle vie di Patpong non c'è una sola porta, un solo ingresso ai locali, un solo bar dove non si respiri un pungente odore di sesso, e dove il sesso non la faccia da padrone.

Non avevo mai sentito nominare Patpong, benché fossi stato a Bangkok in altre due occasioni, entrambe di pochi giorni in attesa di un volo diretto a Jakarta. Ne sento parlare per la prima volta da un gruppo di ragazzi italiani, che chiacchierano senza sosta dai sedili di lato al mio, sul boeing della Biman, la compagnia di bandiera del Bangladesh, che tra meno di mezz'ora atterrerà all'aeroporto internazionale di Bangkok.

Dall'accento si sente lontano un miglio che sono di Brescia, e da quello che dicono si evince senza possibilità d'equivoco il motivo per cui stanno andando in Thailandia, e che non ha niente a che fare né con i templi buddhisti né con l'oppio del Triangolo d'Oro.

"Bankok, söm ché!!" aveva gridato il più carismatico di loro, che fino a quel momento aveva tenuto banco con resoconti di performance erotiche. Quando il carrello uscì dalla plancia col suo caratteristico rumore minaccioso, Mirko chiuse gli occhi e disse sottovoce: "Speröm!" improvvisamente pallido.

Io non avevo staccato la faccia dal mio finestrino per tutta la durata del volo, appannandone la plastica con il respiro e sentendomi stringere il cuore mentre lo sguardo spaziava sulle foreste verde bottiglia della Birmania, che avrei dato chissà cosa per potere attraversare novemila metri più in basso, seduto sulla Vespa. Ero preoccupato che le cose non andassero bene, che la spedizione ritardasse, che la dogana thailandese facesse storie per i documenti; ma nonostante i miei pensieri cupi non potevo esimermi dall'ascoltare, sussultando ogni tanto in una risatina, le chiacchiere dei miei connazionali in cerca del Paese di Bengodi, e di essere anche un po' preoccupato per loro, che avevano la faccia di persone che non hanno troppa dimestichezza con i preservativi. Ero stato lì lì per entrare nella conversazione un paio di volte, ma poi avevo deciso di farmi i fatti miei, e non era stato nemmeno molto difficile perché il pensiero della Vespa in una cassa di legno a Dhaka e di me su un aereo per Bangkok mi assorbiva completamente, regalandomi scatti inconsulti di rabbia, pugni schizoidi sul bracciolo del sedile e monologhi a bassa voce.

Fu proprio una mia parolaccia, pronunciata in un sibilo come un tuono a ciel sereno, a richiamare l'attenzione dei ragazzi bresciani, e uno di loro chiese "È italiano anche te?", iniziando con il lei in virtù della differenza anagrafica, che a occhio e croce si aggirava sui dieci anni, e finendo con il tu grazie al mio aspetto trasandato, che immediatamente mi faceva solidale col loro gruppo.

Presentazioni (Mirko, Giuseppe, Alessio, Gabriele) con strette di mano calorose, quasi che a loro facesse un piacere inenarrabile incontrare un italiano sul cammino esotico verso il Paese della Cuccagna, benché fossero partiti da Linate soltanto una manciata d'ore prima.

Alessio, il capobanda, era già stato in Thailandia quattro volte, sempre a Pattaya, mai nelle isole al sud o a Chiang Mai e Chiang Rai al nord, non gli interessavano. Faceva il carrozziere a Lumezzane e da quattro anni, verso il primo d'agosto, prendeva un aereo della Biman ("Chèla che la costa de mèno dö töch") e per due settimane si spaparanzava in un letto o sulla spiaggia con una geisha che lo coccolava, lo massaggiava e "la rumpìa mìa le bàle", ogni anno una geisha diversa e una più bella dell'altra; poi ritornava a casa e cominciava a stuccare macchine fino all'agosto successivo.

Quella era la prima volta che ci veniva anche per le vacanze di Natale ("St'àn fo 'l biss!" aveva detto stirandosi lungo sul sedile, sornione); dieci giorni soltanto, con Mirko e gli altri che non ci erano ancora stati e letteralmente, adesso che l'interfono stava annunciando di allacciare le cinture di sicurezza, tremavano di eccitazione e di una vaga paura: era pur sempre il secondo atterraggio della loro vita, dopo quello dello scalo a Dhaka.

Ho con me solo una busta di plastica, la solita e sempre diversa busta del supermarket: lo zaino e la borsa li avevo lasciati nella cassa insieme alla Vespa, che avrebbe dovuto arrivare l'indomani col volo Biman delle 9,30; ma aspetto davanti al nastro scorrevole che arrivi la valanga dei loro zaini, valigie e borsoni di skay, e poi tutti e cinque insieme prendiamo due taxi e ci facciamo portare a Banglamphu, per sistemarci in uno dei pochi alberghi di Khao San Road che avesse ancora qualche camera sfuggita all'invasione turistica di Natale.

Verso mezzanotte Alessio ci inizia ai misteri di Patpong, dove i suoi amici sembrano toccare il cielo con un dito, e dopo reiterate caraffe di birra e sguardi vellutati rivolti alle danzatrici, scosciate sui banchi di mescita, spariscono con tre di loro, ragazzine dai seni piccoli come pesche, che sicuramente non avevano più di cinquant'anni in tre. Alessio rimane per un paio d'ore in contemplazione estatica della n. 15 e alla fine, per 700 *baht*, esce dal locale con lei, mano nella mano come i fidanzatini di Peynet.

Io me ne torno all'albergo da solo, immalinconito e musone come non mi capitava da anni.

Alle sei di mattina, tra il viavai lento dei monaci buddhisti usciti per la questua dal tempio in fondo a Khao San Road, prendo un taxi e mi faccio portare all'aeroporto. Aspetto ingozzandomi di Nescafè che aprano gli uffici della Biman Cargo, poi consegno a un impiegato l'*air way bill* e il carnet di passaggio, e a dita incrociate mi auguro che sull'aereo delle 9,30 la Vespa ci sia veramente, che non sia rimasta a Dhaka per un contrattempo o una svista dei doganieri bangladeshi.

Finalmente l'aereo atterra, quasi in perfetto orario. Il responsabile della Biman Cargo va a vedere all'hangar con le mani piene di scartafacci, il mio *air way bill* e quelli di un'altra decina di persone che nel frattempo avevano affollato l'ufficio. Quando dopo tre quarti d'ora ritorna, mi rivolge un sorriso silenzioso, sufficiente a farmi capire che la Vespa è imballata sull'aereo, e io con un sospiro sciolgo gli intrecci digitali di indici e medi.

Con un accesso d'ottimismo mi vedo già in sella, pronto a partire per Saigon...

E invece da quel momento inizierà una trafila di timbri e timbretti sui documenti che continuerà fino al 26 dicembre, cioè tre giorni dopo l'arrivo della Vespa a Bangkok: Vigilia, Natale e Santo Stefano passati interamente a vagare da un ufficio all'altro dell'aeroporto. In quanto a Saigon: beh, non riuscirò ad arrivarci prima di nove settimane, quando invece sarebbe bastato qualche giorno per percorrere le poche centinaia di chilometri che attraverso la Cambogia separano la capitale thailandese dalla città di Ho Chi Minh.

Dopo avermi consegnato una copia dell'*air way bill* il responsabile della Biman Cargo mi schiaffa tra le mani tre formulari di dodici pagine ognuno, e mi fa capire che ogni pagina deve essere timbrata in un ufficio diverso, per un totale di trentasei pagine e altrettanti timbri in dodici uffici disseminati nel caos annichilente di un enorme palazzo a quattro piani, su e giù dalle scale, senza ascensore: soltanto quando la collezione di timbri sarà completata potrò ritirare la Vespa.

Intuisco subito, con la fitta acuta di un dolore intercostale, che non riuscirò a sbrigarmela per quella mattina, e che dovrò ritornare a Khao San Road in taxi nonostante la tanichetta di benzina e la lattina d'olio (ogni liquido infiammabile era stato tolto fino all'ultima goccia per la spedizione aerea) e i tiranti per i bagagli che speranzosamente avevo portato con me. Inizio dal primo ufficio che mi viene indicato, e ho la prima sorpresa sgradevole: nessuno parla mezza parola d'inglese, come nessuno sembra capire esattamente quello di cui ho bisogno, né cosa sia il libretto arancione (carnet di passaggio) che sbandiero a destra e sinistra, da una scrivania all'altra.

Alle tre del pomeriggio, quando gli uffici della dogana chiudono, sulle pagine della mia "raccolta-punti" ci sono soltanto dodici timbri provenienti da quattro scrivanie diverse, e il cammino si preannuncia in salita per l'indomani, perché più m'inoltro nelle dinamiche della collezione, più diventa difficile capire quale sia la scrivania giusta per il prossimo timbro, in un sofisticato gioco d'incastro le cui istruzioni sono scritte rigorosamente in thailandese. Mi ero sempre lamentato, e non a torto, della burocrazia italiana, delle perdite di tempo agli sportelli e delle croniche lungaggini che comportano la vidimazione di un documento o le firme sui certificati. Dopo quei tre giorni all'aeroporto di Bangkok, per i quali la mia busta di plastica senza una camicia o un paio di pantaloni puliti era assolutamente impreparata, arrivo quasi a rimpiangerla o perlomeno a ridimensionare le accuse.

Ritorno in taxi al Nana Plaza di Khao San Road giusto in tempo per vedere i miei quattro amici italiani, lustrati come delle cocotte e con delle impeccabili Lacoste che evidenziano i pettorali, uscire per l'appuntamento con le loro fiamme thailandesi. Ceno da solo con quelle larghe tagliatelle di riso fritte con il tofu e la verdura che chiamano *phat thai* e intanto guardo senza interesse un film con Stallone proiettato sul maxischermo nel ristorante a piano terra; poi vado a dormire con un nido di vespe (nell'accezione entomologica e scooteristica) che mi ronzano in testa, e non riesco a smettere di rigirarmi nel lenzuolo, sudato e con gli occhi che bruciano, finché è ora di rialzarsi per tornare all'aeroporto, incamerare un altro po' di timbri e riprendere un taxi per tornare a Khao San Road. E il giorno dopo la stessa storia, con la sola variante della faccia di Robin Williams a farmi compagnia dal maxischermo, insieme alla molle consistenza del *phat thai*.

Quando alla fine riesco ad andarmene via dall'aeroporto sulla Vespa, rimessa insieme in fretta e furia con una chiave inglese e un cacciavite (portapacchi, specchietti, ruote, parabrezza), la mia allegria sfrenata, che mi porterà a girare per tutta la notte per le strade di Bangkok sbottando ogni tanto a urlare come un forsennato, a passare strombazzando davanti al locale di Patpong per fare uscire in strada Alessio & C. mentre le innamorate sono intente a scosciarsi sul banco ("Alura ta ga sét riusìt!"; "Brao Giorgio!" "Pörtem a fa 'n giro!"); la mia allegria durerà soltanto fino alla mattina successiva, quando un'altra mazzata tra capo e collo mi farà considerare, per la prima volta così seriamente, l'idea di mollare tutto e tornarmene in Italia con la coda tra le gambe, senza essere riuscito a vincere la scommessa con me stesso nonostante la stoica privazione di nicotina, senza aver fatto *trentuno* dopo aver già fatto *trenta*, ed essere arrivato vicinissimo alla destinazione finale.

Anche in Cambogia non si entra! Anche i 400 chilometri che attraversano il piccolo e martoriato stato cambogiano, passando per Phnom Penh e arrivando direttamente a Saigon sul delta del Mekong, sono ancora impraticabili via terra. Benché l'operazione di sminamento delle zone sul confine con la Thailandia fosse iniziata da qualche mese sotto il controllo delle Nazioni Unite, le attività di sabotaggio dei khmer rossi, che avevano rifiutato di deporre le armi dopo che i negoziati di pace erano stati avviati, continuavano indisturbate nonostante la mobilitazione di 16.000 militari e 4000 poliziotti, e in previsione delle prossime elezioni democratiche per l'aprile '93 il clima era diventato incandescente, soprattutto nelle aree ancora controllate dai khmer rossi dopo il ritorno al potere del principe Sihanuk.

Soltanto da pochi mesi la Cambogia stava cominciando a riemergere da un ventennio di guerra civile e dal vero e proprio genocidio che tra il '75 e il '79 aveva sterminato almeno un milione di persone, un settimo dell'intera popolazione. Nei quattro anni del governo di Pol Pot e dei khmer rossi, il paese era sprofondato in un clima di terrore, di atrocità e di delirio politico durante il quale anche il semplice fatto di portare un paio di occhiali era interpretato dal regime come un'accusa manifesta di intellettualismo controrivoluzionario, e migliaia di poveri miopi o presbiti erano stati arbitrariamente processati e giustiziati.

Poi c'era stata la guerra col Vietnam, che subito dopo la vittoriosa fine della *sua* guerra aveva cominciato a manifestare mire espansionistiche verso le nazioni confinanti, e le cui truppe avevano occupato Phnom Penh a seguito di precedenti incursioni cambogiane, insediandovi un proprio governo e ritirandosi soltanto nel 1989.

I colpi di stato e il passaggio del potere in mani diverse si rifletterono anche sul nome stesso della Cambogia, che continuò a mutare di pari passo con la situazione politica. Dopo l'indipendenza dai francesi nel 1954 e il primo governo del principe Sihanuk, la Cambogia fu chiamata Khmer Republic dal '70 al '75 quando il potere era passato a Lon Nol; dal '75 al '79 diventò Democratic Kampuchea sotto il governo dei khmer rossi, con un odioso spelling imposto alla stampa internazionale dal regime di Pol Pot (Kampuchea), e un "Democratic" che non aveva la minima rispondenza nella realtà; dal '79 al'89, durante l'invasione vietnamita, si chiamò People's Republic of Kampuchea, per poi ritornare a chiamarsi Cambodia l'anno dopo (Cambogia secondo la dizione italiana). Quando nel 1990 la parola "pace" fu pronunciata per la prima volta in vent'anni, tra tutti questi cambi di spelling e nomi, oltre 2.500.000 cambogiani mancarono all'appello, sterminati dalla fame, dalle malattie, dai maltrattamenti, dalle bombe e dai fucili, e la nazione era ridotta a un cumulo di macerie.

Nella piccola stanza di un'agenzia di viaggi in Khao San Road, che nel giro di tre giorni mi aveva procurato un visto per la Cambogia mantenendo fede a ciò che un cartello annunciava dalla vetrina: "*Quick Visas for Laos, Vietnam & Kampuchea*", mi viene ripetuta una frase che da Dhaka in avanti stava ormai diventando troppo frequente per i miei gusti, e per un viaggio via terra: "You can go by plane, not by moto!". Mi fermo a guardare una mappa della ex Indocina incorniciata proprio di fianco al condizionatore d'aria che trasforma la stanza in una cella frigorifera, e mi accorgo subito che l'unico altro modo per entrare in Vietnam dalla Thailandia è quello di attraversare un "corridoio" in Laos da Savannakhet fino a Huê, oppure al nord da Luang Phabang, vicino alla Cina, fino ad Hanoi, ma in questa seconda ipotesi non esiste una strada che passi sopra le montagne.

"*What about Laos?*" chiedo al solerte agente in maniche di camicia, alle cui spalle è affisso un tripudio di poster che decantano le meraviglie di Phuket, Krabi e Pipi Island.

"Laos? Laos is closed! Only by plane," risponde ilare, spalmando sulla carta della sua sigaretta una goccia di essenza di menta piperita presa da una boccettina che aveva in tasca, com'è abitudine di certi thailandesi.

Kampuchea closed, Laos closed. Come dirittura d'arrivo non c'è male; siamo a cavallo!

Comincio a rendermi conto, e ne avrò la conferma nei successivi viaggi in Vespa, che il problema reale non è mai quello che una persona possa entrare fisicamente in una nazione cosiddetta "difficile", quanto che possa entrarci *overland* a bordo di un veicolo di cui è alla guida. Sorvolare i confini e atterrare direttamente nell'aeroporto della capitale è una cosa quasi sempre possibile, anche se il paese in questione è devastato dalla guerra e virtualmente *off limits* per gli stranieri come lo erano il Mozambico negli anni ottanta e le tre nazioni della ex Indocina fino all'inizio degli anni novanta; ma entrarci guidando è un altro paio di maniche, e i "No!" che si collezionano alle rappresentanze diplomatiche sono categorici e inappellabili.

Prendo il passaporto col visto cambogiano, che occupa interamente la terzultima pagina libera, ringrazio ed esco in trance dalla porta a vetri.

Mi sento così abbacchiato che non ho nemmeno voglia di arrabbiarmi; così assente e svuotato d'energia che mi accorgo a malapena di una valchiria alta due metri, biondo platino e un décolleté generoso a lambirle l'ombelico, che sculettando mi passa a fianco tra un'ala di folla che si fende come il Mar Rosso per lasciarla sfilare, bellissima e irraggiungibile. In altre circostanze l'avrei seguita allungando il passo o almeno la coda dell'occhio; adesso la degno appena di uno sguardo inappetente, e ripeto bisbigliando la mia giaculatoria di Cambogia closed e Laos closed, con un'espressione ebete stampata sul viso, come qualcuno a cui avessero appena fatto una lobotomia.

Il distributore thailandese della Vespa, Mr Chiskewanerub (e questo è solo il nome: il cognome ha una quarantina di lettere e non si può umanamente pronunciare), sembra davvero dispiaciuto per me, chiama a raccolta tutto il suo inglese e mi dice di non prendermela, che un modo si trova sempre e che a tutto c'è rimedio, non brillando certo per originalità con le sue parole, ma facendomi comunque bene con quel modo nasale di consolare gli afflitti. Per il momento mi offre una Singha Beer ghiacciata e m'invita a cena con sua moglie e tre figli di cui mi mostra un'istantanea tutta sorrisi e capelli corvini a caschetto, e di cui mi guardo bene dal chiedere i nomi. Ma non sa proprio come aiutarmi, anche perché il responsabile italiano della Piaggio in quel momento è a Firenze per le vacanze di Natale, e rientrerà a Bangkok soltanto l'11 gennaio.

Il 28 dicembre carico i bagagli sulla Vespa, saluto Alessio, Mirko, Giuseppe e Gabriele, con le rispettive fidanzate che hanno dormito al Nana Plaza e adesso sbadigliano in camicia da notte sulla porta dell'ascensore miagolando "By by" con le voci roche piene di sonno. Comincio un delirante giro a vuoto per la Thailandia, arrivando prima a Mae Sot sul confine birmano, poi a nord fino a Chiang Mai e al Triangolo d'Oro; poi scendendo a sud fino a Georgetown in Malesia, poi di nuovo a Bangkok e ancora a nord fino al ponte sul Mekong che porta a Vientiane, la capitale del Laos.

Mancavano solo 400 chilometri di Cambogia per raggiungere Saigon... Andrà a finire che ne percorrerò più di 4000 prima di arrivare ad Hanoi, e poi da lì altri 2000 tondi tondi per scendere a Ho Chi Minh City lungo la costa vietnamita, e accendere una sigaretta dopo sette mesi.

7.

Motori fusi e fiori d'arancio

Non avrei mai immaginato che qualcuno potesse riempirmi di benzina il filtro dell'aria a pochi chilometri dalla partenza da piazza del Popolo, questo no.

Però mi apettavo sicuramente, iniziando un viaggio così lungo in sella a uno scooter, una caterva di difficoltà e di problemi relativi a strade perlopiù in pessimo stato, a situazioni di tensione politica se non addirittura di guerre vere e proprie, e ai rischi per la mia incolumità che sarebbero potuti derivare dagli alti livelli di criminalità e disperazione di certi paesi, in cui la vita umana sembra avere tanto poco valore che si può ammazzare soltanto per rubare un orologio di plastica o un portafogli, che il più delle volte non contiene che pochi spiccioli...

Ma l'immagine mentale con cui accompagnavo tali pensieri e previsioni mi vedeva sfrecciare a tutta velocità, o arrancare a rilento, tra gli ostacoli con la Vespa, indissolubilmente associato a essa in un rapporto di simbiosi, con suggestioni autoironiche che chiamavano in causa i centauri della mitologia greca.

E invece *tutti* i momenti più difficili e snervanti che ho passato, mentre la striscia di pennarello nero si snodava sulla carta patinata di sei mappe diverse, sono coincisi paradossalmente con gli unici giorni in cui la Vespa è stata lontana da me, vuoi per colpa di un pollice rotto a Gwalior o di un coprifuoco a Calcutta; vuoi perché imballata in una cassa di legno all'aeroporto di Dhaka o inutilizzabile in attesa di sdoganamento al deposito merci di Bangkok.

È anche sulla base di questa considerazione, una volta ricevuta la bella notizia di Cambogia e Laos *closed*, che decido di non rimanere a crogiolarmi nel malumore e nella frustrazione sprigionatisi nell'aria della mia camera al Nana Plaza come un cattivo odore; di non restare immobilizzato a Khao San Road in attesa del ritorno del funzionario della Piaggio l'11 gennaio, per trovare una soluzione o per mandare a monte tutto. Così tolgo in fretta le tende da Bangkok senza avere un'idea precisa di dove andare a piantarle; solo per esorcizzare un'immobilità che sapevo sarebbe stata dannosa e inconcludente, per opporle la terapia di qualche migliaio di chilometri macinati a casaccio, ma comunque "attivi". Se non fosse inverosimile e irrispettoso nei confronti di patologie più serie, direi che avevo ormai raggiunto un livello di assuefazione vespistica che mi faceva guardare con orrore alle precedenti crisi di astinenza, e temere quella che si prospettava per il prossimo futuro.

Non prendo neanche in esame l'idea di una puntatina al Wat Pho, il tempio con l'enorme statua di un Buddha sdraiato e ricoperto di lamine d'oro, al vicino Wat Phra Keo o al mercatino galleggiante sul fiume Chao Phraya. Volto l'angolo di Khao San Road e comincio a girare intorno agli spuntoni di pietra dalla vaga forma di zanne del monumento alla Democrazia, cinque, dieci volte come sulla pista di un velodromo, senza riuscire a decidere quale dei quattro viali congestionati di traffico imboccare; poi vado verso il Palazzo Reale e Chinatown, seguendo Maharaj Road lungo il corso del fiume.

Un *tuk tuk* color aragosta, quei piccoli taxi a tre ruote che assomigliano ai furgoncini Ape di fabbricazione italiana, mi taglia la strada all'improvviso e non riesco né a frenare né a evitarlo, andando a colpirlo in pieno con la borsa sul portapacchi anteriore, per fortuna a velocità ridotta. Mi ritrovo per terra con qualche sbucciatura sulle mani, e soltanto per miracolo vengo evitato da una lussuosa Bmw che stava arrivando, e che mi avrebbe trasformato in poltiglia se il suo autista non avesse avuto i riflessi così pronti.

Dal *tuk tuk* scende un pancione in canottiera, con una salvietta sporca di grasso attorno al collo. Nonostante abbia torto marcio comincia a sbraitare qualcosa in thai, indicandomi a più riprese, con una gestualità nervosa da film muto, una microscopica ammaccatura provocata dal ferro del mio portapacchi, tra le altre cento ammaccature e incrostazioni di ruggine che già abbellivano la carrozzeria del suo veicolo.

Io sono ancora per terra, e non credo alle mie orecchie sentendolo pretendere "baht, baht, pay baht, hundred baht!" per una contestazione amichevole (?) dell'incidente. Alla fine non riesco più a sopportare la sua voce e gli butto in faccia tutte le banconote accartocciate che ho in una tasca dei jeans; lui le raccoglie in fretta, improvvisamente cogitabondo e silenzioso, poi ingrana la prima e sparisce col suo *tuk tuk* che denota seri problemi di carburazione, non esimendosi dal gridarmi in lontananza: "Tulist, son oo' bicch!".

Sono già così confuso e sfiduciato che gli insulti di un thailandese pazzo e figlio di puttana non riescono ad amareggiarmi molto di più. Raccolgo i tiranti di gomma che si erano sganciati volando in un raggio di dieci metri, risistemo il borsone sul portapacchi anteriore, do una scrollatina allo zaino su quello posteriore per ristabilirne l'assetto e riprendo il mio itinerare senza meta lungo Maharaj Road.

Decido di ricorrere ancora una volta alla moneta da 500 lire turche che ho nel marsupio di pelle, da quel lontano incontro con Ellis: se esce testa andrò verso sud, forse in Malesia forse a Singapore (per un attimo accarezzo l'idea di andare a trovare Janet a Medan e di ascoltare i suoi *Jeeesusss*); se esce croce andrò verso nord, a Chiang Mai e tra i papaveri turgidi d'oppio del Triangolo d'Oro.

Seduto in una bettola di Chinatown lancio in aria la moneta, ma prima che possa prenderla al volo mi sfugge tra le dita per andare a finire in un canaletto di scolo pieno di budella e teste mozzate di pesce, di cacchette malloppose di bambini e spuma di orina vecchia, dove la lascio riposare per sempre senza aver tratto l'ultimo oroscopo dal suo metallo.

Dispiego sul tavolo la mappa del Sud-est asiatico, versandoci puntualmente sopra il bicchiere di caffè che stavo sorseggiando e macchiandone una buona metà tra Hong Kong e le Filippine. Quel giorno non ne azzeccavo una, e il barometro del mio umore segnava proprio bassa pressione; quel giorno ero un maldestro Re Mida che trasformava in merda e non in oro tutto ciò che gli capitava a tiro. Dopo averle dato un'occhiata mentre l'asciugo col palmo della mano, mi dico: "Ok: Chiang Mai!" e inspiegabilmente mi sento subito sollevato al pensiero di avere ancora una destinazione, un luogo dove indirizzare le ruote della Vespa.

Imbocco una corsia dell'A1 seguendo il cartello che indica Nakhon Sawan, e percorro un'ottantina di chilometri arrivando a sfiorare i 105 orari, una cosa che non mi era più capitata dalla Grecia e che non mi capiterà più fino a Saigon.

L'autostrada finisce ad Ayutthaya, l'antica capitale del Siam dove dal XIV al XVII secolo avevano regnato trentatré re di varie dinastie thai, prima che la città fosse conquistata dai birmani e successivamente diventasse un avamposto dei khmer della Cambogia.

Il nome "Ayutthaya" deriva da Ayodhya, la città natale del dio Rama che avevo sentito nominare così spesso durante i giorni a Calcutta, dopo la distruzione della moschea. Nella lingua thai, le cui parole sono scritte perlopiù senza interruzioni e tutte di seguito, il nome ufficiale dell'antica capitale del Siam è phranakhonsiayuthaya, senza lettere maiuscole che non sono usate nell'alfabeto, e significa Sacra Città di Ayodhya; quello dell'attuale capitale, Bangkok, si è meritato una citazione nel Guinness dei primati come il nome di città composto dal maggior numero di lettere, che a seconda delle traslitterazioni varia da 111 a 175, e suona all'incirca così (non me ne voglia chi dovesse leggerlo): krungthephmahanakhornbowomrattanakosinmahintarayayuthayamahdilokpopnopparatratchathaniburiromudomratchaniwetmahasathan. I thailandesi, comunque, chiamano Bangkok semplicemente Krung Thep, cioè "la città degli angeli", risparmiando il fiato sull'allucinante nome ufficiale.

Pago pochi *baht* per una breve visita alle rovine di Ayutthaya e un'occhiata distratta ai numerosi templi e pagode disseminati nella parte vecchia della città, racchiusa dalle anse di tre fiumi. In altre circostanze, e con un altro stato d'animo, le meraviglie architettoniche dell'antica capitale del Siam non avrebbero dato tregua al bottoncino della Canon Eos comprata a Dhaka in sostituzione della Lubitel, da un ricettatore che si spacciava per farmacista e aveva un botteghino pieno di aspirine e cannocchiali, sciroppi per la tosse e cineprese, garze e revolver; ma adesso lo premo sì e no tre volte, distrattamente e di malavoglia.

Poi monto sulla Vespa e proseguo su un tratto di strada statale in mezzo a foreste di un verde lussureggiante fino a Nakhon Sawan, che dista ancora 230 chilometri e che raggiungo soltanto verso sera. Quella giornata di guida pressoché ininterrotta ha un effetto balsamico sui miei nervi, e quasi senza rendermene conto mi ritrovo a canticchiare, mentre affronto una curva, secondo una sana abitudine che avevo perso da tempo.

Il pomeriggio successivo, risalendo il corso del fiume Mae Nang Ping, arrivo a Tak e incrocio diversi campi di rifugiati birmani di etnia karen, cacciati dal governo di Yangon entro i confini thailandesi dove vive la maggioranza di questa "tribù delle montagne", una delle più numerose del Sud-est asiatico.

I karen thailandesi abitano in *long houses* simili a quelle dei daiacca e degli iban del Borneo indonesiano e malese, lunghe costruzioni di bambù nelle quali possono trovar posto anche cinquanta nuclei familiari, in "appartamentini" che si affacciano su un unico corridoio centrale dove si svolge la vita in comune. Spesso i villaggi karen sono formati da una sola *long house*, che a distanza di anni si sposta da un luogo all'altro, preferibilmente sulle rive di un fiume, perché l'agricoltura praticata col metodo del "taglia e brucia" esaurisce presto il terreno e necessita di nuovi spazi per le coltivazioni.

Una volta a Tak non resisto alla tentazione di andare verso Mae Sot e la frontiera con la Birmania, quasi volessi congiungere idealmente il cammino interrotto a Teknaf in Bangladesh e dimostrare a me stesso di aver percorso sulla Vespa quanta più strada possibile, ritagliando il *gap* politico della Repubblica di Myanmar esattamente lungo i suoi confini occidentali e orientali. Mae Sot è lontana un'ottantina di chilometri da Tak, su quella che fino agli anni sessanta era la Via Panasiatica (Asia Route 1) e collegava Istanbul a Singapore, e che oggi non può più chiamarsi tale dal momento che la Turchia e Singapore sono "scollegate" da quelle poche centinaia di chilometri in territorio birmano.

A Chiang Mai, di lì a un paio di giorni, mi diranno che questa zona della provincia di Tak è considerata tra le più pericolose della Thailandia, e che l'autorità centrale di Bangkok sembra avere poco controllo sulle attività di contrabbando e la guerriglia di alcuni gruppi armati locali. Di questa pericolosità, comunque, avrò soltanto un vago sentore mentre attraverso le montagne che da Tak portano a Mae Sot e da lì a un ponte (presidiato da poliziotti thailandesi che si metteranno sorridenti in posa per una fotografia), al di là del quale c'è la città birmana di Myawadi.

La notte di Capodanno la passo "in solitaria" a Lampang, una città sulla strada per Chiang Mai, senza altri festeggiamenti se non una bottiglia di gin thailandese che sembrava accendere dei fiammiferi in gola a ogni sorso, e reiterati sospiri di sollievo perché per tutto il pomeriggio ero stato sicuro di aver fuso il motore. Nei 180 chilometri da Tak fino a Lampang la Vespa aveva cominciato a perdere colpi, a procedere scoppiettando e a spegnersi nelle salite, benché non fossero troppo ripide; non riuscivo a fare più di venti all'ora, in prima. Ecco fatto, avevo pensato; ecco la degna conclusione di un viaggio che stava diventando sempre più complicato; ecco un guaio meccanico che tagliava la testa al toro una volta per tutte, e mi lasciava appiedato in mezzo alle montagne in una parte sperduta della Thailandia, dove nemmeno avrei dovuto esserci.

Nel villaggio di Thoen avevo cercato un meccanico, senza trovarlo; e da Thoen fino a Sop Prap le cose erano peggiorate al punto che il motore si spegneva ogni volta che provavo timidamente a dare un po' di gas. Poi avevo percorso 40 chilometri a passo d'uomo, impiegando più di tre ore e fermandomi ogni poche centinaia di metri perché anche accelerando al massimo la Vespa non si decideva a muoversi, sprigionando nubi di fumo nero e morendo lentamente con il verso di un animale ferito, e dovevo aspettare qualche minuto prima di poterla rimettere in moto. A Sop Prap accosto sotto una tettoia di frasche che mi ricorda l'officina di Ketut sulla strada per Candi Dasa, e chiedo aiuto a due uomini che stanno armeggiando attorno alle sospensioni di un camioncino, sporchi di grasso dalla testa ai piedi. Nessuno di loro sembra avere troppa dimestichezza con il motore di uno scooter, ma entrambi, senza che ci fosse la possibilità concreta di scambiare una parola mutualmente intelligibile, sanno all'istante dove mettere le mani, sulla base dalla lingua universale della meccanica, che con poche differenze è la stessa in ogni paese, e che a me è totalmente preclusa, per *forma mentis* e per oggettivo disinteresse. Dopo che ho sganciato le sacche laterali, cominciano a smontare il cappellotto delle candele, il carburatore, la testata e la marmitta, poi infilano a turno le dita in un buco, confabulando tra loro soddisfatti e facendomi capire che la causa del problema è stata trovata, e che la sua risoluzione è un gioco da ragazzi.

Uno dei due meccanici toglie dalla tasca un coltello a serramanico e infila la lama nel buco, cominciando a rivoltarne la punta contro un pezzo di metallo che provoca un rumore fastidioso, come quello di un gesso che si rompe sulla lavagna; io inorridisco e sto per bloccargli la mano, ma intanto una pioggerellina di polvere nera e frammenti di carbone sta uscendo dal buco e si deposita a terra in una montagnetta. L'altro meccanico dà il cambio al suo collega, con un pezzo di carta vetrata che passa più volte all'interno del buco, accrescendo la montagnetta con altre scorie nere. Poi rimontano il motore, senza un attimo di esitazione tra la moltitudine di viti e rondelle, bulloni e fili sparsi a terra; io rimonto le sacche laterali e il primo colpo sul pedale dell'accensione fa partire il solito, familiare scoppiettio dei bei tempi andati, e a ogni accelerata il motore va su di giri che è una meraviglia... Avevo già macinato quasi 18.000 chilometri da Roma al Nord della Thailandia, e ancora non avevo imparato a riconoscere la differenza tra la sintomatologia di un pistone irrimediabilmente rotto e quella di un pistone soltanto carbonizzato, per il quale bastava qualche colpo di coltello e un po' di carta vetrata per graffiare via le incrostazioni e rimettere a posto le cose!

A mezzanotte in punto faccio un brindisi con una lunga tirata di gin dal collo della bottiglia, e mi viene da sorridere ripensando alle mie recenti paure e alla mia ignoranza; poi vado a dormire con l'animo leggero come una piuma e una nuova fiducia sulla possibilità di aggirare la Cambogia e arrivare a Saigon, prima o poi.

Il primo gennaio, intanto, sono a Chiang Mai e per una settimana mi concedo una vacanza che ha il sapore di una tregua, in una delle zone più belle e spettacolari che abbia mai visitato a bordo di una Vespa.

Continuo a nord per Chiang Rai e il Triangolo d'Oro sui confini di Laos, Birmania e Thailandia. Passo tra i villaggi sulle montagne abitati dalle tribù meo, incrociando uomini con gli occhi annebbiati dall'oppio e donne con i capelli raccolti in enormi chignon sulla testa; dormo una notte nella casa di una famiglia akha, una tribù originaria del Tibet e ora la minoranza etnica più misera del paese, mostrando per ore agli uomini più influenti del villaggio, che avevano copricapi pieni di ciondoli d'argento, penne colorate e fagioli secchi, le fotografie dell'Iran e dell'India e portandoli, a turno, a fare un giretto con la Vespa prima di andare a dormire; compro qualche souvenir nei mercatini delle donne yao, i cui abiti sono rivestiti di broccato e hanno grandi collari di pelo rosso; passo tra le pagode dei templi e le coltivazioni di papaveri, tra le risaie e le piccole città nelle valli, con un corteo di bambini che regolarmente mi seguiva sbraitando finché non riuscivo a seminarlo lasciandomi alle spalle le ultime case. Anche la temperatura è ideale e le notti sono fresche, lontane anni luce dal caldo soffocante di Bangkok e dalle ore insonni al Nana Plaza di Khao San Road.

Quando vi ritorno, lungo un itinerario diverso che mi porta a Phitsanulok e fa scattare la cifra 19.000 vicino alla bandiera adesiva della Repubblica islamica dell'Iran, Mirko sta preparando le valigie e mi comunica raggiante che ha deciso di sposare la sua ragazza di Patpong, che si chiama Kiki e lo sta aiutando a piegare i jeans con due lacrime indecifrabili tra le ciglia.

Già nei prossimi giorni comincerà a darsi da fare a Brescia per i documenti, e tra un paio di mesi, se tutto va bene ("Sperötm"), tornerà a prenderla per portarla in Italia.

Proprio in quegli istanti Alessio e gli altri fanno irruzione nella stanza cantando a voci spiegate un *medley* di Mendelsshon e Wagner.

Cobadonga

Mr Chiskewanerub, il cui cognome non imparerò mai, m'invita nuovamente a cena con la sua famiglia, e tra una scodellina di zuppa di *noodle* e un piatto di *plaa mèuk phat phet*, dei calamari fritti in una salsa piccante, mi dice che forse è riuscito a trovare il modo di farmi avere un permesso per attraversare il Mekong tra Nong Kahi e Vientiane, la capitale laotiana.

E quanto ci vorrà per avere una risposta definitiva? Mah, due o tre settimane. Alé! E poi da lì come faccio ad andare avanti? Mah, costeggi il Mekong fino a metà del Laos e poi entri in Vietnam, ammesso che ti lascino passare. Alé!

Di stare fermo altre due o tre settimane a Bangkok non se ne parla proprio, così come non voglio nemmeno pensare a un altro passaggio aereo fino a Ho Chi Minh City. "Bella forza! Dire che va in Vietnam in Vespa e poi andarci in aereo!" Mi sembra ancora di sentire queste parole, mentre mi caccio in bocca un pezzo di calamaro.

Quando mi riportano a Khao San Road è ancora troppo presto per cercare di dormire, così mi sorbisco qualche scena di un film truculento al bar della Mama Guest House, tra i tavolini affollati di stranieri e bottiglie vuote di Singha Beer. Ogni tanto, con interesse più sincero, mi trovo a guardare una fotografia-poster di re Bhumiphol e sua moglie, incorniciata vicino al televisore. Lui indossa un "mongolia" che fa molto anni settanta, con i soliti occhiali e un paio di jeans; è seduto a gambe incrociate su un tappeto e sta suonando la chitarra, la regina al suo fianco lo guarda e gli sorride, in una scenetta informale e un po' hippie, nonostante le espressioni aristocratiche dei due sovrani.

Avevo già visto molte volte la faccia di re Bhumiphol, spesso con una macchina fotografica sul petto, col nome della marca sempre ben visibile, quasi che sua eccellenza fosse il testimonial della Canon. Salito al trono nel 1946 a soli diciannove anni, dopo l'assassinio del fratello, re Bhumiphol è oggetto di una vera e propria venerazione da parte della maggioranza dei thailandesi; sotto il suo regno la Thailandia (l'unica nazione dell'Asia sud-orientale a non essere mai stata colonizzata da una potenza europea) ha vissuto un boom economico e turistico senza precedenti, oltre a un progressivo allontanamento dei militari dai posti chiave del governo, "smilitarizzazione" per la quale si è battuto attivamente lo stesso re Bhumiphol, con l'incondizionato appoggio popolare. Un re chitarrista e una regina seduta come a Woodstock non li avevo ancora visti, e sono senz'altro uno spettacolo più divertente dell'overdose di sangue e intestini rovesciati che sta sfilando sul piccolo schermo.

Dopo essere uscito dal ristorante vado a passeggiare avanti e indietro sui due lati della via, tra la serie ininterrotta di bancarelle che vendono musicassette, orologi d'imitazione, vestiti e bigiotteria, che fanno tatuaggi o buchi nelle orecchie. Cammino a zig zag tra i carrettini degli ambulanti dove per dieci *baht* compri uno squisito pancake con fettine di banana e latte condensato, o dei sacchetti di cellophane pieni di pezzi di anguria, ananas e papaya, oppure delle pannocchie abbrustolite che sollevano nuvole di fumo dai piccoli forni a carbonella sventagliati dai venditori, o ancora delle cosce di pollo infilate in uno stecco, spennellate con un sugo speziato. In mezzo a questo ben di dio, venduto per la miseria di cinquecento lire, sono così indeciso che alla fine non compro niente.

Tre ragazzi thailandesi, con i capelli lunghissimi e corvini, stanno suonando la chitarra seduti sul marciapiede all'angolo tra Khao San Road e la via che porta al tempio, circondati da qualche ammiratrice straniera estatica e con gli occhi languidi. Mi fermo un attimo ad ascoltarli, in sincronia perfetta con un poliziotto che sbuca da dietro l'angolo e mi si ferma alle spalle senza una parola. È la persona più strabica che abbia mai visto: due occhi che vanno ognuno per conto proprio, incorniciati da due orecchie a sventola sotto un ridicolo cappello a tesa rigida. Mi chiedo cosa voglia, sentendomi decisamente imbarazzato e a disagio per la sua presenza silenziosa; dal fiato che mi alita sulla nuca capisco che non è del tutto sobrio.

Non riesco a fare a meno di voltarmi ogni tanto a guardarlo, e sfortunatamente, vedendolo lì immobile dietro di me con quegli occhi incredibili, non riesco neppure a reprimere un accesso di ilarità, e nonostante stringa forte le labbra tra i denti, alla fine gli scoppio a ridere in faccia. Apriti cielo! La statua improvvisamente si anima, fa guizzare i muscoli sotto la camicia marroncina, e m'immobilizza gridando inviperito: "Why lafff, why you lafff?!". In una frazione di secondo mi trovo le manette ai polsi, e per quanto cerchi di divincolarmi non posso liberare le mani dalla loro stretta, né le braccia della stretta del poliziotto, che mi trascina giù dal marciapiede e comincia a spingermi, sollevandomi quasi di peso, verso l'altra estremità di Khao San Road, dove c'è il comando di polizia.

I tre chitarristi e le loro ammiratrici estatiche non muovono un dito per venirmi in aiuto, né tantomeno dicono una parola in mia difesa. Le decine di turisti che camminano avanti e indietro sui marciapiedi si fermano a guardare con indifferenza o buonumore: il solito straniero nei guai con le forze dell'ordine a Bangkok, e certamente s'immaginano chissà quali storie di droga dietro la cattura e le manette scintillanti sotto il neon delle insegne luminose.

Il mio angelo della provvidenza, che tra qualche secondo apparirà sulla scena davanti all'Hello Restaurant, a poche decine di metri dal comando di polizia, si chiama Cobadonga e ha un serpente tatuato sulla faccia, dalla fronte fino al collo. Per il momento non so ancora il suo nome, vedrò soltanto il serpente bluastro e la sentirò parlare in un discretissimo thai con il poliziotto, che sembra una sua vecchia conoscenza.

Nel giro di cinque minuti, in virtù di qualche frase persuasiva espressa dalla voce di quella ragazza con i capelli rosso tiziano lunghi fino ai fianchi, il vestito di raso attillato e una sfilza di orecchini sulle arcate sopraccigliari, tra le squame del serpente, il poliziotto viene ammansito e le manette scattano di nuovo, questa volta per liberarmi i polsi. Lui se ne va biascicando qualcosa di risentito, lei mi dà una pacchetta sulla spalla e mi dice: "*Ok, calm down*".

La cosa che mi piace di più di Cobadonga, quando seduti a un tavolo dell'Hello Restaurant cominciamo a chiacchierare un po' in spagnolo, un po' in inglese e un po' in italiano, è il fatto che sia completamente pazza. Una pazzia solare e sfavillante, una pazzia "bianca" rispetto a quella nera e cupa di molti psicopatici più o meno dichiarati; ma comunque una pazzia solida e inequivocabile, al di là delle perifrasi. È nata a Puerto Madryn in Argentina, e da dieci anni sta girando per il mondo facendo quello che le capita, per mangiare e pagarsi i biglietti aerei. È stata l'amante di un governatore californiano e ha fatto la vita in un bordello di lusso a Bombay; ha venduto fiori finti a Parigi e fotografato i cadaveri sulle Torri del Silenzio a Karachi, per un giornale brasiliano; ha insegnato spagnolo in una scuola di Melbourne e fatto la guerriglia con i sandinisti in Nicaragua; ha camminato per chilometri sulla muraglia cinese e vissuto in un villaggio di indios in Amazzonia. Così almeno dice, e un'altra cosa che mi piace di lei (oltre al nome che non avevo mai sentito e mi sembra una parola magica) è che non riesco a capire con esattezza dove stia il confine tra la realtà e la finzione, tra quello che s'inventa e quello che ha vissuto veramente; ma se ci fosse un premio per *come* una persona racconta la propria vita, Cobadonga lo meriterebbe più di chiunque altro, mitomane o sincera che sia. Verso mezzanotte ci salutiamo, con la promessa d'incontrarci ancora la sera dopo per una sfida a scacchi (lei ha conosciuto Anatoli Karpov a Mosca, ma non si dilunga troppo sui particolari della loro relazione); io le ripeto "*muchas graçias*" per il salvataggio in extremis dai furori del poliziotto offeso, e lei ripete "non c'ha di que" nel suo italiano spagnoleggiante. Do una carezza al serpente sulla guancia ed entro al Nana Plaza.

L'11 gennaio, come mi era stato comunicato, il manager italiano della Piaggio ritorna a Bangkok, e viene subito messo al corrente delle mie difficoltà per continuare il viaggio verso Saigon, e di quelle che avevo appena superato con l'aiuto del fratelli Muriadh in Bangladesh. In quanto ai contatti di Mr Chiskewanerub per farmi entrare a Vientiane attraverso il Mekong e non in aereo, le cose sembrano andare ancora più a rilento del previsto. All'Ambasciata laotiana un giorno gli dicono che è possibile, in via del tutto eccezionale, ottenere il permesso con un coinvolgimento di firme, formulari, lettere a Vientiane e controfirme; per rimangiarsi la parola il giorno dopo e dirgli che non si può più, salvo poi sbilanciarsi in un nuovo "forse" di lì a quarantott'ore.

Marino Fornari, il funzionario Piaggio, è simpaticissimo e mi mette subito a mio agio dandomi del tu e cercando di minimizzare con le parole giuste, condite da un forte accento toscano, le mie apprensioni. Abbi fede, *Vespa man*; vedrai che si sistema tutto. Prende molto a cuore la questione e fin dal giorno del suo rientro in ufficio cerca di attivare le Ambasciate italiane di Bangkok e di Hanoi, spiegando il problema e richiedendo, se possibile, il loro aiuto.

Facciamo anche un ultimo tentativo alla rappresentanza diplomatica cambogiana, ma dall'altra parte del filo rispondono un secco "*Cannot, cannot!*" e la conversazione si chiude lì. Dopo una decina di telefonate, vedendomi così mogio sulla poltroncina davanti alla scrivania, mi consiglia di andare a farmi una vacanza, anche perché ha sentore che le cose non si metteranno a posto tanto presto, e che io possa correre il rischio di rimanere immobilizzato a Bangkok per altri quindici giorni almeno.

"Ci sono appena tornato, da una vacanza," gli comunico con un'aria sconsolata che lo fa sorridere. Ma come? È con una faccia da mortorio che si ritorna dalle vacanze? C'è da dire che in quei giorni ero costantemente in balìa di sbalzi d'umore, e passavo nel giro di pochi minuti dalla fiducia allo sconforto, da un'allegria nervosa al morale sotto i tacchi, più nervoso ancora.

"Dove sei stato?" mi chiede, iniziando a vistare un mucchio di carte che si era accumulato sulla scrivania durante la sua assenza.

"Al Nord; Chiang Mai e Chiang Rai."

"In Vespa?"

"Certo."

"Beh, adesso vai al Sud. Ti fai due settimane a Krabi o a Ko Samui, e poi quando ritorni *costì*, il modo per mandarti in Vietnam *s'è ggià throvatho*!"

"Ok." Mirko avrebbe detto "Speröm".

Pranziamo insieme e nel primo pomeriggio ritorno al Nana Plaza per impacchettare di nuovo le mie cose. Mentre sto lasciando Khao San Road incontro Cobadonga con un piccolo zaino sulle spalle.

"Donde vas, Cobadonga?"

"Singapore; y tu donde vas?"

"Salta su, ti porto io."

"*Por supuesto*. 'Ndiamo."

Mezz'ora più tardi siamo già usciti dalla periferia di Bangkok e ci stiamo dirigendo verso la costa del Golfo di Thailandia, a Hua Hin e Prachuap Khiri Khan. Se gli addetti alle ambasciate di Bangkok e Hanoi mi avessero visto in quei momenti, a sbraitare una canzone di Cat Stevens con le mani alzate dal manubrio come ali, e con dietro una ragazza vestita di raso fucsia, le sopracciglia punzonate da cerchietti d'argento e un serpente tatuato sulla faccia, non sono molto convinto che avrebbero fatto di tutto per aiutarmi, o che avrebbero preso così sul serio il mio raid vespistico da Roma a Saigon!

In tre giorni, dopo essere andati di gran carriera senza fermarci più di una notte in un posto, siamo a Hat Yai all'estremo sud della Thailandia. In sella alla Vespa, Cobadonga riusciva indifferentemente a leggere un libro, a dormire appoggiata alla mia schiena, a rifare l'orlo di una gonna, a bere lattine di Singha Beer o a mettersi lo smalto sulle unghie dei piedi.

Non ha mai manifestato particolari emozioni per il paesaggio che ci sfilava intorno, e che sembrava esserle del tutto indifferente. Soltanto una volta, vedendo un cagnolino spiaccicato in mezzo alla strada, con la testa da una parte, intatta, e il corpo appiattito come una buccia di banana dall'altra, l'ho sentita gridare "*Pobrecito!*". Per il resto stava quasi sempre in silenzio, e ricordo che nel tratto da Chumphon a Surat Thani (150 chilometri buoni) l'unica espressione vocale che le sia uscita dalle labbra è stata un rutto profumato di malto.

Alla sera, però, quando cenavamo in ristorantini a palafitta sul mare o passeggiavamo fino a tardi sulla spiaggia, Cobadonga sembrava scatenarsi in una valanga di chiacchiere nella quale io riuscivo a inserirmi sì e no con qualche parola, e mi raccontava cose sempre più scombinate e inverosimili, finendo di convincermi della sua pazzia senza freni, e rendendomela per questo più piacevole e disarmante.

Quando una volta, con un viso serissimo tra le squame tatuate, mi annunciò di essere stata per qualche mese a lavorare in una base pakistana in Antartide, io le dissi che non ero molto sicuro che il Pakistan avesse alcuna base in Antartide; e lei allora, senza scomporsi minimamente, aggiunse: "Oh, me equivoqué; puede ser che fue en el Artico. Sì sì; en el Circulo Polare Ar-ti-co!", dove c'erano ancora meno probabilità che il Pakistan avesse una base.

Il 16 gennaio arriviamo alla frontiera di Sadao, e i doganieri thailandesi timbrano in pochi minuti il carnet di passaggio. La loro controparte malese non ha nemmeno bisogno di farlo, perché ci lascia passare senza un controllo dei bagagli e tantomeno dei documenti relativi al veicolo; solo un timbro d'entrata sul passaporto. Questa è l'unica frontiera tra i quattro paesi che confinano con la Thailandia (Birmania, Laos, Cambogia e Malesia, appunto) a essere aperta e transitabile senza bisogno di avere in precedenza un visto; ed è anche l'unica, purtroppo, che non mi serva a niente, che sia soltanto "facoltativa" per il mio itinerario.

Ad Alor Setar, una grossa città malese subito dopo il confine, mi aspettano tre sorprese tutte di fila. La prima è che Cobadonga parla bahasa malayu (che poi è uguale, con pochissime varianti sintattiche e di pronuncia, all'indonesiano) molto meglio di me, e fino a quel momento non me l'aveva ancora detto.

Thai, spagnolo, italiano, inglese, indonesiano-malese: sarà anche matta come un cavallo, ma conosce più lingue di un interprete parlamentare. La seconda sorpresa è che non trovo più le chiavi della Vespa, né quelle che avevo usato fino a quel momento, né il duplicato che tenevo nel marsupio, e che forse avevo perso già da tempo senza averci mai fatto caso. Siamo seduti in un chioschetto tamil dove abbiamo appena mangiato del *roti chanai* (con uno svenevole "richiamo del cuore" da parte mia, rivolto ai sapori e agli aromi culinari di Singapore poco prima che iniziassi il viaggio); guardiamo sotto il tavolo e in ogni angolo, arrivando persino a rovistare nel bidone della spazzatura; ma la chiave non salta fuori.

La terza sorpresa, la più gradita, è che il padrone del chiosco ci dice di aspettare solo dieci minuti, mentre suo figlio va a chiamare qualcuno che può risolvere il problema.

Subito si presenta un malese mingherlino, con una camicia a fiori e il classico cappelletto nero che indossano i musulmani nel Sud-est asiatico, e che sembra un fez tagliato a metà.

Ha in mano un piccolo computer con tanto di display, dal quale pendono aghi, fili e sensori. Io ripeto: "*Kunchinya, hilang*", cioè che ho perso le chiavi, e lui sorride sicuro del fatto suo, consapevole che tra qualche minuto mi lascerà a bocca aperta. Poi, con l'abilità e la destrezza di uno scassinatore, comincia a infilare gli aghi dentro il blocchetto d'avviamento, e intanto sul display appare la forma di una chiave, con la dentellatura che si modifica nelle distanze e nelle dimensioni a mano a mano che gli aghi vengono spostati. Nel giro di pochissimo tempo il diagramma è completato, lui toglie gli aghi e mi dice con lo stesso sorriso: "*Tunggu sebentar; kembalinya lima minit lagi*", cioè di aspettarlo, che ritorna tra cinque minuti. Il padrone tamil ci spiega che sta andando nel suo laboratorio per preparare la chiave.

E dopo cinque minuti si ripresenta davvero, con due chiavi nuove di zecca che entrano nel bloccasterzo come due lame nel burro. "*Bagus?*" mi chiede (Va bene?). "*Bagus sekali!*" rispondo estasiato (Va benissimo!).

La Malesia è senz'altro uno dei paesi più avanzati dell'Asia, e la sua tecnologia sta tenendo il passo con quella di Singapore o di Hong Kong; ma è pur sempre un paese in via di sviluppo, e certe sue zone sono decisamente da Terzo mondo. Però credo che nemmeno a Francoforte o a Vancouver mi avrebbero fatto una chiave con un sistema così sofisticato, e in un tempo così breve.

Cobadonga ne è letteralmente affascinata, e sta chiedendo dove si possa comprare un computer così; ma lo scassinatore benefico con la camicia a fiori le dice che ci vuole uno speciale permesso governativo, e che in tutta la Malesia ci sono soltanto tre persone autorizzate a fare il suo lavoro. Eh già, altrimenti chiunque potrebbe andarsene in giro indisturbato a rubare macchine o a svaligiare appartamenti.

"*Berapa payar?*" (Quant'è?)

"*Sepuluh ringgit.*" Fatico a crederlo, ma tutto quel rocambolesco gioco computeristico, e il metallo delle chiavi, mi costa a malapena quattro dollari.

Continuiamo verso l'Isola di Penang, collegata alla terraferma da un lunghissimo ponte di sette chilometri che da Butterworth arriva a Georgetown, la città più importante dell'isola.

E in un albergo cinese di Chulia Street, l'indomani, mi aspetta una quarta sorpresa, che non avevo assolutamente preventivato.

Cobadonga è sparita insieme al mio portafogli, alla Canon Eos e alla Vespa.

Non faccio a tempo a riprendermi dal colpo che il padrone dell'albergo mi viene a chiamare con un poliziotto, il quale mi dice di andare con lui. Lo seguo frastornato, con gli occhi bassi, vergognandomi come un ladro piuttosto che come la vittima di una ladra. Percorriamo tutta Chulia Street in silenzio, poi il poliziotto mi spiega come sono risaliti a me guardando sui registri dell'albergo e confrontando la targ... Ma a questo punto io mi lascio scappare un gridolino, e non lo sto più a sentire.

Parcheggiata davanti al Sri Mariamman Temple, con le sue elaborate sculture dipinte, i bassorilievi e la torre piramidale, c'è la mia Vespa inghirlandata di fiori, sciarpe colorate, perline e *strass* come nello scenario di un paese delle meraviglie, e sul parabrezza è scritto col rossetto: "*Te quiero, bye bye*". Tiro un sospiro di sollievo, non tanto per l'incongrua dichiarazione quanto per essere ritornato in possesso almeno della Vespa, anche se la macchina fotografica e il portafogli, con dentro fino all'ultimo centesimo e tutte le carte di credito, sono spariti per sempre.

Al comando di polizia mi chiedono se voglia sporgere denuncia, ma probabilmente la pazzia di Cobadonga mi si è comunicata così in profondità, insieme a un po' di pena, a un po' di rabbia e a un po' d'affetto, che rispondo di no, che voglio lasciar perdere. Smantello la bardatura sgargiante, tolgo il rossetto dal parabrezza e ritorno in Chulia Street per pagare l'albergo, anche se non so come.

Faccio una *collect call* in Italia e chiedo a mio padre di bloccare le carte di credito e di mandarmene a Bangkok dei duplicati o delle nuove, non so di preciso come funziona.

"Ma sei rimasto proprio senza soldi?" chiede lui, giustamente in apprensione.

"No, ho ancora trecento dollari. Li avevo cuciti in un risvolto dei jeans..." Molto meglio essere bugiardi, se con una bugia puoi risparmiare un brutto pensiero a chi sta a 20.000 chilometri di distanza. Mi fermo al Sin Hin Café, già pieno di turisti che stanno facendo colazione o devono ancora andare a dormire, e siedono con gli occhi a mezz'asta davanti a una bottiglia di liquore. Nel giro di mezz'ora, col giochetto dei sedici fiammiferi, derubo di cinquanta dollari due ragazzi austriaci.

Pago l'albergo, ripasso sul ponte di sette chilometri fino a Butterworth e prima di sera sono di nuovo in Thailandia.

A Krabi, di lì a due giorni, sarebbe stato giocoforza fare qualche altra partita; ma me la cavo diversamente.

Verso Hanoi

Da Georgetown, in quattro ore di guida, ero ritornato a Hat Yai, seguendo la Statale 4 perfettamente asfaltata, che passava in mezzo a boschi in cui ogni albero aveva una mezza noce di cocco attaccata al tronco, per raccogliere il latte viscoso del caucciù che colava da incisioni a spirale fatte nella corteccia. In molti tratti, per decine di chilometri, le forme oblunghe del caucciù già pressato erano stese al sole come panni ad asciugare, e il loro odore nauseabondo ricordava quello di un salumificio.

Non voglio arrivare a Bangkok lungo lo stesso percorso dell'andata, e non certo perché il mio cuore sanguini a rivedere dopo la tragedia gli stessi luoghi in cui ero stato con Cobadonga, quanto, piuttosto, perché mi aveva sempre annoiato ripercorrere gli stessi tragitti quando c'era un'alternativa, e avevo sempre preferito segnare sulla carta itinerari diversi invece della stessa linea percorsa avanti e indietro, per una sorta di estetica. Ho in tasca ancora dieci dollari carpiti agli austriaci; chi sta meglio di me? Arrivato a Huai Yot, circa 200 chilometri a nord di Hat Yai, lascio la strada principale e seguo l'indicazione per Krabi, una delle spiagge più famose e più turistiche della Thailandia, anche se a livelli ancora lontani dalla bolgia della vicina Phuket. Il paesaggio si fa più spettacolare a mano a mano che mi avvicino alla costa, e le anonime piante rigate dal caucciù lasciano il posto prima a una vegetazione da foresta tropicale, poi alle palme inclinate verso il mare, con le foglie agitate dal vento e le radici stoppacciose tra la sabbia bianca. Nello stesso istante in cui sto passando davanti ai bellissimi bungalow del Krabi Resort (guardandoli con gli occhi di un bambino dietro la vetrina di un negozio di dolciumi, sapendo perfettamente che non me li sarei potuti permettere e che le mie finanze mi avrebbero consentito soltanto una notte su una sdraio della spiaggia) sento gridare: "Ehi, Roma. Ehi!". Freno, torno indietro, e mi trovo davanti una coppia abbronzatissima in costume da bagno, lui appoggiato a una tavola da windsurf, lei con un cappello di paglia, un borsone di Gucci e un intenso profumo di Ambra solare.

"Ehi, tu non sei quello che era sul 'Messaggero' qualche mese fa?" "Sì..." "Quello che stava andando in Cina con la Vespa!" "Sì... in Vietnam." "Ma tu guarda la madonna! Aò, er monno è propio piccolo!" "Piacere, Loredana" e lei mi porge una mano dalle unghie che sembrano di madreperla. "'Nnàmo a bere quarcosa, dài; ma tu guarda! Avevo ritagliato l'articolo pe' fallo vedé a 'n amico, che è vespista pure lui. E mo' me lo ritrovo qui; incredibbile! Oh: io comunque me chiamo Stèfano." "Piacere."

Sotto un gazebo di bambù, con il mare che sciaborda davanti a noi e sul tavolo tre cocktail con una fetta d'arancia infilata nell'orlo del bicchiere, Stefano e Loredana vogliono che racconti quante più cose possibili del mio viaggio, e la conversazione va avanti piacevolmente fino a quando il mare diventa dello stesso colore delle fette d'arancia, e un sole enorme comincia a lambirne la superficie. Già che ci sono racconto anche di Cobadonga e della Vespa bardata come un altarino davanti a quel tempio indù: tutti insieme ridiamo di gusto e mi accorgo di non provare rancore per quella pazza poliglotta piena di orecchini e tatuaggi, che anzi mi sta ancora più simpatica, ripensandoci.

"E mo' come fai?"

"Torno a Bangkok; poi una volta lì non ci sono problemi."

"Sì, ho ccapito: però com'è che ce torni, a Bangkok?"

"In Vespa."

"Va beh, va beh." Stefano mi offre subito di prendere almeno duecento dollari, glieli restituirò tra qualche giorno a Bangkok. Io non vorrei accettare ma devo farlo, un po' perché lui insiste e un po' perché ne ho bisogno davvero. Lo ringrazio con una fortissima stretta di mano, mentre lui per scherzo, con un cipiglio minaccioso, dice: "Me raccomanno, eh; si nun me li porti vado dalla Piaggio e te sputtano a vita!". Poi mi faccio scrivere da Loredana l'indirizzo del loro albergo di Bangkok, dove saranno il 28 e il 29 gennaio prima di prendere l'aereo per tornare a Roma.

Per quella notte rimango a dormire a Krabi, non su una sdraio in spiaggia ma in uno dei bellissimi bungalow del Krabi Resort, vicino a quello dei miei nuovi amici dell'Olgiata. L'indomani nel primo pomeriggio, dopo una mattina spesa a crogiolarmi al sole e nell'acqua fresca tra il fruscio delle palme, riprendo l'avvicinamento a Bangkok lungo la statale che porta a nord verso Ranong; sentendomi ricco come non ero mai stato.

La strada, subito dopo Krabi, comincia a essere brutta e accidentata, piena di buche, con l'asfalto ridotto a una pellicola granulosa per mancanza di manutenzione, che qua e là sparisce per lunghi tratti sezionando la foresta fitta con la striscia di una terra rossiccia. Contavo di arrivare a Ranong prima che cominciasse a fare buio, anche per vedere le vicine cascate di Ngao, che sono una delle attrazioni della zona. Ma in virtù della strada pessima riesco a raggiungerla soltanto verso le dieci di sera, quando è già buio da un pezzo e le acque delle cascate di Ngao sono sfilate alla mia destra senza che nemmeno me ne accorgessi.

Ho percorso all'incirca 260 chilometri in otto ore, un terzo dei quali rischiarato soltanto dalla tenue luce del mio faro anteriore; e anche al sud della Thailandia, come in India, guidare di notte è tutto meno che divertente. Ormai sto facendo indigestione di confini birmani con una scadenza bisettimanale, alla faccia dei generali della Giunta militare di Yangon: prima a Teknaf e poi a Mae Sot, poi ancora al Triangolo d'Oro e adesso a Ranong, che è a un solo chilometro dal confine meridionale della Repubblica di Myanmar, in questa parte montagnosa della penisola che a sud diventa Malesia, e nella sezione centrale è divisa equamente tra Thailandia e Birmania. Ranong è il capoluogo della provincia meno popolosa del paese, con un territorio coperto per l'80 per cento di foreste. È una tipica città di frontiera, e la fervente attività della pesca è soltanto una copertura per il contrabbando di ogni genere di merci – da quelle di prima necessità come il riso a quelle voluttuarie come i giocattoli elettrici per i bambini – , che poi verranno vendute al mercato nero nella capitale birmana.

Mi fermo a Ranong due giorni, passati perlopiù a curiosare tra le barche del porto e a fare *un* bagno nelle sorgenti calde di Wat Tapotaram, dove alla prima immersione mi bollisco come un gambero perché l'acqua arriva a 65 gradi, e per la prossima settimana dovrò spalmarmi un succedaneo di crema Nivea su tutto il corpo. Poi continuando verso nord entro nel distretto di Kraburi e mi lascio alle spalle l'istmo di Kra, che divide le onde del Golfo di Thailandia da quelle dell'Oceano Indiano con una lingua di terra larga soltanto 22 chilometri. Per anni il governo thailandese aveva contemplato la possibilità di costruire qui un canale che nel traffico marittimo tra il Subcontinente e Bangkok, o verso i paesi dell'ex Indocina, avrebbe fatto risparmiare le centinaia di miglia necessarie a doppiare lo stretto di Singapore, e avrebbe fatto affluire nelle casse thailandesi i proventi dei diritti di navigazione; ma poi era stata presa una decisione diversa, e come luogo per l'apertura del canale era stata scelta Songkhala, vicino al confine malese.

Dopo aver superato la città di Kraburi devio di nuovo a est per riprendere il cammino che avevo fatto in senso inverso con Cobadonga: da Chmphon in avanti non c'è alternativa, e i rimanenti 400 chilometri fino a Bangkok si possono percorrere soltanto sulla A4, che ritorna a essere perfettamente asfaltata; altre strade non ce ne sono. Ripasso per Bang Saphan e la sua bella spiaggia, dove qualche notte addietro avevo avuto modo di sentir parlare delle basi pakistane in Antartide; riattraverso Prachuap Khiri Khan e Hua Hin e per l'ennesima volta sono a Bangkok, al termine di dodici giorni tra i più stupidi e inconcludenti della mia vita. Ultimamente, anche se sono stato sempre in Vespa, mi è sembrato di non fare più alcun viaggio, di girarmi intorno come un cane che si morde la coda; adesso però è ora di finirla, adesso voglio stringere i tempi e arrivare a Saigon il più presto possibile. Se si può, bene; se non si può preferisco piantare baracca e burattini e ritornare in Italia, smettendola con quello schizoide andare su e giù per la Thailandia, con il Triangolo d'Oro e i confini birmani, con le Cobadonghe e gli istmi, le sorgenti calde e la simil-Nivea.

Il 24 gennaio ricevo la prima buona notizia da un mese a quella parte: le autorità laotiane hanno concesso l'autorizzazione necessaria per entrare a Vientiane da Nong Khai attraverso il Mekong.

Ritorno nella stessa agenzia di Khao San Road, consegno un po' di fotografie e il passaporto, e in cinque giorni le sue due ultime pagine vengono interamente occupate dai visti di *Lao People's Democratic Republic* e di *Socialist Republic of Vietnam.* Non c'è più un centimetro quadrato di spazio libero, ma questi sono gli ultimi due visti che mi servono per completare il viaggio, dopo aver sprecato senza utilizzarla la pagina con il visto cambogiano.

Il foglio del mio permesso speciale, che è arrivato nel frattempo, è scritto da cima a fondo con i caratteri ciondolanti dell'alfabeto laotiano, senza una parola in inglese; io avevo già imparato a diventare più pessimista del solito, e vorrei avere qualche spiegazione intelligibile; ma Mr Chiskewanerub mi assicura che è tutto in ordine, e che *non ci dovrebbero* essere problemi.

"Se ci fosse qualche contrattempo telefona. L'Ambasciata italiana di Hanoi ti aiuterà quando sei in Vietnam; per ogni altra cosa fai riferimento a noi," dice Marino Fornari con un'espressione seria ma rassicurante, e manda un impiegato al Nana Plaza a pagare il conto di quella mia terza sosta in albergo. Mi schermisco e dico che non c'è bisogno, che la mattina prima erano arrivati i duplicati delle carte di credito; lui mi zittisce con un "Silenzio!" detto in tono di finto rimprovero, e così non mi resta che ringraziare per l'ospitalità.

L'ultima sera a Bangkok la passo con Loredana e Stefano, che invito a cena dopo aver saldato il mio debito. L'indomani all'alba loro partiranno per Roma e io per Vientiane, vedendo avvicinarsi sempre di più l'arrivo a destinazione, anche se ci sarà ancora un ostacolo da superare prima di poter scrivere cartoline con frasi del tipo "Missione compiuta!" o "Saigon by night, finalmente!".

Per un centinaio di chilometri ripercorro la strada su cui ero già passato qualche settimana prima per andare a Chiang Mai. Attraverso di nuovo Ayutthaya e al bivio di Sarburi, invece di girare a sinistra in direzione di Nakhon Sawan come avevo fatto allora, giro a destra verso un'altra Nakhon che per un attimo mi confonde le idee e mi fa dare una veloce controllata alla carta stradale, prima che mi ricordi che *nakhon* in thai vuol dire città, e che ci sono almeno venti località thailandesi il cui nome comincia per Nakhon: quella verso la quale sono diretto, nella fattispecie, si chiama Nakhon Ratchasima, e la strada che ho imboccato, la A2, è quella giusta. Corre parallelamente ai binari della linea ferroviaria che da Bangkok porta a Nong Khai e al confine con il Laos, e i frequenti passaggi a livello, sempre incustoditi, rallentano soltanto di poco la velocità media, che per tutta la giornata sarà sostenuta. Costeggio per un lungo tratto la riva di un lago, supero degli isolati villaggi immersi nel verde di foreste scintillanti sotto il sole, e non sono ancora le undici del mattino quando arrivo a Nakhon Ratchasima, dopo essermi lasciato indietro 250 chilometri da quando ero partito da Bangkok.

Prima di sera saranno esattamente 450, e avrò ormai archiviato in undici ore i tre quarti della distanza tra la capitale e Nong Khai, per i quali avevo preventivato almeno due giorni.

Faccio tappa a Khon Kahen, stanco come non mi capitava di essere da tempo, ma altrettanto soddisfatto. Entrando nella periferia della città vedo un Kentucky Fried Chicken che improvvisamente mi fa venire voglia del sapore inconfondibile dei pezzi di pollo serviti nelle sale di questa catena alimentare americana, una delle più popolari nel Sud-est asiatico (ricordo che anche in un villaggio di poche catapecchie dal tetto di lamiera, nel cuore del Borneo indonesiano, mi era capitato di vedere un'insegna dipinta con le lettere KFC e la faccia sorridente del colonnello inventore della ricetta, con gli occhiali e i capelli bianchi).

Dopo aver parcheggiato la Vespa nel cortile di un albergo nel centro e aver portato i bagagli in camera, fermo un *tuk tuk* con l'idea di farmici portare, e concedermi un tocco gastronomico occidentale dopo tutti i *noodle* e i *phat thai* degli ultimi giorni. Dico "Kentucky Fried Chicken" al conducente, ma lui non capisce; dico "KFC", ma lui capisce ancora di meno; mi tocco una coscia e il petto facendo contemporaneamente "ham ham", ma è solo quando mimo con le dita gli occhialini rotondi del colonnello che lui s'illumina di sconfinata comprensione, annuisce sollecito e mi fa cenno di salire sul *tuk tuk*.

Parte a razzo tra le strade di Khon Kahen, prendendo le curve come se fosse su una pista di Formula 1, facendo grattare paurosamente le marce ogni volta che le ingrana, e mi porta in una parte della città che non mi sembra di riconoscere come quella da cui ero entrato. Alla fine, asciugandosi il collo sudato con una salvietta, si ferma davanti a una porta su cui una lampadina spande una soffusa luce rossastra, e dove non c'è alcuna insegna. Apre la portiera del *tuk tuk*, legata con una camera d'aria di bicicletta che serve da molla, scende e m'invita a seguirlo. Si mette davanti alle palpebre i pollici e gli indici delle mani, nella foggia di due "ok", poi si sfrega una coscia e ridacchia con intenzione, come un complice.

Ormai credo d'aver capito che c'è un equivoco, e che la mia precedente mimica di cosce-petto-occhiali gli aveva fatto nascere delle interpretazioni diverse circa le dinamiche del mio appetito; ma a questo punto sono troppo curioso per tornare indietro.

Entriamo in un'anticamera buia, dove un thailandese molto cerimonioso si prende cura di me accompagnandomi verso il portoncino rivestito di cuoio di una sala attigua, mentre il mio accompagnatore sprofonda in un divano facendomi intendere con un'alzata di sopracciglia di fare pure con comodo; lui mi aspetta lì, e nel frattempo si dà un'altra ripassata con la salvietta.

Quando il portoncino si apre vedo davanti a me la penombra fumosa di una sala con dei tavolini, alcuni dei quali sono occupati, e una piattaforma illuminata da un faro, su cui una ragazza nuda si sta togliendo dalla vagina una sfilza di lamette da barba legate con uno spago. Mi viene indicato un tavolo, e il thailandese sussurra "What drink?"; io rispondo "Singha Beer" e non riesco a distogliere lo sguardo dallo spettacolo. Dopo aver fatto uscire tutta la sua collana di lamette, la ragazza s'infila un grosso pennarello e dimenando i fianchi comincia a disegnare qualcosa su dei fogli di carta, standovi accucciata sopra in posizioni da contorsionista. Contemporaneamente un'altra ragazza nuda esce da dietro il séparé: si pianta una sigaretta tra le gambe, l'accende e con le contrazioni del muscolo vaginale e del ventre se la fuma fino al filtro; quando ha finito questa performance comincia a riempirsi l'utero con dei foulard di seta, delle monete di metallo, un braccialetto e due mandarini, poi si accovaccia con le ginocchia tra gli avambracci, e col penoso verso di una gallina che sta deponendo l'uovo inizia a farsi uscire dall'ano una pallina da ping-pong dietro l'altra.

Intanto la sua collega ha finito col pennarello, e mostra al pubblico il disegno stilizzato di un uomo col membro eretto; poi senza perdere tempo si sdraia, allarga le gambe e inserendo il collo di una bottiglia si riempie di un liquido color ciclamino. Quando dopo qualche istante lo espelle in una caraffa trasparente, il liquido, miracolo, è diventato nero.

La schiuma della birra mi va di traverso; ho un breve conato di vomito e la fame mi è passata del tutto; pago quello che devo pagare e mi faccio portare con il *tuk tuk* direttamente all'albergo.

Il primo febbraio sono a Nong Khai, davanti all'attracco del battello che attraversa il Mekong. I lavori per la costruzione del ponte che avrebbe unito Nong Khai a Vientiane, affidati a una compagnia australiana, non erano ancora completati e per il momento l'unica via di comunicazione rimanevano le barche che partivano dal molo di Tha Sadet. C'è un traffico continuo di passeggeri thailandesi e laotiani, sia agli sportelli della biglietteria sia alla banchina sulla riva del fiume, e sono l'unico straniero perché il punto di frontiera è chiuso ai non-residenti di Laos o Thailandia, e non si può passare dall'altra parte del Mekong con un semplice visto turistico. Accarezzo soprappensiero il foglio di carta col mio permesso speciale, e di certo devo avere sulla faccia quell'espressione di falsa modestia e di superiorità orgogliosa propria dei privilegiati. Espressione che, a ogni buon conto, durerà soltanto pochi minuti, prima che mi ritorni quel grugno ormai abituale di chi si sente mancare la terra sotto i piedi.

Infatti, una volta arrivato sull'altra sponda del fiume dopo una traversata di cinque minuti scarsi, i funzionari dell'Immigration e i doganieri laotiani mi fanno sapere senza troppe cerimonie che il mio permesso, letto da cima a fondo e commentato in una sarabanda di opinioni diverse, è validissimo e con tutte le firme giuste, ma è valido soltanto per me e non per la Vespa, la quale deve ritornare subito a Nong Khai. Se mi avessero dato un cazzotto l'avrei presa senz'altro meglio.

Dopo un quarto d'ora di proteste infruttuose, di piagnistei e rimostranze da parte mia (e di irremovibili *cannot* da parte loro), ricarico mestamente sul battello la mia compagna di viaggio, causa inconsapevole di tutti i miei ultimi guai, croce e delizia dei chilometri percorsi dal Bangladesh in avanti.

All'ufficio postale di Nong Khai mi attacco a una cornetta di bachelite per una maratona telefonica con chiamate a Bangkok, ad Hanoi, in Italia e a Vientiane, che si protrarrà fino al primo pomeriggio per un costo complessivo di 2750 *baht*: centoventi dollari. In ultimo decido di seguire il consiglio di Marino Fornari, e del resto mi rendo conto che non ci sono molte alternative possibili.

Avrei messo la Vespa sul treno da Nong Khai a Bangkok quella sera stessa, indirizzandola agli uffici del distributore Piaggio in Thailandia; io sarei andato a Vientiane e da lì avrei preso un volo per Hanoi, dove nel frattempo avrebbero cercato di farmi trovare la Vespa con un cargo da Bangkok, e l'Ambasciata italiana mi avrebbe aiutato a sdoganarla. Non era per niente sicuro che tutti questi movimenti potessero riuscire e andare in porto a gonfie vele, ma a me rimaneva soltanto da incrociare le dita e sperare. E in definitiva, se avessi potuto partire davvero da Hanoi in sella alla Vespa, avrei "perso" soltanto 400 chilometri di Cambogia e le meraviglie di Angkor Wat con le sue pagode, ma avrei "guadagnato" tutto il Vietnam per 2000 chilometri di costa da Hanoi fino al delta del Mekong, mentre il mio itinerario iniziale prevedeva di arrivare a Saigon dritto dalla capitale cambogiana, rinunciando così a tutto il resto del paese.

Quando vado alla sezione merci della stazione ferroviaria di Nong Khai mi accorgo subito che spedire una moto in treno fino a Bangkok è più facile a dirsi che a farsi; ci sono i soliti interminabili formulari in thai da compilare, la solita interminabile spola tra le scrivanie per ottenere il timbro giusto al momento giusto. Mi risolvo a pagare, sottobanco, un impiegato perché possa accompagnarmi come una guida di turismo-burocratico tra i vari uffici e incaricare qualcuno dell'imballaggio; verso sera, contro le mie stesse aspettative iniziali, la questione è risolta e la Vespa troverà posto sul treno che parte la mattina dopo. Nel frattempo passa la notte tra casse di frutta, stie di pollame, cesti di vimini e sacchi di farina.

Sento di essere arrivato alla stretta finale: da quel momento le cose possono solo sbloccarsi, in un modo o nell'altro... anche se in tutta coscienza non accredito neppure del 10 per cento le possibilità che si possano sbloccare in modo favorevole. Come spesso succede in questi casi, la stanchezza prende il sopravvento su ogni altra emozione, e non appena mi sdraio su un letto alla Mekong Guest House, dopo essere rimasto per qualche minuto a fissare imbambolato dalle finestre aperte l'acqua color caffelatte del fiume e l'andirivieni delle imbarcazioni, mi addormento e non riaprirò gli occhi fino alle dieci della mattina successiva. Quella notte a Nong Khai, che avrei avuto tutte le ragioni per trascorrere insonne, la ricorderò invece come una delle più riposanti e tranquille che abbia passato negli ultimi mesi.

Con la compagnia di un cielo nuvoloso e di una pioggerellina che punge la faccia con una miriade di spilli, mi carico sulla schiena i bagagli e mi ripresento, questa volta appiedato, al molo di Tha Sadet per riattraversare il fiume e timbrare all'Immigration laotiana il passaporto e il foglio del mio permesso, a cui mentalmente ho già tolto la qualifica di "speciale". Nei cinque minuti della traversata ero riuscito a cambiare qualche centinaio di *baht* thailandesi per qualche migliaio di *kip*, l'unità monetaria della Repubblica Popolare Democratica del Laos, e soltanto quando il mio frettoloso cambiavalute era già sparito tra la folla, e io avevo sbrigato le formalità doganali ritrovandomi in una specie di ristorante vicino all'uscita, con tanto di Money Changer e un minuscolo Duty Free Shop, mi accorgo di avere perso almeno la metà dei miei soldi in un cambio da strozzino, addirittura inferiore a quello ufficiale. E inoltre saprò ben presto che è del tutto inutile avere in tasca dei *kip*, perché sia i *baht* thailandesi sia i dollari americani possono essere usati intercambiabilmente come moneta locale, e spesso la sostituiscono del tutto e si deve pagare per forza in *baht* o dollari, non in *kip*. Una volta uscito sul marciapiede mi guardo intorno un po' spaesato prima di chiedere qualche informazione a un signore con un improbabile doppiopetto gessato, che mi aveva chiesto gentilmente: "Need help?" vedendomi lì immobile con uno zaino, un borsone e gli occhi di una persona non molto convinta. Poi lui declina l'invito di un paio di tassisti e mi fa cenno di seguirlo, così saliamo insieme su un autobus parcheggiato lì vicino. "Much cheepah!" mi dice con un sorriso smagliante, contento di avermi fatto risparmiare; lo ringrazio e tra me penso che dovevo arrivare fino in Laos per sapere che i trasporti pubblici costano meno dei taxi.

Durante il tragitto sull'autobus, mentre guardo la mappa di Vientiane che mi aveva dato Mr Chiskewanerub a Bangkok, lui mi consiglia di andare al Lane Xang Hotel in Thanon Fa Ngum. Credo che *thanon* voglia dire via, perché tutte le vie iniziano col nome Thanon; gli chiedo conferma circa questa mia teoria linguistica: lui spalanca gli occhi e guardandomi con stupore ammirato dice: "Youl light!!", che non ha niente a che fare con la luce e significa semplicemente che ho ragione. Anche i laotiani, come i cinesi che nei ristoranti in Italia dicono "lavioli al vapole" e "glappa di lose", sembrano non avere alcuna *erre* nel proprio bagaglio fonetico.

Dopo una ventina di chilometri siamo nel centro di Vientiane, alla fermata del capolinea davanti a quello che il mio cicerone dice essere il Morning Market ("Moninmàket").

Mentre ci salutiamo mi regala un altro sorriso smagliante, lasciandomi subito una buonissima impressione dei laotiani e della loro cordialità, impressione che non verrà mai smentita nei prossimi giorni. Fermo un taxi e mi faccio portare al Lane Xang, un grosso edificio di quattro piani vicino al fiume, con la facciata austera che mi ricorda quella di un ministero. Sorprendentemente, benché sia il miglior hotel della città, i suoi quattro piani comunicano solo con rampe di scale e non c'è traccia di un ascensore.

"How many people?" mi chiede un giovanotto alla reception, e sembra meravigliarsi quando gli rispondo "Just me". In quel periodo era una cosa molto rara che qualcuno visitasse individualmente il Laos, anche perché le autorità concedevano visti validi soltanto per viaggi organizzati dal Lao Tourism: di solito 600 dollari per una visita di tre giorni a Vientiane e Luang Phabang, poi il ritorno a Bangkok.

Quando mi viene mostrata una camera al quarto piano, con la stessa atmosfera ministeriale della facciata e senza niente che possa giustificare il suo prezzo, decido che per 100 dollari a notte non vale la pena fermarsi lì e si può trovare di meglio e a meno, anche in un paese il cui governo sembra gradire soltanto un turismo di ricchi e far di tutto per scoraggiare l'ingresso di "orde" di ragazzi con lo zaino sulle spalle e pochi soldi nel portafogli, come del resto sta succedendo in Nepal o in Bhutan. Questa politica era senz'altro più vantaggiosa per i boss del ministero del Turismo e per i pochi operatori laotiani, ma nelle tasche della popolazione, della gente comune che continua ad avere un reddito pro capite tra i più bassi al mondo, portava meno vantaggi di una strategia che contemplasse l'apertura delle frontiere a tutti, e non solo al turismo d'élite e agli uomini d'affari.

Quello stesso pomeriggio, dopo aver trovato una sistemazione più simpatica e meno cara al Vieng Vilay Hotel, comincio a darmi da fare per procurarmi un biglietto aereo per Hanoi. Ci sono soltanto due compagnie che effettuano il volo da Vientiane alla capitale vietnamita: Lao Aviation, che parte ogni martedì con i suoi Antonov An 24 a elica (e quel 2 febbraio era *già* martedì), e Vietnam Airlines, che vola ogni giovedì.

Vado prima agli uffici della Vietnam Airlines, ma come temevo i posti sul primo aereo sono tutti occupati; potrei fare una prenotazione solo per il giovedì 11. Allora mi faccio portare da una motocicletta-taxi alla Lao Aviation, su un viale perpendicolare alla splendida *promenade* del lungofiume, e ho subito una buona dose di fortuna riuscendo a comprare un biglietto per il martedì successivo.

Ho una settimana intera da passare a Vientiane, ma questa prospettiva non mi spaventa più di tanto dopo l'affanno e lo scapicollarsi a vuoto del mese precedente. Telefono a Marino Fornari per comunicare che sarò ad Hanoi il 9 febbraio, e lui mi toglie un grosso peso dallo stomaco dicendomi che la Vespa era stata ritirata quella mattina stessa alla stazione di Bangkok.

Non solo: Mr Chiskewanerub aveva già risolto tutti i problemi doganali per la sua spedizione ad Hanoi. Come se non bastasse, dall'Ambasciata italiana avevano appena chiamato per confermare che le autorizzazioni per sdoganarla in territorio vietnamita erano già state concesse. Ascoltando le parole di Marino Fornari, ovattate dell'eco e dal continuo gracchiare di una linea telefonica, quella laotiana, che non ha la fama di essere tra le migliori del mondo, mi sembra di sentire la musica più bella che abbia mai ascoltato, sono percorso da un irrefrenabile formicolio e mi guardo intorno con un sorrisetto di beata fissità, quasi volessi fare partecipi tutti i presenti (che si sgolano a cornette vicine o aspettano pazientemente che la loro chiamata venga inoltrata) della mia gioia ancora un po' incredula, dell'ineffabile bellezza della musica che mi stava riempiendo le orecchie.

Così come Dhaka mi era sembrata all'improvviso lo scenario di un brutto sogno, da quel momento in poi Vientiane diventa la città più bella che esista sulla faccia della terra.

Ritorno a piedi al Vieng Vilay risalendo il viale, con le spalle al molo su cui sono attraccate le barche che risalgono il Mekong fino a Luang Phabang; passo per una piazza con una grande fontana al centro, in un traffico leggero di pochissime macchine e molte biciclette, motorini e innumerevoli *ciclò*, i rickshaw a tre ruote con i passeggeri seduti davanti al guidatore, che danno un tocco anacronistico di Indocina francese alle vie della città. Supero un tratto del marciapiede su cui una trentina di sarti, uno dietro l'altro, stanno imbastendo vestiti con vecchie macchine per cucire a pedale; mangio una *baguette* freschissima e croccante, e la signora che me la vende, seduta per terra vicino al suo cesto pieno di pane, rovista coscienziosamente in tutte le tasche interne della sua palandrana marrone per darmi i tre *kip* di resto, con una serietà che commuove se si pensa che ci vogliono 1000 *kip* per fare un dollaro.

Tutto quello che vedo mi piace, tutta la gente che incontro mi sembra abbia in serbo uno sguardo amichevole, un saluto appena accennato, qualche parola che non capisco ma il cui suono mi sembra benevolo e allegro, e mi fa rispondere "Hello" a destra e sinistra, camminando sull'asfalto quasi senza sentirlo sotto le suole delle scarpe.

Vientiane è la traslitterazione francese del nome che nella lingua lao è pronunciato Wieng Chan, e significa Città della Luna. La prima e più antica capitale laotiana era stata Luang Phabang, in un periodo in cui il paese aveva già perso il suo carattere di monarchia indipendente ed era controllato di volta in volta dai birmani, dai khmer cambogiani, dai vietnamiti e dai re del Siam; già dal 1563 la capitale era stata spostata a Vientiane. Quando tra la fine del XIX secolo e l'inizio del XX il Laos divenne un protettorato della Francia, la Città della Luna conservò il suo ruolo di capitale per mantenerlo durante tutto il periodo della colonizzazione francese, negli anni della nascita del Pathet Lao (il movimento di liberazione supportato dai viet-minh di Hanoi) e nell'attuale regime comunista. Oggi è una città di 360.000 abitanti, mentre l'importanza di Luang Phabang, almeno da un punto di vista politico, è andata via via scemando.

Come per gli altri due stati della ex Indocina francese, anche per il Laos questi ultimi cinquant'anni di storia sono stati cruenti e segnati da una serie di colpi di stato e di guerre, di difficoltà e ingiustizie.

Dopo essere stata ermeticamente chiusa e tagliata fuori dal mondo per anni, soltanto da poco la Repubblica Popolare Democratica del Laos, che nell'acronimo internazionale è conosciuta come LPDR, stava cominciando ad aprire le sue frontiere, con estrema diffidenza e cautela e rimanendo comunque uno dei paesi più misteriosi e indecifrabili dell'Asia. Quei sette giorni di attesa passeranno quasi senza che me ne accorga: farò lunghe chiacchierate nel mio pessimo francese con gli impiegati della Lao Aviation, uno dei quali, monsieur Thong Si, diventerà mio amico e mi accompagnerà un paio di sere in un ristorante sul fiume con la sua fidanzata, il cui nome significa Fiore Rugiadoso.

Visiterò una quindicina di templi, a cominciare dal Pha That Luang, il più importante monumento religioso del Laos, con il suo enorme stupa semisferico sormontato da una pagoda che ricorda la forma di un missile, e circondato da altri stupa più piccoli che sembrano altrettanti oggetti spaziali. Secondo la leggenda il tempio fu costruito da missionari indiani nel periodo dell'imperatore Ashoka, e lo stupa principale conterrebbe una costola del Buddha.

Il colpo d'occhio che si ha vedendo Pha That Luang in lontananza dal *thanon* è un po' inquietante, e soltanto arrivando più vicino al tempio si ha l'impressione del monumento religioso piuttosto che di una base di lancio. In un giorno solo farò un tour de force tra il Wat Ong Teu (*wat* significa tempio, come in thai, e al suo interno c'è sempre un'ala abitata dai monaci buddhisti), il Wat Cham, il Wat Si Saket vicino al palazzo presidenziale, il Pratuxai (cioè Arco della Vittoria) con la sua struttura imponente che ricalca le forme dell'Arco di Trionfo parigino, e la pagoda nera di That Dam, in *thanon* Bartolini.

Mi stupisce quel nome, l'unico con una sonorità europea che incontrerò nella toponomastica di Vientiane. Che sia lo scopritore delle omonime ghiandole femminili? Chiedo delucidazioni a Thong Si, ma lui non sa dirmi niente in proposito. Mi fornirà invece un corso accelerato di storia contemporanea insieme a Fiore Rugiadoso, che studia giurisprudenza all'università di Vientiane, e mi racconterà del principe Souvanna Phouma diventato primo ministro dopo il colpo di stato di Kong Li nell'agosto del '60; delle bombe americane piovute sul Laos durante la guerra del Vietnam: "I B-52 ritornavano dalle missioni lungo il Sentiero di Ho Chi Minh e le bombe che erano rimaste a bordo finivano di scaricarle qui da noi, senza un obiettivo preciso, soltanto per obbedire all'ordine ricevuto di rilasciare *tutte* le loro bombe. Tra il '64 e il '73 gli americani hanno sganciato più bombe sul Laos di quante ne avessero usate durante la Seconda guerra mondiale. Visto che siamo soltanto quattro milioni e mezzo di abitanti, abbiamo il "reddito pro capite" di bombe più alto del mondo!".

Fiore Rugiadoso mi comunica senza imbarazzo e senza peli sulla lingua le sue opinioni sull'attuale governo del presidente Phoumsavan, eletto nel novembre scorso dopo la morte di Kaysone Phoumvihan, il leader comunista che aveva guidato la nazione dal 1975, e per il quale sembra nutrire sentimenti scissi di odio e amore. Quando le chiedo se sarebbe favorevole a un cambio di tendenza nella politica laotiana, a una maggiore apertura verso l'Occidente o magari a una controrivoluzione, lei con occhi pensierosi sul bordo di una tazzina di tè mi risponde un sibillino: "*Je serais pour, mais je suis contre*".

Ogni notte di quella settimana la passo fino a tardi nel bar del Vieng Vilay a studiare un libretto verde che avevo comprato al Morning Market, dalla forma di un carnet d'assegni e dal titolo *Vietnamese made easy*. Così il 9 febbraio, dopo aver sceso la scaletta dell'Antonov An 24 all'aeroporto di Hanoi, al termine di un volo di poche decine di minuti; dopo aver timbrato il passaporto e ritirato i bagagli, posso far morire dal ridere i tassisti raccolti in un capannello davanti all'uscita degli Arrivi con le loro vecchie automobili.

Mi tolgo dalla tasca un foglietto che avevo preparato sull'aereo, e con una voce stentorea comincio a sproloquiare, tutto d'un fiato: "*Toi muon di nha khach Sophia, 6 Hang Bai St. Lam on duta toi. Cai này già bao nhieu?*" (Vorrei andare all'Hotel Sophia di Hang Bai Street n. 6. Per favore qualcuno mi porti. Quanto costa?). Poi sbotto a ridere anch'io, mentre il più intraprendente dei tassisti, nell'ilarità generale, mi appioppa una manata affettuosa sulla schiena e mi dice "Yù clezy!".

Suzy Wong

Apro gli occhi e cerco a tastoni le sigarette sul comodino con un lungo sbadiglio. Fuori dalle finestre è ancora buio.

La ragazza della reception si è dileguata dal mio sogno senza dire una parola. Credo di vedere la sua gonna piena di pietre preziose, dimenticata sul divano. Ma quando mi abituo all'oscurità e i contorni delle cose prendono un po' di rilievo, mi accorgo che anche il divano è svanito dalla stanza, e quello scintillio di zaffiri e rubini che per un attimo mi era sembrato di scorgere è stato soltanto il riflettersi della fiamma dell'accendino sul vetro delle cornici, tra le macchie confuse dello chalet svizzero e del pechinese.

Rapidamente metto a fuoco la situazione, aspirando una profonda boccata dalla sigaretta: sono a Saigon, sono arrivato la sera prima, ho appena fatto un sogno, il mio viaggio è finito, Suzy Wong era qui con me, adesso non c'è più. Qualche ora prima ero in una piazza e gridavo come un ossesso, stringendo in mano una lattina di birra.

Mi sembra che sia passato un secolo, e la percezione di quel ricordo è confusa, fatica a prendere consistenza nella mia memoria; poi trovo un bandolo e lo seguo. La matassa aggrovigliata comincia a riavvolgersi piano piano; la pellicola a mostrare un fotogramma dietro l'altro, nel dormiveglia.

Un cartello color carta da zucchero sulla strada, dopo le ultime case di un villaggio: "*Ho Chi Minh City, 62 km*".

Due ragazze passano sfrecciando su un motorino, sommerse da un grappolo di galline legate per le zampe; ne stanno trasportando almeno cento tutte insieme, e non so come facciano, con quale sofisticato sistema di nodi siano riuscite a tenere insieme quella nuvola chiocciante di piume, di colli e di becchi aperti. Mi gridano "*Lien xo!*" senza voltarsi, procedendo dritte. Quando ero ancora ad Hanoi, o nei primi chilometri verso sud, pensavo che *lien xo* volesse dire turista. Me lo sentivo dire molte volte al giorno, e non c'era verso che incrociassi dei bambini senza che tutti insieme cominciassero a saltare, a cercare di afferrare lo zaino o la cinghia sulla sella sbraitando: "*Lien xo, lien xo!*". Poi mi avevano spiegato che vuol dire "Unione Sovietica", e che il termine era passato per antonomasia a indicare tutti gli stranieri di pelle chiara, di qualsiasi nazionalità fossero.

Le barche di legno a Phan Tièt, addossate le une alle altre nell'acqua piena di alghe gelatinose. L'odore dei cascami e della salsedine inchioda il respiro; le donne sventrano le razze e i pesci martello, e gettano le interiora su un mucchio viscido, coperto di mosche. Una di loro ha i capelli biondi e i suoi occhi, sotto il taglio a mandorla, rivelano due iridi verdi.

Una fila di studentesse che escono dalla scuola a Da Năng. Sono vestite con gli *ao-dai* bianchi le cui balze svolazzano dagli spacchi alti sulla vita, e lasciano intravedere la pelle bruna dei fianchi al di sopra dei pantaloni leggeri. Hanno tutte una pila di libri sottobraccio, e ridono timide coprendosi il viso, un po' maliziose. Solo una dice *lien xo*.

I palazzi della Città Imperiale di Huê, coperti di mattonelle di terracotta con i disegni elaborati, dipinte a colori scuri, scrostate dal tempo. Un soldato va su e giù davanti all'ingresso, con il fucile inclinato a quarantacinque gradi che gli poggia sulla spalla. Senza sciogliere la sua fissità da passo dell'oca estrae da una tasca uno Zippo e me lo porge tra le mani, bisbigliando "Ten dolars". Sull'ottone opaco del coperchio era stato inciso: "Soldier, fucker, hero".

Hanoi. Ero ritornato all'aeroporto con Tanh, un vietnamita che lavorava all'Ambasciata italiana con la qualifica di "tuttofare", e svolgeva contemporaneamente le mansioni di interprete e fattorino, di curatore dei rapporti con le autorità locali e autista, di traduttore di documenti ufficiali e dattilografo.

Lui è al volante di una Lada bianca, la macchina di servizio dell'Ambasciata, io gli siedo a fianco con un plico di scartafacci sulle ginocchia.

Tanh era stato per sei anni sotto le armi, nell'artiglieria di terra dell'esercito vietcong. Aveva parlato per qualche secondo con Ho Chi Minh e aveva visto i suoi genitori fatti a pezzi da una mina nel villaggio dove era nato, alla periferia di Vinh. Metà dei suoi amici erano morti, e soltanto tre dei suoi nove fratelli erano sopravvissuti alla guerra. Era stato a Saigon molto prima di me: una volta sola, il 30 aprile 1975. Vi era entrato con l'esercito nordvietnamita, cantando inni di vittoria, mentre intorno a lui le macerie fumavano e tutto era nel caos, la gente fuggiva impazzita per le strade, la città si arrendeva e dai balconi sventolavano le bandiere rosse con la stella a cinque punte.

Pochi giorni prima Tanh aveva compiuto ventisette anni, e quello fu il suo regalo. Per tre settimane aveva vissuto come una talpa nei cunicoli e nelle gallerie sotterranee di Cu Chi, vicino a Saigon; per mesi era stato nella giungla, senza cibo, sotto una pioggia incessante, incespicando nelle risaie sui corpi maciullati dei suoi compagni, strappando con un grido di rabbia le piastrine dal collo dei militari americani che aveva ucciso.

Tanh era uno di quei vietcong che in molti film americani sono rappresentati come bertucce isteriche e crudeli, stupide fino all'inverosimile. Guardandolo mentre guida, con il suo bel profilo color cuoio e una lunga cicatrice sullo zigomo, ascoltando il suo modo pacato di parlare e ricordando tutto quello che aveva fatto per me in quei giorni, disinteressatamente, ripenso alla scena in cui De Niro, col trucco delle pallottole messe nel caricatore durante la roulette russa, fa secchi i suoi aguzzini ingenui e urlanti... E mi dico una volta di più che i vietcong non avrebbero mai potuto vincere una guerra che sulla carta era persa in partenza, se fossero stati come li descrive *Il cacciatore*. Tanh mi distoglie da queste fantasticherie comunicandomi che secondo lui avrei dovuto cavarmela con cinque o seicento dollari, non di più: si stava riferendo al deposito cauzionale che dovevo lasciare alla dogana per poter ritirare la Vespa, e che mi sarebbe stato restituito quando l'avessi fatta uscire nuovamente dal territorio vietnamita una volta raggiunta Saigon.

Per qualche istante fatico a inserire l'immagine del mio mezzo a due ruote, delle dogane e delle cauzioni da pagare, nello scenario di atrocità e dolore che accompagnava i miei pensieri, e meccanicamente mi trovo a rispondergli *Inshallah*, come se fossi ancora a casa di Akbar in Iran, o negli uffici dei fratelli Muriadh in Bangladesh.

Senza le conoscenze di Tanh e l'appoggio dell'Ambasciata italiana, la Vespa sarebbe rimasta di sicuro sigillata in una cassa dell'aeroporto di Hanoi, e non sarei mai riuscito, da solo, a schiodarla da lì e a sedermici sopra per gli ultimi 2000 chilometri.

Ero consapevole di quanto fossi stato fortunato, di quanto fosse carico di significati quell'*in via del tutto eccezionale*, con la firma di un funzionario del ministero degli Interni del Vietnam, scritto sull'autorizzazione con i caratteri latini pieni di punti, accenti circonflessi, cediglie, zampette e circolini che servono a rendere graficamente i cinque toni della lingua vietnamita, e che Tanh mi aveva tradotto il giorno prima non riuscendo a nascondere la propria soddisfazione per essere riuscito a risolvere un mio problema.

"Sei il primo turista a entrare in Vietnam con una moto," mi aveva detto nella foga, dimenticandosi che in effetti ero entrato in aereo da Vientiane. Quando glielo faccio notare, continua senza demordere: "Beh, sei il primo turista che dal '75 ha la faccia tosta di spedire la sua moto ad Hanoi per andare a Ho Chi Minh City". Io vorrei aggiungere che negli ultimi mesi avevo dovuto imparare mio malgrado a non cantare vittoria troppo presto, che per il momento la moto non era ancora sdoganata e che a Ho Chi Minh City non ci ero ancora arrivato, ma poi smetto di cercare il pelo nell'uovo e di fare il pessimista a oltranza, e me ne sto zitto a rimirare l'autorizzazione, prima di farmela tradurre un'altra volta.

Arriviamo all'aeroporto, e il mio pessimismo della vigilia viene ridimensionato una volta per tutte. Nel giro di un'ora le assi di legno cominciano a venire tolte dalla cassa, mentre un doganiere vietnamita custodisce con cura i chiodi thailandesi, svellendoli con una tenaglia, a uno a uno, dal legno tenero dell'imballaggio prima di avvolgerli in un pezzo di giornale e metterseli in tasca.

Quattrocento dollari, alla fine, sarà il prezzo del riscatto, grazie al sapiente mercanteggiare di Tanh e alla condiscendenza dei funzionari in divisa, che sembravano molto più divertiti di quanto fossero fiscali o intransigenti. Scarabocchio un paio di firme, mi viene data una ricevuta e comincio a darmi da fare col parabrezza, le sacche laterali, le ruote e i portapacchi, che erano stati incartati a parte attorno alla scocca nuda, che improvvisamente mi sembra piccolissima.

Tanh nel frattempo aveva tolto dal bagagliaio della Lada una canna di plastica e aveva cominciato a succhiare un po' di benzina dal suo serbatoio, per riempire il mio. Quando tutto è sistemato lui mette in moto l'automobile e dice "*Follow me*"; ma dovrà aspettare un bel po' prima che il motore ingolfato della Vespa risponda al suo comando, e io possa *follow him*.

Non dimenticherò mai gli istanti in cui, dopo il rumore crepitante sulla ghiaietta che dall'hangar portava alla statale per Hanoi, le ruote cominciarono a girare silenziose e veloci sull'asfalto, gli alberi a sfrecciare e il vento a gonfiarmi la camicia. Poco dopo successe qualcosa a cui non ero preparato, e che ancora oggi mi riempie di un confuso senso di gratitudine e d'imbarazzo ogni volta che mi si riaffaccia alla memoria. Le donne con il cappello di paglia a cono e i pantaloni di raso nero passavano camminando svelte sotto il peso dei bilanceri, da cui pendevano ceste piene di frutta o di legna da ardere; le piantine di riso scintillavano nei prati sotto il sole del tardo pomeriggio, e dalle vecchie biciclette col manubrio alto e i freni a bacchetta che sfilavano sui cigli della strada, la gente mi salutava rallentando il ritmo delle pedalate; il paesaggio intorno a me era di una bellezza tranquilla e perfetta.

Le difficoltà attraverso le quali ero arrivato fin lì mi sembravano adesso avvolte in una nebbia che ne attenuava i contorni, e c'era tutto il Vietnam davanti, tutta una strada in discesa per arrivare a Saigon.

Mi sentii avvolgere da una sensazione di libertà così intensa da essere dolorosa; sentii alla bocca dello stomaco un brivido che non conoscevo, che si espandeva in ogni nervo e saliva tra le costole fino a prendermi alla gola; non provai a frenarlo e gli occhi mi si riempirono di lacrime; le lasciai scorrere sulle guance, assaggiandone il sapore, stringendo i pugni sulle manopole di gomma, per richiamare altri brividi e altre lacrime; e la mia faccia si trasformò in un liberatorio ammasso di grinze, in una convulsione di onde sotto la pelle, di certo orribile a vedersi. Non ero mai stato così felice; così vicino a intuire un senso e una risposta.

Tutto durò pochissimo, soltanto una manciata di secondi; poi pian piano l'intensità diminuì fino a sparire, rimasero solo le due strisce sulle guance, lucide come la scia di una lumaca, che il vento asciugò subito. Tanh, il cui viso vedevo riflesso nello specchietto retrovisore sopra il cruscotto della Lada, ogni tanto alzava una mano in cenno di saluto, e non si era accorto di nulla.

Mettersi a piangere di gioia non era certo la prima cosa stupida che uno straniero avesse fatto in Vietnam; negli anni passati ne erano state fatte di più stupidamente terribili, di più stupidamente assurde. E non sarebbe stata nemmeno l'ultima.

In una ventina di minuti arriviamo nel centro di Hanoi, e io seguo la Lada da vicino cercando di non perderla di vista agli incroci, fino al cortile dell'Ambasciata, in una traversa a pochi passi dal Lago Hoan Kiem.

Il colore ocra delle case in questa parte vecchia della città è continuamente screziato dalle macchie di un altro colore dominante: il verde militare dei *ciclò* e delle camicie dei loro guidatori, dei bassi elmetti che hanno in testa, che mi fanno pensare all'elmo di don Chisciotte, e dei giubbotti con il collo di pelo sintetico che gli uomini indossano in questa stagione. Se il mio ricordo di Jaipur è intriso di rosa, quello di Hanoi è sempre accompagnato dall'alternanza di questi due colori: ocra e verde militare.

Federica. È in Vietnam da pochi mesi dopo un incarico di tre anni a Nairobi; sentendoci arrivare esce in cortile con una bottiglia di spumante, seguita dal segretario, Mr Nguyen (la metà dei vietnamiti che avevo conosciuto fino a quel momento si chiamava Nguyen), e da Giulio, un altro italiano che lavora in Ambasciata. In quei tre giorni, dopo la prima notte passata all'Hotel Sophia, ero stato ospite nella sua casa vicino al mausoleo di Ho Chi Minh. La salma imbalsamata del leader vietnamita in quel periodo era a Mosca per gli annuali lavori di "manutenzione", e non sarebbe ritornata ad Hanoi prima della fine di marzo. Il tentativo estremo di congelare la morte, come le facce nodose e atterrite delle mummie dei faraoni; simulacri più macabri che solenni, testimonianze della miseria umana piuttosto che della gloria del condottiero. Lenin e Stalin prima di Ho Chi Minh, Mao dopo di lui. Volti di cera fredda, tesi e levigati.

Giulio indica con un'alzata di spalle il nome scritto con i caratteri cinesi sull'etichetta dello spumante, quasi voglia rimproverare Federica per non aver saputo trovare una marca più blasonata. Il tappo cade a terra senza opporre la minima resistenza, emettendo un laconico *plop*. Anche l'ambasciatore lascia per un attimo il suo ufficio e si unisce al brindisi. Scruta con un'espressione bonaria la Vespa da cima a fondo; poi dice che gli fa un effetto un po' strano vedere una targa "Roma" da quelle parti. "Quanti chilometri ha fatto?" "Ventiduemila, finora." E l'ambasciatore aggiunge "Caspita!" prima di ritornare in ufficio.

Rimango a passeggiare fino alle undici nel parco attorno al Lago Hoan Kiem. Per lo standard della vita notturna di Hanoi, le undici sono già un'ora piccola, e infatti non c'è nessun altro sui sentieri di ghiaietta tra gli alberi; solo due ragazze sedute su due panchine lontane tra loro, che aspettano i clienti. L'aria è fresca e umida, e una leggera coltre di bruma si espande sulla superficie dell'acqua. Prendo un *ciclò* e mi faccio riportare a casa di Giulio; poi comincio a preparare i bagagli.

La mattina del 14 febbraio. Stavo partendo da Hanoi, sull'unica strada che va a sud, che segue la costa del Golfo del Tonchino e poi del Mar Cinese meridionale fino al delta del Mekong, ed è la sola a essere totalmente sminata in tutto il Vietnam. Tanh mi consegna un biglietto che non ha nulla a che fare con San Valentino: è il suo biglietto da visita, ritagliato da un cartoncino lungo dai bordi non perfettamente regolari, e il suo nome e l'indirizzo sono battuti con i tasti di una macchina per scrivere, non stampati in tipografia. Mi dice di non dimenticarmi di lui e di scrivergli.

Pochi giorni dopo essere ritornato in Italia ricevo una sua lettera.

Mi chiede se posso mandargli un paio di scarpe. Leggendo le sue parole riesco a capire che si vergognava ed era confuso davanti alla macchina per scrivere. La lettera era piena di errori di ortografia, e la firma era preceduta da *Your Frien*, senza la "d". Un paio di scarpe! Un biglietto da visita che non si poteva permettere di stampare, e un paio di scarpe! Povero Tanh, povero *frien* che si era fatto in quattro per me, che voleva a tutti i costi che fosse mia la qualifica di primo straniero in Vietnam con una moto; e povero imbecille io, che ho avuto paura di offenderlo lasciandogli dei soldi e me ne sono andato via così, con una stretta di mano, tante grazie e due insulsi regali per i suoi figli. Comprati nell'unico supermarket di Hanoi, con più scaffali vuoti che pieni. Due trenini di legno fatti a Pyongyang, Corea del Nord. Il Vietnam che esporta trenini di legno a Pyongyang e la Corea del Nord che esporta trenini di legno ad Hanoi. Due bei trenini da far correre sul marciapiede davanti a casa, facendo ciuf ciuf con le labbra; cretino che non sono altro.

Da Hanoi a Vinh, 300 chilometri in due giorni. I binari corrono paralleli alla strada. Da qualche anno la linea ferroviaria Saigon-Hanoi è stata riparata, dopo le bombe americane a nord e i sabotaggi dei vietcong a sud. Nei tratti i cui i treni mi affiancano, anche se la strada è brutta, riesco sempre ad andare più veloce di loro, che non superano mai i 30 chilometri orari. Vinh è la capitale della provincia di Nghe Tihn, la più popolosa e la più povera del Vietnam, un paese in cui il reddito medio pro capite non arriva a 10 dollari al mese.

La città era stata distrutta dai bombardamenti francesi all'inizio degli anni cinquanta, poi devastata da un incendio, poi rasa al suolo dall'artiglieria navale e dagli attacchi aerei americani, che avevano risparmiato soltanto due edifici in un deserto di macerie. Dopo la guerra era stata ricostruita con l'aiuto finanziario e tecnico della Germania dell'Est, ma le case sembravano già decrepite e fatiscenti; le montagne di rifiuti in ogni via, le navi arrugginite nel porto fluviale, i vestiti della gente e i pochi automezzi pieni di ammaccature parlavano di squallore e di apatia.

Altri due giorni da Vinh a Dong Hoi, per altri 300 chilometri. Una serie ininterrotta di lavori in corso, di asfalto smantellato, di gruppi di donne armate di picconi e badili, che sorridenti sotto il cappello a cono si mettono in posa attorno alla Vespa. A Bangkok avevo comprato l'ennesima macchina fotografica, la quarta del mio viaggio.

Un pomeriggio intero per coprire i 66 chilometri che da Dong Hoi arrivano al ponte sul Fiume Bien Hai. Dal '54 al '75 il fiume è stato la linea di demarcazione della Zona Smilitarizzata, il confine tra il Vietnam del Sud e il Vietnam del Nord. Prima che venisse bombardato dagli americani, metà del ponte era dipinta di rosso, l'altra metà di giallo. L'attuale ponte Hien Luong è stato costruito nel '73 in seguito agli accordi di Parigi sul cessate il fuoco (mai rispettati, e dopo i quali altre 70.000 persone erano morte); in origine aveva due torri, sulle due rive del fiume, ma quando passo sulle sue assi traballanti ne vedo soltanto una, perché quella sul versante nord era stata smantellata da un tifone sette anni prima. Guerre e tifoni: il destino non è stato benevolo.

Le notti trascorse nelle case dei vietnamiti; le lunghe chiacchierate fatte di tre parole, alle quali si girava intorno per minuti e quando ne servivano di nuove le si cercava sul dizionarietto nelle ultime pagine di *Vietnamese made easy*. I letti di corda intrecciata, che costavano 10.000 *dong*: un dollaro. E la mattina presto la colazione con le *baguette* ancora calde, che si vendevano nei mercati sui banconi di legno o su dei teli di cerata stesi ai lati delle strade, tra la calca della gente che sventolava i soldi con le braccia alzate, e gridava per accaparrarsele. Le soste sotto le tettoie di lamiera dei ristoranti, il pesce e il riso mangiati con le bacchette da una ciotola; il caffè scuro nei bicchieri di vetro color cartilagine, con uno strato di latte condensato sul fondo.

Spesso arrivavo senza benzina in un villaggio, dopo averne passati tre o quattro segnati con un nome sulla carta stradale, ma senza alcun distributore. O il più delle volte soltanto distributori-fantasma che erano aperti ma avevano finito il carburante, e le loro cisterne erano vuote esattamente come il mio serbatoio. Dovevo andare a elemosinarne qualche litro nelle case delle poche persone che possedevano un'automobile, e mi venivano indicate di volta in volta da un codazzo di bambini in festa per l'apparizione di uno strano *lien xo* motorizzato.

I resti di un carro armato T-54, infossati nella vegetazione che li sta ricoprendo ormai del tutto; l'ala spezzata di un aereo tra le risaie, con i cappelli a cono dei contadini che spuntano tra il verde intenso. Schegge di mortaio conficcate nei campi di grano, e il borbottio di trebbiatrici antidiluviane, che spandono all'intorno nuvole di particelle gialle, come polvere d'oro.

Prima di arrivare a Quang Tri incrocio il bivio che porta al confine col Laos e poi a Savannakhet, sulla frontiera thailandese distante 330 chilometri. È il Sentiero di Ho Chi Minh, dove nel 1968 fu combattuta una delle battaglie più cruente di tutta la storia del coinvolgimento militare americano in Vietnam.

Ed è anche la strada su cui avrei voluto sbucare dopo aver costeggiato un lungo tratto del Mekong da Vientiane, quando la prima alternativa della Cambogia era sfumata.

Ci sono arrivato lo stesso, anche se con un itinerario completamente diverso: mi lascio alle spalle il bivio e proseguo per Ho Chi Minh City, da cui mi separano ormai soltanto mille chilometri senza un confine di mezzo, senza una frontiera chiusa, senza deviazioni.

Per tre giorni a Huê. Le case-barca attraccate sulle rive del Fiume Perfume, come bozzoli di tela marrone; le tombe della dinastia Nguyen (anche tredici imperatori vietnamiti, dagli inizi del 1800 fino al 1945, si erano chiamati col nome comune alla metà dei loro sudditi); la torre piramidale della pagoda Thien Mu; le cattedrali cattoliche e le mura diroccate della Città Purpurea, la Città Proibita che sorgeva al centro di Huê. Il Vietnam mi sembra di giorno in giorno il paese più bello che abbia mai attraversato.

Un'ora di sosta a Da Năng, poi tutta la giornata per raggiungere Quang Ngai. I templi di mattoncini rossi tra le risaie; le lagune coperte di ninfee e fiori di loto; gli autobus stracolmi e la gente sul tetto bombato, legata insieme ai cesti di vimini e ai sacchi di frumento, alle casse di legno e ai caschi di banane, per non scivolare giù a ogni curva, per non farsi scalzare dalla violenza degli scossoni.

La spiaggia e i bagni di notte, in un mare caldo, con il cielo pieno di stelle e l'ombra nera delle palme che si scuotevano alla fine del bagnasciuga. Piccoli bungalow di paglia, tra le reti verdi dei pescatori e le montagnette di ostriche aperte. Ancora tre o quattro anni, e i bungalow verranno di certo sostituiti da complessi alberghieri con la facciate dipinte di bianco, la piscina, il campo da tennis e uno dei soliti nomi che avevo sentito finora accompagnarsi alla parola hotel: *Doc Lap* (indipendenza), *Thong Nhat* (riunificazione), *Hoa Bin* (pace), *Tu Do* (libertà).

Quy Nhon'n, Tuy Hoa: decine di ore senza smontare dalla sella della Vespa.

Entrando nella periferia di Nha Trang (che i vietnamiti pronunciano Nachan) passo davanti al laboratorio di un artigiano che fabbrica statue di gesso, sul ciglio della strada: busti di Ho Chi Minh tra quelli di san Francesco di Sales, gigantesche teste del padre del Vietnam tra le statue della Madonna e quelle di Confucio.

Cham Lam, Phan Tièt, Biên Hoa... E poi un altro cartello color carta da zucchero, più grande di tutti quelli che avevo visto fino a quel momento, senza alcuna cifra che indichi i chilometri: *Ho Chi Minh City*.

Mi scuoto dal torpore, mi alzo dal letto e vado a ficcarmi sotto la doccia. Quando scendo nella hall, Suzy Wong è dietro il banco della reception. È vestita con un *ao-dai* bianco, e si chiama Kyu. Per un'ora rimango a chiacchierare con lei; poi esco dalla porta a vetri per camminare a casaccio verso il Nguyen Huê Boulvard e la stazione degli autobus di Ben Than.

Per le vie c'è molto movimento, molte macchine, e l'atmosfera è completamente diversa da quella che si respirava ad Hanoi. Dopo diciassette anni dalla riunificazione del Vietnam, la capitale sulle rive del Fiume Rosso al nord e la metropoli sul delta del Mekong al sud appartengono a due mondi ancora lontani tra loro, e il ruolo diverso che hanno avuto nella storia del paese conferisce alle due città caratteristiche che continuano anche nel presente. Hanoi, nonostante i suoi due milioni di abitanti, sembra una tranquilla cittadina sulle sponde di un lago, con i *ciclò*, i motorini, poche macchine, e per certi versi ricorda Vientiane. Saigon sembra una Bangkok di serie B, con le discoteche e i casinò, le Mercedes e gli Swatch al posto delle Lada e dei Raketa sovietici; una metropoli abbastanza anonima dell'Asia sud-orientale, con le suggestioni di un Occidente di seconda mano, di un consumismo sfrenato e di un'America che, almeno per le nuove generazioni, ritorna a essere vista come un mito. Benché il suo nome sia stato così importante per me e così ricorrente nel corso del viaggio, mi rimarranno pochi ricordi dei giorni passati a Saigon; mentre il verde militare di Hanoi, la nebbiolina sul Lago Hoan Kiem alla sera e gli scaffali vuoti del supermarket, andranno continuamente a sovrapporsi all'immagine mentale che mi resta del Vietnam.

Dopo aver cercato in diversi negozi un adesivo con la bandiera rossa e la stella a cinque punte, senza riuscire a trovarlo, mi consigliano di farmene fare uno appositamente, e un signore mi accompagna davanti a un botteghino dal quale pendono strisce di carta adesiva di tutti i colori.

Nel giro di pochi minuti, con una taglierina e una squadra, non solo la bandiera è pronta, ma c'è anche scritto a caratteri minuscoli, ritagliati con una destrezza e una rapidità che mi lasciano a bocca aperta: *Chong Hoa Xa Hoi Chu Nghia Viet Nam* (Repubblica Socialista del Vietnam), con tutti i punti e le stanghette, le cediglie e i circolini che servono. Ripenso al piccolo Giotto di Gwalior, che con un'abilità analoga aveva scritto sulla fiancata "From Italy to Vietnam" senza fare cadere a terra nemmeno una goccia di vernice dal suo pennellino, senza una sbavatura.

Ritorno in albergo col mio trofeo, e lo appiccico subito sul parafango vicino agli altri adesivi. La collezione è completa.

Verso le sei del pomeriggio, quando il suo turno di lavoro finisce, chiedo a Kyu se vuole che la accompagni a casa. I suoi colleghi dietro il banco della reception ridacchiano e parlano sottovoce, di certo per prenderci in giro; lei diventa rossa come un papavero.

Porto la Vespa fuori dal corridoio del Huong Sen Hotel, metto in moto e Kyu si siede con le gambe da un lato, come si usava negli anni cinquanta; tiene ferma una balza dell'*ao-dai* mettendoci sopra la borsetta di finto coccodrillo. Per un po' non sappiamo cosa dire, e le uniche parole di Kyu sono *left, lait* oppure *stlait on*, mentre io mi limito ogni volta a dirle: "Ok", e a eseguire.

Poi ci fermiamo a mangiare due fette di anguria in un chiosco con dei tavolini all'aperto, nella piazza della Posta Centrale, e la nostra conversazione diventa un po' più vivace.

La Posta Centrale di Saigon è un edificio in stile coloniale francese, con la facciata dipinta di giallo e la scritta *Buu Dien Than Po Ho Chi Minh* a caratteri tridimensionali di plastica blu, attorno a un orologio. Poche ore prima ero passato di lì a piedi e avevo fatto una telefonata in Italia. Tre minuti scarsi, interrotti bruscamente dall'operatrice che in sottofondo aveva detto "Finish!", che erano costati il doppio del salario mensile di un vietnamita.

Dopo aver attraversato tutto il distretto di Cholon arriviamo sotto un grande condominio, pieno di panni stesi e di gente affacciata alle finestre. Kyu smonta dalla Vespa col suo *ao-dai* svolazzante, e sta per porgermi la mano e dirmi "Thank you", quando una voce la chiama da una finestra del secondo piano. È una donna ancora giovane, che sta con i gomiti appoggiati al davanzale. Ha degli enormi bigodini tra i capelli, sotto un velo di chiffon. Sicuramente venti anni prima era stata bella come Kyu.

Affacciata alla finestra vicino a lei c'è una donna molto anziana, con un nido di rughe sul viso e una vestaglia a fiori dalle spalline larghe, che le scivolano sulle braccia flaccide e senza muscoli; forse è la nonna di Kyu. Entrambe mi salutano con un sorriso.

Poi la donna più giovane chiede qualcosa, e Kyu le risponde indicando me e la Vespa; parlano tra loro per qualche secondo, e la vecchia sembra approvare quello che dicono, e non smette di sorridere e di salutarmi con la mano.

"Mamy said you should camm homm; she said you welcome."

Saliamo due rampe di scale.

Su un pianerottolo, davanti alle porte aperte, alcuni uomini stanno giocando a carte, in canottiera e con le sigarette immobili tra le labbra.

Smettono di fissare le carte e diventano silenziosi; poi sento un *lien xo* a bassa voce, e uno dei giocatori grida "Goood moning!" benché sia già quasi sera. Divertiti da questo exploit linguistico tutti si mettono a ridere, e un paio di sigarette cadono dalle loro labbra sul tavolo da gioco. Sull'altro pianerottolo una donna culla un bambino di pochi giorni.

Entriamo in casa, in un corridoio senza finestre, profumato dai bastoncini d'incenso che bruciano davanti a un piccolo altare illuminato da una lampadina rossa. La mamma di Kyu ci fa strada annuendo cerimoniosamente, e la nonna congiunge le mani sul petto e abbassa la testa tre volte in segno di benvenuto, con la bocca schiusa sui denti neri come schegge di carbone.

Un ragazzino di dieci o undici anni è seduto a un tavolo, in un angolo della cucina. Ci guarda e sembra imbronciato; morde il legno di una matita come se cercasse di succhiarvi l'ispirazione per scrivere qualcosa sul quaderno che gli sta davanti. Ha gli stessi lineamenti di Kyu, lo stesso viso ovale con gli zigomi alti, e non ci vuole molto a capire che è suo fratello. "Thiss Tim," dice lei, presentandomelo; e Tim cerca di sorridere mentre mi fa un cenno di saluto, ma gli viene fuori una smorfia invece di un sorriso, che lascia intendere quanto sia sulle spine, assorto, preoccupato. Probabilmente è in difficoltà con i compiti che non gli stanno riuscendo; non sa cosa scrivere e la matita ne fa le spese.

Mi avvicino al tavolo, e Kyu mi chiede: "Want tea?".

La nonna è andata a sedersi su un dondolo di fianco al balconcino, e sembra si sia messa a *guardare* la radio, più che ascoltarla. Uno scricchiolio del bambù ogni tanto accompagna il lento oscillare della sua testa, con i capelli bianchi raccolti in una piccola crocchia trafitta da un pettine di tartaruga.

Finalmente Tim si toglie dalla bocca la matita, lucida di saliva e con le impronte dei suoi denti aguzzi, e comincia a scrivere qualcosa sul quaderno, al di sotto del quale adesso intravedo le pagine di uno smilzo atlante scolastico stampato a colori approssimativi, in grande economia.

L'atlante è aperto a metà. Su una pagina c'è la mappa politica delle tre Americhe, sull'altra sono riportati i dati statistici e le bandierine di ogni paese. Il problema di Tim sembra riguardare gli stati dell'America Centrale, che sono stampati troppo in piccolo perché lui possa leggerne bene i nomi. Io cerco di aiutarlo, e Kyu mi traduce le sue domande.

Ma all'improvviso vengo distratto da un pensiero, e non riesco più a capire le parole di Kyu, non riesco più a sentire quelle di Tim.

Con un dito comincio a seguire i contorni della costa dell'Oceano Pacifico, dall'Alaska, giù giù fino al Cile e a quella macchiolina mezza verde e mezza rosa che dovrebbe rappresentare la Terra del Fuoco.

M'immagino sulla Vespa tra le distese di ghiaccio e gli eschimesi, tra le foreste del Canada e le praterie degli Stati Uniti, tra le piramidi del Messico... Giù, giù: il Canale di Panama, la Colombia. M'immagino scalare le marce e arrampicarmi sulle Ande, attraversare i deserti della costa peruviana; poi ancora giù, fino a Santiago e allo Stretto di Magellano, fino a quella macchiolina di due colori... Stringo forte le palpebre, ho la pelle d'oca sulle braccia e mi sento attraversare da un brivido che avevo imparato a riconoscere.

La mamma di Kyu versa il tè nelle tazzine di porcellana azzurra.

Ero arrivato a Saigon soltanto il giorno prima, e già volevo ripartire.

Da Anchorage, Alaska.

INDICE